Javier Arias Madero

REM KOOLHAAS Y EL SURREALISMO
Arquitectura convulsiva

Arias Madero, Javier
Rem Koolhaas y el surrealismo. Arquitectura convulsiva / Javier Arias Madero.
1ª ed . - Ciudad Autónoma de Buenos Aires : Diseño, 2022.
   420 p. ; 21 x 15 cm. - (Textos de arquitectura y diseño / Camerlo, Marcelo)

   ISBN 978-1-64360-649-1

   1. Arquitectura . 2. Investigación. 3. Teoría
   CDD 720.1

Textos de Arquitectura y Diseño

Director de la Colección:
Marcelo Camerlo, Arquitecto

Diseño de Tapa:
Liliana Foguelman

Diseño gráfico:
Cecilia Ricci

Hecho el depósito que marca la ley 11.723

La reproducción total o parcial de esta publicación, no autorizada por los editores, viola derechos reservados; cualquier utilización debe ser previamente solicitada.

© de los textos, Javier Arias Madero
© del Prólogo, Santiago de Molina
© de las imágenes, sus autores
© 2022 de la edición, Diseño Editorial

ISBN: 978-1-64360-649-1
ISBN EBOOK: 978-1-64360-650-7

Junio de 2022

Javier Arias Madero

REM KOOLHAAS Y EL SURREALISMO
Arquitectura convulsiva

diseño

REM KOOLHAAS
Y EL SURREALISMO
ARQUITECTURA CONVULSIVA

Para Susana, María y Camino... mis delirios.

ÍNDICE

8	**PRÓLOGO** por Santiago de Molina
14	**INTRODUCCIÓN**
24	PRIMERA PARTE **EL AUTOMATISMO PSÍQUICO**
30	LA FORMA AUTOMÁTICA
58	LA PERFORMANCE ARCHITECTURAL
74	SEGUNDA PARTE **LOS SUEÑOS**
80	MUNDOS ONÍRICOS
94	LA DRAMATIZACIÓN
124	EL SIMBOLISMO
194	LA CONDENSACIÓN
256	LA FRAGMENTACIÓN
290	EL DESPLAZAMIENTO

322	TERCERA PARTE **LA LOCURA**
328	EL METODO PARANOICO CRÍTICO
338	ARQUITECTURA FLÁCIDA
358	EL MITO TRAGICO
382	**CONCLUSIÓN**
384	**BIBLIOGRAFÍA**

PRÓLOGO.
KOOLHAAS DESDE
LA TRASTIENDA DE LO REAL

Seguramente no haya un arquitecto que haya retratado mejor y más significativamente el final del siglo XX y el comienzo del XXI que Rem Koolhaas. El arquitecto holandés puede ser considerado el gran contenedor, o si se quiere, el gran sismógrafo, de las inquietudes y los traumas de la arquitectura de los últimos cuarenta años. La influencia de su obra teórica y de su obra construida ha sido de un pragmatismo tal, que pocos son los arquitectos y estudiantes que han podido escapar a su influjo. Este es el sujeto de estudio del trabajo de Javier Arias y ante el que este libro nos lanza una cuestión pertinente: ¿estamos seguros de conocer a Rem Koolhaas?

La biografía visible de Koolhaas es un fiel retrato de los orígenes de su producción. Aquel joven adolescente, llegado desde las colonias holandesas de Asia, se interesó desde muy joven por los medios en los que ya por entonces triunfaba la cultura de masas. Sin embargo el entusiasmo que siente por la ciudad hace que abandone sus aspiraciones como periodista, escritor y director de cine, para finalmente dedicarse a la arquitectura. Tras una formación tardía en la Architectural Association de Londres, Koolhaas llega a Estados Unidos a estudiar con profesores para los que la disciplina de la historia de la arquitectura y el urbanismo aun significaba algo. La influencia de Ungers y de Rowe es resonante en lo que será su interés por la metrópolis. La ciudad, y en concreto la de Nueva York, marcará su futuro. Su corazón urbano, Manhattan, le sirve de acicate para que su libro "Delirious New York" se convierta en una teoría sobre la congestión a la vez que le coloca en el foco del debate arquitectónico de los años ochenta. A pesar del trasnochado tono de manifiesto de su escrito, principalmente por haberse producido en una época donde los manifiestos rozaban ya el mero juego intelectual, de ese escrito arrancan muchos de los motivos y estrategias que a Koolhaas le serán más provechosos para su futuro.

Desde sus comienzos, Koolhaas se movió extraordinariamente bien en un territorio donde el resto de la profesión solo veía incertidumbres y renuncias: asume que no cabe ya la heroica pedagogía que intentó la modernidad por medio de la arquitectura. De hecho, y desde su punto de vista, solo el sumergirse en el pragmático mundo en el que se desarrolla el producto de la construcción permite articular un discurso verdaderamente eficaz. El "realismo" de esta postura, su crudeza, hace que quepa entender sus teorías como el resultado de la demanda de una sociedad, y su obra, como un espejo. La arquitectura puede ofrecer lo que la colectividad reclama, y nada más... Este, sin embargo, no es el tono dócil y acomodaticio que cabría esperar de una arquitectura rendida al mercado. En su obra no hay renuncia como tal, sino una postura que resulta muy instructiva sobre cómo manejarse en relación a los programas, la sociedad y la política. Koolhaas se sabe heredero de una tradición y de un oficio, pero a la vez rehúye de todo idealismo. Recoge la influencia de los maestros del panorama de aquella lejana modernidad a la vez que es capaz de integrarla en sus obras con un filtro brutal e irónico.

Simultáneamente podemos considerar a Koolhaas el legítimo heredero de lo mejor de la modernidad y de lo único digno de supervivencia de la posmodernidad. Su postura a la vez carismática, indefinida y ecléctica, ha acabado abanderando lo feo y lo más delicado desde el tratamiento de la materia y desde el desprecio por el programa (al menos en el sentido que este término tuvo para el siglo XX).

En resumidas cuentas, nos encontramos ante un arquitecto inabarcable, pero no debido a su "maestría", cosa que podría discutir el mismo Koolhaas, sino más bien debido a un hecho de más alcance: contemplamos el mundo de la arquitectura con una mirada que en gran medida es dependiente o heredera de la suya. Koolhaas constituye, para un arquitecto que ejerza su tarea en esta época, un eficaz sistema de coordenadas.

Sin embargo la puerta para desvelar la cara menos visible de este arquitecto no está situada en lo más evidente de su producción. Para aproximarse a una figura como la de Koolhaas desde un enfoque alternativo se hace difícil prescindir de sus influencias confesas. El arquitecto holandés ha hecho pública su idolatría por Leonidov, por Gerrit Oothuys, por Superstudio, por Mies van der Rohe, Archigram, el situacionismo, Constant, por Debord y por la Psicogeografía. Alrededor de esas influencias cientos de estudiosos por todo el mundo han dedicado miles de horas a desentrañar su obra y forma de pensamiento. Este es precisamente el contexto donde el trabajo de Javier Arias adquiere su sentido. Un trabajo que arranca precisamente del estudio de una de esas líneas hermenéuticas que tienen como origen aquel iniciático manifiesto sobre Manhattan.

Fue en 1978 cuando en «Delirious New York» Koolhaas había rescatado el método paranoico-crítico como un sistema de provecho para todo arquitecto, destacando las conexiones con una corriente del pensamiento por entonces casi finiquitada. Ese método surrealista había abierto un camino extraordinario para coser la realidad difusa e inconexa a la que tuvo que enfrentarse un comienzo del siglo XX plagado de contradicciones y de conflictos. Dalí, soñador de formas e inventor del sistema, lo describió como un "método espontáneo de conocimiento irracional basado en la objetividad crítica y sistemática de las asociaciones e interpretaciones de fenómenos delirantes". En realidad, el método crítico paranoico suponía la posibilidad de vincular lo imposible, (cosa que Koolhaas ha explotado hasta el extremo). La veta paranoide tenía la potencia de un explosivo incontrolado. Bastaba la proximidad aleatoria de dos ideas inconexas para inflamar el aire alrededor. Ni siquiera el control crítico podía hacer de extintor o ejercer labores de control sobre el propio método. A través de una famosa ilustración donde se representaba una blandura amorfa sustentada por una muleta de palo, la arquitectura podría sacar partido al juntar cosas de un modo sorprendente. Sin embargo, y como demuestra Javier Arias, ese indicio da pie a averiguar aun más profundamente su conexión con el surrealismo, cosa que no deja de ser provechosa para interpretar con mayor profundidad la obra completa del arquitecto holandés. En realidad el surrealismo supone para el Koolhaas que nos desvela Javier Arias, una terapia y un modo de revisar incluso su propia historia. Además de situar el concepto de coherencia a un nivel de significado diferente.

Javier Arias nos muestra cuanto estas conexiones con Breton, Freud, Dalí o Magritte, pueden servir como cedazo interpretativo para descubrir las afinidades e influencias entre las obras de un arquitecto a la vez opaco a ser desentrañado y completamente evidente. Desde un enfoque que no deja de ser, personal pero verosímil, vemos con otros ojos obras como las bibliotecas de París, la casa de Burdeos, la estación Marítima de Zeebrugge, el Educatorium, el hotel en Agadir, o la Villa Dall´Ava. El universo trascendente que podemos encontrar en el umbral de los sueños y las pesadillas, es capaz de reinterpretarlas de modos insospechados.

La obra de Koolhaas y su vínculo surrealista es evidente gracias a las conexiones que Javier Arias traza con convencimiento y delicadeza. Desde los procesos del automatismo, y las estrategias que surgen de la exageración onírica, este texto cose mejor que lo hacía la famosa máquina de costura dispuesta sobre una mesa de disección y su paraguas… Los vínculos entre las cosas, como hace ver el surrealismo, no son nunca evidentes. Pero los sueños sueldan la realidad mejor que lo hace el hormigón o un burdo cordón de soldadura. Existen poderosos vínculos más allá de "lo real" entre la Ciudad del Globo Cautivo, Exodus, el Complejo de Boompjes o el concurso para la ampliación del Whitney Museum de Nueva York. Igualmente es posible encontrar conexiones entre la "promenade", sistema de recorridos que vinculaban espacio y tiempo en la obra de Le Corbusier, con los paseos ofrecidos ahora por Koolhaas en sus obras y unidos de un modo más amplio dentro del tema en la "deriva".

Con este escrito Javier Arias nos hace ver que Rem Koolhaas es la perfecta máquina trituradora, no solo de la modernidad, sino de todo lo que cae en su mano. El resultado de la obra del holandés, aunque grumoso e imperfecto, es alimenticio y resonante a más niveles de significado que los obvios. Entre "lo crudo y lo podrido", caben lecturas capaces de desentrañar una figura que hasta el momento ha permanecido excesivamente encapsulada en su propio mito como representante arquitectónico de un mal llamado pragmatismo tardocapitalista. Sin embargo, "frente a jerarquía, claridad o eficiencia, nos propone deriva, asombro y emoción". No solo nos lo propone Rem Koolhaas. También, con su libro, Javier Arias.

Santiago de Molina
Madrid 2022

La belleza será convulsiva o no será.

André Breton. Najda. 1928

INTRODUCCIÓN

POÉTICA SURREALISTA

"El surrealismo no representa otra vanguardia artística o política, sino un sub estrato de toda la cultura moderna"[1]

La cercanía de parte de la obra de Rem Koolhaas con respecto a España, me permitió, en mis últimos años de estudiante y primeros como arquitecto, conocer personalmente alguno de los edificios más importantes de OMA. Las visitas al edificio del *Educatorium* de Utrecht y, sobre todo, al *Kunsthal* de Rotterdam fueron reveladoras para mí. La energía que desprendían estos edificios, asombrosos tanto en su configuración espacial como en sus circulaciones, tan sorprendentes en su materialización constructiva alejada del preciosismo material y del puritanismo del detalle constructivo refinado, activaron en mí un, desde entonces, creciente interés por la arquitectura de Rem Koolhaas.

Comencé ya por aquel entonces una lenta e intermitente labor de investigación con la idea de profundizar en las razones de aquella arquitectura. Los protagonistas de OMA aparecieron de modo casi automático: los inicios cinematográficos de Koolhaas, los Viajes a Moscú en busca de Ivan Leonidov, la *Architectural Association* de Londres, Manhattan, los radicales italianos, Mies van der Rohe, el deconstructivismo y el surrealismo... ¿El surrealismo? Podía comprender afinidades, influencias y puntos de contacto con todo lo anterior, pero no apreciaba a priori fácilmente signos de surrealismo en la arquitectura de OMA, a pesar de que Koolhaas daba cuenta en sus escritos de su interés y la influencia de la metodología surrealista en su obra. Decidí entonces, intentar profundizar en aquella enigmática vinculación, e iniciar la búsqueda de esa interacción entre el surrealismo y la obra de Koolhaas que acabaría materializándose en 2016 en la tesis doctoral de la que parte el presente texto "La construcción del sueño: poética surrealista en la arquitectura de Rem Koolhaas".

---

[1] Dalivor Vesely citado por Anthony Vidler, "Fantasía, las misteriosas y surrealistas teorías de la arquitectura" en *Papers of surrealism* n°1 (2003):2.

A pesar de mi gran interés por el arte contemporáneo, este análisis implicaba un esfuerzo adicional: el surrealismo no se encontraba entre mis vanguardias de cabecera y tampoco es uno de los movimientos preferidos en las escuelas de arquitectura. Renato de Fusco, por ejemplo, en su *Historia de la arquitectura contemporánea* de 1975, que dedica un capítulo completo a la vanguardia figurativa del siglo XX como influencia *sine qua non* de la arquitectura del pasado siglo, hace un recorrido por los que él considera movimientos influyentes: simbolismo, fauvismo, expresionismo, cubismo, purismo, futurismo, neoplasticismo, suprematismo incluso por el dadaísmo. Ninguna palabra sobre la posible influencia de los de Breton en el discurrir de la arquitectura del siglo XX.

Muy distinta se presenta una lectura paralela de todo el arte contemporáneo del siglo XX con respecto al surrealismo: es difícil, por no decir imposible, encontrar movimiento de vanguardia, escuela o grupo que no cuente entre sus influencias, en mayor o menor medida, con algún aspecto del surrealismo: letrismo, situacionismo, expresionismo abstracto, CoBrA, el arte pop, el arte conceptual, *fluxus*, arte de acción, videoarte, *land art*, etc. El surrealismo ha alimentado todo el devenir del arte contemporáneo del pasado siglo y, sin embargo, al considerar a todas estas vanguardias, sucede algo parecido que con la arquitectura de OMA en su relación con el surrealismo: casi nunca se aprecia una conexión formal evidente, dicha vinculación se produce en el ámbito conceptual, metodológico, o estratégico.

A la arquitectura del Movimiento Moderno no le interesó el surrealismo, pero no olvidemos que al surrealismo tampoco le interesó la arquitectura. En palabras de Dalibor Vesely, que fuera profesor de Rem Koolhaas en la *Arquitectural Association*, "La arquitectura nunca llegó a ser una parte integrante del pensamiento surrealista del mismo modo que la pintura, la escultura y la creación de objetos surrealistas, [...] Los surrealistas no estuvieron particularmente interesados en la arquitectura sino de un modo muy personal, y más bien de modo indirecto"[2].

---

[2] Dalivor Vesely citado por Anthony Vidler, "Fantasía, las misteriosas y surrealistas teorías de la arquitectura" en *Papers of surrealism* n°1 (2003):2.

Esa aparente incapacidad de interacción entre surrealismo y arquitectura cambia a partir de la segunda mitad del siglo XX. Será precisamente Vesely, uno de los personajes en proponer la recuperación el surrealismo en la búsqueda de nuevas vías de la arquitectura durante el ocaso del Movimiento Moderno, a partir de los años 60 y 70. ¿Qué mejor solución que recurrir a la irracionalidad de Breton como metodología contrapuesta a la racional arquitectura del Estilo Internacional? Intentaremos demostrar en las siguientes páginas cómo Rem Koolhaas será uno de los arquitectos que recoja de Vesely y otros, el testigo de la irracionalidad como alternativa arquitectónica, desarrollando una extensa obra en la que la presencia surrealista nunca ha dejado de estar presente.

Las reglas de ortografía en castellano indican que es preceptivo el uso de minúscula para denominar aquellos movimientos, estilos o escuelas, propios de disciplinas artísticas concretas, ya que el periodo histórico en el que se encuadran no puede identificase en exclusiva con alguna de ellas. Sin embargo, se usan las mayúsculas para los grandes movimientos artísticos y culturales que sí identifican grandes periodos históricos. Diremos por tanto surrealismo y no Surrealismo, y sin embargo hablaremos de Renacimiento o Neoclasicismo.

Ahora bien, la indagación en la que participa este texto sobre la influencia del surrealismo en todo el pensamiento y arte de vanguardia posterior, incluido su papel fundamental en la restauración que propuso toda la actitud postmoderna tras la hegemonía del racionalismo en la primera mitad del siglo XX, nos permite sospechar la importante dimensión de la *actitud surrealista* a lo largo del mismo.

Renacimiento, Barroco, Neoclasicismo, Romanticismo... ¿Surrealismo con mayúscula?, ¿Habrá sido el siglo pasado el *siglo Surrealista*?, ¿sería inacertado calificar como *irracionales* gran parte de los acontecimientos que se sucedieron en él? Las décadas venideras despejarán seguramente esta incógnita. Quizás haya sido André Breton, posando para Man Ray con su rostro introducido en una cartulina recortada y unas gafas de aviador, el ideólogo fundamental del siglo XX.

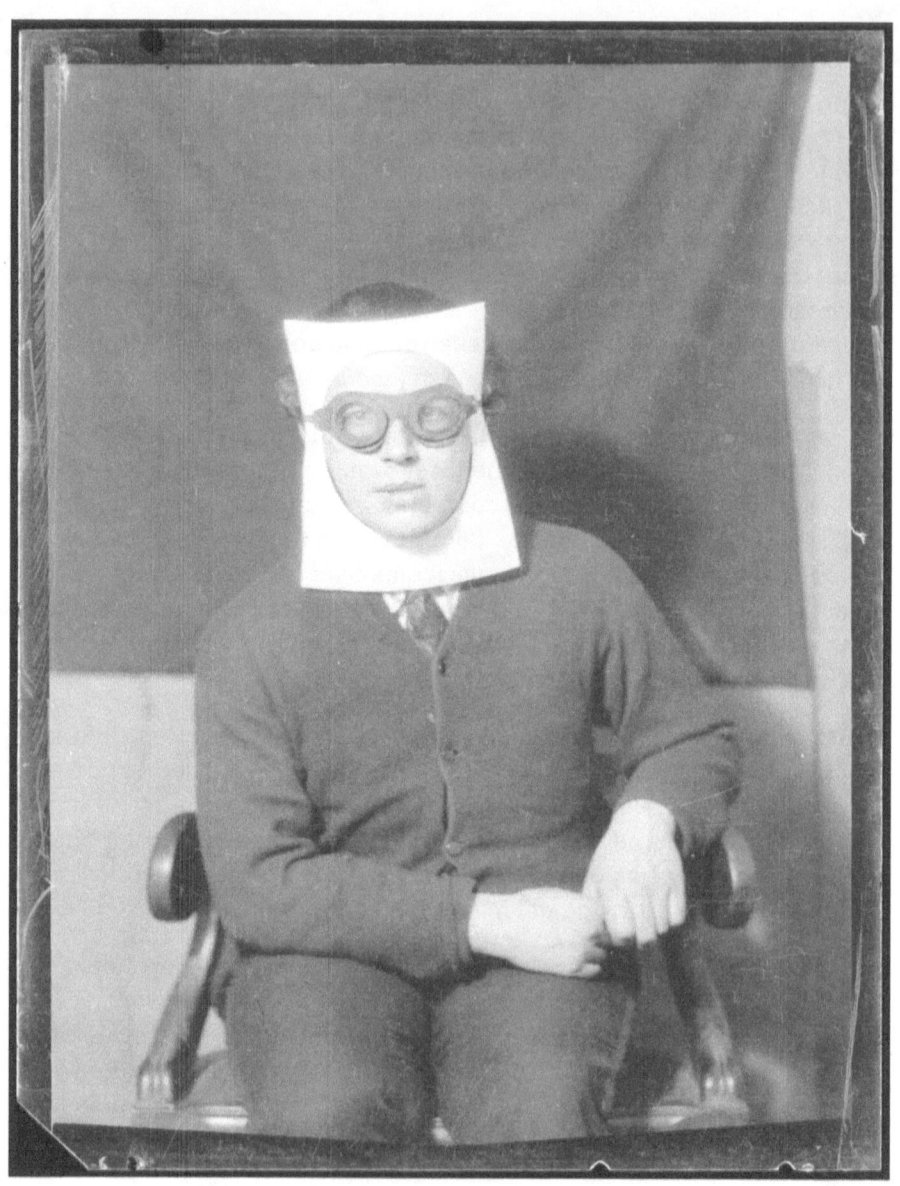

Man Ray. Retrato de André Breton. 1930

El objetivo primordial de este texto es demostrar que en el pensamiento y en la obra de Rem Koolhaas hay una importante presencia de lo que hemos denominado *poética surrealista*, esto es la búsqueda de analogías, afinidades y conexiones, no sólo con el surrealismo como el movimiento de vanguardia fundado por André Breton en 1924, sino con todas las corrientes de pensamiento y de creación artística del siglo XX que han sido fuertemente influidas por él y que comparten sus principios básicos: el entendimiento de la realidad como una unidad superior de la que el conocimiento es solo una parte reprimida bajo el yugo de la razón y la reivindicación de lo irracional: la imaginación, la fantasía, el delirio y la locura. Como cualquier cuadro de Salvador Dalí, la arquitectura de Koolhaas no deja indiferente, no permite el sosiego. Cada episodio arquitectónico acelera el corazón, cada rincón emociona: el espacio, la luz, el material... el edificio sobrecoge. Bretón no dudaría en calificarla: su arquitectura es convulsiva.

La fuente fundamental del surrealismo, la que posibilitó su emancipación como vanguardia independiente del Dadá, fue la reivindicación de la irracionalidad como valor absoluto y la asunción de la metodología psicoanalítica como herramienta de creación. Un estudio cronológico del desarrollo del surrealismo como vanguardia, nos permite comprobar como éste, se va apoyando de un modo consecutivo desde 1924 hasta 1930 en las tres vías de conexión con el inconsciente sobre las cuales investigaron Freud y sus seguidores. El automatismo psíquico, los sueños y la enfermedad mental. Nos pareció oportuno, en principio, organizar el estudio de la conexión entre el surrealismo y la obra de OMA, en tres partes que exploran de modo independiente cada una de estas fuentes epistemológicas. Comprobamos durante el desarrollo del trabajo que estas tres aproximaciones de los de Breton a estos campos de conocimiento psicoanalítico, permiten una correspondencia más o menos ordenada de los textos de Koolhaas y de los proyectos de OMA, lo que posibilita un recorrido con cierto orden cronológico de los proyectos. Hay que manifestar, no obstante, que esta correlación no se produce de modo riguroso y que no es además el objeto de este trabajo.

De hecho, es inevitable para mantener la coherencia metodológica del discurso hacer algunos saltos hacia adelante y hacia atrás en el tiempo y detenerse en algunos proyectos varias veces en distintos capítulos y desde perspectivas diferentes. Así pasa por ejemplo con *Exodus o los prisioneros voluntarios de la arquitectura*, o con el *Kunsthal* de Rotterdam, al ser proyectos de gran riqueza conceptual y con diversos puntos de conexión con el surrealismo.

Las aludidas tres partes en las que se estructura el libro: el automatismo psíquico, los sueños y la locura, se subdividen a su vez en distintos capítulos para permitir una comprensión organizada del trabajo. El texto además se pauta mediante la introducción de títulos que lo fraccionan en una apropiación deliberada de la estructura interna de *Delirious New York*. Como en una sesión psicoanalítica de asociación libre de ideas cada fragmento del texto que sigue al título se concibe como una *respuesta automática* a este.

Para concluir esta introducción quiero dar las gracias a las personas que de un modo u otro han favorecido que este texto salga a la luz. En primer lugar, a los directores de la tesis doctoral en la que se basa el libro, Julio Grijalba y Alfonso Basterra, Catedráticos de la Escuela de Arquitectura de Valladolid.

Mi gratitud también a los que fueran catedráticos de la misma Escuela, Juan Antonio Cortés y Juan Carlos Arnuncio. Sus comentarios y sus investigaciones sobre Koolhaas y sobre el surrealismo respectivamente han sido de gran ayuda. Doy las gracias también al crítico y profesor de historia de la arquitectura de la Escuela Politécnica Federal de Lausana, Roberto Gargiani, cuya investigación sobre OMA ha sido una fuente fundamental en este trabajo.

También Agradezco a Eduard Bottom, archivero de la *Architectural Association* de Londres, permitirme tener entre mis manos documentos académicos originales de aquellos años 70 y 80 tanto de Rem Koolhaas como de otros arquitectos hoy de gran relevancia. Gracias también a Marcelo Camerlo por proponerme transformar las reflexiones contenidas en un libro de la Colección Textos de Arquitectura y Diseño de Nobuko/ Diseño Editorial.

Valladolid, mayo de 2022.

PRIMERA PARTE
EL AUTOMATISMO PSÍQUICO

Man Ray, Sesión de escritura automática. Primera imagen publicada en la cubierta de *La revolución surrealiste*, 01/12/24. La mujer sentada es Simone Breton, de pie en torno a ella de izquierda a derecha están Max Morise, Roger Vitrac, Jacques André-Boiffard, André Breton, Paul Eluard, Pierre Naville, Giorgio de Chirico, Philippe Soupault, Jacques Baron, y Robert Desnos.

La historia del arte acuerda casi unánimemente en organizar el movimiento surrealista en tres etapas más o menos bien definidas: la primera de ellas comienza en 1922, año de la ruptura con el Dadá y discurre hasta 1925, momento en el que comienzan a insertarse en el grupo las afinidades políticas así como su pretendida consonancia con el comunismo internacional. La segunda etapa, ya revolucionaria, se extendería hasta 1929, fecha del ingreso del español Salvador Dalí. La tercera parte se data a partir de este momento donde desavenencias, polémicas, escándalos, deserciones y expulsiones, propician un cambio de rumbo del grupo y una dispersión de posiciones hasta 1966, año considerado como el de la muerte del surrealismo como movimiento de vanguardia[1].

La primera de las fases, entre 1922 y 1925, se ha denominado por parte de los investigadores *el periodo investigador* o *intuitivo*. En esta primera etapa, en la que Breton publica el *1er Manifiesto del surrealismo*, se

---

[1] José Luis Giménez-Frontín, *Conocer el surrealismo* (Barcelona: DOPESA 2, 1978), 41.

exploran de modo frenético todos los aspectos que tienen que ver con el modo de *contactar con el inconsciente*, cuestión en la que se fundamenta el psicoanálisis y que maravilla a los surrealistas.

El *automatismo* y la interpretación de los sueños supondrán las vías de conexión con esta parte oculta y desconocida de la mente, constituyéndose en los dos grandes pilares en los que se basará la fecunda actividad investigadora de los primeros surrealistas. De hecho, podríamos considerar al *automatismo* como la primera herramienta verdaderamente surrealista. El *dadá* ya había utilizado procedimientos automáticos de creación vinculados al azar pero no como una incitación al inconsciente, cuestión esta última que no interesaba en absoluto a los de Zúrich.

La primera definición aportada por Breton de lo que es el surrealismo, no dejaba lugar a dudas de cuál fue la fuente creativa inicial del grupo: "Surrealismo: sustantivo, masculino. Automatismo psíquico puro por cuyo medio se intenta expresar, verbalmente, por escrito, o por cualquier otro modo el funcionamiento real del pensamiento".[2]

El primer desafío de este texto consistirá en la búsqueda de procedimientos de creación en la extensa producción arquitectónica de la obra Rem Koolhaas que se encuentren en sintonía con estos procesos automáticos surrealistas. Se indagará cómo Koolhaas reivindicará y recuperará estas técnicas de instigación a lo irracional como recurso en el proyecto arquitectónico y como parte del posicionamiento de rebeldía del arquitecto ante la metodología racional de trabajo del Movimiento Moderno. Se analizarán las distintas prácticas de *automatismo* desarrolladas por el surrealismo comprobando de qué modo aparecen dichas técnicas automáticas en distintos momentos y proyectos de la trayectoria de OMA. Se buscarán conexiones formales e ideológicas, muchas veces concebidas de modo plenamente voluntario por Koolhaas y otras veces surgidas de modo fortuito o casual. Tras un recorrido por las características, influencias y realizaciones del automatismo surrealista, se planteará la singular traducción de esta técnica en la producción arquitectónica contemporánea, en arquitectos anteriores y coetáneos a Koolhaas, poniendo el énfasis en el paralelismo de la sociedad de aquellos

[2] André Breton, *Manifiestos del surrealismo* (Madrid: Ediciones Guadarrama, 1969), 44.

surrealistas y la de los años que siguieron al *mayo del 68*, y que influyeron profundamente en la formación de Rem Koolhaas como arquitecto.

Es imprescindible también, para entender la especial concepción del *automatismo* en la ciudad, referirse a la experiencia post académica de su estancia en Nueva York entre 1972 y 1975, donde el arquitecto holandés descubre la *ciudad automática*, y cómo este conocimiento del automatismo colectivo de Manhattan, se refleja en su etapa de docente en la *Architectural Association* de Londres, donde Koolhaas implementará técnicas automáticas de generación de proyectos.

Se concluirá esta primera parte del texto con la exploración de dos ámbitos de la creación automática en la obra de OMA: *La generación automática de la forma del edificio* y también el *recorrido automático*, concebido como una *deriva surrealista*, que se plantea en importantes propuestas a lo largo de su dilatada carrera profesional.

RESISTENCIAS

Los primeros surrealistas se lanzaron frenéticamente a las más variopintas prácticas que les permitieran romper esa ancestral barrera que en la vigilia nos oculta la parte de la psique donde se encuentran nuestras más profundas obsesiones, deseos y miedos; valiéndose para este menester de las técnicas que la recién nacida psiquiatría psicoanalítica había desarrollado como práctica clínica y terapia de sanación de las enfermedades mentales.

Esta doctrina, la teoría que estructura la psique según los postulados psicoanalíticos, fue definida por Freud en 1900. Con el cambio de siglo, el médico austríaco revoluciona el mundo de la psiquiatría al definir su primera tópica, en la que descubre los distintos *lugares* de la mente: el *inconsciente*, el *preconsciente* y la *consciencia*, así como las tortuosas relaciones entre ellos[3]. La parte inconsciente del ser, la que alberga las pulsiones y deseos más primitivos, se mantiene escondida a la parte consciente en virtud de unos procesos denominados *resistencias* o *defensas* que impiden que dichos contenidos inconscientes afloren. Estos, por lo

---

[3] Isabel Paraíso, *Literatura y Psicología* (Madrid: Editorial Síntesis, 1995), 25.

general, salvo por ciertos errores de las defensas, no son capaces de acceder a la parte consciente durante la vigilia. Estos errores que suceden en la vida cotidiana, los denomina Freud en los *actos fallidos*[4], los *lapsus linguae*, los olvidos, extravíos y fenómenos semejantes. Además de estas conexiones, llamémoslas naturales, entre *consciencia* e *inconsciente*, el psicoanálisis descubrió que ciertas técnicas terapéuticas posibilitaban nuevas vías de acceso al *inconsciente*, provocando en la medida de lo posible la suspensión de las resistencias de la razón. Los psicoanalistas, a parte del análisis de los sueños, centraron su trabajo en varias líneas de investigación sobre estos fenómenos, como la técnica de asociación libre desarrollada por Carl Gustav Jung[5], la hipnosis, o la escritura automática. Todos ellos buscan la respuesta involuntaria del paciente a determinados estímulos provenientes del exterior invocando al *esquivo* inconsciente.

ILUMINACIÓN PROFANA

Los surrealistas, por su parte, seguidores fervientes de los métodos psicoanalíticos y freudianos, trasladaron esta metodología de incitación al inconsciente del sanatorio a las reuniones del grupo, en busca de aquella *superrealidad* que anhelaban dominar, a la vez fuente y objetivo de sus creaciones.

En este sentido, los surrealistas, no sólo confiaron la búsqueda de la irracionalidad en el psicoanálisis de Freud, sino que también experimentaron todo lo que tiene que ver con lo oculto y con lo socialmente prohibido y repudiado: el ocultismo, la magia, el espiritismo, incluso los *viajes* bajo el influjo del alcohol o las drogas[6]. Estos últimos, como afirmó Walter Benjamin[7], muletas de apoyo para la conquista del inconsciente surrealista, para alcanzar, como él la denominó, *la Iluminación profana*:

---

[4] Sigmund Freud, *Introducción al psicoanálisis* (Madrid: Alianza Editorial, 2011), 24.
[5] Cecile Landau & Scarlett O´Hara, *El libro de la Psicología* (Madrid: Ediciones Akal, 2012), 99.
[6] Ives Tanguy, por ejemplo, estaba bebido de modo habitual y constante y el día que conoció a Breton consumió cocaína para la cita. Conferencia de Guillermo Solana en el ciclo de conferencias: *5 surrealistas en las colecciones Thyssen Bornemisza*.
[7] Walter Benjamin, fue gran defensor del grupo del surrealismo y de la vanguardia en sí. Habitual consumidor de hachís, participaba en sesiones de drogas, interesado por las implicaciones filosóficas y psicológicas acerca del uso de las mismas. Se suicidó con una sobredosis de morfina en 1940.

"La superación de la iluminación religiosa....está en una iluminación profana, de inspiración materialista, antropológica, de la que el hachís, el opio u otra droga no son más que la escuela primaria. Ganar las fuerzas de la ebriedad para la revolución. En torno a ello gira el surrealismo en todos sus libros y empresas."[8]

La técnica de la escritura automática, por ejemplo, es compartida por el espiritismo y el surrealismo, y aunque el objetivo de ambos es radicalmente distinto, pues el primero se afana en la conexión con un más allá exterior al propio sujeto y el segundo centra la búsqueda en el interior de este, los dos coinciden en la interrupción del estado de consciencia en la elaboración del discurso. El concepto de *sesión* se consolida como una actividad reglada fundamental, tanto en los salones de la acomodada burguesía de la época, como en las reuniones del grupo surrealista, siendo para estos últimos una importante fuente de expresión creativa. Las *sesiones* surrealistas, celebradas al principio en el domicilio del propio Breton, en el número 42 de la *rue Fontaine* de París, incluían de modo habitual experiencias de corte espiritista-hipnótica alrededor de la mesa, con miembros y amigos del grupo como Desnos, Morise, Crevel, Aragón, Vitrac, o Giorgio de Chirico, en ocasiones bajo los efectos del alcohol o el hachís.

Entre aquellos hombres y mujeres: médicos, pintores y escritores; el poeta Robert Desnos[9] era el que más se entregaba a los divertidos trances, suministrando al resto de los miembros estrambóticas experiencias donde fingía ser otra persona, tener capacidad adivinatoria, o entrar en contacto telepático con algún personaje, como con el alter ego de Marcel Duchamp, Rrose Sélavy. Lo relevante de estos trances, viajes, incluso borracheras, lo supone la liberación la mente que propicia la producción de textos automáticos de alta calidad emocional en los que el surrealismo fundamentó el primero de sus capítulos.

---

[8] Walter Benjamin, "El surrealismo, la última instantánea de la inteligencia europea", 1929, en *Imaginación y Sociedad. Iluminaciones I*. (Madrid: Editorial Taurus, 1980).
[9] Robert Desnos, poeta parisino perteneciente al primer grupo del surrealismo, se interesó desde muy joven por el mundo del trance y los sueños, influido por Apollinaire y Rimbaud. Se introdujo primero en el grupo dadaísta y después en el surrealista desarrollando de modo importante la escritura automática y el sueño hipnótico. Murió con 44 años en un campo de concentración nazi.

LA FORMA AUTOMÁTICA

Los primeros experimentos con el automatismo en el grupo surrealista se limitaban a la escritura automática: la redacción o el dictado de las palabras que surgían en aquellas sesiones de modo inmediato, sin intermediación de la razón. En su texto *Los Campos Magnéticos* Bretón describirá, también, la praxis de la técnica:

> "Escribid aprisa, sin tema pensado de antemano; lo bastante aprisa para no recordar y no veros tentados de releer lo escrito. La primera frase vendrá por sí sola, tan cierto es que en cada segundo hay una frase, extraña a nuestro pensamiento consciente, que está pidiendo exteriorizarse".[10]

No obstante, aquella *escritura automática* no fue una técnica de sublimación suficiente para aquellos miembros que se encontraban dentro del ámbito de la expresión plástica. El nacimiento de la *pintura automática*, como paso siguiente al de la escritura, se materializó de modo inevitable por algunos de los primeros integrantes del grupo surrealista, fundamentalmente Jean Arp, André Masson, Max Ernst y Joan Miró. No existiendo, al principio, realmente una división clara entre técnicas: proliferando las inserciones gráficas en textos literarios así como la continua aparición de textos en las obras pictóricas.

Una de las técnicas que propiciaron el salto de la escritura automática a la pintura, de necesaria referencia por su afinidad con el croquis arquitectónico, es la práctica del *Frottage*. La técnica, como su nombre indica, consiste en frotar con un lápiz o similar sobre una hoja de papel bajo la cual se han colocado objetos cuyo volumen provoca la aparición de un dibujo determinado en la hoja.

Toda esta etapa preliminar surrealista fundamentada en el automatismo rápidamente se fue complementando con el gran arsenal creativo que suministraba el mundo de los sueños que los miembros del grupo fueron incorporando en sus obras, tanto literarias como pictóricas.

---

[10] André Breton, *Manifiestos del surrealismo*.4.

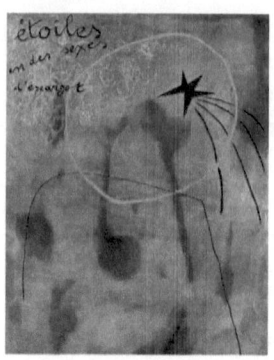
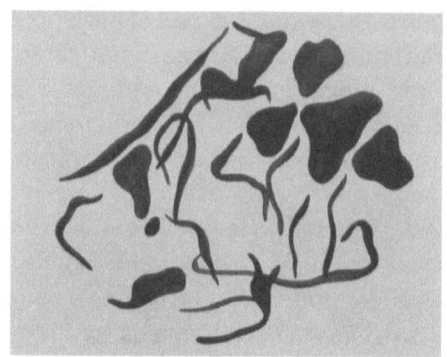

Joan Miró. *Estrellas en los sexos de los caracoles*. 1925. Miró es uno de los primeros surrealistas en utilizar el automatismo en pintura. En sus primeras propuestas es muy patente todavía la presencia de la escritura y poesía automática que poco a poco se va fusionando con otras formas aleatorias. En el cuadro, la frase que da título al cuadro, sin sentido ninguno, automática, es un elemento más en la composición pictórica, conjuntamente con otra serie de signos, muy lineales, casi garabatos, que completan la escena.

Jean Arp. Dibujo automático. 1918.

Max Ernst. *Frottage. Le Repas du mort.* 1926. Con la incorporación de la técnica del *frottage* al surrealismo, a medio camino entre la escritura automática y la pintura, Ernst abre un camino de incitación dinámica del inconsciente que será fundamental en distintas vanguardias expresionistas y de arte de acción a lo largo del siglo XX.

De este modo el automatismo, que ciertamente tenía un recorrido menor que el maravilloso e inconmensurable mundo onírico, poco a poco fue relegándose a un segundo plano a lo largo de la década de los años 20 del pasado siglo, quedando ya definitivamente denostado con el giro propiciado por Salvador Dalí y la inclusión del *universo paranoico* en el ámbito creativo surrealista.

Aun así, la creación automática ha permanecido activa en el arte contemporáneo durante todo el pasado siglo XX. Movimientos posteriores como el expresionismo abstracto, el letrismo, el situacionismo, el arte de la *perfomance*, o *fluxus*, son herederos de modo indiscutible de las experiencias automáticas surrealistas. Su interferencia en el ámbito de la creación arquitectónica, también ha suministrado notables ejemplos anteriores a la apropiación del método que hará Koolhaas a principios de los años 70, formando siempre parte del debate de vanguardia sobre la génesis del proyecto, en oposición al racionalismo que renegó de cualquier experiencia en este sentido.

LA TRUCHA Y EL TORRENTE

El automatismo como técnica de producción artística se fundamenta en la anulación de la razón como controladora de todo proceso vital, y por ende artístico. Desde esta óptica, la extrapolación del fenómeno del automatismo como sistema de producción arquitectónica es en principio contradictoria, ya que una de las características intrínsecas de la arquitectura es solucionar el habitar y por tanto resolver ciertas funciones, programas, confort, control de luz y de temperatura; cualidades eminentemente racionales que separan a la arquitectura de la escultura y de cualquiera de las demás artes. Podríamos concluir que la arquitectura siempre fue racional: tanto la que tradicionalmente resolvió aquellos requisitos de funcionamiento con los medios más exiguos y cercanos a sus autores, como la más monumental y menos humana.

De hecho, con periódicos cambios de rumbo, la arquitectura, desde *el mito de la cabaña*, ha ido evolucionando ligada al avance científico en un crecimiento continuo hacia la racionalidad más absoluta. El estallido del racionalismo arquitectónico de principios del siglo pasado, propiciado por la situación económica, política y social internacional del periodo de entreguerras, constituye el momento álgido de ese camino: el de *lo racional* como fundamento de cualquier creación arquitectónica. La todopoderosa sombra de la arquitectura del Movimiento Moderno, gestada en base a postulados eminentemente racionalistas impondrá su hegemonía en el mundo durante los 50 años siguientes.

Ahora bien, no son pocos los ejemplos en el pasado siglo que, conviviendo más o menos con el rigor racional imperante, reivindicaban procesos de creación basados, o cuanto menos apoyados, en la intuición inconsciente, en el trazo automático, en la forma instintiva. El mismísimo Alvar Aalto, reconoció cómo el comienzo de su modo de proyectar se asemejaba ciertamente a los dibujos automáticos, sin objetivo concreto, que experimentaron los surrealistas unos años antes. En su artículo *La trucha, el torrente y la montaña* publicado en 1947 en la Revista *Domus*, y contestando precisamente a esta cuestión del misterio del inicio de la idea de un proyecto, el arquitecto finlandés no duda en explicar cómo la liberación de la mente de todo prejuicio racional y la liberación de la mano ante el papel en blanco constituyen la base inicial de su técnica de proyecto al identificar los primeros bosquejos de un proyecto con un dibujo automático, guiado por el instinto, casi infantil.

Esta praxis voluntariamente automática del croquis arquitectónico no era, evidentemente, exclusiva del arquitecto finlandés, sino que respondía a una posición teórica paralela al propio desarrollo de la arquitectura de la primera mitad del siglo XX, coincidente en muchos aspectos en la dirección hacia la cual caminar, pero que no dudaba en mirar de reojo otras aportaciones divergentes pero fascinantes. En este sentido y al hilo del maestro finlandés, resulta imprescindible hacer referencia, por ejemplo, a las *perfomances* de producción de *croquis ciegos* como los llevados a cabo por Aulis Blomstedt, arquitecto, compatriota y contemporáneo de Aalto, investigando la concepción de los primeros pasos de un proyecto partiendo de croquis ejecutados en una pizarra con la cabeza tapada.

"Esas manos pertenecen al profesor Aulis Blomstedt, sobrio arquitecto, maestro de notables arquitectos fineses y contemporáneo de Alvar Aalto. Aunque Blomstedt, dedicado la extraña conjunción de la teoría y la práctica, inventor del *módulo 60*, en curiosa coincidencia con los intereses de Hans Van Der Laan o Juan Borchers al otro lado del mundo, mostró con su obra un apego a la forma racional claramente divergente a la sensualidad con que Aalto trató la suya"[11].

No cabe duda de que todos estos maestros de la arquitectura de la primera mitad del siglo XX conocían de la importancia de este primer momento ingenuo del desarrollo proyectual, de ese dibujo primigenio e inconsciente, inherente a la obra arquitectónica. Estos procesos se alimentaban de nutrientes que trascendían los propios conocimientos del autor sobre arquitectura o sobre su propia experiencia vital. En cierto modo representaban la plasmación de una voluntad surreal, inconsciente, superior a la del mero plano cognitivo, el cual no dejaba de ser parcial.

---

[11] "A ciegas", Blog de Santiago Molina, acceso el 19 de Julio de 2015, http://www.santiagodemolina.com/2014/01/a-ciegas.html.

El recurso de la forma automática como punto de partida de proyecto es continuo en experiencias posteriores y su presencia se incrementa de modo reseñable proporcionalmente con la puesta en duda del Movimiento Moderno. Aparece en corrientes y posicionamientos teóricos de los años 70 en los que se encuentra inmersa la fase formativa como arquitecto de Rem Koolhaas. Es necesario en este sentido, considerar enfoques como los de John Hejduk y su particular concepción de la forma arquitectónica, también alimentada por el croquis como materia creativa fundamental: "Esta operación de dibujo crítico encaja bien en el doble sentido del término *reflexivo*: La respuesta automática o semi-automática a un estímulo, y un proceso que actúa sobre sí mismo"[12]. Otras Posturas coetáneas a las de Koolhaas como la de Frank Gehry o sobre todo el equipo de arquitectos vienés, Coop Himmelblau, que, con proyectos como la *Open House*, en Malibú, California, elevan a la enésima potencia la posibilidad de proyectar a partir de un dibujo automático, en este caso un croquis hecho con los ojos cerrados, utilizando la mano como si fuese un sismógrafo.[13]. Testimonios y ejemplos de arquitectura post racional, que exploran el automatismo recurriendo a "la fuerza subterránea, arbitraria, irracional e incontenible promovida por el surrealismo".[14]

Coop Himmelblau. Croquis automático del proyecto para vivienda *Open House*, en Malibú. 1983.

Coop Himmelblau. Maqueta de la versión arquitectónica del croquis de la vivienda *Open House*, en Malibú. 1983.

[12] "Lost and Found: John Hejduk and the Specific Autonomy of Drawing", sitio web de Robert Cowherd, acceso el 20 de Julio de 2014, https://robertcowherd.wordpress.com/lost-and-found/hmtl.
[13] "La sensación del interior estira la piel de la parte exterior", sitio web de COOP-HIMMELBLAU, acceso el 02 de Marzo de 2015, http://www.coop-himmelblau.at/architecture/projects/open-house/hmlt.
[14] José María Montaner, *Después del Movimiento Moderno. Arquitectura de la segunda mitad del siglo XX,* (Barcelona: Gustavo Gili), 245.

AUTOMATISMO COLECTIVO

Tras el recorrido por los ejemplos anteriores, cabe preguntarse en este momento: ¿Dónde se encuentra la postura de Koolhaas con respecto al automatismo?: el arquitecto holandés reivindica y defiende los procesos irracionales y automáticos, pero no es un arquitecto que dibuje dejando fluir el lapicero en un *trance blanco,* como Aalto, ni prescindiendo de sus sentidos como Blomstedt, ni recurriendo al *frottage* de Coop Himmelblau. Tampoco parece nutrirse de la de la forma casual, como harán Hadid, Gehry o Eisenman, apoyados en la parametrización del "acontecimiento impredecible"[15] posibilitado por las computadores en las últimas décadas.

El automatismo que Koolhaas reivindica, en cierta manera, ni siquiera surge de la mano de su propio autor pues emana de la propia arquitectura, como una génesis biológica en la que el arquitecto es exclusivamente un catalizador. Emerge, no de un inconsciente individual, sino de un inconsciente colectivo, de un cúmulo de acciones dispares e inconexas. Una actividad, que como un palimpsesto conceptual forja la esencia del edificio o de la ciudad, de modo siempre inesperado, entroncando este planteamiento genético con la teoría del inconsciente colectivo planteada por Carl Gustav Jung.

Para Koolhaas la aceleración de la producción urbana actual facilita ese tipo de actividad y él se entrega a ella, "me interesaba buscar una utopía subconsciente, una especie de escritura automática de la ciudad".[16] Este automatismo ajeno al arquitecto, plantea a Koolhaas el desafío de acercarse desde una perspectiva oblicua y perversa a una de las controversias capitales de la arquitectura universal, como es la relación entre forma y función; y frente al racional *la función crea la forma,* Koolhaas dirá: *la forma nos es ajena, la función se adapta a la forma,* es más, *la forma creará a la función.* Desde esta óptica, el ámbito del arquitecto se desvia-

---

[15] Peter Eisenmann en "Pliegues generativos, El ordenador en el estudio de Eisenman" de Jorge Sainz, *Arquitectura 39*, 1994, reseña de "Los automatismos formales en la arquitectura. Reflexiones críticas" de Juan Carlos Piquer Cases. *EGA. revista de expresión gráfica arquitectónica*, 215.
[16] Beatriz Colomina, "Conversación entre Beatriz Colomina y Rem Koolhaas", *El Croquis*, n.º 134/135 (2007): 348-377.

rá de su papel de *técnico solucionador de programas funcionales* incidiendo directamente en el ámbito social y vital del hombre, y en la capacidad de la arquitectura para transformar a este[17].

AUTOMATIC MANHATTAN

En 1975, Koolhaas retorna a Londres con 31 años para incorporarse como docente en la *Architectural Association*. Es un arquitecto nuevo, ha encontrado en Nueva york la prueba que confirma sus sospechas sobre el crecimiento automático de la ciudad y la arquitectura de las grandes metrópolis. Durante los primeros años de esta nueva etapa en la capital británica las notas, esquemas y documentos que ha ido recopilando en su etapa neoyorquina y la imprescindible aportación gráfica de Madelon Vriesendorp, se convierten en una de las publicaciones fundamentales del pensamiento arquitectónico de la segunda mitad del siglo XX: *Delirious New York*.

En el libro, Koolhaas formula dos tipos de principios axiomáticos generadores de la metrópoli neoyorquina: el primer tipo relacionado con la generación de la forma: *extrusión, proceso* y *arquitectura automática;* mientras que el segundo tipo de axiomas tienen que ver con la relación entre la envolvente, los núcleos y su interior: *masa crítica, lobotomía, automonumento* y *cisma vertical*.

El automatismo, para Koolhaas, es un elemento más de los fenómenos que producen Manhattan. Nos atrevemos a decir, sin embargo, que más bien es el resultado de todos ellos, todos son la consecuencia de lo impensado[18]. Refiriéndose particularmente al edificio del *Empire State* él mismo dirá: "el edificio (...) es la última manifestación del manhattanismo como proceso puro e impensado, es el clímax del Manhattan subconsciente".[19]

---

[17] Carlos García González. "Atlas de Exodus" (tesis doctoral: Universidad politécnica de Madrid, Escuela Técnica Superior de Arquitectura, 2014) 283.
[18] Rem Koolhaas, *Delirious New York*, 141.
[19] Koolhaas, *Delirious* ..., 138.

No es desacertado afirmar, por tanto, que para Koolhaas el *manhattanismo* es fundamentalmente la validación del automatismo como sistema de gestación arquitectónica, en un grado que incluso supera al practicado por los surrealistas, pues aquellos practicaban el automatismo de modo voluntario y consciente y, sin embargo, en el caso del desarrollo urbano acontecido en Manhattan, como postula Koolhaas, éste se desarrolla a sí mismo, sin la participación reflexiva de planificador alguno y sin que los diseñadores de la retícula de la isla en 1807, cuyo propósito era "facilitar el comprar, vender y mejorar la propiedad inmobiliaria"[20], sospechasen el organismo delirante que su ordenación iba a posibilitar.

El proyecto teórico de *La Ciudad del Globo Cautivo* de 1972, una de las primeras propuestas que Koolhaas elabora juntamente con Elia Zenghelis, muestra la explicación metafórica de la visión de crecimiento automático que Koolhaas expone en *Delirious New York*, y lo que es más importante: su validación como método arquitectónico.

En una retícula similar a la de Manhattan, formada por bloques rectangulares a modo de pódium, crecen de modo aparentemente aleatorio conocidas propuestas arquitectónicas en una extraña armonía dispar. Koolhaas, de modo irónico, valida todas las experiencias que a él le interesan y en cierto modo le obsesionan: los histogramas de Superstudio, propuestas de Mies van der Rohe, Leonidov, El Lissitzky, *la ciudad tenebrosa* del Dr. Caligari, la versión daliniana de *El* Ángelus de Millet, incluso los ultra racionales rascacielos cartesianos de Le Corbusier son posibles en esta metrópoli automática del inconsciente.

Todas las propuestas alimentan al *Globo Cautivo*, el planeta tierra, como un embrión conectado a la vida metropolitana. Es la confirmación de la validez del *manhattanismo* como modelo no excluyente, como modelo surrealista, en el que cada "ciencia y cada manía tienen su propia parcela".[21]

---

[20] Koolhaas, *Delirious ...*, 18.
[21] Rem Koolhaas, *Delirious New York*, 294.

La ciudad del Globo Cautivo. Este proyecto teórico de Koolhaas y Zenghelis de 1972 explica perfectamente de modo extremo la visión del crecimiento automático de los edificios en la malla ortogonal de Manhattan. El proyecto explora de modo radical los tres axiomas sobre los que se sostienen el *manhattanismo*: La retícula, la lobotomía y el cisma. El proyecto es la "precuela" y la cartografía ideológica de la isla, hecha realidad retroactivamente, "todas estas instituciones forman conjuntamente una enorme incubadora del propio mundo; están engendrando el globo".[22]

DIPLOMA UNIT 9

Koolhaas comienza a impartir clases con Zenghelis en el *Diploma Unit 9*[23] de la *Architectural Association*. Tras el aprendizaje en Nueva York sobre los procesos automáticos de generación de la ciudad y sus experimentos

---

[22] Koolhaas, *Delirious...*, 294.
[23] La estructura de enseñanza de la *Architectural Association* en *Unidades*, dista de los programas de arquitectura del resto de Escuelas. Las *Units*, son talleres anuales formados por tutores y alumnos de distintos cursos focalizados en un objetivo común: Los estudiantes trabajan en estrecho contacto con los maestros y tutores que establecen de forma libre el orden del día.... El sistema de las *Units* surgió por primera vez en la escuela, en la década de 1930, durante un periodo en el que la AA jugó un papel vital en la introducción de la arquitectura moderna en el Reino Unido.", acceso el 15 de Mayo de 2014, http://www.aaschool.ac.uk/STUDY/UNDERGRADUATE/undergraduate.php.

teóricos realizados conjuntamente, no sorprende que ambos comiencen, una campaña frenética de implementación de metodología irracional entre los alumnos de la institución londinense.

La escuela, por su parte, continuaba en un agitado periodo de crítica y revisión de los postulados ortodoxos de la arquitectura del Movimiento Moderno: en ese mismo año, en Londres, una exposición denominada *Rational Architecture*[24], organizada por Leon Krier también profesor en la institución y predecesor de Koolhaas en la *Unit* 9, constituyó una expresión de la profunda crisis en la que se encontraba el debate sobre la arquitectura moderna y una reflexión sobre la ciudad histórica, "el utopismo programático de la vanguardia había entrado en crisis"[25]. En los talleres de la AA ya por esos años se cultiva el interés por el inconsciente y la utilización de sistemas no racionales en la producción del proyecto arquitectónico. Profesores como como Dalivor Veseley, arquitecto e historiador del arte checo, y miembro del *Continualist Group*[26] investigaron y reivindicaron el surrealismo como un método para generar realidad, posibilitando la creación de nuevos mitos. Un nuevo punto de vista a la arquitectura *arquigramesca*[27] triunfante en la escuela londinense, que el profesor checo dejó expresado en su importante artículo "*Surrealism and architecture introduced by Dalibor Veseley: Surrealism, myth and modernity*", publicado en 1978 en *Architectural Desing,* donde explica: "La tarea de la poesía del surrealismo, no fue sustituir la realidad existente, sino transformarla a través de la alquimia de las palabras y las imágenes, del mismo modo que la alquimia trasforma el mundo inorgánico"[28]. En este sentido, es necesario mencionar también las propuestas psicológicas, ideales e imposi-

---

[24] De igual título a la organizada por Aldo Rossi dos años antes en la *Triennale* de Milán de 1973. El panorama intelectual de la época ya venía precedido por numerosas publicaciones sobre el tema, Kevin Lynch, Julio Carlo Argan, Robert Venturi, Giorgio Grassi y Manfredo Tafuri entre otros.
[25] Josep María Montaner. *Después del Movimiento Moderno. Arquitectura de la segunda mitad del siglo XX,* 111.
[26] Veseley realizó profundas reflexiones sobre la percepción y la representación arquitectónica, con la idea de que lo visible incorpora una realidad superior que no es sino una representación simbólica de nuestro mundo, en este sentido reivindicó el surrealismo como vía de exploración de esa supra realidad de las cosas y de sus representaciones.
[27] Término acuñado por Koolhaas para referirse sarcásticamente a una de las tendencias de la AA en esos años.
[28] "Surrealism and architecture introduced by Dalibor Veseley: Surrealism, myth y modernidad", publicado en 1978 en *Architectural Desing.*

bles de los movimientos radicales italianos los cuales tenían gran influencia y presencia en la escuela. De hecho, miembros de *Superstudio* impartieron seminarios sobre elementos freudianos de la creatividad arquitectónica, por lo que el rumbo que Koolhaas imprimirá los años siguientes a la *Unit* no hace sino consolidar e impulsar una tendencia ya existente y en expansión.

El taller del *Diploma Unit 9*, hasta entonces codirigido por Leon Krier y Elia Zenghelis, se había venido centrando en el estudio de la arquitectura y en el espacio urbano como tipología, influenciado ya por los anteriormente aludidos experimentos utópicos, y con una renovada visión de la historia de la arquitectura y del sentido de la vanguardia arquitectónica. Koolhaas, que ya ha estudiado y vivido en primera persona la cualidad surrealista metropolitana de Manhattan y las razones de su desarrollo automático, pretende convertir el taller a su cargo en un laboratorio para la regeneración urbana, mediante la actividad arquitectónica surgida fundamentalmente de modo espontáneo. Para ello encuentra en el surrealismo una fuente pedagógica de primer orden, un recurso didáctico que modificará a partir de ese momento el modo de trabajo de la Unidad. "La *Unidad*, se centrará en la rehabilitación del estilo de vida y el ideal Metropolitano. Investigará como la arquitectura puede ser un instrumento para esta operación"[29].

En 1978 se publica el libro *Rational Architecture Rationelle: la reconstrucción de la ciudad europea* de Leon Krier, profesor en la AA, uno de los documentos básicos para entender todos los movimientos post-modernos que surgen en Europa durante los años 70 y 80.

El grupo *Superstudio* tuvo una fuerte vinculación con la *Architectural Association* y en particular con Rem Koolhaas. No sólo participaron en talleres en la escuela londinense sino que el arquitecto holandés mantuvo una importante correspondencia con ellos y se desplazó en ocasiones a Italia para conocer de primera mano sus propuestas.

[29] Juan Carlos Arnuncio Pastor, *La actitud surrealista en la arquitectura. Entre lo grotesco y metafísico* (Valladolid: Universidad De Valladolid, Secretariado de publicaciones, 1985), 11.

El arquitecto holandés, como un psiquiatra de la arquitectura, utiliza el automatismo como vía proyectual, recurriendo a técnicas de incitación al inconsciente. Una de las líneas de trabajo con los alumnos en la *Unit*, por ejemplo, consistía en desarrollar un proyecto aleatorio partiendo de una forma preconcebida, sin significado ni programa, por ejemplo un *tektonik* de Malevich, creación tridimensional escultórica del artista suprematista. Como en una sesión de libre asociación de ideas, se invitaba a los alumnos a *vomitar* de modo rápido y automático, un programa, unas funciones inventadas para esa forma preconcebida, y como fase posterior, decidir un tamaño y una localización de la pieza en el entorno para desarrollar finalmente un proyecto arquitectónico en el que alumnos y profesores se confunden, como el psicoanalista y el paciente.[30] En otras ocasiones, el programa se fraccionaba entre los alumnos, desarrollando cada uno su parte sin conocer la de los demás, para fusionarlas posteriormente al igual que hicieran los surrealistas con el juego del *cadáver exquisito*.

Este ejemplo del trabajo compartido profesores-alumnos en la *Unit 9* londinense coincide con el arranque de una línea teórica creativa, germen de los métodos proyectuales que desarrollará OMA durante años y que se materializará en no pocos obras relevantes. Durante sus años de docencia en la escuela, entre 1975 y 1980, las propuestas teóricas y los proyectos profesionales de OMA: la piscina flotante, la casa Spear en Miami, la ampliación del Parlamento de La Haya, la vivienda del primer ministro irlandés en Dublín, el Museo de Fotografía en Ámsterdam, etc., se presentaron también a los alumnos como ejercicios escolares.

Las propuestas se trocean, se intercambian, se manipulan, en un intento obstinado de incitación inconsciente y de anulación de los procesos racionales de proyecto, Koolhaas y Zenghelis proponen el abandono de la caja de cristal, como universo epistemológico de creación defendido por medio siglo de arquitectura racional, y la reivindicación de la *caja negra*: inconsciente, irracional e incontrolable.[31]

---

[30] Descripción de la Unit 9 por parte de Koolhaas y Zenghelis en las publicaciones de la A.A.
[31] Gladys Adamson, Carlos Martínez Bouquet y Jorge A. Sarquis. *Creatividad en arquitectura desde el psicoanálisis* (Buenos Aires: Editorial Paidós, 1985), 19.

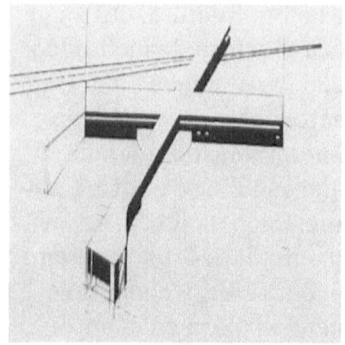 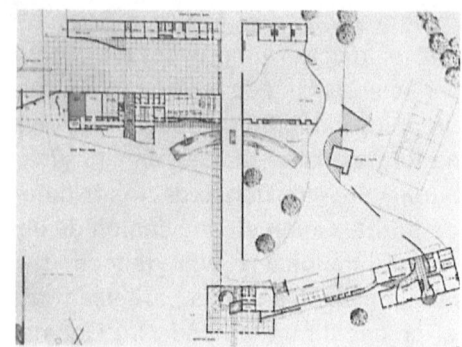

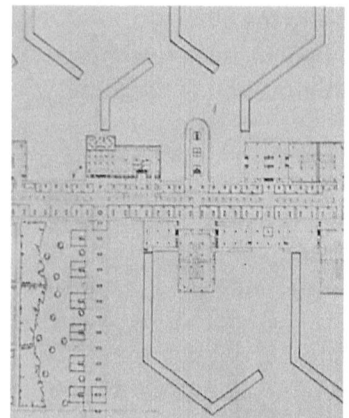 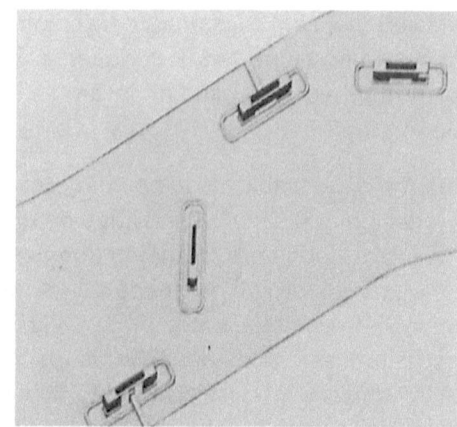

Algunos trabajos *compartidos* de los alumnos de *Diploma Unit 9* de Koolhaas y Zenghelis a los que el autor de este texto ha tenido acceso en el archivo de la *Architectural Association* de Londres. Son trabajos teóricos y propuestas profesionales de los dos arquitectos que ofrecían a sus alumnos como ejercicios. De izquierda a derecha y de arriba abajo. Casa en Miami (propuesta de Zaha Hadid), vivienda del primer ministro Irlandés en Dublín, Intervención en el barrio de Bijlmermeer en Ámsterdam y club flotante.

1980. OMA ROTTERDAM.

El aprendizaje en Manhattan del potencial creador del automatismo formal del edificio y su validez como propuesta arquitectónica, así como los experimentos irracionales llevados a cabo en la *Architectural Association*, condicionan las primeras propuestas profesionales elaboradas por OMA. En 1980, Koolhaas y Zenghelis deciden abandonar sus puestos como profesores en la *Architectural Association*. Son los años de la construcción de OMA como verdadera oficina de proyectos con algunos primeros encargos importantes. Zaha Hadid había abandonado el grupo un año antes, y Koolhaas se encarga de abrir la sede de OMA en Rotterdam que contará con nombres que después serían importantes en la historia reciente de la arquitectura de vanguardia como Kees Cristiansen, William Jan Neutelings, Xaveer de Geyter, Wini Maas y Jacob van Rijs. La oficina de Londres, con Vriesendorp, Wall y Zenghelis sobreviviría algunos años. También Zenghelis abrió una oficina de OMA en Atenas que funcionó entre 1981 y 1984 pero que tuvo un papel secundario en el desarrollo de la firma. La oficina de Rotterdam fue la que verdaderamente comenzó a trabajar de modo intenso y similar a la forma de trabajo con los alumnos del *Diploma Unit 9*, incitando a ese automatismo colectivo que había posibilitado la existencia de Manhattan.

Entre los primeros proyectos elaborados por la recién inaugurada Oficina de OMA Rotterdam, la propuesta para el Complejo de Boompjies, de 1980-1982, a lo largo del *MaasBoulevard* en la propia ciudad de Rotterdam, constituye uno de los primeros ejemplos que responden a la utilización del *manhattanismo* como praxis arquitectónica, explorando todas las posibilidades de crecimiento metropolitano que Koolhaas investiga en *Delirious New York*. Se trata de un proyecto que reproduce la génesis automática de los rascacielos neoyorquinos, constituyendo un ejemplo de inestabilidad arquitectónica de primer orden.

El edificio se ubica, por elección de OMA, en un espacio residual de la ciudad holandesa, entre vías rodadas, canales y el río, fuera del centro histórico de la ciudad. Un experimento de la *cultura de la congestión* en un *terrain vague*. Koolhaas planifica una concatenación de volúmenes prismáticos aleatorios, con inclinaciones variadas que sitúa sobre sobre un pódium común, como los crecimientos paranoicos de *La Ciudad del*

Globo Cautivo, en el cual incorpora un supermercado, un restaurante, un parking, una escuela y otros equipamientos colectivos. En las torres se sitúan las viviendas y en la parte superior de las torres, una serie de funciones comunes para los propietarios, incluida una piscina, que conectan los volúmenes con una calle en el aire; como aquellas propuestas de Harvey Wiley Corbett[32] en sus visiones futuristas de Manhattan[33].

 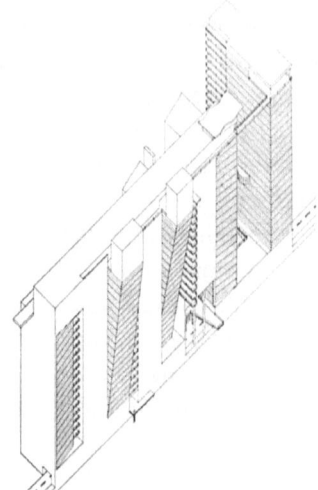

OMA Propuesta para el Complejo de Boompjies de 1980-1982 en Rotterdam. Acuarela y axonometría.

SKYLINE

Otra recreación del crecimiento automático de Manhattan, lo utilizará OMA en la propuesta para el Ayuntamiento de la Haya, de 1986-87. Koolhaas huye de cualquier connotación de edificio singular: nada parecido a una casa consistorial, planteando un edificio anónimo, una volumetría automática de prismas que podría haber firmado el propio Hilberseimer,

---

[32] Rem Koolhaas, *Delirious New York*, 124.
[33] En la parte de este texto dedicada a la *fragmentación* se retomará y completará el análisis de esta propuesta.

y que reproducen un *skyline* metropolitano, una miniatura de Manhattan[34], con una deliberada fluctuación volumétrica en la disposición del programa para crear artificialmente inestabilidad metropolitana. El edificio se concibe como una estructura ortogonal que va alterándose a lo largo de las distintas plantas, creando vacíos, conexiones entre los distintos volúmenes, terrazas jardín, etc. La volumetría es en principio a-contextual: no responde a las condiciones del entorno, tampoco es reflejo fiel de una disposición programática interior; Koolhaas simula un crecimiento automático de torres paralelepipédicas. El programa, una vez más, se fuerza y se adapta al volumen preconcebido, en busca de una fricción e interacción de usos.

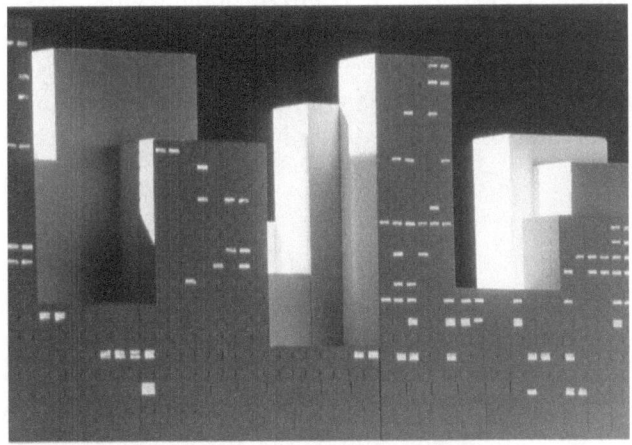

OMA. Propuesta para Ayuntamiento de Haya. 1986-87.

Los años 90 fueron una época de debate interno en OMA sobre la siempre traumática relación entre forma y función, con propuestas que prolongaban la idea de la forma preconcebida automáticamente con una concepción súbdita de la función, que a la vez convivían con propuestas, que en sentido contrario, se centraban en aspectos funcionales dejando la primacía formal de lado, experimentado con procedimientos que también conectan con otros territorios del surrealismo como la tergiver-

---

[34] O.M.A., Rem Koolhaas and Bruce Mau, *S, M, L, XL* (Köln: Benedikt Taschen Verlag GmbH, 1997), 575.

sación, el simbolismo, la fragmentación, etc. Los ensayos de principios de los 90, *La Planta tipo. Meditación* de 1993, *Grandeza o el problema de la talla* de 1994, Últimas *manzanas, especulación sobre la estructura y los servicios* de 1993 y *La Ciudad Genérica* de 1994, algunos de ellas publicados el *S,M,L,X,L*, justifican este apreciable giro del planteamiento inicial de OMA que tendrá su repercusión en algunas obras de estos años, centradas en el programa, una arquitectura genérica, anónima y más contenida. Sin embargo, al final de la década y con el cambio de siglo hay una tendencia pendular en la oficina de retorno a cierto apriorismo formal, que tendrá como consecuencia la aparición de propuestas formalmente más escultóricas, vinculadas también a planteamientos pseudo automáticos de la forma del edificio, retornando en cierto modo a su postura de partida en los años 70[35]. Esta reivindicación queda clara en el ensayo de Robert Somol, incluido en la publicación *Content* "Doce razones para volver a la forma", escrito en 2003, justificando esta postura de vuelta atrás: "con la forma, la arbitrariedad se vuelve natural a pesar de su propia violación por un interior independiente"[36].

OMA ANEX

Es precisamente con el cambio de siglo y con el encargo de nuevos proyectos en el propio Manhattan, cuando la oficina reaviva esta recuperación de lo que podríamos llamar el *manhattanismo* más ortodoxo y sus connotaciones formales. Uno de los principales proyectos que explora la idea de crecimiento automático estudiado por Koolhaas en Manhattan, una versión real de aquella ocupación metafórica de la trama ortogonal del proyecto de *La ciudad del Globo Cautivo*, lo constituye la propuesta para la ampliación del Whitney Museum de Nueva York, de 2001. El proyecto explora la posibilidad de encajar el programa en una forma preconcebida. El hecho de poder hacer una propuesta en el propio Manhattan le permite a Koolhaas poner en práctica, de modo certero, los postulados

---

[35] Hay que indicar que en la poliédrica obra de OMA en la época de finales de los 90 son también reseñables otros proyectos cuya investigación se centra en aspectos diferentes, muchas veces antitéticos a los expresados aquí.
[36] Rem Koolhaas ed., *Content AMOMA/ REM KOOLHAAS/ &&& Simon Brown & Jon Link*, (Köln: Taschen, 2004), 86-87.

defendidos en *Delirious New York*. Nos interesa en este trabajo el proceso creativo llevado a cabo por la oficina de OMA hasta dar con la elección formal que constituyó la propuesta definitiva.

Las bases del concurso proponían la ampliación del museo, como extensión del emblemático edificio de Marcel Breuer y ocupar todo el frente de una manzana de Manhattan. De modo similar a los experimentos llevados a cabo en la *Unit 9* de la A.A. se trabajan opciones dispares por los distintos miembros del equipo designado por OMA, buscando esa arquitectura de comité que había producido el Rockefeller Center. Para este proyecto se generan una extensa colección de maquetas de gran carga formal, absolutamente distintas entre sí, sin más limitación que la ley de máximo volumen permitido para el solar. Algunas de las maquetas que se realizaron revientan la apariencia arquetípica de un edificio, constituyendo artefactos más relacionados con los *ready mades* y los objetos surrealistas que con maquetas arquitectónicas. Cientos de *encuentros fortuitos* entre el edificio de Breuer y la propuesta de OMA.

De entre todas las líneas de trabajo, Koolhaas selecciona un gigantesco poliedro irregular, una protuberancia daliniana, que surge sobre los edificios existentes como aquellos pódiums de "piedra gruesa y pulimentada"[37] del proyecto de *la Ciudad del Globo Cautivo*.

---

[37] Rem Koolhaas, *Delirious New York*, 294.

Propuestas de prototipos para el concurso para la ampliación del *Witney Museum* de Nueva York. 2001. Sobre el volumen del edificio de Breuher y el adyacente bloque de arquitectura típica neoyorquina *brownstone* se plantean las distintas soluciones sin más limitación que la línea de máxima edificación. El repertorio no puede ser más disperso: desde propuestas que materializan la *Ley de Zonificación*, pasando por extraños artefactos, geodas descomunales, un copia-pega del edificio de la *Casa da Música* de Oporto y las variaciones del *Oma-Anex*, la línea de prototipo escogida por Koolhaas.

Maqueta de variante del concurso.

Meret Oppenheim[38]. *Juego de desayuno de piel*. 1936.

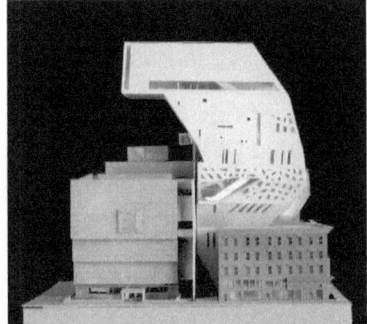
OMA. Ampliación del *Withney Museum*.
Maqueta de la propuesta definitiva.

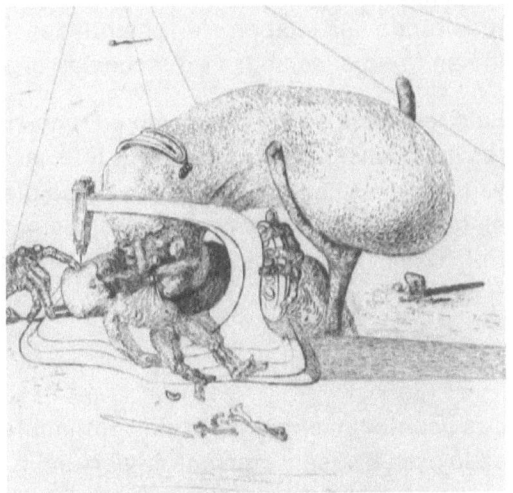
Salvador Dalí. *Canibalismo*. 1933. Ilustración para los *Cantos de Maldoror* de Lautreamont.

La inserción del programa en la forma automática del prototipo y los fenómenos de colisión proyectual buscados por Koolhaas, desencadena una disposición programática no habitual, alterando la gradación funcional de espacios principales y servidores, insertando entre los principales

---

[38] El *juego de desayuno en piel* presentado en la *Exposición surrealista de objetos* de 1936 es la obra más conocida de la artista surrealista *Meret Oppenheim*, la obra tuvo gran aceptación por el grupo surrealista al que la artista pertenecía y gran difusión internacional al ser adquirido por el MOMA de Nueva York.

ámbitos de exposición, "las más prosaicas de las partes de un museo: zonas comerciales, circulaciones"[39], comunicadas entre sí por escaleras mecánicas que llevan hasta la planta superior. La estructura del edificio, planteada en hormigón armado, se sitúa en la propia piel del edificio, adaptándose a su forma y por esto, formando una red heterogénea de elementos estructurales que responde a los distintos grados de solicitación de la superficie.

Los forjados se utilizan para arriostrar el conjunto y los huecos se insertan en la fase final de diseño, en la cadena: forma-programa-circulación-estructura-huecos, en aquellas zonas que la estructura lo permite, generando otro nivel de arbitrariedad adicional en la composición, y resultando una imagen ciertamente desconcertante del prototipo: un volumen *tumoral* como las excrecencias orgánicas de los cuadros de Dalí.

La circulación se plantea como un recorrido en ascensión desde las partes más conservadoras del programa, insertadas en el edificio de Breuer y los bloques construidos con la típica piedra *brownstone*, continuando en el anexo de OMA y concluyendo de modo metafórico en la parte superior con la vista panorámica de Manhattan.

MELANCHOLIA

Los acontecimientos del 11 de septiembre de 2001 supusieron, a parte de la gran tragedia humana, el derrumbe de uno de los últimos ejemplos de torres prismáticas de 2ª generación de Manhattan: Las *Twin*, de Minoru Yamasaki, inauguradas en 1973. La demolición en 1972 de otro de los proyectos de Yamasaki, mientras se construían las torres gemelas, el conjunto residencial *Pruitt Igoe* en San Louis, ya se consideró simbólicamente como la fecha de *la muerte del Movimiento Moderno*, la frase la pronunció Charles Jencks, abogado de la posmodernidad[40]. Si la demolición de San Louis fue considerada un símbolo de la necesidad de un nuevo rumbo de la arquitectura internacional, los atentados de Nueva York convulsionaron de tal modo el *statu quo* internacional que era previ-

---

[39] Rem Koolhaas ed., *Content AMOMA/ REM KOOLHAAS/ &&& Simon Brown & Jon Link*, 217.
[40] Luis Fernández Galiano, "Yamasaki redux", *Arquitectura Viva*, n.º 79-80, (2001): 43.

sible que tuvieran también repercusiones en el devenir de la vanguardia arquitectónica mundial.

En el caso de Koolhaas, los atentados del 11-S no solo supusieron, en 2002, una de las causas de la cancelación de la propuesta del NeWhitney, sino que obligaron a un momento de reflexión para el equipo de OMA sobre la viabilidad del *manhattanismo* y la cultura de la congestión en altura[41] ante las nuevas amenazas terroristas, cuestión que tendría consecuencias en su devenir proyectual posterior. Una de esas consecuencias para Koolhaas, es el fortalecimiento de un sentimiento nostálgico hacia la primera generación de rascacielos de Manhattan, elogiada en *Delirious New York*, previos a los ejemplos prismáticos de los años 50, como *la Lever House* o el edifico *Seagrams* de Mies van der Rohe.

Esta postura centra la línea de trabajo de OMA en *edificios torre,* donde los conceptos explicados por Koolhaas de automatismo, automonumento y formalismo son absolutamente primordiales. Estas propuestas tienen en común dos aspectos fundamentales: la utilización de prismas truncados, como una versión renovada de aquellos volúmenes propuestos por Hugh Ferris, en base a la *Ley de Zonificación* de 1913, y un despliegue de metodología automática creativa sin precedentes.

Uno de los ejemplos que pertenece a esta línea de trabajo es el *Astor Place Hotel*, proyecto para Nueva York de 2001, en colaboración con Herzog & de Meuron y desarrollado en la época que se produjeron los atentados. Muestra una prevalencia de la forma del edificio por encima de toda consideración adicional de proyecto. Esta premisa queda patente al analizar la serie de propuestas preliminares de ocupación de la parcela, como las realizadas para el proyecto del NeWhitney, desarrolladas de un modo similar a los experimentos automáticos de la A.A. La opción elegida será una pirámide truncada como aquellas de la primera época de Manhattan: informal, asimétrica, automática.... Su apariencia caprichosa y casual, se ve reforzada además con la incorporación de los huecos, perforaciones informes, diseminados de modo aparentemente

---

[41] Koolhaas, por otra parte, siempre ha defendido que la congestión no solo se consigue en altura, incluso que la torre es un recurso ciertamente limitado, el caso del proyecto del complejo de *Euralille*, explora un desarrollo en horizontal de la cultura de la congestión. El proyecto del parque de la Villette es otro ejemplo que plantea una congestión en cota *cero*.

fortuito por la superficie de las fachadas. La orgánica aleatoriedad de las ventanas trae a colación propuestas desarrolladas por metodologías de proyecto contrarias a procesos racionales y funcionalistas, recuerdan en este sentido a la fachada de *La Pedrera* de Antonio Gaudí en Barcelona y sobre todo al delirante Pabellón de Dalí para la Exposición Universal de Nueva York de 1939 *El sueño de Venus*, diseñado por el pintor en una de sus pocas intervenciones arquitectónicas.

La descripción aportada por OMA de la imagen definitiva del proyecto deja clara la afinidad surrealista del proyecto y la influencia traumática del atentado en la evolución de la propuesta: ésta, de modo premonitorio 15 meses antes del suceso, se había ido transformando en un conjunto de pequeñas *twins* en miniatura, en un "fragmento vertical de rocas de Afganistán, perforado por cuevas deshabitadas"[42].

Pabellón de Dalí para la Exposición Universal de Nueva York de 1939 *El sueño de Venus*.

---

[42] Fernando Márquez Cecilia y Richard Levene, ed., "Hotel Astor Place", *AMOMA REM KOOLHAAS I, delirio y más, 1996-2006. El Croquis*, n° 131-132 (2006): 204-211.

Proyecto para el *Astor Place Hotel*. Pabellón construido para estudio de huecos y espacios.

AUTOMATIC LAND

Otro ámbito del automatismo formal, a otra escala todavía superior, aparece en los proyectos *territoriales* desarrollados por OMA a partir de 2004. En estos colosales desarrollos urbanos Koolhaas pone de nuevo en marcha los métodos investigados en los primeros proyectos de generación automática de volúmenes, pero ahora implementados a escala *land-art*. A partir del estudio de amplias áreas del Golfo Pérsico, por encargo de Los Emiratos Árabes Unidos, OMA se encuentra con otra materia prima de ensayo muy diferente a la de Manhattan y por supuesto radicalmente opuesta a la Ciudad histórica Europea: el territorio vacío, carente de preexistencias, de infraestructuras, el verdadero folio en blanco donde empezar de cero .

En un entorno desértico, que altera radicalmente su cualidad estratégica nula con el hallazgo, explotación y generación de las expectativas propias del petróleo, el proyecto del *Master Plan* de Ras Al Khaimah, de

2004, constituye la materialización de estos nuevos procedimientos de colonización automática del espacio. Volúmenes dispares, de diversos materiales y tamaños, en organizaciones caprichosas. El complejo se plantea como una venganza a un siglo de urbanismo racional y un cierto homenaje a los crecimientos impredecibles propuestos por Constant Nieuwenhuys, cuarenta años antes, en su proyecto de *Nueva Babilonia*.[43]

OMA. *Master Plan* de Ras al Khaimah. 2004.
Villas Pixel.

OMA. *Master Plan* de Ras al Khaimah. 2004.
Ciudad vertical.

[43] Constant, *La Nueva Babilonia* (Barcelona: Gustavo Gili, 2011), 27.

PERFORMANCE ARCHITECTURALE

FLÂNERIE

El *movimiento*, en su significado primero, es uno de los temas fundamentales de investigación de las primeras décadas del siglo XX, y uno de los objetivos creativos de las distintas vanguardias de aquellos años. Primero lo revindicaron los futuristas y los dadaístas, después los surrealistas, continuando por los letristas y situacionistas; el movimiento ha sido un pilar fundamental del arte contemporáneo[1].

El segundo encuentro con el automatismo en la arquitectura de Koolhaas surge de la investigación sobre del movimiento y la circulación de las personas dentro de sus edificios. Sus antecedentes en el mundo del cine, así como la herencia surrealista y letrista, son fundamentales para entender la importancia de esta circulación entendida como una experiencia cinética de sucesión de impresiones. Pero también su estudio sobre las masas neoyorquinas de *Coney island* y las atracciones mecánicas que se construyeron en la isla que Koolhaas investiga en *Delirious New York*.

Es complicado definir una característica común al planteamiento del recorrido en la dilatada y heterodoxa obra de Koolhaas. Se podría situar el arco epistemológico de estas circulaciones entre lo que podría definirse como un deambular urbano errático y un recorrido iniciático. Sí que hay algo siempre en común que concluir: las circulaciones no son casi nunca *fáciles*: Koolhaas somete al que circula, a una importante densidad de acontecimientos, transformando el recorrido en una experiencia sensorial situada por encima de lo que es estrictamente el objetivo funcional del mismo, apartándose en ocasiones de los tradicionales requisitos de funcionalidad y economía de trayecto.

Es claro, en este sentido, que hay puntos de conexión entre la *Promenade Architecturale* corbuseriana[2] y la circulación Koolhaasiana, en cuanto a que el recorrido forma parte intrínseca del hecho arquitectónico. Sin embargo, Le Corbusier plantea una deambulación racional, en busca de una apro-

---

[1] Francesco Careli, *Walkscapes. El andar como práctica estética* (Barcelona: Gustavo Gili, 2015), 70.
[2] Es interesante en este sentido el estudio que hace Raúl del Valle González en paralelo entre Rem Koolhaas y Le Corbusier en la Tesis. "La herencia de Le Corbusier en la arquitectura de Rem Koolhaas".

piación del espacio por el usuario, proponiendo un recorrido continuo y suave, en el que prolifera el uso de rampas para salvar desniveles, y que permite la contemplación sin interrupciones visuales[3]. La *promenade* de Koolhaas, la *trajectory*, como él la denomina, se encuentra en el territorio del concepto más que en el de la percepción sensorial: la rampa también existe, y el plano inclinado o alabeado, pero también la escalera mecánica y el ascensor. La continuidad corbuseriana se fragmenta voluntariamente, como en las escenas de una película y al igual que en las aludidas trayectorias lúdicas de las atracciones de Coney Island, en la que los viajeros suben, bajan, giran, sienten ingravidez o se precipitan "lo que está más alejado de la razón, lo que más se ríe de las leyes de la gravitación, es lo que más entusiasma a las multitudes de Coney Island".[4]

Decíamos que Koolhaas implementa el término *trajectory* para definir su particular visión de la circulación peatonal dentro de los edificios: una deambulación errática interesada, un discurrir automático con importantes semejanzas a aquellas deambulaciones que los surrealistas habían tomado del Dadá y que comenzaron a experimentar en torno a 1924.

Deambulación dadá de 1921. De izquierda a derecha: Crotti, d'Esparbès, Breton, Rigaut, Eluard, Ribemont-Dessaignes, Péret, Fraenkel, Aragon, Tzara, Soupault.

---

[3] Artículo Josep Quetglás, https://es.scribd.com/doc/62736992/QUETGLAS-Promenade-Architecturale
[4] Rem Koolhaas, *Delirious New York*, 34.

El 14 de abril de 1921, en París, tuvo lugar una experiencia que a la postre constituiría un hecho capital para el devenir del arte contemporáneo del siglo XX. Bajo una lluvia torrencial, los dadaístas inauguran la *Grande Saison Dada*, en la que se incluían unos paseos erráticos por zonas banales de la ciudad, sin un objetivo concreto más que experimentar sensaciones, encuentros o desencuentros inesperados. Los paseos constituían en sí mismos una manifestación creativa del grupo de vanguardia. Con esta acción, se produce un descarrilamiento del arte no sólo ya de los soportes gráficos tradicionales, sino también las salas de espectáculos, inaugurando una serie de acciones que tienen que ver con la deambulación y deriva como una forma de anti-arte que llegará hasta nuestros días.

Reivindicaban la figura del *flaneur*, el vagabundo descrito por Baudelaire[5], que rebelándose contra el orden establecido, perdía el tiempo recorriendo las calles sin rumbo conocido. En esta deriva del *clochard* por la metrópolis, dejándose guiar por sus impulsos más primarios de búsqueda de placer, dibujando su itinerario azaroso e imprevisto, se encuentra la esencia de los recorridos en los edificios de OMA.

En 1924 el grupo dadaísta organiza una nueva deambulación esta vez fuera de la ciudad y durante varios días. En el grupo de viajeros se encontraba, una vez más, André Breton. Esta experiencia precipita el paso definitivo del Dadá al surrealismo[6]. Breton considera este deambular, conversando y caminando durante días, como una exploración hasta los límites entre la vida consciente y la vida soñada. No es casualidad que a la vuelta de ese viaje escriba *Poisson Soluble*, que más tarde se convertiría en el primer manifiesto surrealista[7]. Las deambulaciones surrealistas serán durante los primeros años de existencia del grupo, una parte intrínseca de su sistema creativo global. En realidad, en estos paseos erráticos, los participantes no hacen otra cosa más que cambiar el papel por el espacio tridimensional de la ciudad y el lápiz por su propio cuerpo, constituyendo la experimentación espacial de la escritura y el dibujo automático. Con estas

---

[5] Baudelaire es en numerosas ocasiones de gran influencia en los proyectos de Koolhaas, fundamentalmente en *Exodus*, versión contemporánea y radical de los paraísos artificiales descritos por el poeta francés.
[6] André Parianaud y André Breton, *Entretiens (1913-1952)* (París: Ed. Gallimard, 1952)
[7] Francesco Careli, *Walkscapes. El andar como práctica estética*, 81.

experiencias deambulatorias, además, los surrealistas aplican plenamente las teorías de Freud en la propia ciudad: la deambulación será como una terapia de suspensión de *las defensas*, de liberación del inconsciente, la ciudad como lienzo, pero también la ciudad como diván: nos encontramos ante el punto de partida de importantes grupos de vanguardia del pasado siglo[8], que continuarán con el uso de la experiencia automática urbana y su interferencia con la vida cotidiana de las calles.

Uno de estos grupos, herederos de la deambulatoria surrealista y del que Koolhaas tenía un conocimiento de primera mano, retoma toda esta experiencia en una nueva propuesta creativa que tendrá que ver mucho con el concepto de *trajectory* koolhassiana. Nos referimos al situacionismo y al concepto de *derive*, propuesto por Guy Debord treinta años más tarde de los paseos erráticos del grupo de Breton, "viejos caducos con altas pretensiones cifradas en el universo inconsciente y poquísimos logros"[9], diría Debord, intentando marcar distancia entre sus derivas lúdicas y las experiencias deambulatorias del surrealismo.[10]

Será otro situacionista, Constant Nieuwenhuys, en su ya aludido proyecto de *Nueva Babilonia*, de gran influencia en Koolhaas[11], el que transforme la deambulación situacionista en arquitectura y en ciudad. Continúa desarrollando la idea de la deambulación de Debord con su *homo ludens*[12], el hombre cuya vida está entregada totalmente a la creatividad y al juego. El *homo ludens* habita una ciudad de crecimiento aleatorio, automático y laberíntica, en la que los propios habitantes son los constructores. Constant para definir su circulación por *Nueva Babilonia* utiliza el término *laberinto dinámico*, precedente claro del concepto de la *trajectory* de Koolhaas.

---

[8] Francesco Careli, *Walkscapes. El andar como práctica estética*, 79.
[9] Carlos Granés, *El puño invisible. Arte, revolución y un siglo de cambios culturales* (Madrid: Santillana Ediciones Generales, 2012), 105.
[10] Guy Debord, "Teoría de la Deriva (1958)" en *el # 2 de Internationale Situationniste*. Traducción extraída de *Internacional Situacionista*, vol. I: La realización del arte, (Madrid: Literatura Gris, 1999),
[11] Ver la parte de este texto dedicada a la *dramatización* y a los proyectos que influyeron en Koolhaas para la concepción de *Exodus*. El propio Constant, sobre este proyecto de Koolhaas confirma que se encuentra basado de modo muy importante en su proyecto de *Nueva Babilonia*.
[12] Constant, *La Nueva Babilonia* (Barcelona: Gustavo Gili, 2011), 32: "*En cada instante de su actividad creativa, el neobabilonio está en contacto directo con sus semejantes. Todos sus actos son públicos, ...Este proceso escapa al control de un único individuo*".

Diagrama de la *deriva* por *Nueva Babilonia*. Constant, 1963.

Revisar todos estos antecedentes es indispensable para abordar el concepto de *trajectory* de OMA, que aunque comparte aspectos comunes a la *promenade architectual* corbuseriana[13], incluso con el *raumplan* loosiano, fundamentalmente hereda toda la toda la carga irracional, automática y lúdica de la deambulatoria surrealista y situacionista. Como hiciera Constant, Koolhaas utilizará las circulaciones siempre propiciando cierta *desorientación* que posibilita el cambio creativo, o lo que es lo mismo y en referencia al *manhattanismo*: usará la deliberada fricción entre los distintos usos, provocando inestabilidad programática.

---

[13] Juan Antonio Cortés, "Delirio y Más", *El Croquis*, n.º 131/132 (2006): 54.

En este sentido, se pueden discriminar fundamentalmente dos tipos de *trajectory* en los edificios de OMA: la primera, aquella que persigue la libertad absoluta del individuo en el recorrido, en un espacio libre, relacionada directamente con los conceptos anteriormente explicados de deambular surrealista y *flanerie*, y la segunda, otra línea de proyectos en la que el arquitecto es el verdadero *flaneur*, el que concibe el *laberinto dinámico* en el edificio, definiéndolo y materializándolo, de modo que el visitante se convierte en un fiel interprete del deambular circulatorio concebido a priori por el creador de la obra.

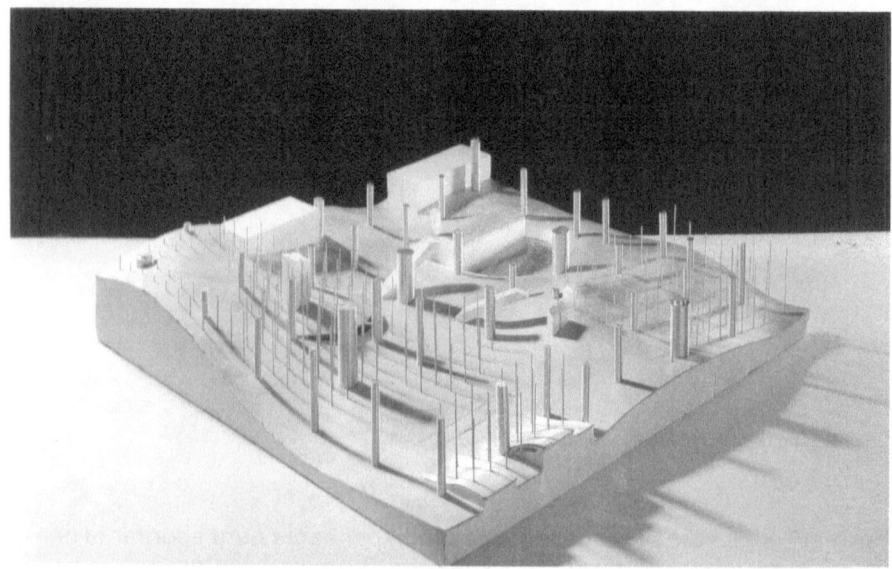

OMA. Propuesta para el Centro de Congresos de Agadir, Marruecos. 1990. El prisma seccionado mostrando el nivel central, el vacío urbano de las dunas.

DUNES

Uno de los primeros proyectos de OMA donde se plasma de mejor modo el concepto de *deambulatoria surrealista* libre es el Centro de Congresos de Agadir en Marruecos, propuesta de 1990. Se trata de un centro de convenciones con un teatro, un museo y un hotel. Ocho años antes, el proyecto para el concurso del parque de la Villette en París, ya había experimentado en el territorio de la intervención urbana la deriva errática de circulaciones considerando al visitante al parque en la categoría de *flaneur* contemporáneo[14]. En esta ocasión OMA concibe un prisma cuadrangular de 140 metros de lado que secciona en dos, introduciendo un vacío ondulado que pretende ser una prolongación del paisaje de las dunas de la playa donde se encuentra el complejo. La parte superior del prisma seccionado se corresponde con el hotel y la inferior con el resto de programa.

La parte fundamental del proyecto es esta superficie abierta que Koolhaas denomina *la plaza urbana*. En este espacio es donde Koolhaas prevé un deambular incierto que promueva el encuentro interpersonal, las inclinaciones del suelo, colinas y valles, propiciarían los recorridos involuntarios de los usuarios, como en una cubierta de un barco que navega. La estructura soporte además, complejiza estas derivas mediante la disposición de una colección aparentemente *automática* de pilares de distintas proporciones y secciones, algunos de ellos huecos que incorporan las conexiones entre las dos piezas cerradas.

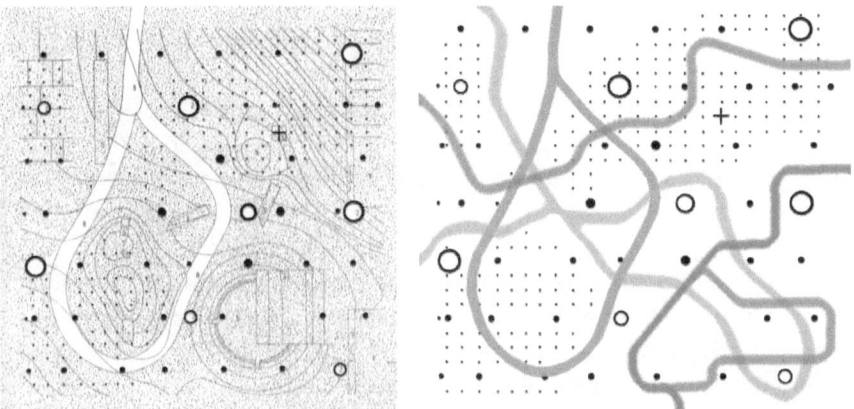

Centro de Congresos de Agadir. Planta del nivel central y Esquema de hipótesis de deambulaciones automáticas hecha por el autor

[14] Ver en el capítulo del mecanismo onírico de la *condensación*, la parte dedicada al concurso de la Villette.

SERENE BACKGROUND[15]

Otro de los proyectos que mejor refleja el deambular automático y libre en las propuestas de OMA es el proyecto no construido de dos bibliotecas en la universidad de Jussieu, en París, en 1992. Una perversión del modelo *domino* del Estilo Internacional. Un gran volumen prismático resuelto en múltiples niveles cuyos forjados se pliegan y se cortan generando puntos de conexión inesperados.

La circulación en el edificio es el principal elemento condicionante de la propuesta, de hecho, la idea inicial de la intervención se plantea como una solución a los problemas del tránsito peatonal en el complejo universitario consistente en un gran podio, contenedor de las plantas inferiores, sobre el que se superpone una retícula ortogonal de pabellones *flotantes*. El edificio se plantea como la solución para la red de las circulaciones peatonales en Jussieu en una operación conceptual de doblado múltiple de la superficie de la cubierta del podio, tal y como se plegaría una sábana que se guarda.

El modo de recorrer el edificio como una superficie urbana distorsionada se concibe con un grado de libertad máximo. El proyecto como un *fondo sereno* es ausente, simple superficie urbana, el verdadero protagonista es el habitante del edificio. El autor nos desvela la conexión entre esta deriva automática por el edificio y la referencia al deambular surrealista y situacionista.

> "Arriba y abajo, todas las plantas están conectadas por una simple trayectoria, un bulevar interior que expone y relaciona todos los elementos programáticos donde el visitante se convierte en un *flaneur* baudeleriano, inspeccionando y siendo seducido por un mundo de libros e información, por un escenario urbano"[16].

---

[15] El título dado por Koolhaas a la propuesta en *S, M, L, XL*, alude a la deliberada ausencia de la imagen del proyecto, que se concibe como un fondo sereno en el que las circulaciones son las verdaderas protagonistas. O.M.A., Rem Koolhaas and Bruce Mau, *S, M, L, XL*. (Köln: Benedikt Taschen Verlag GmbH, 1997), 1328.
[16] O.M.A., Rem Koolhaas and Bruce Mau, *S, M, L, XL* (Köln: Benedikt Taschen Verlag GmbH, 1997), 1320.

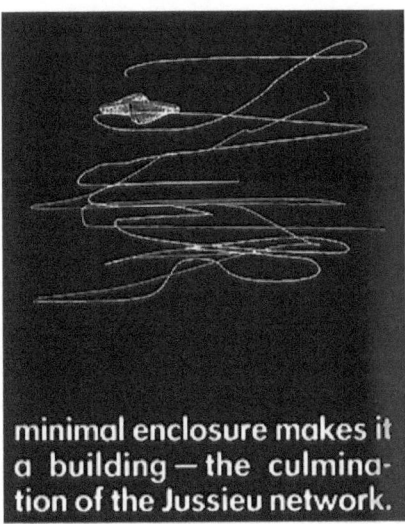

OMA. *S, M, L, XL*. Esquema conceptual del deambular por el edificio de las Bibliotecas de Jussieu.

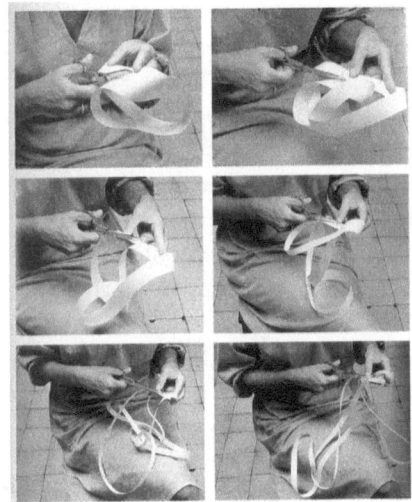

Lygia Clark. *Caminhando*. 1963.

PERFORMANCES

Conviviendo con estos proyectos de OMA de *deambulación libre*, a partir de los años 90 Koolhaas comienza a incluir *trajectories predefinidas* como parte integrante del proyecto. Estos recorridos participan también de los fundamentos surrealistas de deambulación automática, imprevisible y fraccionada, pero al contrario que los ejemplos anteriormente analizados, no sólo se encuentran definidos ya en la concepción del proyecto, sino que además son un elemento estructurante imprescindible en el mismo. Uno de los primeros proyectos donde se pone de manifiesto el concepto de *trajectory* implementado a priori por Koolhaas, combinado aun con ciertos grados de libertad en las circulaciones, y considerada también una de las más importantes propuestas de OMA no construidas es el proyecto del ZKM *Zentrum für Kunst* de Karlsruhe, de 1990.

El gran volumen prismático, lo más reseñable del complejo, se formaliza por cuatro planos de cerramiento con misión estructural y que incluyen los elementos de servicios del programa. Todo el vacío central incorpora los espacios principales en varios niveles apilados, resueltos con vigas tipo Vierendeel. Aunque formalmente pudiera recordar al cubo de Jussieu, el funcionamiento de la pieza prismática es diametralmente opuesto: Koolhaas inserta un *laberinto dinámico* determinado para recorrer todo el complejo en sentido ascendente finalizando en la gran terraza panorámica. La ascensión se aparta de la consideración de un itinerario racional, es cambiante en cada nivel, no sigue ninguna directriz ni vertical ni horizontal, sencillamente va cosiendo las distintas partes del programa, dejando limitada la posibilidad de deriva automática y libre del visitante. Koolhaas habla de *serpenteó* de la circulación publica: "El sistema de circulación pública serpentea alrededor del corazón invadiéndolo en momentos estratégicos en un despliegue continuo de las actividades del Centro"[17].

El cerramiento perimetral del prisma, cuatro *hollow walls*[18] donde se alternan piezas de servicio con núcleos de comunicación, participa también de esta deambulación azarosa, formada por rampas, escaleras, escaleras mecánicas, espacios estanciales y pasillos. Koolhaas obliga al visitante a integrase en la *perfomance architecturale* que supone el recorrido público ascendente del edificio.

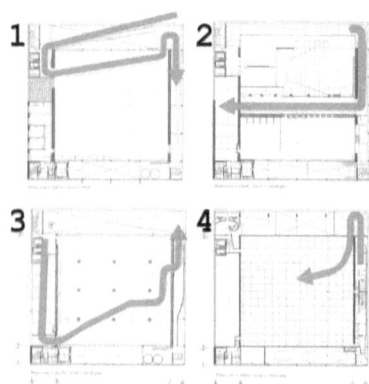

ZKM. Esquemas del autor sobre la *perfomance architectural* en varias de las plantas.

ZKM. Maqueta seccionada donde, como en un hormiguero, se aprecia la complejidad del recorrido ascendente.

[17] "Zentrum fur Kunst und Medientechnologie", sitio web de OMA, acceso el 12 de diciembre de 2014, http://oma.eu/projects/zentrum-fur-kunst-und-medientechnologie.html.
[18] Ver la parte del texto dedicada al *muro simbólico donde* se explica este concepto, muros gruesos huecos que alojan programa.

TRAJECTORY DUCT

Otro ejemplo de una *trajectory* como origen proyectual de la propuesta lo encontramos en el edificio para la embajada de Holanda en Berlín, proyecto de 2004. OMA organiza el programa en dos volúmenes separados por un vacío, símbolo de los huecos dejados por los bombardeos de la segunda guerra mundial. La configuración platónica y perfecta del cubo que constituye la pieza fundamental del complejo está completamente alterada por la inserción de un recorrido lineal de tortuoso ascenso, de nuevo un serpenteo hasta la cubierta. Se trata de una versión todavía más radical de *trajectory* que la del edificio del ZKM, en este caso, tiene una correspondencia arquitectónica biunívoca con un espacio absolutamente definido y cerrado.

Las maquetas de proyecto evidencian el interés de OMA por la materialización formal de la *trajectory* por encima del de los espacios que esta conecta. La regularidad inicial de la fachada del cubo de cristal y planchas de aluminio, por otra parte, también se ve perturbada cuando el camino interior, como un gusano en el interior de una fruta, roza el exterior, haciéndose visible y proporcionando vistas estratégicas del río y de la torre de televisión[19].

---

[19] "Embajada de los Países Bajos", sitio web de OMA, acceso el 23 de Marzo de 2013, http://oma.eu/projects/netherlands-embassy.hmtl.

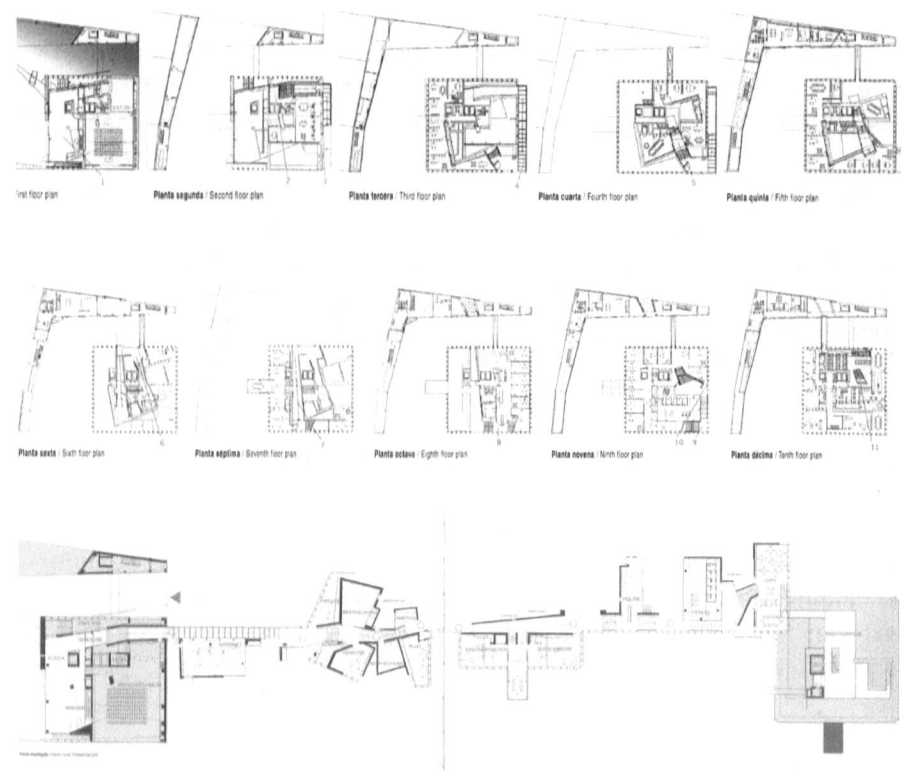

Embajada de Holanda en Berlín, la *trajectory* en las distintas plantas.

Koolhaas refuerza el papel estructurante del espacio zigzagueante del recorrido formado por rampas, escaleras, pasillos y otros espacios, ya que funciona, además, como un gran conducto de impulsión de aire y un elemento arriostrante de toda la estructura[20]. El aire renovado asciende por la *trajectory* como un usuario más del edificio, como una presencia imperceptible.

En el exterior, la presencia del recorrido se materializa también constructivamente: la *trajectory* a veces se retranquea y a veces permanece

---

[20] "Netherlands Embassy in Berlin 1997-2003 / Rem Koolhaas, OMA". *A+U: Architecture and Urbanism*, n.º 2 (401) (2004): 12-29.

en voladizo, pero siempre se significa interrumpiendo la geometría cartesiana del cubo al que penetra. OMA alterna las zonas de distintos tipos de acristalamiento con partes fijas. La L que se desgaja del muro contrasta con el prisma: Koolhaas la concibe completamente en chapa de aluminio opaca o traslucida. Esta parte, este nuevo *hollow wall*[21], aloja la vivienda del embajador. Las conexiones entre ambas piezas se materializan también como recorridos cristalizados en el espacio vacío entre ambos volúmenes.

Embajada de Holanda en Berlín.
Maqueta conceptual de la *trajectory*.

ÉXITO

Como conclusión a este capítulo, cabe decir que el automatismo como técnica tuvo un recorrido relativamente corto dentro del grupo surrealista. Si bien su utilización fue en un principio revolucionaria e impactante, pronto se reveló insuficiente, habida cuenta del acotado recorrido de los experimentos que se basaban únicamente en la supresión del control racional.

---

[21] Ver la parte de este texto dedicado al símbolo del muro y el concepto de *hollow wall*.

Aunque en el ámbito de la literatura y la poesía se obtuvieron obras de una calidad estética incontestable, en el de la pintura y la escultura, el automatismo psíquico como metodología, resultó limitado para los de Breton, a pesar de su inconmensurable repercusión en la historia del arte venidero, teniendo aquellos surrealistas que recurrir rápidamente al fecundo universo onírico, del que hablaremos en el siguiente capítulo, como fuente de inspiración complementaria.

Sin embargo, no es desafortunado afirmar que Koolhaas consigue un aprovechamiento mucho mayor del automatismo del que hicieran los surrealistas: construye sobre éste su teoría de ciudad, justifica el automatismo del *manhattanismo* como método creativo universal válido, y en él fundamenta el origen epistemológico proyectual de gran parte de sus edificios. Por otra parte, inserta habitualmente *trajectories* que recuperan y ponen en valor aquellas deambulaciones surrealistas que se quedaron en mera anécdota dentro de la contundente trascendencia del surrealismo como tal.

En el primer grupo, a lo largo de los años van surgiendo notables ejemplos como como la *Casa da Musica* de Oporto de 2005, el complejo *Blox* de Copenhague, de 2006, el *Timerhuis* de Rotterdam, de 2009 o el edificio *De Rotterdam,* terminado en 2013. Estos proyectos exploran de distintos modos las premisas del *manhattanismo* de inserción de programas en formas de recreación automática.

En el grupo de los edificios con *trajectories*, con un recorrido principal público, como una aorta necesaria para su funcionamiento vital, destaca la propuesta para la ampliación del *MoMA,* de 1997, el *McCormic Tribune Campus Center* de Chicago, de 1997-2003, el *CCTV* de Pekín, de 2002-2012 o el propio el *Kunsthal* de Rotterdam, de 1987-1992.

SEGUNDA PARTE
LOS SUEÑOS

RÊVER[1]

Si bien las investigaciones surrealistas se entregaron en primera instancia a la búsqueda frenética de lo irracional mediante los experimentos que tienen que ver con los procesos automáticos, pronto necesitaron los de Breton una fuente complementaria que permitiese suministrar un lenguaje con suficiente contenido y con una capacidad expresiva coherente con los postulados surrealistas fundacionales. La inmediatez de respuesta automática de la mente que funcionaba perfectamente con la escritura y también con el dibujo a lápiz o carbón, era difícil de conciliar con la técnica del óleo incluso con la del collage, más lenta y laboriosa, guiada por procesos que podríamos denominar racionales como el recortado, la aplicación por capas, la espera de secado, etc.

Esta falta de recorrido del automatismo como técnica creativa la resolvieron los surrealistas recurriendo de nuevo al psicoanálisis y tomando de este sus averiguaciones sobre otra de las grandes puertas por las que se nos revela cada día nuestra parte inconsciente: el mundo de los sueños y el universo visual que nos muestra el soñar. Breton, profundo conocedor de la obra de Freud, reparó en las posibilidades de la dimensión plástica del sueño que ya describiría el psiquiatra austriaco[2], y de cómo estos constituían la expresión disfrazada del deseo, en la acepción más sexual de la palabra, cuestión esta última que inquietaba y maravillaba a los surrealistas.

A partir de este momento, los mundos oníricos empezaron a ser los protagonistas indiscutibles de la pintura surrealista. Comenzaron de este modo a explorar la capacidad del lenguaje del sueño de disfrazar al deseo, burlando el estricto control de la razón mediante los mecanismos de deformación que aparecen en los mismos y que configuran su apariencia singular.[3]

---

[1] En francés: tener el espíritu ocupado con imágenes durante el sueño (Sommeil), esta acepción en el idioma fundamental en el que se gestó el surrealismo, equivale al español soñar, que por otra parte tiene en nuestro idioma una proyección polisémica que se amplía al ámbito de la fantasía y al del anhelo de conseguir algo.
[2] José Jiménez, Dawn Ades y Georges Sebbag, *El Surrealismo y el sueño*, (Madrid: Museo Thyssen- Bornemisza, 2013), 29.
[3] Jiménez et al, *El Surrealismo...*, 29.

Si en el capítulo anterior del presente texto buscamos, dentro de esta lectura comparada entre la obra de Rem Koolhaas y el surrealismo, aquellas afinidades y puntos en común en lo relativo a la aplicación de métodos y experimentos automáticos, en esta parte indagaremos, al igual que hicieran los surrealistas, en la específica configuración visual de los sueños, los fundamentos de su existencia y en las características del mundo onírico que siempre han interesado al hombre y que ha sido inspiración de su fantasía, en busca de puntos de contacto con la propuesta arquitectónica de OMA.

El onirismo en la obra de Koolhaas se plantea en dos tiempos que se explorarán en esta parte: un primer momento, durante los años 70, donde se da forma al planteamiento teórico inicial de lo que sería OMA, que nace de una simbiosis entre la propuesta creativa surrealista de Madelon Vriesendorp y la visión delirante del cosmos metropolitano de Koolhaas, con referencias manifiestas al psicoanálisis, al surrealismo y a otros grupos de vanguardia de la época derivados de éste. Este momento onírico inicial produciría las propuestas teóricas desarrolladas en Manhattan, conjuntamente con Elia Zenghelis: *La ciudad del Globo Cautivo, El Centro del Huevo de Colón, El Hotel Esfinge, El Welfare hotel, El Duct Park*, etc. y concluiría aproximadamente en 1978, año de la publicación de *Delirious New York*, que no es otra cosa que la puesta por escrito de esta fase inicial.

El segundo tiempo se construye a partir de 1978 con la profesionalización de OMA como equipo de arquitectos. A partir de este momento las referencias al surrealismo se trasladan al ámbito de la arquitectura real de un modo sutil, desprendiéndose del imaginario fantástico inicial, pero manteniendo una fuerte conexión con la praxis surrealista onírica, fundamentalmente con los mecanismos de deformación de los sueños codificados por Freud, de los cuales hablaremos a continuación y que subyacen en la obra surrealista.

DISFRAZ

"Cuando un niño no quiere abrir su mano para mostrarnos lo que en ella se encierra es que seguramente esconde algo que no debiera haber cogido"[4]

Recordemos que el psicoanálisis concibe la psique como un lugar, un ámbito espacial dividido fundamentalmente en dos partes[5], *la consciencia*, o lo que es lo mismo, nuestra experiencia vital y por otro lado está *el inconsciente*, oculto para nosotros pero que es receptáculo también de una cantidad incluso superior de contenidos demasiado incomodos o dolorosos para que la mente consciente pueda procesarlos: el deseo sexual, los complejos, traumas, o los sentimientos socialmente reprobables[6]. Ambas partes son en principio compartimentos estancos e inconexos si no fuera porque el principio de *equilibrio dinámico*, que concibe la psique como un conjunto de fuerzas en movimiento, propicia ciertas interacciones en un intento de equilibrar la *presión*. Es por esto por lo que *el inconsciente*, saturado de contenidos reprimidos, se intenta liberar lanzándolos a *la consciencia*. Las *resistencias*, como decíamos, se encargan de impedir ese acceso que sería doloroso e inaceptable para nuestra parte consciente.

Sin embargo, mientras dormimos, nuestras *defensas* se encuentran relajadas, es por tanto el mejor momento para atacar a la parte consciente. Por eso *el inconsciente* utiliza el sueño para liberar aquellos contenidos inaceptables. Pero, aun así, incluso en esta situación, el acceso directo de estos contenidos sería tan traumático e impactante que provocaría la interrupción del sueño. Es por esto por lo que el *inconsciente* disfraza hábilmente sus contenidos reprimidos, su *contenido latente* en lo que denominará Freud *el trabajo del sueño*. Así, mediante ciertos mecanismos de deformación onírica, se trasformará en *contenido manifiesto*[7], o

---

[4] Sigmund Freud, *Introducción al psicoanálisis*, 143.
[5] En realidad y siendo más precisos se divide en tres, si consideramos el preconsciente o zona de separación entre ambos.
[6] Cecile Landau & Scarlett O'Hara, *El libro de la Psicología*, 96.
[7] Sigmund Freud, *Introducción al psicoanálisis*, 142.

lo que es lo mismo, en el sueño en sí que experimentamos, aparentemente inocuo y por tanto aceptable para la parte consciente, consiguiendo de este modo burlar la barrera de *las defensas*[8].

Los mecanismos de deformación básicos que nos interesan, de los cuales consideramos necesario hacer una breve introducción y que desmenuzaremos en las páginas siguientes, son *el desplazamiento, la condensación, la fragmentación, la dramatización y el simbolismo.* El propio Freud dice, refiriéndose a cómo estos procesos son capaces de deformar el mensaje inicial inconsciente: "sufre este material psíquico latente una compresión que lo condensa, una fragmentación y un desplazamiento interno que crea nuevas superficies"[9].

A modo de introducción, diremos que *el desplazamiento* es el mecanismo que traslada la intensidad psíquica de un elemento a otro en el sueño, cambia de lugar o traduce el contenido latente, de modo que este pueda llegar a la consciencia pasando más o menos desapercibido. *La condensación* sería el procedimiento por el que el ingente material latente se comprime formando contenidos nuevos manifiestos, híbridos, condensados o sobredeterminados. *La fragmentación*, es en realidad la consecuencia de la habitual disposición figurativa de los sueños, que resulta fragmentaria, inconexa e incompresible sin el necesario análisis psicoanalítico. *La dramatización* supondría la voluntad de transmisión por parte del inconsciente de un contenido latente determinado sirviéndose de una acción entre personajes u objetos que, como una parábola o una fábula, esconde la esencia de dicho contenido. Y *el simbolismo* supondrá la utilización de símbolos por el inconsciente, esto es: unos contenidos que representan a otros en virtud de algún tipo de relación más o menos oculta entre ellos.

Si bien para el psicoanálisis lo verdaderamente importante era caminar en sentido opuesto al de la deformación onírica, intentando encontrar el

---

[8] Isabel Paraíso, *Literatura y psicología*, 81.
Las pulsiones inconscientes y sus posibles manifestaciones han sido reprimidas por el *yo*, no sólo durante la vigilia sino también durante el sueño. Esto implica que, si se expresara directamente el inconsciente, sería inaceptable para la consciencia del durmiente y se despertaría.
[9] Paraíso, *Literatura*, 88.

contenido oculto y desde este enfoque terapéutico, conseguir el alivio de las neurosis, para los surrealistas, lo verdaderamente interesante fue adentrarse en ese *lenguaje manifiesto*, escudriñar y reproducir el proceso de elaboración por parte de la psique de dicho disfraz, que da la apariencia *onírica* de los sueños. Este universo constituyó la nueva base compositiva para el grupo a partir de 1925: la obra de arte surrealista copió y se apropió de los mecanismos del sueño para producir *obras soñadas*. Estos mecanismos oníricos, aplicados desde la perspectiva surrealista, son los que intentaremos localizar en la obra de Koolhaas, como una sintonía subliminal continua entre la propuesta creativa de OMA y la de los del grupo de Breton.

MUNDOS ONÍRICOS

HOMME COUPÉ

El proceso de construcción del sueño surrealista tiene un punto de partida en 1919, cuando Breton todavía perteneciente al Dadá, antes de dormirse, oye la siguiente frase: "Hay un hombre a quien la ventana ha partido por la mitad"[10]. Esta frase, automática, pero percibida en una fase previa al sueño, sobrecoge al poeta que investiga la fusión de ambos fenómenos psíquicos, trabajo que será la base de *Los Campos Magnéticos* escrito por Breton y Soupault en una colaboración simbiótica de escritura automática e inicio de investigación sobre los estados de somnolencia. A partir de ese punto se publican, primero en la dadaísta *Litterature* y posteriormente en *La Revolution Surrealiste*[11], experiencias de sueños de surrealistas como Breton, Desnos o De Chirico. Así las cosas, en los primeros años del grupo los experimentos que tenían que ver con el automatismo psíquico convivieron con las experiencias y estudio de los sueños. La iconografía de los surrealistas plásticos, por otra parte, comienza a alimentarse de la obra de creadores que de un modo u otro habían investigado anteriormente el sueño con autores tan dispares como Courbet, Rousseau o Hervey de Saint-Denis o Goya.

El surrealismo considera al sueño no como un vacío, sino como el otro polo de la psique humana, de mayor importancia aún que la vigilia. Decía Breton "¿Por qué no espero de los indicios del sueño más de lo que espero de mi grado de consciencia, de día en día más elevado? ¿No cabe acaso emplear el sueño para resolver los problemas fundamentales de la vida?"[12]. Lo *real* no es completo, interesa lo *surreal*, que incorpora toda la parte que se manifiesta en el sueño[13]. Pero en la cita de Bretón podemos adivinar el concepto de sueño que reivindicaban los surrealistas, esto es, un sueño, operativo, útil, profano, despojado de

---

[10] André Breton, *Manifiestos del surrealismo*, 39.

[11] *La Révolution Surréaliste*: publicación de los surrealistas impresa en París que contó con doce números entre 1924 y 1929. Fue el principal documento donde, a parte de las obras y textos del grupo, se expresaron de forma abierta sus intereses, además del sueño, el suicidio, la hipnosis, el sexo y la perversión sexual, la oposición a la religión y al orden moral establecido, y la revolución.

[12] André Breton, *Manifiestos del surrealismo*, 28.

[13] José Jiménez, Dawn Ades y Georges Sebbag, *El Surrealismo y el sueño*, 22.

los aspectos misteriosos, sobrenaturales o proféticos que se encontraba en el sueño del romanticismo y del simbolismo o el de la religión, ya que para el surrealismo el marco de los sueños es exclusivamente el de la vida del hombre[14].

AMSTERDAM 1964

Cabe preguntarse si previo a su paso por la *Architectural Association* y del conocimiento de los mecanismos irracionales que orbitan Manhattan, existe alguna interacción de Koolhaas con el universo onírico del surrealismo. El propio Koolhaas responde a la pregunta sobre como comenzó su interés por el surrealismo:

> "No puedo decir específicamente como empezó: estaba simplemente alrededor. Alguna gente divergente, incluidos nuestros padres, pertenecían a esta corriente, tuvieron una absoluta hostilidad hacia el arte abstracto y yo creo que los padres de Maddie compartían esa opinión también"[15]

Efectivamente, el primer factor determinante del interés por el surrealismo de Koolhaas pero sobre todo de Vriesendorp, lo encontramos en el clima creativo de la Holanda de los años 60 con figuras surrealistas de primer nivel como J. H. Moesman (1909-1988), Willem van Leusden (1886-1974), Willem Wagenaar (1909-1999), Pyke Koch (1901-1991) o Carel Willinck (1900-1983). Todos ellos encuadrados en una corriente de onirismo y realismo mágico, e influidos de modo importante por Dalí, Giorgio de Chirico y Paul Delvaux. Continúa Koolhaas: "había una gran presencia surrealista previa a la Segunda Guerra Mundial (....) hubo también

---

[14] André Breton, *Los vasos comunicantes* (Madrid: Editorial Siruela, 2005), 23. El libro se plantea desde la hipótesis de la continuidad de la actividad psíquica en los distintos sueños al igual que sucede en el estado de vigilia.
[15] Shumon Basar & Stephan Trüby, ed., "Worrying Kindness and Ultimate Wisdom" (Entrevista a Rem Koolhaas), en *The World of Madelon Vriesendorp. Paintings | Postcards | Objects | Games*, 258.

un surrealismo influido por la presencia de la guerra".[16] Este ambiente surrealista, se prolonga además en el norte de Europa durante sus años de su juventud con la presencia de grupos de vanguardia como CoBrA[17], con Constant como uno de sus fundadores, que sin ser puramente surrealistas sí continuaban en cierto modo el proyecto de liberación del inconsciente y escape de la civilización desacreditada por las guerras.[18]

Como acabamos de ver, el interés por el surrealismo era compartido por Rem Koolhaas y Madelon Vriesendorp, que ya eran pareja en 1968, antes de la partida de Rem a Londres para estudiar arquitectura: "Estábamos juntos, sí, y compartíamos e intercambiamos todo nuestro entusiasmo"[19]. Sin embargo, mientras Madelon se interesaba casi en exclusiva por la figuración surrealista, lo cual es evidente en su carrera como pintora, "los restos de abstracción son prácticamente ausentes en su repertorio"[20] Koolhaas compartía el interés hacia el surrealismo con otras tendencias del arte contemporáneo, fundamentalmente relacionadas con el arte conceptual, con figuras habitualmente reconocidas por él como Yves Klein, Piero Manzoni o Fluxus. En estos años, en Amsterdam, el museo Stedelijk de arte contemporáneo estaba dirigido por Willem Sandberg quien, según Koolhaas, dio una impronta personal y *reinventó* el museo, creando un inusitado clima de difusión del arte coetáneo internacional que el joven holandés vivió en primera persona[21].

---

[16] Shumon Basar & Stephan Trüby, ed., "Worrying Kindness and Ultimate Wisdom" (Entrevista a Rem Koolhaas), en *The World of Madelon Vriesendorp. Paintings / Postcards / Objects / Games*, 258.
[17] Después de la Segunda Guerra Mundial, CoBRA, cuyo nombre proviene de las iniciales de las tres ciudades de origen de sus principales miembros: Copenhague, Bruselas y Ámsterdam, será el grupo de vanguardia que recoja toda la experiencia del surrealismo en el norte de Europa. Formado por el aludido Constant, Karel Appel, el holandés-Belga Corneille Guillaume van Beverloo, el danés Asger Jorn y el belga Pierre Alechinsky. CoBRA proponía la continuación del proyecto iniciado por el surrealismo de exaltación de lo irracional. Su propuesta creativa influida por el dibujo infantil, el expresionismo, y el automatismo y onirismo surrealista, así como la condición polifacética de sus integrantes fueron de gran influencia en el ámbito de la vanguardia del norte de Europa.
[18] Amy Dempsey, *Estilos, escuelas y movimientos. Guía enciclopédica del arte moderno*, 195.
[19] Shumon Basar & Stephan Trüby, ed., "Worrying Kindness and Ultimate Wisdom" (Entrevista a Rem Koolhaas), en *The World of Madelon Vriesendorp. Paintings / Postcards / Objects / Games*, 258.
[20] Basar et al, "Worrying...", 257.
[21] Basar et al, "Worrying...", 257

También influyeron de modo importante en la construcción de la base creativa de Koolhaas los años previos a su marcha a Londres en los que trabajó para el semanario holandés *De Haagse Post*, en los que tiene la oportunidad de entrevistar a figuras de la talla de Le Corbusier o Federico Fellini y en los recibe el influjo profundo de un compañero del periódico, el renombrado pintor holandés, Herman Dirk van Dodeweerd más conocido como Armando, muy influido por CoBrA, el cual le introduce en grupos de vanguardia artística. En 1966, Koolhaas entrevista al propio Constant, que ya había abandonado CoBrA y comenzado a desarrollar su proyecto de *Nueva Babilonia*. A pesar de que Constant no pertenecía a los *conceptuales*, que Koolhaas admiraba sino a los *hippies*, del impacto de la propuesta del artista holandés en el joven reportero no cabe lugar a dudas, aunque falten aún 6 años para el nacimiento de *Exodus o los prisioneros voluntarios de la arquitectura*[22].

Entrevista de Rem Koolhaas a Constant *en 1966*.

Entrevista de Rem Koolhaas a Federico Fellini en 1965.

---

[22] Ver en este texto el capítulo dedicado a la *dramatización* en el que se desarrolla la relación entre *Exodus* y *Nueva Babilonia*.

MADDIE

Aunque Rem Koolhaas reconoce la influencia del ambiente surrealista de la Holanda de los 60, y conoce del trabajo tanto de exponentes holandeses del grupo como de movimientos de vanguardia herederos de postulados surrealistas, como hemos explicado, le interesa de los de Breton, por encima del universo onírico surrealista, su capacidad de análisis y puesta en duda de lo existente. Quizás esta sea la clave para entender el posterior paso de esta etapa formativa inicial a la de creación arquitectónica: el interés por lo que podríamos denominar *surrealismo conceptual*, aquella *actitud surrealista*, se nos antoja fundamental en el modo en el que Koolhaas implementará años más tarde sus influencias del ámbito del arte contemporáneo en la creación arquitectónica, eliminando la imaginería surrealista, y rescatando exclusivamente del grupo parisino los *mecanismos* de formación y deformación: "He estado siempre interesado por el surrealismo, pero más por su poder analítico y por su exploración del subconsciente que por su estética"[23].

No es este el caso de Madelon Vriesendorp donde la influencia del surrealismo es eminentemente plástica, recordemos que era pintora y no arquitecta. Como ella misma reconoce, de joven se consideraba surrealista[24]. En su obra gráfica, consistente fundamentalmente en dibujos, acrílicos y acuarelas, la influencia de la *pittura metafísica* de Giorgio de Chirico, del surrealismo de Dalí o Magritte y del realismo mágico de Paul Delvaux o Balthus es manifiestamente evidente, "...en una forma que recuerda las obras surrealistas de los primeros años 30 y las pinturas de Balthus y Delvaux"[25].

---

[23] Nºs 53+79 Rem Koolhaas, *El Croquis. OMA/Rem Koolhaas.* nº 79 (1996), 33. Levene, Richard C. y Fernando Márquez Cecilia, ed. OMA/Rem *Koolhaas 1987-1992.* El Croquis, nº 53. Madrid: El Croquis editorial, 1994. Levene, Richard C. y Fernando Márquez Cecilia, ed. *oma /rem koolhaas, 1992-1996.* El croquis, nº 79. Madrid: El croquis editorial, 1996.
[24] Shumon Basar & Stephan Trüby, ed., *The World of Madelon Vriesendorp. Paintings / Postcards / Objects / Games*, 29.
[25] Charles Jencks, "Introductory: Madelon seeing through objects" en *The world of Madelon Vriesendorp. Paintings / Postcards / Objects / Games*, ed. por Shumon Basar & Stephan Trüby, 21.

Madelon Vriesendorp. Imagen de *Exodus*. 1972.

Salvador Dalí. *El Ojo del Ángelus*. 1978.

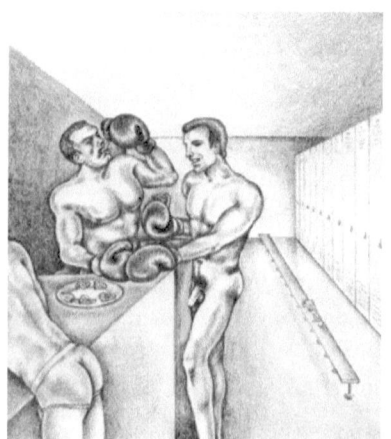
Madelon Vriesendorp. Ilustración para *Delirious New York*. 1978.

Paul Delvaux. *Las cortesanas*. 1944.(detalle)

Vriesendorp, originaria de Bilthoven, nacida como Koolhaas, en el seno de una familia burguesa intelectual, siempre tuvo facilidad con el dibujo y una gran capacidad de expresión gráfica. Con diecinueve años, en 1964, se trasladó a Ámsterdam para estudiar arte en la Academia Rietveld y más tarde trabajó en la restauración de antiguos frescos y como diseñadora de vestuario de escena, libros y joyas, época en la que conoce a Koolhaas. Cinco años más tarde y tras un grave accidente de coche que casi le cuesta la vida, lo sigue a Londres, para matricularse en la *Central Saint Martins School of Art* de la capital británica. Madelon está presente, por tanto, mientras Koolhaas estudia arquitectura en la *Architectural Association*.

Sus primeros dibujos de finales de los años 60 reflejan la influencia del surrealismo más ortodoxo y su clara vinculación surrealista en el ámbito gráfico se ha mantenido a lo largo de su producción artística.

Salvador Dalí.
Aparato y Mano. 1927.

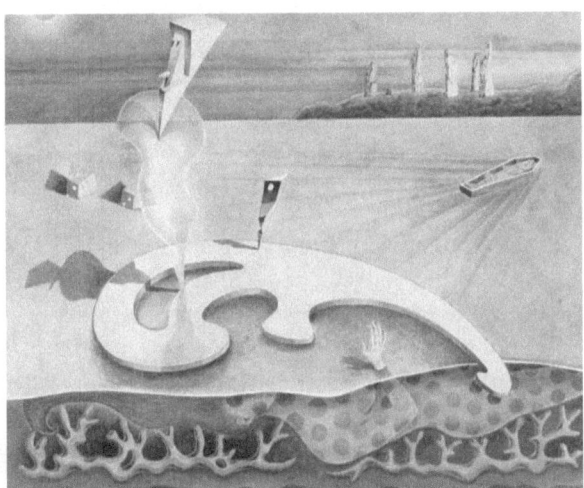
Madelon Vriesendorp. *Acuarela*. 2002.

Su trabajo evoluciona durante los años 80, incorporando a las referencias surrealistas otras tomadas del pop, incluso del *kitsch*, creando poco a poco un territorio simbólico propio, donde todo tiene cabida: maniquíes, arquitecturas anónimas, referencias a OMA, dados, objetos geométricos, etc. Un universo *neo-chiriquiano* que, como ella misma define, se mueve entre la seriedad de todo y la importancia de las cosas no serias.

"Salvador Dalí puso a prueba la realidad mediante sus relojes blandos, torsos desnudos, iconos cristianos, muletas fláccidas y así sucesivamente. Paolozzi usó monstruos de ojos saltones, Charles *Atlas*, comics y clasicismo. El gran corpus de Vriesendorp incluye calaveras, vacas, relojes, máscaras, ojos, piernas, la Torre de Babel, pagodas, arquitectura postmoderna, edificios icónicos, faros y cuerpos desmembrados"[26].

Este universo simbólico ha ido con el paso de los años independizándose del propio soporte pictórico, lo que ha supuesto una evolución de la obra de Vriesendorp al ámbito objetual. Su interés por los pequeños objetos simbólicos, suvenires, amuletos, muñecas, etc. que la artista ha ido almacenando en su vivienda-estudio de Londres ha llegado a constituir en sí mismo una única obra de arte: el mundo de los objetos de Madelon Vriesendorp. Resulta sorprendente a pesar de su desvinculación posterior de Koolhaas tanto en lo personal como en lo profesional, el paralelismo entre los objetos sobre los que Vriesendorp investiga y algunos experimentos de series de maquetas desarrolladas por OMA. Shumor Basar, autor del libro *The World of Madelon Vriesendorp* de 2008, le propone la siguiente reflexión al propio Koolhaas:

> "Continuando con el tema de los souvenirs y la pequeñez, podrías haber empezado S,M,L,XL; con XS; es como un capítulo fantasma perdido del libro. XS es el universo de Maddie. En términos de casi equilibrio cósmico, como tú has llegado a estar más interesado en *bigness,* la grandeza, Maddie ha perseguido con determinación la predilección por lo pequeño"[27].

Madelon Vriesendorp. *Mind set. Home Analysis*. 2006.

Giorgio de Chirico. *El mal genio de un rey*. 1915.

---

[26] Charles Jencks," Introductory: Madelon seeing through objects" en *The world of Madelon Vriesendorp. Paintings / Postcards / Objects / Games*, ed. por Shumon Basar & Stephan Trüby, 24.
[27] Shumon Basar & Stephan Trüby, "Extroductory: Rem Koolhaas in Conversation with Shumon Basar & Stephan Trüby", en *The world of ....*, 269.

Desde mediados de los 80 y tras abandonar OMA, Madelon Vriesendorp enseña arte y diseño en varias escuelas relevantes, incluyendo la *Architectural Association* y la Escuela de Arte de Edimburgo, "una de las mejores artistas de las cuales jamás se escuchó hablar ... tan central a nuestros recuerdos de la arquitectura de la ciudad como Piranesi o *Metrópolis*"[28]. En los últimos años ha trabajado, en colaboración con Charles Jencks, en la producción de dibujos y maquetas para acompañar muchas de sus publicaciones; y con la hija que tiene con Rem Koolhaas, la fotógrafa Charlie Koolhaas, en varios libros y proyectos de arte.

A pesar del importante alcance mediático conseguido por OMA y de la popularidad de aquellos primeros manifiestos gráficos entre los arquitectos y estudiantes de arquitectura, el carisma de Koolhaas, el hecho de no ser arquitecto de formación y su personalidad introvertida, la relegaron siempre a un segundo plano privándole de contar con el debido reconocimiento, quedando silenciado el importante papel que su sorprendente forma de trabajar y pensar la arquitectura tuvo en la formación de OMA[29].

Pero si de algo no hay duda es que la aportación gráfica onírica de Vriesendorp es el verdadero germen surrealista que se inserta en aquellas obras, primero de la pareja y después de un recién creado OMA durante los años 70 del pasado siglo y que su influencia es importantísima tanto a nivel profesional, como parte integrante del grupo de arquitectos, como a nivel personal, como pareja de Rem Koolhaas, presente siempre en los años de formación del arquitecto. De no haber contado con la colaboración de Vriesendorp, *Delirious New York* hubiera sido distinto.

THE NEW YORK SERIES

La magnífica serie de Nueva York, realizada entre 1972 y 1975, supone el antecedente plástico de muchos de los principios teóricos defendidos por Koolhaas en *Delirious New York*. Sin embargo, al contrario de lo que suele pensarse, no fueron encargados o concebidos para ilustrar el libro,

---

[28] *The Financial Times*, 19 de enero de 2008.
[29] Shumon Basar & Stephan Trüby, ed., *The World of Madelon Vriesendorp. Paintings / Postcards / Objects / Games*, 7.

sino que constituyen una obra independiente y previa[30] y fueron utilizados por el arquitecto, lo que avala la independencia creativa de Vriesendorp con respecto a su pareja. En la serie, que puede considerarse plenamente surrealista, el universo de edificios humanizados creado por Vriesendorp constituye una versión metropolitana de las fantasías arquitectónicas dalinianas, las atmósferas opresoras de Giorgio de Chirico y el original extrañamiento magrittiano de elementos inverosímiles.

Madelon Vriesendorp. *Flagrant Delit.* 1975 (detalle).   Rene Magritte. *El Mes de la cosecha de la uva.* 1959.

La Estatua de la Libertad es protagonista de gran parte de la serie de Nueva York, como simple espectadora, emergiendo del interior de un rascacielos, o rompiéndose en mil pedazos para mostrarnos un interior acuático, o arrancándose su pétrea cobertura. Vriesendorp recurre a todos los símbolos de la gran manzana: la trama ortogonal, el *Central Park*, los edificios emblemáticos, o el subsuelo metropolitano como representación *del inconsciente colectivo.*

---

[30] Beatriz Colomina, "Paintings and Postcards: Beatriz Colomina interviews Madelon Vriesendorp, Part II. Disaster Follows Ecstasy Like Form Follows Function" en *The world of Madelon Vriesendorp. Paintings / Postcards / Objects / Games*, ed. por Shumon Basar & Stephan Trüby, 42.

Salvador Dalí. Maqueta de decorado para *Romeo y Julieta*. 1942. (detalle)

Madelon Vriesendorp. *Dream of Liberty*. 1974.

NEW SOBRIETY

"Exijo la ocultación profunda y verdadera del surrealismo"[31]

Una vez codificado el rico universo onírico moldeado por Rem Koolhaas y Madelon Vriesendorp con todas sus influencias, locales o universales, del surrealismo, surgirá seguramente en el lector la siguiente cuestión: ¿qué sucede con todo este formalismo surrealista en la generalidad de la obra de OMA?, porque es evidente que no existe en absoluto una traducción mimética de esos códigos pertenecientes al ámbito gráfico y de inspiración surrealista en la obra arquitectónica posterior.

Circunscribiendo el arranque de OMA como un grupo de arquitectos surgido en plena postmodernidad[32], podía haberse esperado el desarrollo de una arquitectura formalmente surrealista, una suerte de Dalí construido, o una arquitectura con referencias miméticas a aquellas arquitecturas historicistas de la primera generación de rascacielos de Manhattan, o una codificación abstracta del lenguaje historicista como podemos encontrar quizás en Aldo Rossi, infinitamente más cercano al mundo

---

[31] André Breton, *Manifiestos del surrealismo*, (segundo manifiesto),226.
[32] Que además contaban con la cercana presencia e influencia de las que serían primeras figuras del ámbito posmoderno, en algún caso amigos personales de la pareja como Charles Jencks, Michael Graves o Charles Moore.

formal de Giorgio de Chirico que OMA. No encontramos tampoco en ellos muestras de extrañamiento magrittiano, recurso que utilizará por ejemplo Frank Gehry en algunas de sus obras de la época[33]

La arquitectura de OMA, sin embargo, renuncia en estos años a todos aquellos instrumentos de los que se nutre su fase teórica previa, para proponer una arquitectura abstracta, una arquitectura de la sobriedad, *Our new sobriety* dirá Koolhaas, opuesta a las tendencias postmodernas de finales de los 70, apartada del estilo y centrada en el proceso y en el programa. Sorprendentemente, las referencias arquitectónicas a las que recurre Koolhaas serán los constructivistas Leonidov y Menlikov, las figuras del primer manhattanismo como Raymond Hood y la arquitectura de Mies van der Rohe.

¿Dónde queda el universo onírico inicial de OMA en este planteamiento arquitectónico sobrio, con otras herencias arquitectónicas epigenéticas? Intentaremos verificar en las siguientes páginas como dicho universo, como el sueño, sigue presente en su obra de un modo menos obvio: escondido, diluido, oculto como exigió Breton, y como su propia naturaleza dicta, disfrazado. Despojado del imaginario habitual onírico, pero manteniendo de modo importante los mecanismos de formación y deformación de los sueños investigados por Freud, a los que aludimos anteriormente. Podíamos decir que en los proyectos de OMA, el universo onírico, el sueño, es procedimental y no formal.

Como el psiquiatra austriaco defendió, estos mecanismos de deformación, los son también del funcionamiento de la imaginación pues actúan tanto en los sueños como en la creación artística, ya que son en realidad dos expresiones del mismo inconsciente humano[34]. Estarán presentes, tanto en la literatura universal como en el resto de los procesos creativos a lo largo de la Historia, e intentaremos demostrar, además, como se encuentran estructuralmente presentes en la arquitectura de OMA.

Estudiaremos en las siguientes páginas de modo pormenorizado y por este orden cinco de estos procesos oníricos: *la dramatización, el simbolismo, la condensación, la fragmentación y el desplazamiento.*

---

[33] Verbigracia la inclusión de unos binoculares gigantes en el proyecto del centro comercial de *Venice,* California, entre 1975-1991, en colaboración con artistas de raíz surrealista como Claes Oldenburg.
[34] Isabel Paraíso, *Literatura y psicología*, 91.

LA DRAMATIZACIÓN

CONFLICTO

El primero de los mecanismos oníricos que se va a tratar de localizar en el trabajo de OMA es de *la dramatización*, que como se anticipaba, supone una de las herramientas en la formación de los sueños más importante para el psicoanálisis y una de las de mayor trascendencia en el ámbito creativo, ya sea en la literatura, teatro, cine o pintura. Este procedimiento permite la transformación de cierta información *latente*, obrante en el inconsciente, que, al resultar inaceptable para nuestra consciencia, se disfraza y estructura como una escena, acontecimientos entre personajes concebidos por nuestra imaginación en un determinado marco espacio-tiempo. La historia resultante constituye el *contenido manifiesto* que percibimos mediante el sueño bajo el cual se esconde el verdadero mensaje de nuestra psique.

Este mecanismo es el que caracteriza verdaderamente el universo onírico que nos es familiar tanto por la experimentación de sueños como por las manifestaciones artísticas que han tomado a lo onírico como fuente y modelo, como instrumento de catarsis entre la realidad y la fantasía[1] y al que tanto debe no sólo *el surrealismo onírico,* sino en general, la creación artística universal: la escenificación como medio de transmisión a nuestra parte consciente de la psique de un mensaje disfrazado del inconsciente.

El hecho de que el primer capítulo de la parte dedicada al sueño del presente trabajo verse sobre los mecanismos de *dramatización* utilizados por el primer Koolhaas en ciertas propuestas y el que a este capítulo le siga el de *la simbolización,* no es casual y responde a dos razones relevantes: por un lado, se trata del primer mecanismo que encontramos claramente en las propuestas del arquitecto, a finales de los 70, cuando se encuentra en plena formación su corpus teórico. Carece de encargos profesionales y atesora un bagaje previo narrativo: literario, periodístico y cinematográfico; por lo que resulta ciertamente coherente que los primeros proyectos de Koolhaas sean eminentemente dramáticos, llamémoslos cuentos, fábulas o parábolas. Relatos que tienen como objetivo, como mensaje latente, la transmisión de una determinada idea que se hunde en las entrañas de su concepción arquitectónica.

[1] Isabel Paraíso, *Literatura y Psicología,* 66.

Y es que estos primeros proyectos, estas *historias*, sarcásticas e imposibles, concebidas por el arquitecto holandés, no tienen otra misión que insertar en el inconsciente colectivo un mensaje de reflexión y de crítica al panorama arquitectónico y urbanístico de la época, y a su innegable relación biunívoca con una concepción burguesa y capitalista que hizo posible su desarrollo. Decíamos, también, que tampoco es casual que el capítulo dedicado al mecanismo del *simbolismo onírico* se incorpore inmediatamente después del que nos es objeto. La razón es clara: el mensaje doctrinal de las tres historias dramáticas fundamentales que se investigarán a continuación se mantiene en la obra posterior de Koolhaas mediante la inserción obsesiva de otros tantos símbolos, que no hacen más que prolongar su mensaje de modo continuado en los siguientes 40 años de desarrollo profesional de OMA.

Exodus o los prisioneros voluntarios de la arquitectura, La Ciudad del Globo Cautivo, ambos de 1972 y *El cuento de la Piscina flotante,* de 1977, son estos tres *proyectos-relato* con los que Koolhaas inserta disfrazadas otras tantas reivindicaciones. *Mensajes latentes* en los que fundamentará su posicionamiento arquitectónico: Si *Exodus* representa un experimento sobre la libertad y el potencial social de la arquitectura, *La ciudad del globo cautivo* exalta la trama manhattaniana como modelo urbano válido y coherente para la nueva arquitectura metropolitana necesaria. *El cuento de la piscina,* por otro lado, reivindica la recuperación de los perdidos postulados constructivistas soviéticos y su viabilidad en la sociedad capitalista. Estos proyectos, estos conceptos, son tan relevantes en la carrera profesional de Koolhaas, que aparecen y reaparecen una y otra vez en la propuesta de OMA de estas últimas décadas, como señalábamos, transformados en símbolos, escondidos en rincones, como un *mantra* repetitivo que Koolhaas susurra sin pausa en los oídos de los arquitectos, como una versión renovada de las palabras de Marx y Rimbaud de las que Breton se apropió como lema del surrealismo: "transformemos el mundo", "cambiemos la vida"[2].

---

[2] André Breton, *Manifiestos del surrealismo*, (discurso en el congreso de escritores), 269.

El mecanismo de la dramatización, Los inicios *parabólicos* de la arquitectura de Koolhaas: Las propuestas de *Exodus*, *La ciudad del globo cautivo* y *El cuento de la Piscina flotante*, expresión de tres pilares fundamentales de su propuesta teórica y que se traducen en otros tantos símbolos que aparecen de modo continuo en la obra de OMA. Esquema elaborado por el autor.

No en vano, Koolhaas denomina a estos primeros proyectos *Conceptuales-metafóricos* pues constituyen, de modo cristalino, auténticas metáforas de protesta y discrepancia y de necesidad de alteración del rumbo de la arquitectura. Estos proyectos *manifiestos* de Koolhaas son por tanto *conceptuales*, constituyendo propuestas irrealizables cuyo deliberado alejamiento de la realidad arquitectónica permite plasmar de modo libre concepciones espaciales, formales y estructurales que responden de modo contundente a la idea generadora del proyecto. Por otro lado, son también *metafóricos,* implementando un discurso *fabuloso,* un *modus operandi* o un relato de acontecimientos. Unas *instrucciones de funcionamiento* de la propuesta que constituyen el verdadero proyecto, por encima de la propia parte gráfica, que en el caso de *La ciudad del globo cautivo* o en *El cuento de la Piscina flotante* se limitaban a unas pocas imágenes confeccionadas por Zoe Zenghelis o por Madelon Vriesendorp.

SUEÑOS NARRADOS

Koolhaas opta por la provocación: se trata de un arquitecto novel, sin trayectoria previa, sin proyectos que puedan configurar eslabones coherentes de un determinado planteamiento social, urbano o vital. Provoca para significarse y plantear su opción de modelo de ciudad y arquitectura en contra de todas las opciones *postmodernas* coetáneas, proponiendo estos sueños narrados: proyectos imposibles, intensos, irónicos, pero de gran claridad epistémica. Reacción y renovación, libertad y cautiverio, memoria y *tábula rasa,* serán los nodos de conflicto de donde arrancarán las historias de estos primeros proyectos y cuya influencia permanecerá de una u otra forma en toda la obra posterior de OMA.

Se hace necesario por todo lo antedicho, investigar las raíces narrativas de Rem Koolhaas, como germen indispensable de los tres proyectos dramatizados aludidos: Su experiencia cinematográfica, centrada fundamentalmente en la creación de guiones, que tiene importantes puntos de conexión con el cine que emana del surrealismo, fundamentalmente con el del español Luis Buñuel. Pero esta no es la única base narrativa de su etapa de formación pre-arquitectonica: Koolhaas, además, demostrará con la redacción de algunos relatos y novelas de juventud ser heredero de la capacidad narrativa de su padre, el escritor holandés Anton Koolhaas. Tampoco puede ser pasada por alto, su etapa como redactor para el semanario holandés *De Haagse Post.* Koolhaas, antes de ser arquitecto, es un escritor.

A la vuelta de su etapa infantil en Indonesia convive unos años con su abuelo materno el arquitecto Dirk Roosemburg con quien pasa largas horas dibujando en su estudio[3], por lo que la disciplina arquitectónica tampoco le es desconocida. Pero Koolhaas hasta ese momento solo escribe... historias, novelas, relatos, cuentos, guiones. Cuando ingresa en 1968 en la *Architectural Association* de Londres con la voluntad de ser arquitecto, no es un estudiante de secundaria de dieciocho años: tiene ya veinticuatro, la edad con la que habitualmente se concluyen dichos estudios y un bagaje personal, cultural, artístico y literario relevante, así como importantes conocimientos de arquitectura tanto del Movimiento Moderno como del constructivismo ruso.

1 2 3 ENZ GROEP

Su padre, Anton Koolhaas, personaje influyente en la Holanda de su época, periodista, escritor, guionista de cine de éxito, crítico de teatro y director de la *Academia de Cine Holandesa* entre 1968 y 1978, destacó fundamentalmente por su vertiente literaria, compuesta en su mayor parte por pequeños cuentos y relatos protagonizados por animales. Anton fundamentó su obra en la fábula, en relatos de animales con características y comportamientos humanos que, al igual que los sueños, albergan un mensaje latente, una *moraleja* como la que Rem inyectará en sus primeros proyectos dramatizados.

La precocidad literaria de Koolhaas queda patente cuando con quince años escribe su primera novela: *Johann en Disneylandia,* a la que siguieron otros cuentos y relatos. Su habilidad narrativa debía estar bien definida ya al término de sus estudios de secundaria, cuando consigue en 1963, con solo 19 años, y tras suspender las pruebas de acceso a la universidad, que le contraten en *De Haagse Post*, un semanario de carácter liberal, accediendo rápidamente al puesto de redactor en la sección de cultura, en virtud de su facilidad para la escritura[4].

Aludimos con anterioridad a como esta etapa le permitió, además de evolucionar y aprender la disciplina de la narración periodística, el conocer a importantes figuras de la cultura contemporánea como Le Corbu-

---

[3] Carlos García González, "Atlas de Exodus", 21.
[4] Carlos García González, "Atlas de Exodus", 26.

sier, Fellini o Constant. El semanal postulaba por un estilo aséptico en los contenidos que trataba y las entrevistas que Koolhaas llevó a cabo simulaban, en cierta manera, a una especie de *escritura automática*, un mero registro a la manera de los surrealistas, "...sin moralizar o interpretar la realidad, pero intensificándola: una aceptación descomprometida de realidad"[5]

Si Koolhaas asimila de las novelas y cuentos de su padre la capacidad de la literatura para transmitir un mensaje o voluntad oculta, en *De Haagse Post*, por el contrario, aprende un estilo narrativo aséptico, directo y eficaz. En la fusión de estas referencias, está el germen de lo que será una de las bases fundamentales de su arquitectura posterior, aparentemente objetiva, descriptiva y sencilla, pero con un trasfondo ideológico complejo y profundo.

Esta capacidad para la escritura del joven Rem Koolhaas, da un importante paso hacia adelante cuando, a mediados de los años 60, funda con su compañero de secundaria Rene Daalder, y con Jan de Bont, Kees Meyering y Frans Bromet, el colectivo *123 Enz Groep*, grupo de creación cinematográfica que persigue un proyecto de nueva concepción fílmica, en el que supedita la individualidad del autor al trabajo en equipo, en oposición al cine de autor de la *Nouvelle Vague,* representada por François Truffaut, Jean-Luc Godard, Jacques Rivette, Éric Rohmer o Claude Chabrol, que se producía en Francia y triunfaba en toda Europa en esos años. Entre sus influencias y referencias, por el contrario: el cine surrealista de Luis Buñuel, el cine expresionista alemán y el cine italiano: Antonioni, Rosellini, De Sica, Pasolini y Fellini.

---

[5] Armando citado por Roberto Gargiani, *Rem Koolhaas/OMA. The Construction of Merveilles*, 3.

Cartel del grupo *123 enz*.

Miembros del grupo *123 enz*. Junto a Rem Koolhaas, Rene Daalder, Jan de Bont, Kees Meyering y Frans Bromet.

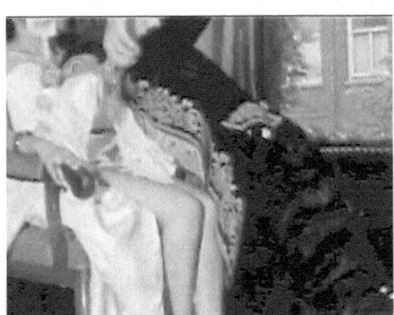

123 enz. *Rhapsody 1, 2, 3*. 1965.

Rem Koolhaas como actor violando a una actriz que interpreta a la Reina de Inglaterra.

El cine le permite a Koolhaas explotar su capacidad literaria escribiendo guiones que se apartan de lo convencional y que, tocando muy de cerca la narrativa surrealista, se fundamentan en la alteración de las habituales relaciones sociales entre los protagonistas con la creación de situaciones absurdas que buscan el impacto en el espectador. El apoyo inicial de su padre fue el hecho fundamental para posibilitar que las inquietudes de cuatro jovencísimos aficionados al cine tuviesen cabida dentro de la industria cinematográfica del país.

El Cortometraje de 15 minutos de duración *Rhapsody 1, 2, 3,* de 1965, de gran éxito de crítica, constituye su opera prima, destacando más por la idea subyacente que por la formalización física del filme. Condensa la expresión fílmica del manifiesto del grupo, es decir, el reconocimiento del esfuerzo colectivo en la realización de películas sobre el mérito individual. Koolhaas escribe el guion, rueda algunas escenas e incluso aparece como actor en la escena final del cortometraje. Se trata de un producto experimental, irreverente e iconoclasta que les permitió acceder a cierto reconocimiento en el mundo cinematográfico holandés, sentando sus bases como *grupo* y permitiéndoles el acceso a fuentes de financiación para su obra posterior.

DE BLANKE SLAVIN

En 1966 ruedan *Body and soul*, una reflexión hedonista y sarcástica de la importancia del aspecto físico frente al intelecto, el cual fue ampliamente premiado y valorado por la crítica. Este éxito en cierto modo posibilita que, en 1969, cuenten con los medios y el apoyo necesario para llevar a cabo su primer largometraje: *De blanke slavin*, *La esclava blanca*, su obra de más relevancia y mayor logro a nivel fílmico, que condensa y expresa los intereses y voluntades de sus autores. Una historia ciertamente inverosímil e irracional que constituye una crítica al convencionalismo y a la decadente sociedad burguesa europea.

El guion de la película de Koolhaas, deudor absoluto del cine surrealista de Luis Buñuel, entusiasmó a Jean Claude Carriere[6], figura clave del surrealismo francés y guionista fundamental de la obra del realizador

---

[6] Jean Claude Carrière, uno de los máximos exponentes del surrealismo francés. Estudió literatura e historia y publicó su primera novela con veinticuatro años. Destaca fundamentalmente su colaboración con Luis Buñuel como guionista en su etapa francesa: *Diario de una camarera* (1964), *Belle de jour* (1967), *El discreto encanto de la burguesía* (1972), *El fantasma de la libertad* (1974), *Ese oscuro objeto del deseo* (1977) y *La vía láctea* (1969). Ha colaborado también con otros directores españoles como Luis García Berlanga (*Tamaño natural*). Ha sido autor de los guiones de *El tambor de hojalata* (1979), *El regreso de Martin Guerre* (1982), *La insoportable levedad del ser* (1988), *Valmont* (1989), *Cyrano de Bergerac* (1990), *El húsar en el tejado* (1995) o *Los fantasmas de Goya* (2006).

aragonés. Autor, entre otros, del guion de *Belle de Jour*, estrenada sólo dos años antes, y con la que *De blanke slavin* tiene importantes puntos de contacto. Carriere fue uno de los apoyos fundamentales para conseguir la financiación necesaria para llevar a cabo el rodaje de la película.

De blanke slavin cuenta la historia de Gunther, un alemán que regresa al Ámsterdam de 1969 para encontrarse con la historia de su fallecido hermano Kurt, que es en realidad su propio alter-ego, y esclarecer la posible existencia de una hija extramatrimonial de éste. Esta trama se entrecruza con una turbia organización que engaña a jóvenes holandesas enviándolas a África como enfermeras, aunque posteriormente son obligadas a prostituirse. La película se fundamenta en la ambigüedad entre el bien y el mal en los personajes, incluso en el propio Gunther, que termina formando parte de dicha organización y alquilando un *castillo-carcel*, donde se forma a las enfermeras en una suerte de pequeño condensador social paranoico.

La película presenta muchos de los postulados surrealistas y dadaístas y se hace eco de referencias cinematográficas previas del director aragonés, como *A chien Andalou y L'Age D'or*, pero sobre todo es evidente la sintonía con la mencionada *Belle de jour* de 1967 cuyo guionista, aparte de Buñuel, es el propio Carriere. Ambas películas coinciden en la reflexión sobre la decadencia de la sociedad burguesa, el deseo, la represión sexual y la prostitución.

De blanke slavin. 1969. El marido de Mimi manosea violentamente a su suegra.

Luis Buñuel. *Un perro andaluz*. 1929. Una escena prácticamente idéntica entre dos de los protagonistas.

De blanke slavin. 1969. Mimi bailando para los clientes.

Luis Buñuel. *Belle de Jour.* 1967. La protagonista en el burdel.

De blanke slavin. 1969. El marido de Mimi fuerza sexualmente a su suegra tras agredirla.

Louis Buñuel. *Belle de Jour.* 1967. La protagonista, Séverine, interpretada por Catherine Deneuve, atada y amordazada en el bosque, en realidad se trata de un sueño de la protagonista.

Encontramos de este modo en *De blanke slavin*, anticipadamente, algunas de las inquietudes personales de Koolhaas, que no dudará en transferir a sus primeras propuestas arquitectónicas: la aludida ambigüedad entre el bien y el mal, el cautiverio, la arquitectura como catalizador social, el erotismo hedonista y turbador. Se trata, en resumen, de una puesta en duda de la sociedad burguesa existente, como hiciera Buñuel, no solo en *Belle de Jour*, sino en las aclamadas *El discreto encanto de la burguesía,* de 1972 de nuevo con Jean-Claude Carrière como co-guionista o en *Viridiana,* de 1961.

Por otro lado, es muy interesante también señalar el paralelismo existente entre Exodus y *El Ángel Exterminador*[7], de 1962, experimento de reducción al absurdo de aspectos propios de una sociedad acomodada a la que se la somete al sufrimiento de una suerte de cautiverio voluntario. Buñuel, en este caso, hace un planteamiento inverso al de Koolhaas a sus prisioneros voluntarios de *Exodus*: frente al recinto libre de decadencia burguesa planteado en *Exodus*, el realizador aragonés delimita un sector inexpugnable de burguesía decadente, sometiendo a sus integrantes a un aislamiento tal que desemboca en una transgresión de las leyes del comportamiento en sociedad[8], todo esto dentro de una atmósfera cargada de surrealismo.

Luis Buñuel. *El Angel Exterminador*. Los "prisioneros" frente a la puerta que misteriosamente no pueden franquear.

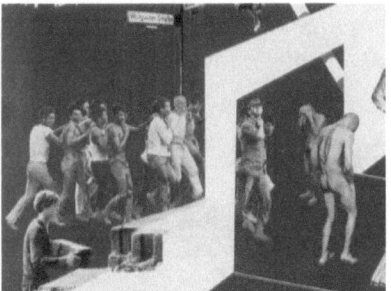

Rem Koolhaas. *Exodus*. El ingreso de los prisioneros voluntarios en el acceso al Strip,

El fracaso comercial de *De blanke slavin* supuso el fin del grupo fílmico, con la diáspora de sus miembros y el truncamiento de la carrera cinematográfica de Rem Koolhaas que, en el momento del estreno ya estaba matriculado en la *Architectural Association* de Londres. Renee Daalder, director de la película, derrumbado, se autoexilia a Estados Unidos para trabajar con Russ Meyer, y aun colaborará con Koolhaas en el guion de una película de *porno softcore* titulada *Hollywood Tower,* que no llegó a rodarse. Dos de los excomponentes del grupo, Renee Daalder y Jan de

---

[7] Recordemos que el surrealista planteamiento de la película plantea el encierro voluntario de un grupo de la alta burguesía mexicana en una mansión de la que no pueden salir, pero no hay causa aparente que se lo impida.

[8] Pedro Poyato Sánchez, *El sistema estético de Luis Buñuel*, 137.

Bont, desarrollaron carreras significativas en el séptimo arte centrados en una vertiente más comercial: el primero, autor de las populares *Masacre en Central High*, de 1976 o *Histeria*, de 1997[9], siendo un pionero de la realidad virtual; y el segundo, dirigiendo, entre otras, *Speed,* en 1994, *Speed 2,* en 1997, *Twister,* en 1996 y *Lara Croft Tomb Raider,* en 2003[10].

Si la cinematografía holandesa perdía posiblemente un futuro exponente del cine de los años venideros con el desastre comercial de *De blanque slavin*, a esta debacle quizás le debamos el que Koolhaas se centrase definitivamente en su carrera como arquitecto. Lo que es indiscutible es que esta etapa de *deriva* creativa pre-arquitectónica marca profundamente tanto la personalidad del holandés como sus primeros *relatos arquitectónicos,* a los que nos referiremos a continuación, y por ende el desarrollo concreto de la obra venidera de OMA.

EXODUS

Momento en el que se abren las aguas del Mar Rojo para permitir el paso del pueblo de Israel en su EXODO, en la película de *Los Diez Mandamientos* de Cecil B. DeMille de 1956.

Rem Koolhaas, Elia Zenghelis, Madelon Vriesendorp y Zoe Zenghelis. *Exodus o los prisioneros voluntarios de la arquitectura.* 1972. Collage con la implantación del *strip* desde una perspectiva aérea.

---

[9] "Rene Daalder", sitio web de IMDb (Base de datos de películas en internet), http://www.imdb.com/name/nm0196350/?ref_=fn_al_nm_1.html.
[10] "Jan de Bont", sitio web de IMDb (Base de datos de películas en internet), http://www.imdb.com/name/nm0000957/?ref_=fn_al_nm_1#director.html

En 1956 Charlton Heston, caracterizado como Moisés, con un golpe de bastón y por intervención divina, provoca la apertura de las aguas del Mar Rojo en la famosa escena de la película de *Los Diez Mandamientos,* de Cecil B. DeMille. Una franja de terreno limpio, aparece ante los ojos del pueblo elegido por Dios, en cuyo final espera el camino hacia la tierra prometida. Un camino del bien, que horas más tarde se cierra, sepultando al ejército egipcio, que persigue al pueblo de Israel y posibilitando el Éxodo bíblico. El primer proyecto de Koolhaas, *Exodus o los prisioneros voluntarios de la arquitectura,* de 1972, no solo coincide formalmente con la franja liberada del mar Rojo flanqueada por dos muros verticales de agua de la película, Koolhaas comienza su etapa como arquitecto con la *parábola* de una evasión y un exilio: la huida de la pasada arquitectura y de sus ciudades: sucias, represoras, deprimentes, luctuosas y el exilio voluntario en un *vacío de bien*, una tierra prometida arquitectónica.

Se trata de la gran primera propuesta del arquitecto holandés, de las autodenominadas *conceptual-metafóricas*, donde el componente dramático, el mensaje moral parabólico, se sitúa por encima de la propia formalización del proyecto. Es la concreción de un sueño de renovación arquitectónica disfrazada y oculta en una trama futurista de una sociedad ideal distópica.

El concepto de separación lineal entre el bien y el mal, implementado en *Exodus*, es una evolución arquitectónica del trabajo del análisis del Muro de Berlín, que Koolhaas acababa de redactar encuadrado en los *Summer Studies* que la *Architectural Association* imponía a sus alumnos como tarea de verano. *Exodus* es efectivamente eso, un muro, pero un muro con grosor trasformado por las referencias arquitectónicas periféricas que describiremos a continuación y es ese concepto de muro, barrera, dique, muralla, corte, o ausencia, el que se mantiene en gran parte de los proyectos de OMA, transformado ya en un símbolo, un eco de aquel muro de Berlín que supuso el nacimiento de OMA como equipo de creación arquitectónica.

El proyecto se dibujó y planteó con Elia Zenghelis para el concurso *La città come ambiente significante*, que tuvo lugar en el otoño de 1971 por la *Associazione per il Disegno Industriale* de Milán, convocado por la revista

Casabella[11], concurso que ganaron y que sirvió también como ejercicio de graduación para Koolhaas. Es en este momento cuando Rem, que no había tenido demasiado éxito con sus anteriores ejercicios académicos en la *Architectural Asociación*, normalmente sobrios, monocromos, apartados de las coloridas propuestas de la tendencia *Archigram* imperante en la escuela, implica en el proyecto tanto a su pareja como a la de Zenghelis, ambas pintoras, para elaborar una propuesta gráficamente impactante, iniciándose la colaboración entre los cuatro miembros de lo que sería OMA años más tarde.

Exodus es la expresión de una idea de modo dramático, una fábula como las que escribiera su padre Anton, sobre el bien y el mal así como una propuesta iniciática de transformación vital mediante la arquitectura. Incluye un texto descriptivo, tanto del proyecto como del modo de vida en la franja, y determinadas imágenes *instantáneas:* dibujos, acuarelas y collages, que describen la actividad de esta. La mayor parte de la documentación original de *Exodus* forma parte de colección permanente del MoMA de Nueva York[12]. El aspecto narrativo del proyecto se constituye como la parte fundamental del mismo, por encima de la documentación gráfica; de hecho, lo que caracteriza *Exodus* es una idea de ciudad en continuo cambio, siendo la formalización gráfica una instantánea de aquella realidad mutante.

Exodus inserta en el corazón de Londres dos muros paralelos separados unos ochocientos metros entre sí. En su interior se desarrolla el crecimiento de la nueva ciudad, la *Mitad Buena*. El crecimiento longitudinal entre ambos muros genera plazas cuadradas, independientes, cada una es una pieza del engranaje del funcionamiento social de la franja. El interior de la banda arrasa por completo con el tejido urbano del centro de Londres imponiendo su propia realidad. Solo una parte de la zona de los aledaños de *Regent Street* resulta indultada y convive con el resto de los espacios de la franja.

La disposición entre las distintas zonas no tiene sentido funcional alguno desde un planteamiento racional urbano, y su ubicación concatenada no se corresponde con el discurso lineal de la memoria del proyecto.

---

[11] *Casabella*, vol. 27, n.º 378 (junio de 1973).
[12] "The collection: Rem Koolhaas, and Elia Zenghelis, with Madelon Vriesendorp, and Zoe Zenghelis Exodus, or the Voluntary Prisoners of Architecture", sitio web del MoMA, acceso el 02 de septiembre de 2011, http://www.moma.org/collection/works/392.html.

Esto implica que la vida en la franja precisa de una serie constante de deambulaciones erráticas, una *deriva cotidiana*, que permita a los habitantes desarrollarse y disfrutar de todas las zonas mediante un continuo fluir de circulaciones peatonales (no hay vehículos en *Exodus*) que aseguren el intercambio social.

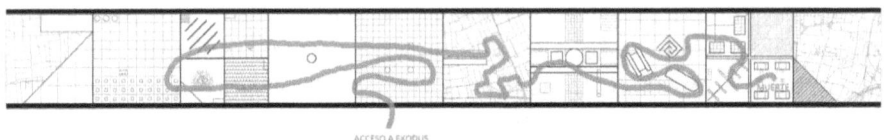

Esquema del autor sobre los flujos de movimiento de los habitantes de Exodus en función de la descripción de Koolhaas de la vida en la franja recorriendo las distintas zonas del proyecto desde el ingreso en la ciudad hasta la muerte del individuo.

El relato de *Exodus* describiendo la vida de los ciudadanos del *strip* en cada una de estas plazas, que Koolhaas describe con todo lujo de detalles en la memoria del proyecto, está concebido como un guion cinematográfico, se trata de una yuxtaposición sincopada de escenas cuya su disposición y distribución en el plano, por otra parte, no responde a un orden de lo que podríamos denominar funcional.

NEW BABYLON

Aunque el precedente formal de *Exodus* está claramente emparentado con algunas propuestas de Ivan Leonidov como por ejemplo su propuesta para la nueva ciudad industrial de Magnitogorsk de 1930, la idea social que subyace, divergente del modelo comunista del soviético y de la que se nutre la parte dramática del modo de vida de los habitantes de la franja, no puede entenderse sin la influencia, reconocida por Koolhaas, de la sociedad lúdica planteada por Constant. Volvemos una vez más al polifacético artista holandés, en su proyecto utópico de *Nueva Babilonia*. En 1956 el artista, tras convivir en un poblado de gitanos nómadas, decide desarrollar un proyecto que integre un nuevo modelo de sociedad distinto a las sociedades capitalistas y burguesas de la época.

El punto de partida de la propuesta de Constant es la renuncia a la sociedad utilitarista en la que nos encontramos inmersos, donde *la utilidad* es el principal criterio en la vida del hombre: el *Homo Faber*, que tiene que trabajar en pro de este utilitarismo. Por el contrario, la sociedad propuesta por el artista holandés extirpa el trabajo del *todo* social, ya que lo prevé absolutamente automatizado, de modo que el hombre ya no tiene que trabajar para ser útil a la sociedad, nace de esta forma el *Homo Ludens*, el hombre que tiene el juego como principal y constante objetivo, preconizando la "labor social del juego". En esta sociedad lúdica se apartan del utilitarismo totas las actividades, "constituyen productos puros de la imaginación creadora. Ya que, siendo creador, sucederá que el ser humano pueda realizarse y alcanzar su más elevado nivel existencial"[13]. Con este proyecto, Constant da forma concreta a la expresión de los postulados de la *Internacional Situacionista*, de la que formó parte desde el año de su fundación en 1957, y que no pretendió otra cosa que recuperar el potencial político radical del surrealismo[14] cuyos miembros, según los situacionistas, no fueron capaces de canalizar.

Ivan Leonidov. *Proyecto para la nueva ciudad industrial de Magnitogorsk*. 1930. Perspectiva aérea.

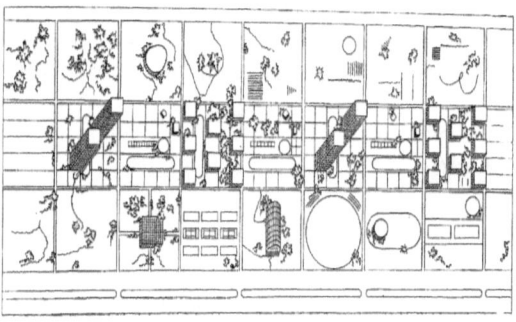

Ivan Leonidov. *Proyecto para la nueva ciudad industrial de Magnitogorsk*. 1930. Planta de los cuadrantes.

[13] Constant, *La Nueva Babilonia*, 7.
[14] Amy Dempsey, *Estilos, escuelas y movimientos. Guía enciclopédica del arte moderno*, 213.

Constant. *Nueva Babilonia*, Fotomontaje de un sector sobre el campo.

Nueva Babilonia es una idea de ciudad única mundial, construida por crecimientos aleatorios elevados de la cota *cero* que colonizan el planeta, superponiéndose tanto a estructuras rústicas como a zonas urbanas existentes. Se trata de una idea de liberación de la corteza terrestre que se destina a ser ocupada por la naturaleza en su totalidad. Coincide con *Exodus* en este sentido, en la superposición a ciertas estructuras de ciudades históricas planteando una *ciudad buena,* en este caso sobre la *ciudad mala,* y previendo un éxodo a la primera. Pero en lugar de la propuesta de Koolhaas que destruye activamente su tejido en los frentes del *strip, Nueva Babilonia* coloniza el espacio superior y la ciudad antigua desaparece por simple obsolescencia y abandono.

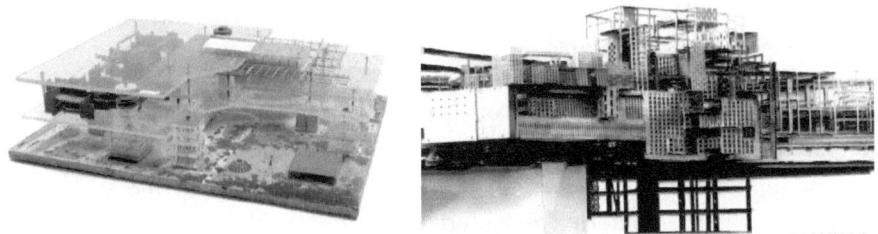

Constant. *Nueva Babilonia*, Maquetas de la ciudad. Como podemos comprobar muy emparentadas con algunas maquetas realizadas por OMA para alguno de sus proyectos.

LA CONFESIÓN

Koolhaas termina el relato de *Exodus*, remarcando su carácter de intervención moral, de modelo urbano que atesora un mensaje manifiesto de ruptura, de rebelión y de apología a *lo maravilloso* como diría Breton, y lo hace con la narración de un sueño: *los prisioneros voluntarios*, los habitantes de la parte buena de la ciudad, agradecen todas las noches a la nueva arquitectura, la transformación que ha producido en ellos. La plegaria que entonan los habitantes de la ciudad buena no es otra que un extracto de *Sueño parisién*, perteneciente a la obra fundamental de Charles Baudelaire *Las Flores del Mal*, de 1857.

El poema elegido por Koolhaas como guion retroactivo del proyecto constituye un canto, una alabanza a los paraísos artificiales, al mundo interior y personal frente al mundo exterior y la naturaleza, la primacía de lo irreal frente a lo real, la defensa de lo falso frente a lo verdadero. "Prefiero contemplar ciertos decorados de teatro, donde encuentro artísticamente expresados y trágicamente concentrados mis sueños más queridos. Como esas cosas son falsas están infinitamente más cerca de la verdad, mientras que la mayoría de nuestros paisajistas son embusteros porque se han olvidado de mentir"[15]. Manifiesta Baudelaire como crítica a los pintores paisajistas que exponían sus versiones del paisaje en el salón de 1859.

La elección de Baudelaire como *padrino* del proyecto por parte de Koolhaas no es casual, el planteamiento de *Las flores del mal*, aparte de constituir una obra cumbre de la literatura universal, establece las pautas de lo que será, a partir de ese momento, el artista contemporáneo: la constante búsqueda de ideales hacia los que elevarse aunque estos ideales provengan de lo cotidiano y lo vulgar. Esta alabanza a lo artificial y al mundo interior constituye la materia prima con la que trabaja el poeta francés y supuso uno de los puntos de partida de lo que será el universo surrealista. El propio André Bretón había revindicado en el Primer Manifiesto Surrealista el papel de Baudelaire como precedente del grupo, como surrealista retroactivo: "También podemos decir que el surrealismo es un paraíso harto artificial, y la afición a este paraíso deriva del estudio de Baudelaire"[16]

---

[15] Charles Baudelaire. Salón de 1859. Cartas al Sr. Director de la Revue Française.
[16] André Breton, *Manifiestos del surrealismo, 57.*

Rem Koolhaas, Elia Zenghelis, Madelon Vriesendorp y Zoe Zenghelis. *Exodus o los prisioneros voluntarios de la arquitectura.* 1972. Collage de los prisioneros cantando su Oda diaria.

Rem Koolhaas, Elia Zenghelis, Madelon Vriesendorp y Zoe Zenghelis. *Exodus o los prisioneros voluntarios de la arquitectura.* 1972. Axonometría de la zona de los baños con múltiples estanques, cascadas, escalinatas y gradas, concebida como un paraíso artificial sin naturaleza como el que soñara Baudelaire en *Las flores del Mal.*

Paul Delvaux. *El Diálogo.* 1974. Los espacios imaginados por el artista belga, con personajes desnudos indolentes en encuadres arquitectónicos enigmáticos carentes de naturaleza, representan muy bien una idea del paraíso artificial baudeleriano que Koolhaas imaginó para *Exodus.*

Los mundos ideales, concebidos por el pintor surrealista belga Paul Delvaux, por ejemplo, sintonizan perfectamente con la visión de Baudelaire del *Paraíso Artificial*. La introducción de personajes desnudos, inexpresivos, en ambientes urbanos de inspiración clásica, con una ausencia máxima de elementos naturales, la representación con puntos de fuga centrales, conectan directamente con las perspectivas elaboradas por Vriesendorp para la propuesta de *Exodus*, sintonizando con dos de los principios fundamentales del universo *baudeleriano* y por extensión *surrealista*: por un lado la prevalencia del mundo interior, un mundo inventado, artificial fruto de la imaginación, el sueño y en el fondo proveniente del ámbito de lo inconsciente, y la exaltación de un sistema vital hedonista que se replantea el ámbito de lo moral y obvia las *resistencias* del *yo* freudiano liberando y sacando a la luz el lado oscuro de la pasión y el deseo. *"Baudelaire es surrealista en lo moral"*, decía Bretón en sus manifiestos[17].

Pero *Exodus* no es la única historia que Koolhaas utiliza para transmitirnos su planteamiento divergente. Al fin y al cabo, no es más que un proyecto fin de carrera redactado con la voluntad de competir en un concurso internacional. Será en Delirious New York, donde Koolhaas aprovechará para incluir, en su parte final denominada *una conclusión ficticia*, nuevas historias parabólicas que complementan a *Exodus*. Si el cuerpo fundamental del libro, la primera parte, es el análisis del *manhattanismo* como doctrina, el estudio de sus causas, sus precedentes, su fenomenología, etc., esta breve segunda parte, este epílogo, consiste en una serie de cinco propuestas arquitectónicas teóricas, tanto de Koolhaas como de Zenghelis, planteadas como ejemplos prototípicos, como propuestas que validan el *manhattanismo* como modelo.

LA CIUDAD DEL GLOBO CAUTIVO

De estos cinco proyectos[18] incorporados por Koolhaas en esta *conclusión ficticia*, el primero de todos es la propuesta de *La Ciudad del Globo Cautivo, de 1972*. Esta sugerente historia, que ya adelantamos desde la óptica del automatismo, supone en realidad una síntesis en una imagen y en un

---

[17] André Breton, *Manifiestos...*, 46.
[18] Los otros cuatro proyectos son: *El hotel Esfinge*, La nueva *Welfare Island*, el *Hotel Welfare Palace* y el *Cuento de la piscina*.

breve texto, de las casi trescientas páginas del contenido teórico desarrollado previamente en el libro, es decir de la *cultura de la congestión* y del *Manhattanismo*. *La Cuidad del Globo Cautivo*, es un Manhattan conceptual. Una esencia destilada en grado superlativo de los aspectos descritos y defendidos por Koolhaas en las páginas precedentes de su libro.

Sobre una retícula de manzanas rectangulares "incrementos máximos de control", concebidas como pódiums escultóricos idénticos dispuestos según la disciplinada estructura bidimensional de la malla cartesiana, Koolhaas coloca las más variopintas y dispares exponentes de distintas vanguardias arquitectónicas y obsesiones personales. La idea es clara e impactante, el manhattanismo valida, asume e incorpora, cualquier crecimiento o experimentación arquitectónica y el complejo sistema orgánico de la ciudad se alimenta de estas anexiones paranoicas. La ciudad está inquietantemente vacía, como las pinturas de De Chirico, de este modo se acentúan las presencias de los habitantes de los pódiums. El sistema de representación elegido, una axonometría, todavía aparta más del ámbito de la realidad la propuesta, trasladándola al territorio del concepto. La propuesta traduce perfectamente además al ámbito del urbanismo el método *paranoico-crítico* daliniano, cualquier conjetura paranoica, "leyes inoportunas y verdades irrefutables, y para crear condiciones físicas inexistentes", se articula sobre un soporte racional, en este caso crítico, que lo valida y lo incorpora al mundo real.

La segunda parte conceptual del relato es la que le da título y la que más intensifica su condición surrealista: para Koolhaas, todas las filosofías, todas las *arquitecturas* que surgen de modo automático sobre los pódiums, alimentan nada menos que al Planeta Tierra, señalando de este modo la necesidad vital del *manhattanismo* como polifacético nutriente del planeta-cigoto en un eterno embarazo.

En un juego de prestidigitación surrealista similar al que concibiese René Magritte en *El espejo falso* de 1935, insertando en el interior del ojo la infinitud del cielo, Koolhaas incluye el propio mundo en el centro de la ciudad: "El manhattanismo está embarazado del propio mundo". En el siguiente capítulo, dedicado a la simbolización veremos la importancia de esta condición engendrante, generadora de arquitectura, aquí tenemos la primera aparición del símbolo del huevo-cigoto, de importancia capital en la obra posterior de OMA.

Rem Koolhaas. *La ciudad del Globo Cautivo*. 1972.

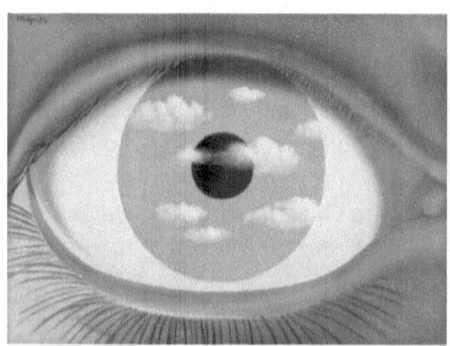

René Magritte. *El espejo Falso*. 1935.

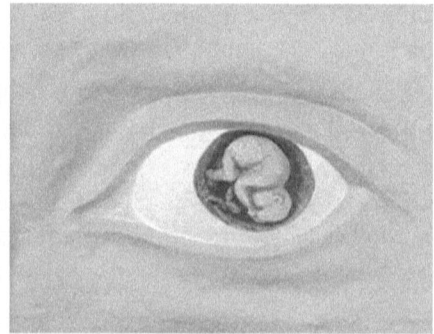

Madelon Vriesendorp. *Ojo Embrión*. 2001.

EL CUENTO DE LA PISCINA

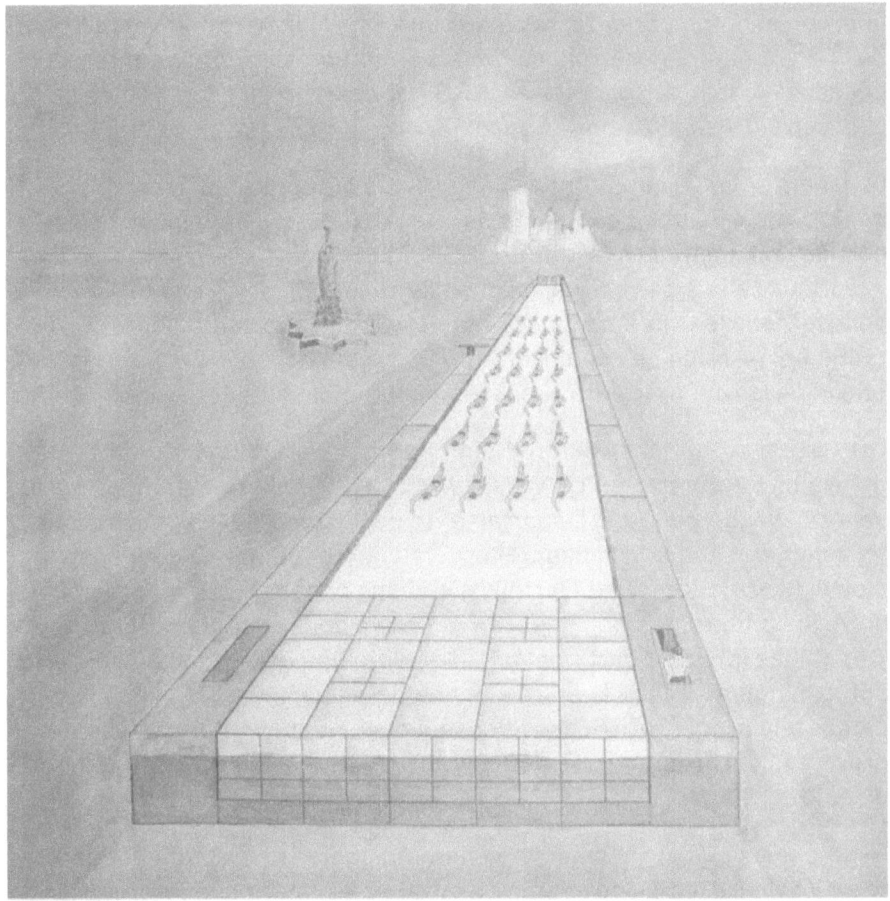

Acuarela de Vriesendorp, incluida en *Delirious New York*, 1978.

El tercero y último de los proyectos en los cuales consideramos que Koolhaas fundamenta su base epistemología arquitectónica inicial, lo constituye el breve corolario incorporado al final de *Delirious New York*. Nos referimos al alegórico *Cuento de la piscina* de 1976-77, que al igual que el de *la Ciudad del globo cautivo* consiste en un breve texto con dos imágenes realizadas por Madelon Vriesendorp, aunque ésta ya había hecho en 1974 un acrílico muy similar a la acuarela incluida en el libro, lo que nos lleva a pensar que la idea de Koolhaas es anterior[19]. Recordemos que, con este tercer relato, Koolhaas quiere proclamar la recuperación de la arquitectura desarrollada por los arquitectos soviéticos antes de la llegada de Stalin al poder de la URRS, movimiento que conocemos como el *constructivismo ruso o soviético*.

El debate sobre el constructivismo en estos años setenta, favorecido por los movimientos de protesta de corte marxista y las relaciones del partido comunista con la propia URSS, hacen que numerosos estudiosos y teóricos de la arquitectura, muchos de ellos italianos, se preocupen por conocer toda la experimentación arquitectónica que, tanto por el oscurantismo del telón de acero, como por el propio desprecio del aparato oficial de la Unión Soviética, habían mantenido ocultos.

Uno de estos teóricos, Manfredo Tafuri, organizó, en junio de 1970, dentro de los cursos del UIAV *Istitutto Universitario dell'Architettura di Venezi*a, donde dirigía el Departamento de Historia de la Arquitectura, un seminario sobre la vanguardia soviética preestalinista. En él participa el historiador Gerrit Oorthuys, con una ponencia sobre la relación entre los arquitectos holandeses y el propio constructivismo. Oorthuys y Koolhaas inician a partir de este momento una investigación conjunta sobre la figura de Ivan Leonidov, lo que hará que viajen en varias ocasiones a la propia URRS, accediendo a documentación original sobre proyectos del arquitecto soviético y entrevistándose con los herederos de este.

Recordemos que el nacimiento del interés por la arquitectura por parte de Koolhaas, como comentamos en páginas anteriores, se produce entre otras cosas por el descubrimiento de la obra de aquellos primeros soviéticos. Su posterior estudio y análisis confirman las sospechas de Koolhaas: el constructivismo es la malograda vanguardia que propone una verdadera nueva arquitectura por encima del propio Movimiento Moderno. Aquel entendimiento de la arquitectura como catalizador social, aquel uso fantástico de los materiales y la tecnología, junto con el osa-

---

[19] Shumon Basar & Stephan Trüby, ed., *The World of Madelon Vriesendorp. Paintings / Postcards / Objects / Games*, lámina 24.

do despliegue formal es, para el arquitecto holandés, un modelo a seguir para el advenimiento de una nueva etapa de la vanguardia arquitectónica más adecuada que las alternativas de las otras posturas postmodernas. De este modo, no es coincidencia que el cuento de la piscina constituya el epílogo de *Delirious New York*[20]. La historia, esta última narración dramática, destila a la perfección la voluntad de renovación arquitectónica pretendida por el arquitecto, la recuperación de los postulados constructivistas: teóricos sin arquitectura, sin edificios construidos, y su simbiosis con la realidad metropolitana descubierta en Manhattan: realidad sin teoría, arquitectura sin textos.

La historia narra como en Moscú, en 1923, un estudiante de arquitectura concibe el proyecto de una *piscina flotante*. La piscina, un paralelepípedo ejecutado con planchas de acero atornilladas, un *planite* de Malevich en su versión construible, es ejecutado por los estudiantes a modo de prototipo en su tiempo libre. El programa de la piscina es planificado por Koolhaas siguiendo el modelo de los condensadores sociales soviéticos: vestuarios separados para hombres y mujeres dispuestos linealmente en los costados largos de la piscina: a babor y a estribor, y dos gimnasios en los extremos cortos que asumen la función de proa y popa de la piscina-barco. Salas de luchas dialécticas y de ejercicio físico, donde los nadadores se encuentran entre dos realidades que vislumbran tras sendos vidrios: en uno, el propio mar, el agua sucia y contaminada donde los peces agonizan, y en el lado opuesto el reducto de pureza del agua de la piscina donde apreciar las "actividades subacuáticas, saludables y a veces excitantes"[21]. En este sentido la herencia de *Exodus* resulta evidente, tanto desde el punto formal como desde el plano simbólico: una vez más la dualidad del bien y del mal y el conflicto surgido por la yuxtaposición de ambos, la arquitectura como elemento de rehabilitación espiritual y física del hombre constituye la base de ambas propuestas de Koolhaas.

El segundo momento de la historia lo constituye un hecho que se justifica con el abrupto cambio en el devenir soviético en los años 30, lo que hace que la piscina concebida en inicio como instrumento de ocio, de-

---

[20] Rem Koolhaas, *Delirious New York*, 307.
[21] Rem Koolhaas, *Delirious New York*, 307.

porte y relax, se transforme en un medio de locomoción acuático, aprovechando una circunstancia aprendida de modo casual por los bañistas: la capacidad de movimiento de la piscina que infringen los nadadores cuando nadan al unísono y con la cual "podían ir a cualquier lugar del mundo en el que hubiese agua"[22]. Los bañistas organizados constituyen el motor de la piscina, como un verdadero *objeto surrealista de funcionamiento simbólico* daliniano, un instrumento paranoico-crítico, cuya manipulación conceptual el surrealismo utilizó para subvertir los significados de realidades aparentes[23].

El relato continúa con la huida de los arquitectos-nadadores del régimen estalinista en la piscina y su viaje durante cuarenta años, en una conexión más con la idea del éxodo bíblico que inspira también la propuesta de *Exodus*, atravesando el Océano Atlántico hasta su llegada a la isla de Manhattan. La narración roza el humor surrealista de Buñuel en algunos puntos "casi no se dieron cuenta, pues tenían que nadar en dirección opuesta a donde querían ir". Tras el estallido de histeria y júbilo al comprobar que Manhattan no era otra cosa más que la plasmación real de su ideario constructivista, le sigue la decepción de constatar la uniformidad gris de los habitantes, uniformidad de la que habían escapado. Esta situación de miedo, incomprensión, los lleva a zarpar de nuevo en una azarosa deriva por el East River. Dirá Koolhaas: "¿un salmón oxidado, a punto -finalmente- de desovar?", un intento múltiple pero fallido de fecundación de aquel padre constructivista en la nueva madre metropolitana encontrada a miles de kilómetros. El momento posterior de la historia relata los tres meses siguientes a la llegada de la piscina, de difícil convivencia entre los arquitectos constructivistas y los neoyorquinos, que ven en la pureza de la pieza una amenaza a los excesos formales e interpretaciones historicistas del postmodernismo

---

[22] Rem Koolhaas, *Delirious New York*, 307.
[23] Antonio Bonet Correa, *El surrealismo* (Madrid: Cátedra, 1983), 67.

 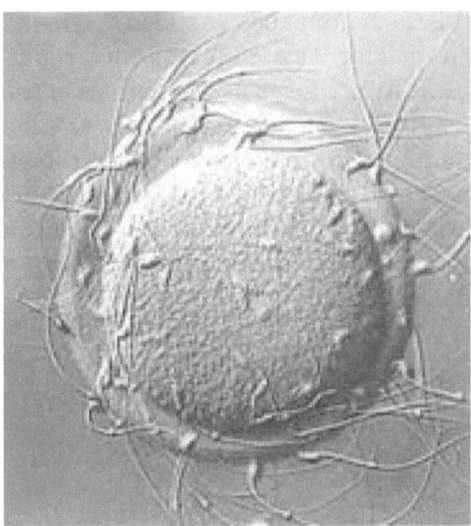

La balsa intentando atracar en Manhattan. *Collage* incluido en *Delirious New York*: El intento de inseminación del constructivismo en Estados Unidos.

LA COLISIÓN

Los arquitectos-nadadores soviéticos parten de nuevo en su piscina, tras ser hipócritamente homenajeados y condecorados por los neoyorquinos, colisionando finalmente con una escultura de la *Balsa de la Medusa* realizada en plástico.

Para esta colisión, simbólicamente muy importante como veremos, que supone la conclusión del cuento, Koolhaas retoma la historia del cuadro pintado por Theodore Gericault en 1819 e inspirada en el naufragio ocurrido en 1816 de la nave francesa Medusa cuyos supervivientes estuvieron trece días sobre una balsa hasta que fueron rescatados. Para Koolhaas, en el cuento de la piscina, los supervivientes de la balsa con la que ésta colisiona son los arquitectos europeos que han sobrevivido al naufragio del Movimiento Moderno. El salvamento de la *balsa* lo utiliza también André Breton en su *Pequeño intermedio profético* de *Prolegómenos a un tercer manifiesto surrealista o no* de 1942, donde los equilibristas bretonianos vestidos con mallas de un *color llamado libertad* son en realidad los arquitectos socorristas de la piscina de Koolhaas[24]. La *piscina flotante* es el alter ego de la *balsa*, su simétrico o su inverso. Si en la primera, en un recinto de pureza, formal, espiritual, los nadadores-arquitectos soviéticos de modo optimista se dirigen hacia Nueva York en busca de un lugar donde desembarcar sus propuestas, en la segunda, los arquitectos-náufragos europeos, desquiciados, desnutridos, perdidos tras el hundimiento del racionalismo, atisban la metrópoli como la tierra salvadora[25].

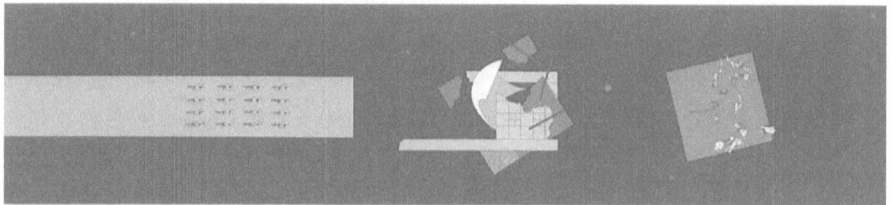

Madelon Vriesendorp. La colisión entre *la piscina flotante* y *la balsa de la Medusa*. 1976.

Al igual que sucederá con los otros dos proyectos conceptuales metafóricos analizados en este capítulo, el cuento de *la piscina flotante* de 1976, atraca en el inconsciente de Rem Koolhaas, consolidándose como un importante elemento simbólico que de modo obstinado homenajea a la arquitectura de aquellos primeros soviéticos. *La piscina*, transformada ya en símbolo, como veremos en el siguiente capítulo, se inserta de distintos modos en una gran parte de la obra de OMA durante las últimas décadas, transformada, interpretada subliminal o explícitamente, pero siempre presente.

---

[24] André Breton, *Manifiestos del surrealismo*, 316.
[25] Gargiani, Roberto. *Koolhaas y el mito de la piscina flotante*. www.matieres- mag.ch / articles_files / txt_originaux / garg_mat7.pdf.

EL SIMBOLISMO

INCONSCIENTE COLECTIVO

El *simbolismo onírico* es el mecanismo perteneciente al trabajo del sueño en virtud del cual el inconsciente sustituye una entidad, una idea o una persona, por otra cosa que la representa mediante alguna relación asociativa. La entidad simbólica es tolerada por los mecanismos de defensa, con lo cual accede a la consciencia incorporada en el sueño, procedimiento que supone un *desplazamiento* pero no físico, sino conceptual, y estaría relacionado de este modo con la metáfora[1]. Exploraremos, en esta parte del texto la capacidad metafórica de los proyectos de Rem Koolhaas, conseguida mediante la inserción de determinados símbolos: *el muro, el huevo, y la piscina*, que no hacen otra cosa, sino prolongar el mensaje de los relatos manifiesto sobre los que se investigó en el capítulo precedente.

Freud y los primeros psicoanalistas encontraron que muchas de las presencias de los sueños atesoraban en realidad una cualidad simbólica en cuanto a que representaban a otras entidades. Descubrieron también que estas simbolizaciones eran similares entre distintos sujetos y que habían trascendido además del ámbito puramente onírico al antropológico, al mítico y en última instancia al creativo. "La mayor parte de este simbolismo es, además, común al sueño, a la psiconeurosis, a las leyendas y a los usos populares"[2], repitiéndose los mismos símbolos en el folclore y en las fábulas de culturas distintas a lo largo de la historia y de la geografía mundial.

La compleja y variada relación que se establece entre el símbolo y el concepto simbolizado, así como las razones para que se produzca este mecanismo, ha ocupado gran parte de las investigaciones del pasado siglo en ámbitos tan dispares como la psiquiatría, la literatura, la antropología y el arte. Hay ejemplos donde existe algún tipo de relación formal, causal, etc entre ambos, pero existen otros muchos donde dicha relación es invisible, por lo menos desde el punto de vista de la consciencia racional. Recordemos símbolos universales estudiados por el psicoanálisis, como por ejemplo, el rey y la reina, que en los sueños representan casi siempre

---

[1] Isabel Paraíso, *Psicología y literatura*, 87.
[2] Sigmund Freud, *La interpretación de los sueños 2*, 18.

a los padres del soñante, o símbolos de gran importancia, como los que representan a los atributos sexuales masculinos, como son todos los objetos alargados: bastones, troncos de árboles, sombrillas y paraguas, o los que representan al órgano genital femenino como los estuches, cajas, cuevas, y toda clase de recipientes. Pero hay otros no tan evidentes, como por ejemplo soñar con parásitos, que simboliza en los sueños al hermano pequeño, o soñar con un equipaje, el cual representa nuestros pecados o preocupaciones[3]. La psique se vale también de la arquitectura y elementos arquitectónicos, para simbolizar entidades de otra índole, por ejemplo: las habitaciones simbolizan normalmente mujeres y el entrar a través de puertas abiertas o cerradas evidencia posibilidades de encuentros amorosos. Los edificios y las escaleras, por su parte, simbolizan habitualmente a los genitales masculinos.

La coincidente simbolización de determinados elementos universales por distintos sujetos marca el inicio de una vía de investigación del psicoanálisis iniciada por Sigmund Freud, pero fundamentalmente desarrollada por Carl Gustav Jung. El psiquiatra suizo, a través del estudio de símbolos de distintas culturas en todo el mundo, encuentra sorprendentes coincidencias incluso en sociedades diametralmente separadas del planeta y de distintas épocas. Jung concluye que esta circunstancia tendría que deberse a algo que va más allá de la propia experiencia personal, y que estos símbolos formaban parte de algo más grande que tiene que ver con algo parecido a una gran psique humana, un *inconsciente colectivo*, que reside en todos y cada uno de nosotros y que es independiente de nuestro propio inconsciente individual. En él se albergan ciertos conocimientos comunes que van pasando de generación en generación y que posibilitan la formación de símbolos compartidos. De este modo Jung ampliará el modelo psíquico de Freud, su primera tópica, diferenciando la *consciencia*, el *inconsciente personal* y el *inconsciente colectivo*.

Dentro de este modelo y en referencia a los contenidos del *inconsciente colectivo*, Jung utilizó el concepto de *arquetipo*, término que proviene del griego *archetypon* y que puede traducirse como el *modelo original*, como el nivel más básico y genérico de simbolización. Los arquetipos son los

---

[3] Sigmund Freud, *La interpretación de los sueños 2*, 29.

grandes símbolos universales, de gran importancia y gran presencia en los sueños que representan al yo, a la madre, al padre, al viejo sabio, el mal o la sombra, etc. que por otra parte se plasman de modo notable en todas las manifestaciones culturales, la literatura, el teatro, el cine y el arte en general.[4]

LOPLOP

El surrealismo, interesado en la codificación simbólica expuesta por el psicoanálisis, se apropió de la significación oculta de aquellos conceptos, escudriñando las posibilidades creativas que se desprenden de las escondidas relaciones entre significado y significante. Repetiremos una vez más cómo la mayor parte de los surrealistas, artistas y no psiquiatras, hicieron uso de los hallazgos psicoanalíticos, interesados fundamentalmente en lo maravilloso de aquel lenguaje, manifiesto, extraño e incomprensible en ocasiones. Sin embargo, en figuras como Ernst, Miró, Giacometti y fundamentalmente en Dalí, el uso del simbolismo en su obra, como expresión disfrazada de obsesiones e inquietudes del espíritu de sus creadores, está arraigado en profundidad.

Joan Miró. *Persona tirando piedras al pájaro.* 1926.   Joan Miró. *Mujer, pájaro y estrella.* 1966-73.

[4] Cecile Landau & Scarlett O´Hara, *El libro de la Psicología*, 107.

Joan Miró, por ejemplo, es el padre de un universo de símbolos: las estrellas, los ojos, los pájaros, la mujer arquetípica, etc, que el pintor incorpora en ocasiones de modo automático[5] "La representación de los mismos posee una dimensión sagrada. Son un símbolo en el sentido más profundo del término."[6] "El pájaro es la libertad de la creación, el cosmos, las estrellas, simbolizan el universo y la representación terrenal la logra a través de las mujeres"[7]. Max Ernst recurre también frecuentemente a la representación simbólica, fundamentalmente para incorporar aspectos personales. Así por ejemplo inventa un personaje: *Loplop*, una especie de pájaro estrambótico que introduce repetidamente en sus creaciones, el cual no es otra cosa que una representación simbólica de sí mismo, que, como Velázquez en *Las Meninas*, tiene la misión de presentar sus propios cuadros. Alberto Giacometti incorpora, en su universo escultórico, una simbología también profunda y directamente relacionada con los postulados psicoanalíticos freudianos. Inserta en algunas obras formas abstractas cuya asociación con símbolos femeninos y masculinos resulta evidente.

Pero será Salvador Dalí, por encima de sus compañeros surrealistas, el pintor que más se servirá de la simbología, de modo voluntario o involuntario, creando un extenso cosmos simbólico que ha sido objeto de importantes investigaciones y publicaciones. De hecho, se puede afirmar que los símbolos dalinianos son la estructura virtual y vital en la que se fundamenta la totalidad de su obra; entendida como un gran autorretrato: "El autobiografismo de su pintura se libera. Se hace más obvio y más críptico, poblándose de deseos, manías, sueños, frustraciones sexuales"[8]. Símbolos célebres del universo daliniano como los relojes blandos: expresión de la dualidad paranoico-crítica y apología de la ruptura de la racional correspondencia espacio-temporal que Dalí revindica. Así como la importancia de lo blando frente a lo duro: como el pintor ampurdanés

---

[5] Ver la parte de este texto dedicada al automatismo en relación a Joan Miró.
[6] Jaume Vidal Oliveras, "Joan Miró, lenguaje de un visionario", *El Cultural*, revista de cultura del periódico *El Mundo*, 27 de junio de 2001, acceso el 29 de Agosto de 2013, http://www.elcultural.com/revista/arte/Joan-Miro-lenguaje-de-un-visionario/744.html.
[7] Francisco Herreros, reseña de "Cómo entender a Miró" de Samanta Rioseras, *El Diario de Burgos*, 25 de noviembre de 2013, acceso el 14 de Marzo de 2015, http://www.diariodeburgos.es/noticia/Z7DB735D0-C179-41D6-7BEDC020D9E77117/20131125/entender/miro.html.
[8] Enric Bou, *Daliccionario. Objetos, mitos y símbolos de Salvador Dalí* (Barcelona: Tusquets, 2004), 28.

dijo a Le Corbusier "La arquitectura del futuro será blanda y peluda"[9]. Otro importante símbolo daliniano son las hormigas, que simbolizan lo inconsciente e irracional[10] y que usó sobre todo a partir de su aparición sorprendente en una de las secuencias de la película de Luis Buñuel *Un perro andaluz*, de 1929. Será la simbología daliniana la que más influya en Koolhaas, y donde encontraremos una correspondencia más evidente entre el símbolo y lo simbolizado en la obra del arquitecto holandés.

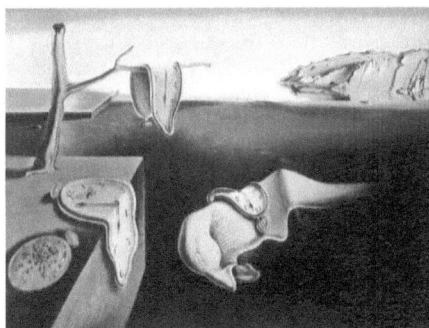 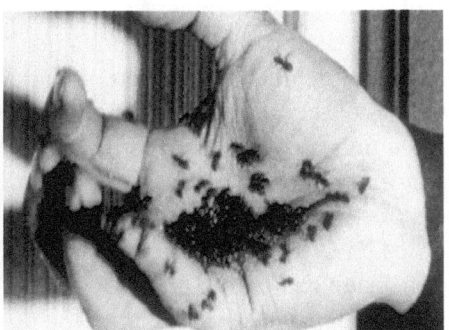

Salvador Dalí. *La persistencia de la memoria*. 1931.

Salvador Dalí, Luis Buñuel. *Un perro andaluz*. 1929.

Comentamos anteriormente cómo el hecho de que este capítulo dedicado al *simbolismo* se coloque tras el correspondiente a *la dramatización* tiene una pretendida vocación de manifestar la relación de continuidad entre ambos mecanismos al investigar el modo en el que se muestran en la obra de Rem Koolhaas. Si en el texto sobre la *dramatización* veíamos como aquellas fabulas iniciáticas del arquitecto holandés en los albores de su carrera profesional no tenían otra misión que expresar y transmitir las bases epistemológicas de su propuesta arquitectónica; veremos en esta parte, como aquellas historias se condensan en otros tantos elementos simbólicos escogidos por Koolhaas, que las representan y que en cierto modo las recuerdan, como un refuerzo de su planteamiento teórico, que repite aquellas máximas de los inicios de los años 70.

[9] Enric Bou, *Daliccionario. Objetos, mitos y símbolos de Salvador Dalí*, 257.
[10] Enric Bou, *Daliccionario...*,145.

Koolhaas introduce una y otra vez estos elementos de indudable carácter simbólico en su obra a lo largo de los últimos cuarenta años, como un sello personal. Las inserciones pueden ser más o menos claras, a veces se muestran palpables y otras son un lejano eco formal o programático de dichos elementos que precisan de una lectura interesada y detenida para sacarlos a la luz.

Recuperemos en este sentido tres de los pilares en los que fundamentará su teoría de la arquitectura, y el modo en que se concretan en otros tantos proyectos *conceptuales-metafóricos*: *Exodus* como una reflexión sobre el Bien y el Mal, *La ciudad del globo cautivo* como la reivindicación de la trama manhattaniana como sistema óptimo para el urbanismo metropolitano del futuro, y *El cuento de la piscina flotante* como cierta reclamación del renacimiento del constructivismo. Koolhaas transforma sus tres historias iniciáticas en tres de los elementos arquitectónicos en los que fundamentará su obra posterior. Esos tres, digámoslo ya, símbolos de la teoría arquitectónica de OMA, entroncan con la simbología universal; esa simbología que Jung encontró concomitante en distintas sociedades del planeta: símbolos de aquel *inconsciente colectivo* del que hablamos en líneas anteriores y con los que los surrealistas no dudaron en experimentar en su propuesta creativa.

Empezaremos analizando la manera en la que el proyecto del corte radical de OMA entre el bien y el mal de la propuesta de *Exodus* antes estudiado, evolución de su proyecto-análisis del Muro de Berlín, se concreta en una experimentación continua sobre la inserción simbólica del *muro* en sus creaciones: el muro como idea de proyecto, como elemento estructurante fundamental de la idea, y en resumen el muro como razón de proyecto.

Veremos también, cómo repetidamente, se produce en la arquitectura de OMA la introducción del símbolo del *huevo*, expresión de aquel *cigoto-planeta tierra* que se gestaba en el vientre de la metrópolis del proyecto de *La ciudad del globo cautivo* o en la propuesta de Elia Zenghelis de *El centro del Huevo de Colon,* de 1972. El símbolo del *huevo* se erige como expresión del nacimiento de la nueva arquitectura metropolitana, la arquitectura fácil[11] reivindicada en el manifiesto fundacional de OMA.

---

[11] Cynthia Davidson, "A Conversation with Elia Zenghelis", *Log* n.º 30 (2016), 182.

Concluiremos el análisis comprobando como *El cuento de la piscina flotante,* de 1976, condiciona la obsesiva introducción de diferentes tipos de piscinas, siempre rectangulares, en propuestas de distintas épocas o escalas, ecos de aquella que atravesaba el atlántico, incluso justifica la inclusión de piscinas metafóricas como elementos paralelipédicos cuya atracción metropolitana los significa del resto de la composición arquitectónica.

EL MURO

El primero de los símbolos que vamos a investigar en la trayectoria de OMA es el del *muro* separador de dos realidades, elemento lineal seccionador pero que puede tener grosor y por tanto contener otra categoría de espacios o acontecimientos. La gestación de este tiene su punto de arranque en el trabajo escolar de Koolhaas en la *Architectural Association* de Londres sobre el *Muro de Berlín*, cuyo conocimiento podríamos señalar como revelador para el arquitecto holandés y cuya dimensión simbólica se completa con la investigación de la propuesta ya vista de *Exodus.* La variedad formal y la riqueza polisémica con la que Koolhaas introduce de modo sistemático esta obsesión en sus proyectos posibilitan la ilimitada aparición de este símbolo, de distintos modos, a lo largo de los últimos cuarenta años de su trayectoria.

Con la introducción del símbolo muro, en positivo o en negativo, es decir como barrera o como corte, Koolhaas en realidad está aludiendo a un mecanismo universal que pone en evidencia dos realidades antitéticas, o más aun, la dualidad generalizada que filosóficamente ha sustentado nuestra existencia: el bien y el mal, la cordura y la locura, la consciencia y el inconsciente, el cielo y el infierno, el hombre y la mujer, el día y la noche, etc. Dualidad que se mantiene en *equilibrio dinámico.* Es la separación entre la *Física* y la *Metafísica aristotélica* y también entre el binomio arquetípico, la que defendió el psicoanálisis y más concretamente Jung, existente en nuestro inconsciente colectivo que reaparece continuamente a lo largo de la historia de la humanidad. Los muros: físicos, intelectuales, políticos, han servido al hombre básicamente para reafirmar esa dualidad eterna de la existencia.

REPRESIÓN

Si desde un punto de vista del análisis metafísico, el muro es una división entre lo conocido: nuestro mundo, y lo desconocido: lo que se encuentra más allá; en el encuadre puramente psicoanalítico, el planteamiento es inverso: dicho límite se encuentra en la propia persona en cuyo interior se haya la parte desconocida, en este caso identificada con el inconsciente. La condición arquetípica del muro como elemento divisorio entre estas dos entidades y la tensión existente entre la parte consciente e inconsciente del ser, supone el principal foco de interés para el psicoanálisis. Interesa en este apartado, dedicado a la simbolización, la apropiación que hace Koolhaas de esa transferencia de contenidos entre ambos lados del muro que el arquitecto holandés es capaz de traducir en arquitectura: cómo esa barrera se concibe desde el punto de vista espacial, cómo permite la conexión entre las realidades que separa y cómo llega a adquirir un grosor conceptual propio, que actuará como filtro distorsionador o desestabilizador de dichas conexiones.

MISTERIO

Del estudio del misterio de lo desconocido, de lo que se encuentra detrás del muro que separa nuestra vida cotidiana con nuestro interior, hizo el eje vertebrador de su obra pictórica una de las más importantes influencias para el movimiento surrealista como fue la *Pittura Metafisica* de Giorgio de Chirico. Sus recreaciones idealizadas de entornos urbanos inventados, pertenecientes a su propio inconsciente, así como la inserción de elementos extraños, provocan en el espectador el desasosiego de la incomprensión de la obra, forjando un bucle de conjeturas sincopadas sin solución en el plano racional.

De Chirico explora e insinúa lo que está detrás, lo que puede aparecer y lo que puede desaparecer. La obra pictórica, el cuadro, como la punta de un iceberg, muestra una ínfima parte de lo que es capaz de sugerir o esconder. Para el pintor italo-griego, el muro es uno de los elementos arquitectónicos simbólicos más recurrentes: sus perspectivas, en vez de perderse en el infinito, son recortadas por elementos murarios paralelos al espectador, que sugieren el posicionamiento de nuestro punto de vista en un recinto cerrado y detrás del cual aparece otra realidad misteriosa de elementos variopintos que solo apreciamos parcialmente por encima del muro. En su *El enigma de la llegada y la tarde*, de 1912, por ejemplo, el muro es el elemento fundamental que secciona lo representado en dos partes: "También aquí, el muro sirve para separar el ámbito de lo visible de aquel de lo invisible y de lo misterioso"[12]. Dos personajes, con una inquietante postura, situados al final de una superficie de baldosas ajedrezada, habitan un espacio vacío, delimitado por un poderoso muro tras el cual se adivina el discurrir de un barco velero y un templo circular clásico, en una posición incómoda entre ambas piezas. La quietud e intemporalidad de la escena encerrada, contrasta con el dinamismo de las piezas del exterior, que soportan un fuerte temporal de viento.

Rem Koolhaas, Elia Zenghelis, Madelon Vriesendorp y Zoe Zenghelis. *Exodus o los prisioneros voluntarios de la arquitectura*. 1972. Collage de Los Alojamientos insertando de modo descontextualizado, como haría Dalí insistentemente, a los personajes del Ángelus de Millet.

Giorgio de Chirico. *El enigma de la llegada y la tarde*. 1912. El cuadro tiene una gran similitud con la escena de los alojamientos de *Exodus*. Dos protagonistas en actitud meditativa sobre una retícula ortogonal fugada, junto a ellos una sencilla edificación, un muro que cierra contundentemente el ámbito en el que se produce la escena, y tras él otra realidad enigmática con una pieza arquitectónica,[13] una torre vigía, que emerge tras del muro. Espacios donde como dice Koolhaas el tiempo se ha detenido "nunca pasa nada aquí, pero el aire está cargado de emoción".

[12] Magdalena Holzhey, *De Chirico* (Köln: TASCHEN, 2005), 21.
[13] Giorgio de Chirico, "El enigma de la llegada y la tarde", sitio web de *artehistoria, página de arte y cultura en español*, acceso el 06 de Julio de 2014, http://www.artehistoria.com/v2/obras/365.html. En su etapa metafísica, De Chirico combinaba "en una sola composición escenas de la vida contemporánea y visiones de la antigüedad que producían una realidad de ensueño muy pertubadora". Este tipo de pintura se difunde a través de la revista *Valori Plastici*, y juega un papel decisivo en la pintura surrealista. Su mundo mágico, onírico, de ciudades desoladas, fuertemente geometrizadas, con perspectivas que parecen salidas de un tratado renacentista, vacías, muertas, en las que el tiempo se ha detenido y por las que no pasa más que algún extraño maniquí sin rostro -deshumanizado él también, como la ciudad-, ejerce una atracción fatal sobre los surrealistas, empezando por el mismo Breton.

La conexión entre este cuadro y el *collage* elaborado por Madelon Vriesendorp para *los alojamientos* del proyecto de *Exodus* resulta evidente, no solo en lo material, en la apariencia, sino en el contenido y en la voluntad de representación de la dualidad de realidades. Una interior, ideal, irreal quizás, pero inquietante en cualquier caso, frente a otra misteriosa en el exterior. El collage de Vriesendorp incorpora una transmutación de conceptos acordes con la filosofía del proyecto: los dos personajes son ahora los de *El* Ángelus de *Millet,* extirpados de su entorno campesino, y adecuados en uno de los alojamientos ideales concebidos por Koolhaas donde tras el muro carcelario se adivina la ciudad industrial, contaminada y agresiva. El símbolo de la torre detrás del muro es otro elemento de coincidencia con un papel perturbador generador de curiosidad.[14]

El Surrealismo, heredero del planteamiento metafísico de Giorgio De Chirico, ahonda en el estudio del muro como frontera entre consciencia e inconsciente. Dalí, en algunos ejemplos, sí que se vale de ese *muro misterioso*, como en *El espectro de Vermeer de Delft utilizable como mesa,* de 1934, donde la fantasmagórica figura se recorta frente a un encuadre cuyo fondo es una imagen ambivalente entre horizonte y muro. O su *Sinfonía en Rojo,* de 1954, emparentada claramente con la *Pittura Metafísica.* Sin embargo, es más frecuente en la obra de Dalí la utilización de un elemento lineal de corte, barrera, más que muro, situado en perpendicular al espectador, evidenciando la infinitud del espacio representado. Se podría decir que Dalí en su obra ya ha saltado el muro y se ha asomado plenamente al territorio del inconsciente, y en vez de éste será un lejano horizonte el que establezca el límite focal del encuadre de gran parte de sus cuadros. El elemento lineal, corte o plataforma, situado ahora en perpendicular al espectador es utilizado para señalar la inabarcable dimensión del ámbito inconsciente representado. Cuadros como *Carne de gallina inaugural,* de 1928, o *Los primeros días de la primavera,* de 1929, sugieren un seccionamiento *radical* del *plano del suelo, una franja con grosor conceptual, cuya* infinitud longitudinal los emparentará de modo claro con el proyecto de *Exodus* de Rem Koolhaas.

---

[14] Magdalena Holzhey, *De Chirico*, 21.

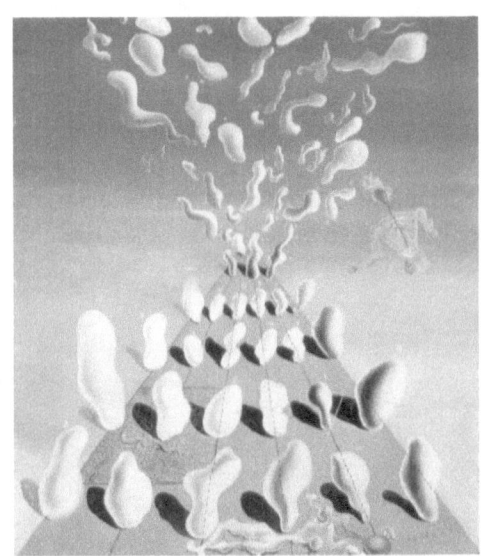

Salvador Dalí. *Carne de gallina inaugural* 1928.

RUNNING FENCE

Parece imprescindible poner de manifiesto cómo la utilización del muro, del límite físico, como elemento seccionador de una situación previa, ha tenido numerosas expresiones en el arte del siglo XX, que en cierto modo han heredado del surrealismo la voluntad distorsionadora de una realidad determinada infinita. Propuestas cercanas al *Arte Conceptual*, como *Fluxus o el Land Art,* exploran un territorio cercano al concepto de *muro* en la arquitectura de OMA. Por ejemplo, los experimentos *seccionadores* de Christo y Jean Claude, como su *Running fence* en California, de 1972-76, o el *Valley Curtain*, en Rifle, Colorado, 1970-72, donde un elemento lineal artificial invade un entorno natural generando una situación nueva de *lo que está a cada lado del límite.* O la propuesta *Mile Long Drawing, Dibujo de una Milla de Largo,* de Walter de María[15], que dota de grosor a ese *muro infinito*

---

[15] José Juan Barba, "Walter De María, el artista de grandes escalas (1935-2013)", 28 de julio de 2013, sitio web de *Metalocus*, acceso el 09 de septiembre de 2014, http://www.metalocus.es/content/es/blog/walter-de-maria-art%C3%ADsta-de-grandes-escalas.html.

con dos líneas paralelas en el desierto Mojave, en California, y posibilita un espacio *in-between* como el de *Exodus*. Bruce Nauman, en su variada propuesta creativa, explora también la alteración radical del espacio y la invasión de las zonas de confort del individuo, "el encuentro del espectador con su cuerpo y la mente en relación con el objeto de arte"[16], en sus célebres *Corridors*, pasillos claustrofóbicos fuertemente iluminados colocados en el centro de una estancia superior[17].

Christo y Jean Claude. *Running fence*. California. 1972-76.

Christo y Jean Claude. *Valley Curtain*, Rifle, Colorado, 1970-72.

Walter de María, *Mile Long Drawing*, 1968.

[16] Nancy Spector, "Bruce Nauman. Green Light Corridor", sitio web del Museo Guggenheim, acceso 19 de Diciembre de 2014, http://www.guggenheim.org/new-york/collections/collection-online/artwork/3166.hmtl.
[17] David Moriente, *Poéticas arquitectónicas en el arte contemporáneo, 1970-2008* (Madrid: Ediciones Cátedra, 2010), 30.

SUMMER STUDY

En 1971, Rem Koolhaas visitó Berlín para su proyecto del *Summer Study* de ese año en la *Architectural Association* de Londres. *The Berlin Wall as Architecture* fue el título elegido para el *Study*. Resulta paradójico que, reconocida la importancia de este trabajo escolar en el desarrollo posterior de la obra de OMA y por ende su influencia en el panorama internacional de la arquitectura de vanguardia de final del siglo XX, tras la exposición del proyecto ante sus compañeros y profesores se produjera un interminable silencio de incomprensión general[18]. El arquitecto holandés selecciona el muro berlinés como objeto de su trabajo, llevado más por un interés periodístico que arquitectónico.

En él descubrirá tres importantes aspectos que serán posteriormente de capital importancia en el desarrollo de su propuesta arquitectónica. En primer lugar, el efecto distorsionador de una barrera física en un entorno previo homogéneo; en este caso además símbolo de una topografía política y económica. En segundo lugar, otro aspecto, no menos importante, surge al descubrir Koolhaas que el *muro* no es un simple límite lineal de determinada altura, sin grosor conceptual, sino que es una consecución de situaciones. Es en realidad, la materialización de una decisión, resuelta con "natural minimalismo": es heterodoxo, grueso y genera una franja de vacío entre ambas zonas. Y en tercer lugar, descubre también que el *muro* genera nuevas actividades en torno a sí que le son propias y que se corresponden con su naturaleza de barrera infranqueable entre dos mundos antitéticos.

Koolhaas llega a la parte Oeste de Berlín en agosto de 1971, esperándose, un muro que generase un corte limpio del territorio, una infraestructura ordenada. "En mi imaginación, estúpidamente, el Muro era una simple y majestuosa división norte-sur. Una demarcación filosófica limpia, un aseado nuevo Muro de las Lamentaciones"[19]. Descubre que el muro es una realidad con grosor conceptual, un *hollow wall*[20], que abarca una franja variable de terreno, la cual se yuxtapone a los restos de la traza original urbana abrazando edificios, cortando viales, etc.

---

[18] O.M.A., Rem Koolhaas and Bruce Mau, *S, M, L, XL*, 216.
[19] O.M.A., Rem Koolhaas and Bruce Mau, *S...*, 219.
[20] El concepto de *Hollow Wall*, literalmente muro hueco, con grosor, es una de las aportaciones más relevantes de la arquitectura de OMA, apareciendo en infinidad de ocasiones y de muy diversas maneras en los proyectos.

El joven Koolhaas Investiga el proceso de construcción del muro: una primera ejecución rápida en una noche por parte del lado soviético desesperado por las masivas huidas de habitantes hacia la parte capitalista, que se materializa en la trasformación improvisada en barrera de lo existente. Las siguientes fases convertirían a este primer muro en un decorativo pre-muro, una ruina forzada habitante del interior de la franja, y al *muro* en una verdadera verja militar que incorporaría barreras de hormigón prefabricadas, alambradas, superficies minadas, barreras antitanque y una red de torres de control con focos carcelarios. El muro por la noche se convertía en una línea de luz en la oscuridad de un Berlín desértico y oscuro.

Rem Koolhaas, *The Berlin Wall as Architecture*. 1971. El muro como un vacío mutante,

"Directamente detrás del segundo muro: arena, tratada como un jardín japonés. Debajo de la arena: minas invisibles. Sobre la arena: Cruces antitanques (intersecciones concretas de los tres ejes tridimensionales) una línea sin fin de estructuras de Sol LeWitt. Bajo esta zona un camino de asfalto con la anchura justa para un Jeep (¿se cruzarán dos sobre la zona minada?). Después de eso una tira residual donde los *pastores alemanes* se pasean arriba y abajo aullando por los *no acontecimientos*. Detrás de esto una malla metálica al estilo de Gehry"[21].

Este esquema de bandas, organizadas desde un punto de vista militar, al superponerse a la geometría preexistente de la ciudad se convertía en un

[21] O.M.A., Rem Koolhaas and Bruce Mau, *S, M, L, XL*, 220.

sistema abierto, mutante y fascinante que creaba especificidad en cada punto del recorrido. Koolhaas descubrió, también, que el muro había propiciado una serie de acciones arquitectónicas asociadas como las plataformas de avistamiento y, como en un guion cinematográfico, una serie de actividades, performances, avistamientos mutuos de familiares, ceremonias o intentos de fugas, casi siempre con finales trágicos.

Esta complejidad inesperada, convertía el muro de Berlín en un artefacto de una gran carga conceptual y potencial arquitectónico. Y todo ello conformaba la belleza que Koolhaas encontró en el *muro*, "Era desgarradoramente hermoso"[22], *belleza convulsiva* podríamos decir aludiendo al título de este texto. Este *impacto*, no solo influirá a nivel teórico en la arquitectura que desarrollará OMA en los años venideros, sino que encenderá en Koolhaas el mecanismo simbólico por el cual se valida su repetitiva aparición, con mayor o menor intensidad, en sus proyectos futuros. Koolhaas aprende del carácter negativo, pero fascinante, del muro de Berlín, el poder de la arquitectura y sus consecuencias, así como la capacidad organizadora del vacío frente a lo ocupado, la yuxtaposición de bandas, las mutaciones y las fricciones programáticas, lo que definirá su postura contra el panorama arquitectónico contemporáneo de los años 70.

XL, L, M, S, HOLLOW WALLS

El proyecto que sintetiza la lección del muro de Berlín y su condición arquitectónica es también *Exodus o los prisioneros voluntarios de la arquitectura* de 1972, al que nos referimos en el capítulo dedicado al mecanismo de la dramatización. Este trabajo es el que da origen al mito del muro simbólico en OMA, e irá apareciendo a lo largo de su dilatada producción arquitectónica. Refiriéndonos específicamente a la cualidad de *muro injertado* en esta primera gran propuesta de Koolhaas, distorsionador de una realidad homogénea previa, con respecto a su precedente teórico del muro de Berlín, el arquitecto modifica en su propuesta londinense los polos del bien y del mal así como el territorio de conflicto entre ambos. En Berlín el muro al seccionar la trama urbana genera dos mitades distintas que originan una voluntad de éxodo hacia la parte capitalista, la libertad, aunque

---

[22] O.M.A., Rem Koolhaas and Bruce Mau, *S...*, 222.

paradójicamente esta libertad se encuentre en un recinto, y su grosor, es un vacío necesario para el control de esas voluntades de fuga. En Londres el grosor del muro insertado es en realidad el nuevo modelo social y arquitectónico deseable: el bien, mientras que a ambos lados del muro hueco se encuentra la misma situación, la ciudad decadente, el mal. En este caso, Koolhaas desplaza los puntos de conflicto hacia los extremos de la franja, donde se libra la batalla entre la ciudad buena y la ciudad mala.

Esquema del autor sobre el funcionamiento conceptual del muro de Berlín.

Esquema del autor sobre el funcionamiento conceptual del *Exodus*.

En 1995 OMA lanza al mercado *S, M, L, XL*. Esta publicación, se constituye como la primera *autobiografía* del equipo de arquitectos: una revisión de sus proyectos más relevantes, y varios de sus textos fundamentales. El libro se inicia con la propuesta de *Exodus* bajo el epígrafe *foreplay*[23], que podría traducirse como *calentamiento*, es decir: los juegos preliminares de excitación que anteceden al acto sexual. Siendo el único proyecto de los incluidos en el grueso volumen que no atiende a la organización de *menor a mayor*, según la cual *Exodus* se tenía que haber incluido al final del volumen, con esta alteración premeditada, Koolhaas quiere señalar la componente diferencial de este proyecto. Para él, *Exodus* no

---

[23] O.M.A., Rem Koolhaas and Bruce Mau, *S, M, L, XL*, 1.

es un eslabón más en la concatenación de trabajos profesionales, sino el arquetipo del proyecto de OMA que, como un estímulo erótico inicial, desencadenará en cierta manera al resto de proyectos, y en los que aparecerá, más abiertamente o de modo más subliminal, de modo insistente.

Plantearemos a continuación un recorrido interesado por algunas de estas propuestas, analizando cómo se materializa de modo variopinto ese muro obsesivo. Planteamos una organización en función de la escala de los proyectos, pero de modo inverso, de mayor a menor, al que propusiera OMA en su *S,M,L,XL* de 1995, comprobaremos cómo desde la gran intervención urbana hasta el pequeño detalle constructivo, encontramos al muro simbólico, el *hollow wall* de Exodus y del Muro de Berlín.

EXTRA LARGE: CUTTING CITIES

El primer grupo de proyectos en los que Koolhaas experimenta con la inserción de un gran elemento lineal seccionador, son aquellos de escala urbana. La introducción de muros entendidos también como cortes o *strips* a escala de ciudad es el planteamiento estructurante del proyecto para la nueva ciudad de *Melun-Senart*, concurso de 1987, que pretendía la creación de una nueva ciudad satélite de París. La propuesta de OMA hace una reflexión sobre el control del vacío frente a lo ocupado: en Berlín la franja vacía del muro constituye un organismo eficiente de control de los posibles intentos de fuga de los habitantes de un lado hacia el otro, Koolhaas invierte este condicionante negativo y represor transformándolo en una cualidad positiva, la cualidad del vacío de ser fácilmente controlado como estrategia de organización urbana. Su propuesta en la ciudad francesa se centra pues en el establecimiento de varias tiras de vacío, que fraccionan el futuro tejido residencial, insertando zonas de equipamiento y zonas verdes que aseguran dotar de calidad al núcleo urbano. Frente a la inviabilidad de control de lo construido, "sujeto al remolino de las fuerzas políticas, económicas y culturales"[24], la hipótesis básica es la del control del vacío, de lo no construido.[25].

---

[24] "OMA", Barcelona: Publicacio del Col legi de Arquitectes de Catalunya. Quaderns d´Arquitectura i Urbanisme Monografies. Editorial Gustavo Gili, 44.
[25] Rem Koolhaas, "Urbanismo: imaginar la nada" en *L´architecture d´aujourd hui*, n° 238 (1985): 38.

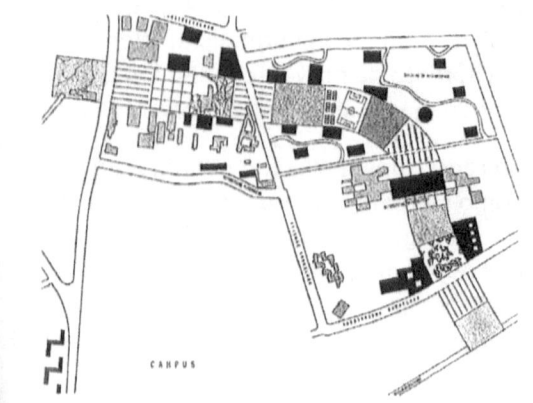 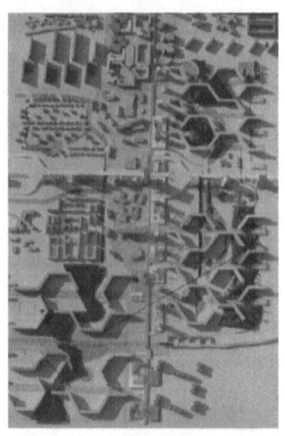

OMA, *propuesta para Courtrai*, 1990.

OMA, *propuesta para el barrio de Bijlmermeer*, Amsterdam. 1986.

Otra propuesta heredera de la inclusión de un *strip* controlado en un entorno homogéneo lo constituye la propuesta de OMA para el *plan de Courtrai* cerca de Lille, de 1990, introduciendo un campus universitario planificado como un *Exodus* curvo como una serpiente, de nuevo la estrategia del vacío controlado que se inserta en el tejido periférico. En sentido contrario, dentro de este ámbito de lo urbano y la introducción de muros estructurantes nos encontramos con *las propuestas para el barrio de Bijlmermeer* en Ámsterdam, de 1986. En ellas, el muro no se concibe como un vacío sino como una línea de máxima actividad que, a modo de prótesis, se inserta en el moribundo tejido del ámbito construido años antes bajo los auspicios del urbanismo de los CIAM. Aquí, Koolhaas propone la inserción de *tiras* funcionales que incorporan circulaciones rodadas y elementos de densidad metropolitana.

LARGE: ENCLOSING GOOD

Una de las propuestas que, a una escala inferior a los planteamientos anteriores, incorpora el concepto de muro hueco simbólico, es el proyecto de OMA para el intercambiador subterráneo de la Haya, de 2004, en *Markstraat-Klavermarkt,* al proponer una *ciudad prisionera*, un crecimiento urbano bajo tierra como el único posible para aumentar la densidad por las condiciones del entorno, y en el que estructura, cerramiento e instalaciones se confunden entre sí. De nuevo, una inyección de actividad densificada e imbricada con los medios de transporte. La importancia y potencia de los muros delimitadores de la nueva realidad, muros de contención en este caso, que absorben la carga proyectual de toda la intervención, mostrándose toscos e irregulares como aquella imagen del Mar Rojo abierto por Moisés[26].

OMA, *intercambiador en La Haya*. 2004. Foto del interior.

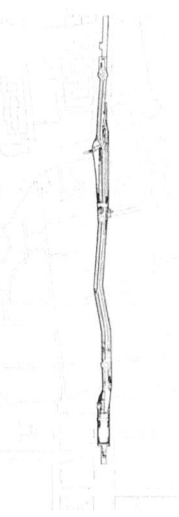

OMA, *intercambiador en La Haya*. 2004. Planta del *strip*.

También como un un *strip* subterráneo que emerge se concibe la propuesta para el concurso restringido del *Learning Center* en la École Polytechnique Fédérale en Lausanne, de 2004, en la que participaban entre otros Herzon y de Meuron, Ábalos y Herreros, Zaha Hadid, Jean Nouvel y que ganó finalmente SANAA. El proyecto está planteado de nuevo como una *franja* metafórica que en un punto se levanta, como una serpiente, en la parte correspondiente a las aulas, para transformarse en puente dejando pasar debajo de él ciertas circulaciones preexistentes.

---

[26] "Souterrain Tram Tunel", sitio web de OMA, acceso el 12 de abril de 2014, http://www.oma.eu/projects/2004/souterrain-tram-tunnel/.html.

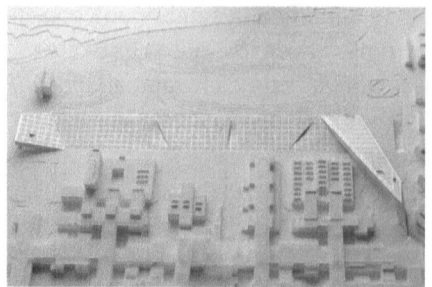
OMA, *Learning Center* en la École Polytechnique Fédérale, Lausanne. 2004. Maqueta general.

OMA, *Learning Center* en la École Polytechnique Fédérale, Lausanne. 2004. El *strip* levantado.

Además de estos proyectos, donde la coincidencia formal con *Exodus* es clara, Koolhaas multiplica la inserción de *hollow walls* en otros proyectos de modo no tan literal. El símbolo del muro evoluciona al enfrentarse a la problemática específica de cada proyecto, complejizándose, retorciéndose, regruesándose o perforándose, pero manteniendo siempre la base que ya plantease el proyecto de los *prisioneros voluntarios*: la capacidad de contener otra realidad perteneciente a un territorio moral distinto al exterior. Es por eso por lo que encontramos proyectos donde ese muro hueco se cierra sobre sí mismo, en realidad como el muro de Berlín, encerrando otra categoría de acontecimientos. Esta versión del muro con grosor que envuelve al espacio principal, pero cuya presencia y configuración lo complementa y protege lo encontramos en el proyecto de ZKM, *la Mediateca* de Karlsruhe de 1990.

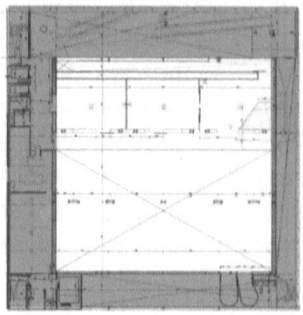
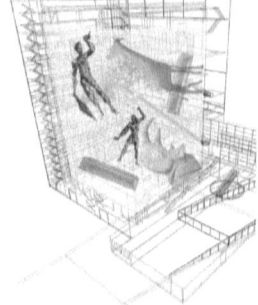

OMA, *ZKM* . Karlsruhe. 1990. Esquemas del autor en planta, sección y perspectiva, señalando el *hollow Wall* que encierra la parte *paranoica* del programa.

El prisma principal del proyecto está planteado como un verdadero *Exodus* vertical, con un muro perimetral grueso que cierra y aísla los espacios nobles del exterior y donde el recorrido lineal iniciático del proyecto de Londres por el interior del *strip* se transforma en una espiral ascendente, en una trayectoria de la que ya se habló en la parte del *automatismo* en este texto, desde el *foyer* del teatro hasta la cubierta donde finaliza, una vez más, con la contemplación de la ciudad histórica. Se trata de una envolvente hueca de servicio que hace prisionera la propuesta *paranoica* interior de programa y espacio que Koolhaas concibe para exhibir las actividades y obras relacionadas con los *media*.

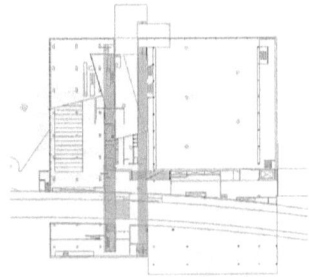

OMA, *Kunsthal*, Rotterdam. 1987-1992 Los *muros* que flanquean la calle interior.

OMA, *Kunsthal*, Rotterdam. 1987-1992 El interior de los dos *muros huecos*.

El proyecto del Kunsthal de Rotterdam, de 1987-1992, se estructura también en base a dos muros paralelos centrales, dos *hollow Wall*, alrededor de los cuales se organizan los complejos recorridos del edificio. Ambos *muros* incorporan circulaciones, espacios secundarios e instalaciones y, como en *Exodus,* delimitan la franja de vacío que atraviesa el edificio por completo, la calle interior que comunica la carretera con el parque posterior. El muro es tambien protagonista de la propuesta para el concurso de la *Biblioteca Nacional de Francia,* de 1989. Sin embargo, en este proyecto encontramos una forma de inserción distinta a los ejemplos anteriores: Koolhaas no plantea un *muro hueco* o dos, que confinan otra categoría de espacio o programa, sino que concibe un gran prisma de 75 x 87 m seccionado por 7 descomunales muros paralelos (incluidos las fachadas), que funcionan como grandes vigas y cuyos recortes originan en negativo las formas escultóricas orgánicas de las salas de lectura. En este trabajo se explora la interferencia entre los distintos muros y los volúmenes internos, la lección del Muro *multicapa* de Berlín, y la acción suicida de atravesarlo, comparando la experiencia del desertor con la experiencia arquitectónica del edificio.

"en el nivel más grave de los *eventos* el Muro era mortal. Un sinfín de personas -en su mayoría hombres jóvenes- habían muerto en intentos más o menos desorganizados de escapar... ¿Qué arquitecto, empapado de Bataille[27] claro está, podría presumir con esta *perfomance* transgresora, de la gran radicalidad de su propia existencia?"[28].

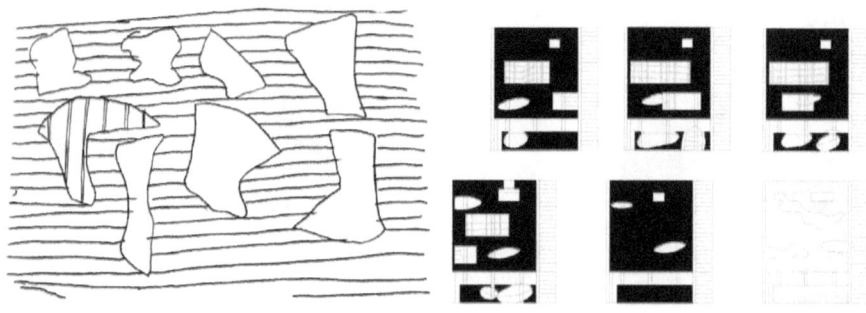

Croquis de Rem Koolhaas para el proyecto con los muros paralelos perforados.

OMA, *Propuesta para la Biblioteca Nacional de Francia*, 1989. Los distintos muros perforados, secciones.

---

[27] Georges Bataille, estuvo fascinado con el sacrificio humano al que elevó a la categoría de arte. Sin pertenecer estrictamente al surrealismo al que combatió en ocasiones influyó entre muchos de sus miembros llegando a llamársele el surrealista extremo.
[28] O.M.A., Rem Koolhaas and Bruce Mau, *S, M, L, XL*, 225.

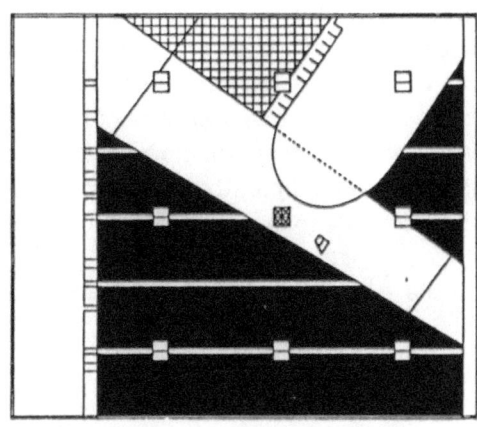

OMA, *Propuesta para la Biblioteca Nacional de Francia*, 1989, Esquema del autor con la superposición de los muros.

OMA, *Propuesta para la Biblioteca Nacional de Francia*, 1989, Planta

MEDIUM. CROSSING THE WALL

El experimento sobre muros paralelos flanqueados en los que se fundamenta la propuesta para la Biblioteca Nacional de Francia, tiene algunos precedentes en proyectos pequeños de la primera época de Koolhaas, incluso previa a la formación del OMA. Estos primeros hijos de *Exodus* y del Muro de Berlín, a pequeña escala, lo constituyen la serie de *Proyectos Rectangulares*.

En primer lugar, mencionaremos la no muy conocida propuesta de vivienda unifamiliar que Koolhaas realizó en 1974 con Laurinda Spear, a la postre miembro fundador de *Arquitectónica,* en aquel momento alumna suya en la Universidad de Columbia. La vivienda se situaba en Miami y era para los padres de Laurinda. El proyecto es en realidad un reescalado de *Exodus* en un desarrollo rectangular que mantiene, con respecto a la propuesta londinense, el carácter murario y cerrado hacia el exterior, correspondiéndose aquellas zonas de actividad de la propuesta de *Exodus* con las distintas estancias de la vivienda. Pero, por el contrario, y esta es la diferencia más notable, los dos únicos muros delimitadores de la propuesta de Londres se transforman aquí en una serie de muros paralelos, concebidos en distintos materiales, con una clara intención simbólica de desmaterialización progresiva de lo opaco a lo transparente. Se trata, una vez más, de una interpretación de los distintos muros paralelos que formaban el Muro de Berlín, también ejecutados en diversos materiales. De este modo, la circulación en la vivienda adquiere un sentido iniciático de desvanecimiento desde la ciudad hasta el mar. Un movimiento de liberación, de lo matérico hacia lo espiritual. Una especie de *happening* o *perfomance*, un protocolo de invasión del espacio en el que el proceso adquiere la misma importancia que el espacio definido[29].

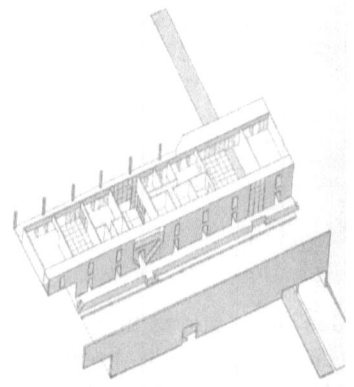

Rem Koolhaas, *Spear house*. 1974. Axonométrica.

Rem Koolhaas, *Spear house*. 1974. El interior de los muros paralelos

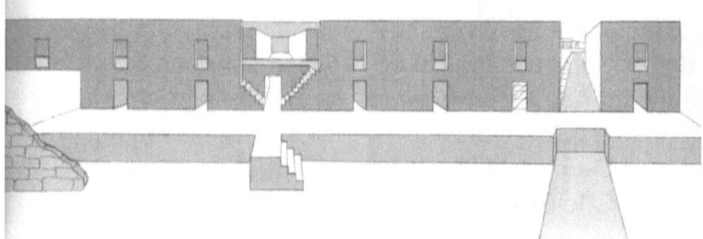

Rem Koolhaas, *Spear house*. 1974. Alzado principal

---

[29] David Moriente, *Poéticas arquitectónicas en el arte contemporáneo, 1970-2008*, 28.

Otra propuesta de estos años, el concurso del *Museo de Fotografía* en Ámsterdam, en 1975, continúa con la investigación de un prototipo que constituye una variación más de *Exodus*, y del muro de Berlín. La intervención se sitúa bajo un vial que separa el Museo Van Gogh y el Museo Stedelijk. Una vez más se trata de un *strip*, en este caso bajo cota *cero*, de modo que aquellos muros delimitadores que configuraban la franja lo son ahora de contención, al igual que el proyecto del intercambiador de La Haya, abriendo una franja de programa bajo tierra cuya cubierta continúa el plano de la calle y donde mediante una serie de patios ortogonales, dispuestos como las áreas de actividad de los *prisioneros voluntarios* se organiza el programa del museo.

Los árboles existentes en el paseo se mantienen, al generarse bloques de tierra que contienen las raíces y que se intercalan con los espacios del museo. El vaciado se cubre con pavimento de vidrio, de modo que se reconstruye la aludida cota *cero* que es a la vez cubierta y la única fachada del edificio[30]. La influencia de las propuestas radicales italianas en este sentido es evidente: la cubierta-fachada geometriza el plano del suelo, estableciendo una suerte de *súper-superficie* isótropa perforada solamente en determinados puntos enigmáticos que en modo alguno evidencian las características del espacio inferior. En este planteamiento existe también una deliberada y absoluta ausencia de estilo, como posición alternativa a los excesos del lenguaje arquitectónico de la época, Se podría concluir que se trata de la construcción de una infraestructura, una ocupación suburbana de un sector de vial para dar respuesta a un requerimiento programático dado.

---

[30] "OMA (Rem Koolhaas, Madelon Vriesendorp, Elia Zenghelis and Zoe Zenghelis) in Manhattan". AD Profile 5 (OMA in Manhattan) Architectural Design, vol.47 n° 5 (1977): 354.

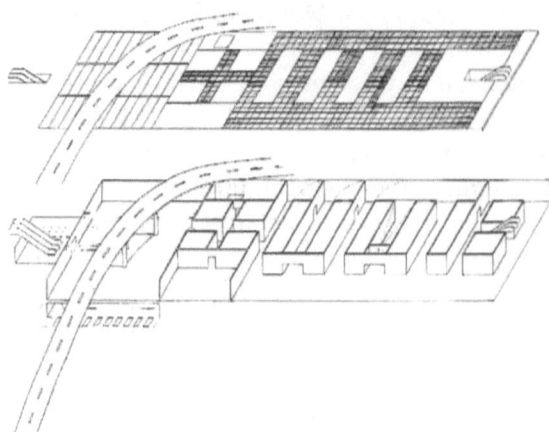

Rem Koolhaas, *Museo de Fotografía*, Amsterdam. 1975.
Axonometría.

La implantacion de una propuesta rectangular en un viario bajo cota *cero*, también aparece en el proyecto de la *New Welfare Island*, de 1976, que entre todos los elementos urbanos que constituyen el *paisaje ideológico* de Manhattan incluye el Duct Park, un parque de la infraestructura obtenido "excavando y exponiendo todos los conductos, cables y tubos que están escondidos bajo la superficie de Manhattan"[31]. El proyecto plantea una intervención en un sector de la *Tercera Avenida* de la retícula, generando de nuevo un *strip* que deja a la vista todos los conductos existentes bajo tierra y sustituyendo el pavimento de la calle, al igual que en el proyecto del museo de fotografía de Ámsterdam, por piezas transparentes de vidrio que permiten una *Flaneur Baudeleriana Metropolitana*. En estos proyectos bajo tierra, Koolhaas está reflexionando con la estructura e infraestructura de la ciudad, haciendo una equiparación con la *Tópica* de Freud, identificando subsuelo con inconsciente, como así lo revela el cuadro *Freud Unlimited* de 1976 de Madelon Vriesendorp, en el que se representa tanto a la propia isla neoyorkina como a varios rascacielos sacados de escala, flotando en un mar que es en realidad un plano carente de grosor a la manera de Dalí y Magritte. El cuadro de Vriesen-

---

[31] Rem Koolhaas, *New Welfare Island* / the ideological Landscape, citado por Roberto Gargiani, *Rem Koolhaas/OMA. The construction of merveilles*, 45.

dorp nos trae a colación las palabras de Koolhaas incluidas en *Delirious New York* sobre el diorama de Manhattan para la ciudad de la luz de la feria Mundial de New York, de 1939, que muestra:

> "no solo una masa inerte de albañilería y acero, sino una ciudad viva y palpitante, con una red de arterias y venas de hierro y cobre bajo la superficie que le suministran el calor y la energía vitales"[32].

Rem Koolhaas y Elia Zenghelis. *Duct Park*. Manhattan. 1976. Fotomontaje realizado por el autor a partir de la descripción de Koolhaas, en la posición señalada por éste en la *Tercera Avenida* entre las calles 42 y 44.

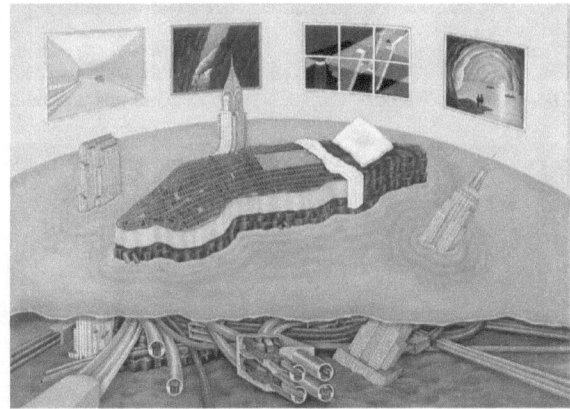

Madelon Vriesendorp. *Freud unlimited*. 1976.

---

[32] Rem Koolhaas, *Delirious New York*, 282.

SMALL: GRAFTING AIR

Las propuestas anteriores revelan un interés fundamental de Koolhaas sobre la condición del muro en la obra arquitectónica y la forma de relación entre las partes que éste separa. Veremos a continuación otra serie de obras donde a pesar de que dicho fundamento se encuentra en otros territorios y otros intereses, OMA continua implementando una particular concepción de la perforación del muro, incluso con violencia, que trasciende de la racional necesidad de iluminación de las estancias interiores, y que se plantea casi como una agresión al paramento, una traqueotomía que posibilita una nueva perspectiva sobre lo existente, una nueva mirada surrealista que descubra nuevos contenidos en contra de la "escasez de realidad"[33].

OMA. *Casa en Burdeos*. 1996, 1998. Los ojos de mirada surrealista al paisaje.

Salvador Dalí. Decorado para un escena de *Recuerda* de Alfred Hitchcock. 1945.

Philippe Halsman. *Salvador Dalí con lupa*. 1946.

[33] Rem Koolhaas, *Delirious New York*, 241.

La presencia del muro en la casa construida entre 1996 y 1998 en Floirac, cerca de Burdeos, es determinante. Por un lado, su vinculación con *Exodus* es directa: la aparición de un muro que limita el espacio exterior del interior de la vivienda, creando un lugar diferente, a salvo, que define el mundo singular del dueño minusválido. El volumen de la planta superior está suspendido como una *piscina flotante* sobre este enclave y el muro que la encierra aparece perforado en determinados puntos y se relaciona con el exterior únicamente mediante estos *ojos de buey*, Una respuesta irracional frente a un espléndido paisaje que hubiese demandado, desde la perspectiva de la racionalidad, amplios ventanales que relacionasen exterior e interior. Koolhaas, en cambio, oculta la realidad inmediata disponiendo múltiples puntos de vista que fraccionan la percepción del paisaje, cambiando radicalmente su comprensión para el habitante de la vivienda.

La justificación de los tipos de *ojos de buey* por parte del arquitecto parece extraída de un texto de Salvador Dalí: Las perforaciones circulares o de "forma auto-inducida" son de tres tipos en la casa de Floirac, según su función. Hay huecos "dinámicos", que se encuentran a la altura de los ojos y permiten percibir el horizonte durante el recorrido; los huecos "relativos (anti-claustrofóbicos)", que conectan puntos fijos con sus espacios contiguos; y los huecos "reveladores"[34], que enmarcan vistas o elementos representativos y que se encuentran en un entorno de 360 grados.

En la propuesta para el *Centro de Congresos* de Córdoba, de 2002, situado en la península de Miraflores, aparecen de nuevo las perforaciones puntuales en los muros. En este caso de forma hexagonal, recuperando geometrías relacionadas de la tradición islámica, de tamaños variados, probablemente con cometidos similares a los huecos de la casa de Floirac, permitiendo visiones desde posiciones tanto estáticas como dinámicas a diferentes alturas, adecuándose a la altura de los ojos de los visitantes y poniendo en relación la realidad existente a un lado del muro con la que se encuentra en el otro lado.

---

[34] Richard C. Levene, y Fernando Márquez Cecilia, ed. *oma /rem koolhaas, 1992-1996*. El croquis, nº 79, 174.

En otras propuestas de perforación de muros, OMA intensifica la agresividad en la solución de los huecos, recordando a las incursiones de Saburo Murakami o las perforaciones de Lucio Fontana, insertando huecos que parecen quemaduras, roturas por impactos o desgarramientos por tensiones. Se trata de huecos irregulares, con un carácter mucho más *dañino* que las perforaciones circulares que aparecían en Floirac o las hexagonales de Córdoba. En este sentido, en el Hotel Astor Place, de 1999, ya estudiado en relación con el automatismo formal, la perforación del muro se produce sobre la totalidad de la fachada de un modo más violento. Una acción similar sobre la fachada se produce en el proyecto para el *Hamburg Hafencity,* de 2004, dónde de nuevo una piel continua es perforada mediante cortes irregulares en las dos mitades seccionadas que conforman el complejo.

OMA. Hamburg Hafencity 2004.

Lucio Fontana. *Concepto espacial.* 1957.

EL HUEVO

El 1 de enero de 1975 nacía OMA, como hemos explicado en otras páginas del presente texto, Rem Koolhaas, junto a su compañero de docencia de la *Architectural Association de Londres*, Elia Zenghelis, y las parejas de ambos, pintoras, Zoe Zenghelis y Madelon Vriesendorp, fundan el grupo de arquitectos. El nombre elegido de *Oficina para una Arquitectura Metropolitana*, evidencia el interés en una arquitectura supeditada y comprometida con la escala de la ciudad, en sintonía con los planteamientos de la época.

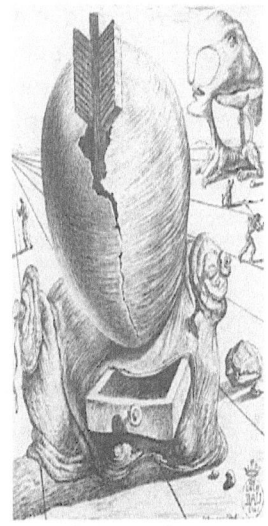

Símbolo de OMA. 1975.

Salvador Dalí. *El huevo roto*, 1943

Ludwig Hilberseimer. Propuesta para el *Chicago Tribune*. 1922.

Como anagrama fundacional del OMA y símbolo del nacimiento del grupo, los arquitectos eligieron un huevo eclosionado del que surge un rascacielos: una torre *genérica,* ausente de estilo[35]. El texto del manifies-

---

[35] Recuerda a las torres genéricas de Hilberseimer, en particular a su propuesta para el rascacielos del *Chicago Tribune* de 1922.
De hecho la organización de la que deriva AMO es la fundación *Grozstadt*, un ente creado por Koolhaas en los albores de OMA, para la investigación teórica sobre arquitectura. El nombre es un claro homenaje a la publicación *Großstadtarchitektur* de Hilberseimer de 1927.

to de OMA que acompaña al anagrama, publicado en 1976 por la revista *Lotus Internacional*, deja clara la voluntad del grupo:

> "... pretende restaurar las funciones míticas, simbólicas, literarias, oníricas, críticas y populares de la arquitectura de los grandes centros urbanos".[36]

El símbolo del *huevo*, elegido personalmente por Koolhaas, corrobora la posición estratégica del grupo: frente a los planteamientos moribundos de Movimiento Moderno y las nuevas tendencias *postmodernas* surgidas en los años 70 OMA, es algo nuevo, que nace, que rompe con lo anterior, pero que a la vez es hijo de algo. El rascacielos neonato es vástago de alguna arquitectura genérica, como la de Hilberseimer, o como la que surgió en Manhattan con el inicio del siglo XX.

ORFISMO[37]

El símbolo del huevo, también relacionado con la esfera, la mandorla, etc., culturalmente ha representado lo nuevo, la ruptura con lo anterior, relacionándose en este sentido con el arquetipo planteado por Jung del *Niño Divino*, que aparece en los sueños como un niño, un recién nacido, reflejando a la vez inocencia y potencial regenerador[38]. *El Niño Divino* aparece, según Jung, en el entusiasmo por emprender un nuevo proyecto. El mito más conocido donde aparece el arquetipo es el nacimiento de la divinidad, compartido por diversas religiones, en el cristianismo, por ejemplo, se muestra esa dualidad de un dios todopoderoso que nace como niño indefenso. *"Mira el huevo delante de ti: el Dios en su comienzo. ... Y se incuba con el calor de tu mirada mágica. La Navidad ha llegado. El Dios está en el huevo."*[39]

---

[36] "OMA manifesto". *Lotus International* n.º 11 (1976): 34-37.
[37] Orfismo: Corriente religiosa de la antigua Grecia que concibe al ser humano compuesto de un cuerpo, que es un mero vestido, y de un alma indestructible que es la esencial y la que se salva. Su credo habla entre otras cosas del *Huevo Cósmico Primordial*.
[38] Cecile Landau & Scarlett O'Hara, *El libro de la Psicología*, 106.
[39] Carl Gustav Jung, *El libro Rojo* (New York: Philemon Foundation W.W. Norton and Company, 2009), 284.

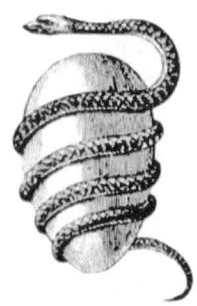  

Imágen del *huevo órfico*, el huevo cósmico primordial, símbolo de creación del mundo en el *Orfismo*.

iero della Francesca, *La Madonna con el niño, santos y el donante Federico de Montefieltro*, 1472.

Huevo de Fabergé basado en los huevos de Pascua.

El huevo contiene escondida la substancia de la que emanará la vida, por lo que simboliza habitualmente la regeneración y la resurrección. Así por ejemplo la figura del *huevo*, rodeado por una serpiente que representa la creación del cosmos rodeado por el espíritu creativo[40], o también, la tradición de los huevos de pascua tras la muerte de Cristo son una reminiscencia de aquellas ideas de renovación periódica. Este simbolismo se ha recogido tradicionalmente en las manifestaciones religiosas y artísticas. El huevo colgante sobre el niño recién nacido en el cuadro de *La Madonna con el niño, santos y el donante Federico de Montefieltro*, de Piero della Francesca, pende de una cuerda coincidente con el eje central de la composición en el que se sitúa la virgen y el niño, como nuevo centro y símbolo de la renovación de la humanidad[41].

No cabe duda de que toda la amplia presencia en la simbología universal del huevo tiene una raíz onírica, ya que el huevo es elemento principal de muchos sueños. Efectivamente, la aparición del huevo en los sueños es habitual y recurrente, siendo su significado también relativo al cambio vital, al nacimiento o a la fertilidad. Soñar con huevos rotos, fritos o

---

[40] Kathleen Martin ed., *El libro de los Símbolos. Reflexiones sobre las imágenes arquetípicas* (Kólh: TASCHEN, 2011), 14.
[41] Revilla, Federico. *Diccionario de iconología y simbología*. Grandes Temas Cátedra. Pág. 322.

podridos puede tener para el soñante otras connotaciones relativas también a la renovación y a la procreación, como el miedo a la esterilidad, o a la paternidad no deseada.

TÓPICAS

Platón había concebido ya la psique como una esfera siglos antes[42] y el psicoanálisis utilizó habitualmente también la esfera o el huevo para explicar las *Tópicas*, o los *lugares* del ser. Al Proponer estas figuras evidencian la voluntad de definir un territorio cerrado, geométricamente perfecto, que separa dos espacios fundamentales, el interior del ser y el mundo circundante. En este sentido concibió también Jung su modelo psíquico, como un huevo cuyo interior contenía la totalidad del ser, encontrándose el *Yo* en el centro del mismo, flotando rodeado por los distintos arquetipos siendo en este modelo la cáscara del huevo la separación entre el mundo y el individuo. En otras interpretaciones psicoanalíticas de la psique, como el *Huevo Psíquico* de Assagioli[43], la forma del huevo no define la separación entre mundo e individuo, sino que el cascarón es la frontera entre el inconsciente colectivo y un complejo de sistemas conscientes e inconscientes individuales.

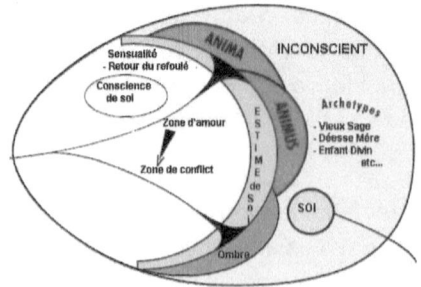 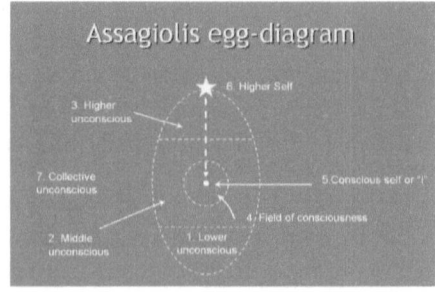

Modelo psíquico de Carl Gustav Jung.   Modelo psíquico de Assagiolis.

---

[42] Carl Gustav Jung, Marie-Louse von Franz, Joseph L. Henderson, Jolande Jacobi y Aniela Jaffé. *El hombre y sus símbolos* (Barcelona: Paidós ibérica, 1995), 249.
[43] Psiquiatra italiano (1888-1974), cuyas teorías provienen de las de Jung pero que contradicen algunos aspectos de la teoría freudiana.

METAMORFOSIS DALINIANA

La primera vez que Salvador Dalí utiliza de modo integral el método *paranoico-crítico* en un cuadro, lo hace en *La Metamorfosis de Narciso*, de 1937. En la pintura, el juego de imágenes dobles de lecturas múltiples, concatenadas, embarcan al espectador en un viaje alucinatorio infinito de activación inconsciente en el que el huevo es una pieza central y metafórica del que nace la flor, el narciso, de un modo análogo al edificio neonato del logotipo de OMA. "Cuando esa cabeza se raje, cuando esa cabeza estalle, será la flor, el nuevo Narciso, Gala, mi narciso." [44]

Es importante reseñar como este cuadro, de 1937, es en realidad una alusión al propio renacimiento de Dalí, que él asocia al inicio de la relación con Gala y con el periodo creativo que se inaugura con el exilio del pintor a los Estados Unidos tras la Guerra Civil Española. A partir de ese momento, la figura del huevo, del que de una forma u otra nace *el hombre*, es el símbolo perfecto para Dalí de este *segundo nacimiento*: aúna existencia prenatal y alumbramiento, se relaciona con la esperanza y el amor, condensa pasado, presente y futuro y es en sí mismo una unidad *paranoico-crítica*: una envolvente dura que contiene una conjetura blanda.

La utilización del huevo, fundamentalmente a partir de esta crisis personal, se repite a lo largo y ancho de su obra, y en todos los modos posibles: el huevo intacto dentro de su cáscara, el huevo resquebrajado del que se adivina el nacimiento de su vida interior, el huevo, ya roto, mostrándonos su contenido y los huevos fuera del cascarón crudos o fritos. En la *Vida secreta* escribió: "Ya en aquel tiempo todo placer, todo encanto estaba, para mí, en mis ojos, y la visión más esplendida, más impresionante, era la de un par de huevos fritos en una sartén"[45]. Cuadros como *Niño geopolítico observando el nacimiento de un hombre nuevo*, de 1943, del que hablaremos en páginas sucesivas, expresan el momento de metamorfosis en el que se haya el pintor y la vinculación de este renacimiento con Norte América. " Para eso era necesario que matara a

---

[44] Dalí citado por Rosa María Maurell, "Dalí y el mito de Narciso", sitio web de Salvador Dalí, acceso el 19 de febrero d 2016, https://www.salvador-dali.org/recerca/arxiu-online/textos-en-descarga/10/dali-y-el-mito-de-narciso.
[45] Salvador Dalí citado por Enric Bou, *Daliccionario. Objetos, mitos y símbolos de Salvador Dalí*, 148.

mi pasado sin piedad ni escrúpulo, debía desembarazarme de mi propia piel, esa piel inicial de mi vida amorfa y revolucionaria del periodo de posguerra"[46].

Salvador Dalí. *La metamorfosis de Narciso*. 1937

Philippe Halsman, *Dalí en un huevo*, 1942.

Václav Chochola, *Retrato de Dalí*, 1969.

---

[46] Salvador Dalí citado por Enric Bou, *Daliccionario. Objetos, mitos y símbolos de Salvador Dalí*, 148.

Este renacimiento, que se inicia en los años 40, va acompañado con la inserción repetitiva del símbolo, tanto en pintura como en escultura: *La Madonna de Port Lligat,* de 1949, por ejemplo, es en realidad un *remake* del aludido cuadro de Piero de la Francesca, junto a importantes elementos simbólicos incorporados por el pintor: el Rinoceronte, el pescado crudo, el pan, Gala como la virgen María, la concha, etc. Dalí utiliza el símbolo del huevo de avestruz, en el eje de la composición, fusionando su propio renacimiento con el mito del nacimiento de Dios. Encontraremos el símbolo del huevo, también de modo concreto, en sus intervenciones arquitectónicas como elemento ornamental simbólico, como los huevos verticales de su casa de Port Lligat, o los huevos-almena de *La torre Galatea* en el Teatro-Museo Dalí de Figueras.

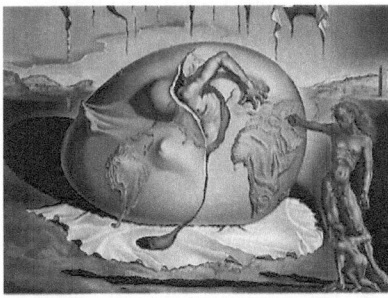

Salvador Dalí. *Niño geopolítico observando el nacimiento de un hombre nuevo,* (detalle), 1943

Huevos en la *Torre Galatea* en Figueras.

Salvador Dalí. *La Madonna de Port Lligat,* 1949.

Salvador Dalí y Françoise Hardy en Port Lligat en 1968.

OMA´S EGG

La utilización del símbolo del huevo por parte de OMA concentrará todas estas connotaciones surrealistas que acabamos de investigar: mantendrá su componente simbólica de deseo de renovación, su evocación a la forma fácil y una posibilidad de manipulación y puesta en duda de la escala del mismo, generando relaciones de tensión entre distintos elementos de los proyectos. La inserción del símbolo en los proyectos es muy frecuente, la intensidad de su presencia, por otro lado, es variable: desde proyectos en los que se muestra evidente y es pieza esencial en la composición arquitectónica, hasta inserciones más sutiles donde es necesaria una mirada atenta y un estudio en profundidad para encontrar su existencia, "una figura que llegaría a ser un símbolo fundamental para Koolhaas y Zenghelis y a la que recurrirán, como el *Muro de Berlín*, con la frecuencia típica del proceso creativo del método paranoico-crítico"[47].

La utilización del concepto *huevo-cigoto* por parte de Koolhaas y Zenghelis era ya era una realidad para ambos años antes de la formación de OMA en 1975. Los dos proyectos *La Ciudad del Globo Cautivo*, de 1972, proyecto de Koolhaas, y el *Centro del Huevo de Colon*, propuesta de Zenghelis, de 1973, centrados ambos en explorar las cualidades urbanas de Manhattan[48], coinciden en la inclusión de un *huevo-cigoto*, epicentro de la intervención, que en la propuesta de Koolhaas es un planeta tierra gestándose en el vientre de la metrópolis y en la propuesta de Zenghelis es literalmente un huevo de colosales proporciones.

En la propuesta de *La Ciudad del Globo Cautivo*, cuya importancia a nivel dramático se explicó en el anterior capítulo, el arquitecto holandés pone gran interés en marcar el carácter de gestación de la operación: "En estos momentos es cuando queda patente el propósito del *globo cautivo*, suspendido en el centro de la ciudad: todas estas instituciones forman conjuntamente una enorme incubadora del propio mundo; están engendrando el mundo"[49]. Koolhaas reflexiona sobre el funcionamiento delirante de la metrópolis contemporánea cuyo máximo exponente es para él

---

[47] Roberto Gargiani, *Rem Koolhaas/OMA. The Construction of Merveilles*, 18.
[48] "The discovery of manhattanismo", *Architectural Desing*, vol XVII, n.º5, (1977): 330.
[49] Rem Koolhaas, *Delirious New York*, 294.

Manhattan, en el que cada manzana representa un sector de libertad. En el texto ligado a la propuesta, los conceptos vinculados a la fecundación y concepción del huevo-cigoto se refuerzan con los términos eyaculación, masturbación y concepción artificial.

La consideración del planeta tierra como un huevo o cigoto que engendra vida, había ya sido experimentada por Dalí. En el aludido *Niño geopolítico observando el nacimiento del hombre,* de 1943 un *huevo-planeta Tierra* de consistencia blanda, similar a un útero materno, donde un líquido amniótico supurante genera los continentes y que engendra a un hombre adulto, saliendo de modo sorprendente sobre la parte que ocupa Norteamérica y apoyándose en Europa. Dalí, fascinado con los Estados Unidos en esta época en la que llega huyendo de la Segunda Guerra Mundial, ensalza al *nuevo hombre* que nacerá de la cultura norteamericana de modo similar a la admiración por la cultura del manhattanismo reivindicada por Koolhaas en *Delirious New York*. Curiosamente, en el Mundo que se incuba en *el globo cautivo*, en la acuarela de Madelon Vriesendorp, Norteamérica ocupa la parte superior y visible del planeta. Otro ejemplo en el que el pintor ampurdanés investiga la misma temática, lo constituye *Alegoría de la navidad americana*, de 1943, donde de nuevo el planeta-huevo se resquebraja formando un agujero coincidente con la forma de Norteamérica de la cual sale un ser mixto a medio camino entre un cetáceo y un dirigible.

Rem Koolhaas. *La ciudad del Globo Cautivo.* 1972. (Detalle)

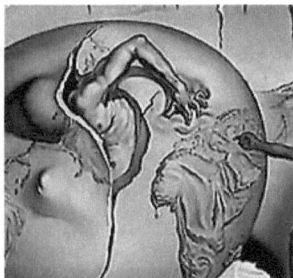

Salvador Dalí. *Niño geopolítico observando el nacimiento del hombre.* (Detalle) 1943.

Salvador Dalí. *Alegoría de la navidad americana.* 1943.

El proyecto de los Zenghelis, *El Centro del Huevo de Colón*, realizado un año más tarde, pero dentro también de la etapa pre-OMA *neoyorquina*, comparte con la propuesta de *La Ciudad del Globo Cautivo* el mismo enfoque de intervención paranoica en la trama manhattaniana. Se plantea una *radiación* sobre la trama ortogonal de Manhattan, junto al edificio de la ONU de Le Corbusier, a partir de un epicentro: *El Centro del Huevo de Colón*, un colosal objeto con forma de huevo colocado en pie "un monumento al optimismo con forma de huevo"[50]. Se trata de una proto-experiencia de la exaltación de la cultura de la congestión con indudables connotaciones surrealistas, y cuya onda expansiva posibilita distintas realidades arquitectónicas, acordes a las influencias e intereses de los dos arquitectos en la época: edificios mastaba, rascacielos escalonados, un parque lineal ciertamente emparentado con *Exodus*, e intervenciones en el agua precursoras de lo que serían las propuestas para el proyecto de la *Welfare Island,* de 1975-76, situada a pocos metros de esta intervención.

Refiriéndonos propiamente a la trayectoria profesional de OMA, a partir de 1975, son múltiples los ejemplos en los que la figura del huevo reaparece, siempre albergando un significado simbólico relativo a los contenidos antes descritos. Toda la investigación teórica neoyorquina de intervención en la trama manhattaniana, incluida la aludida del concurso para la *Welfare Island,* de 1975, permiten a Koolhaas y a Zenghelis a concebir un *plano ideológico de Manhattan*, en el que, como piezas de un rompecabezas conceptual, insertan tanto sus propuestas como sus obsesiones: *El Hotel Esfinge,* la *Piscina Flotante, El Hotel Welfare, El Duct Park*, pero también *La balsa de la Medusa, el RCA building, el edificio de la ONU*, etc. En un sector de la malla urbana de este ideograma geográfico y como inicio de un parque lineal concebido a partir de la eliminación de los edificios de una línea de manzanas, descubrimos una vez más el símbolo de OMA: el huevo del que nace el rascacielos, de modo similar al huevo en el proyecto del *Centro del Huevo de Colón*.

[50] Carta de Rem Koolhaas a Adolfo Natalini del 22 de junio de 1973.

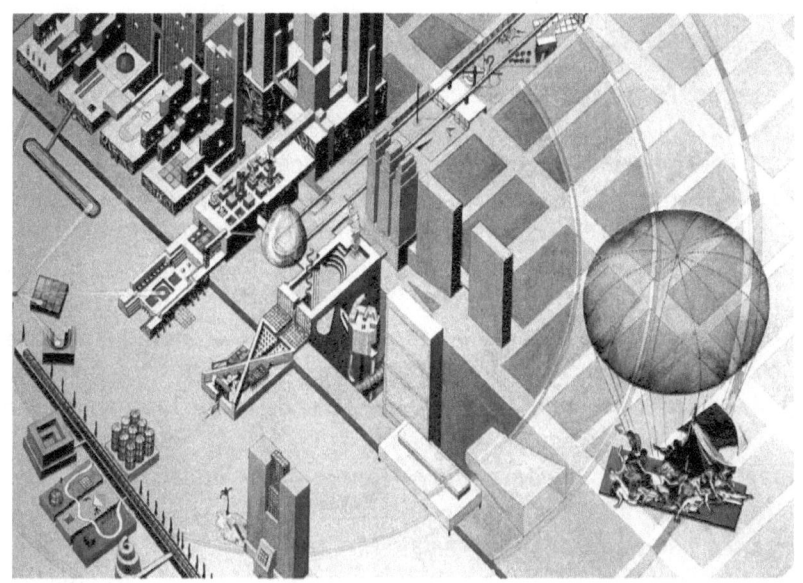

Elia y Zoe Zenghelis. *El Centro del Huevo de Colón*. 1973

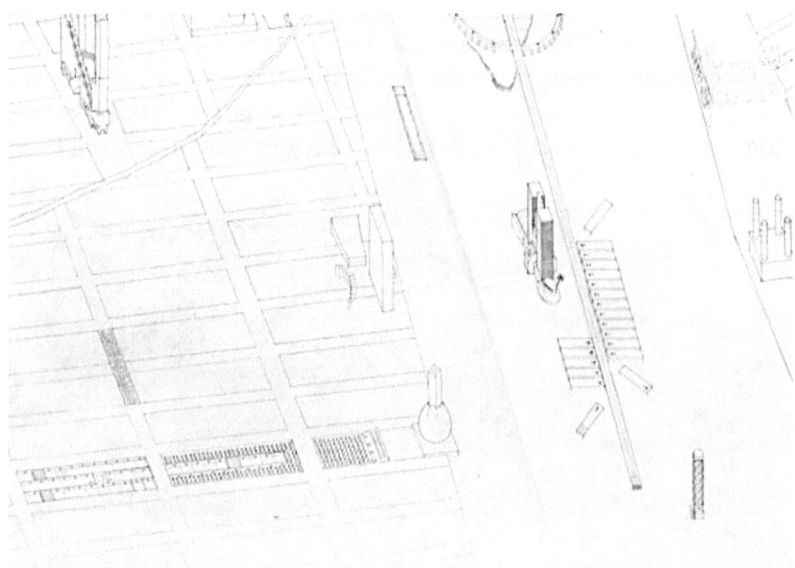

Rem Koolhaas y Elia Zenghelis, *Plano ideológico de Manhattan*. 1975. En el centro el símbolo de OMA.

LA ADECUACIÓN DEL DESEO

Las propuestas de OMA de principios de los 80 conservan el eco del símbolo del huevo, que continúa reapareciendo en importantes proyectos y cuya fuerza va incrementándose con la década, pasando de ser un elemento complementario a, como veremos, la idea generadora fundamental de la intervención. En el proyecto del *Teatro de Danza de La Haya,* de 1984-87, el primer proyecto relevante construido por OMA, Koolhaas no pierde la oportunidad de insertar el símbolo del huevo en uno de los elementos más poéticos y de más importancia teórica del complejo. Efectivamente, será en el *skybar*, una pieza secundaria desde el punto de vista del programa, donde OMA concentra sus intereses sobre la forma fácil, la inestabilidad y la compresión, concibiendo una terraza flotante con forma de huevo bidimensional, que se revela como el elemento más impactante al acceder al edificio y protagonista del *Foyer*. También el huevo aparece en los primeros croquis y maquetas de la Villa dall´Ava, proyecto de 1985-91, donde un parasol oval flotante, evolución indiscutible del *skybar*, protegía la cubierta jardín, elemento que fue eliminado en el proyecto definitivo. Es interesante la inserción del símbolo del huevo en algunas de las propuestas preliminares del *Kunsthal* de Rotterdam, proyecto de 1987-92, donde aparece una sala elíptica que se va diluyendo en las versiones definitivas, pero sin llegar a desaparecer pues Koolhaas mantiene el gesto ovoideo, como un trazo obsesivo del lápiz, transformándose en la versión desarrollada en la sala virtual inscrita en el auditorio que se genera al desplegar la cortina.

OMA. El *skybar* en el *foyer* del Teatro de la Danza de la Haya.

OMA. Parasol en las primeras versiones de la villa *dall´Ava*.

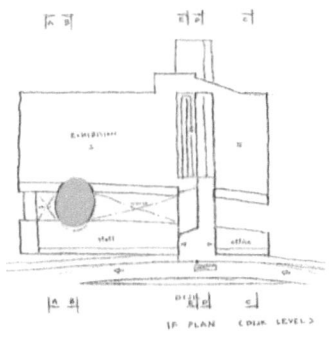 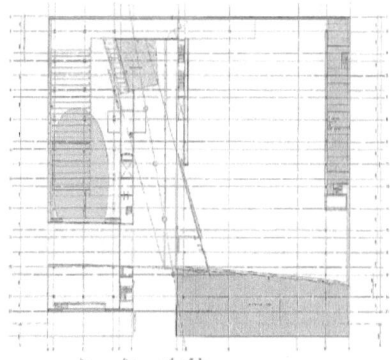

OMA. Propuesta preliminar para el *Kusthal*. Sobre 1989.

OMA. Propuesta definitiva del *Kusthal*. La sala ovoidea que genera la cortina. 1992.

Propuesta definitiva del *Kusthal*. 1992.

El símbolo del huevo gana intensidad e importancia en las grandes propuestas de finales de los 80 que colocaron directamente a OMA en el punto de mira de la vanguardia arquitectónica de la época. En el proyecto para la Biblioteca Nacional de Francia en París, Koolhaas explora la inserción, en el ya explicado prisma colosal, de formas que son en realidad los vacíos que constituyen las salas de lectura. La forma elegida por

OMA para la mayor parte de esos vacíos es la del huevo: "La biblioteca de catálogos tendría forma de huevo y se intersecaría con la fachada"[51]. Koolhaas denomina a estos elementos *guijarros*: "en el nivel inferior se ubican los auditorios, como guijarros en un espacio vacío"[52].

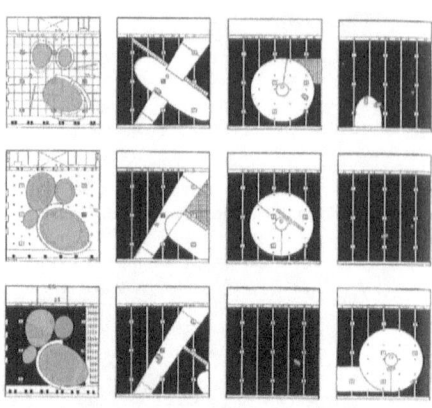 

OMA. Concurso para la *Biblioteca Nacional de Francia*. 1989. En azul los guijarros-huevos.

OMA. Concurso para la *Biblioteca Nacional de Francia*. 1989. Maqueta conceptual.

Salvador Dalí. *La adecuación del deseo*. 1929.

OMA. Salvador Dalí. *Los placeres iluminados*. 1929

[51] Sanfor Kwinter, ed., *Rem Koolhaas, Conversaciones con estudiantes* (Barcelona: Gustavo Gili, 2007), 27.
[52] Sanfor Kwinter, ed., *Rem Koolhaas, Conversaciones...*, 26.

Esta identificación guijarro-huevo no hace más que afianzar la relación del símbolo con Dalí, para quien ambos elementos tenían puntos en común, sobre todo antes de 1940 cuando el huevo daliniano pasa a representar el renacimiento del pintor. Los guijarros inquietan a Dalí: "Pueden representar el deseo solidificado, la petrificación de los deseos. Como *el huevo*, esconde algo en su interior"[53]. En su cuadro de 1929 *La adecuación del deseo* y *Los placeres iluminados*, Dalí incorpora guijarros como solidificación de sus obsesiones, como la que expresa el símbolo del león y que descubrimos en la superficie "Las fauces de los leones traducen mi espanto ante la revelación de la posesión del sexo de una mujer que va a desembocar en una revelación de impotencia"[54]. Para Koolhaas, los guijarros mantienen la misma connotación embrionaria y contenedora vital que para Dalí: "Flotando en la memoria, son múltiples embriones, cada uno con su propia placenta tecnológica"[55]

TRADEMARK

Uno de los primeros ejemplos donde la forma *fácil* del huevo constituye el punto fundamental de la concepción arquitectónica, es en el proyecto del intercambiador de Zeebrugge en Bélgica, de 1988. En él Koolhaas recupera la forma del *huevo en pie,* utilizada por Zenghelis como epicentro para su propuesta del *Centro del Huevo de Colon,* pero lo invierte, forzando aún más el carácter de figura de estabilidad imposible como icono en el horizonte. Justifica la cualidad de símbolo invertido de la propuesta al relacionarlo con la *Torre de Babel*[56], que además se sostiene rompiendo su punta, como el *Huevo de Colón.*

> "para llegar a ser una señal en el paisaje, este proyecto adopta una forma que se resiste a una fácil clasificación al asociarse libremente

---

[53] Enric Bou, *Daliccionario. Objetos, mitos y símbolos de Salvador Dalí* ,135.
[54] Ian Gibson, *La vida desaforada de Salvador Dalí*, (Barcelona: Anagrama, 1998), 307.
[55] "Très Grande Bibliothèque", sitio web de OMA, acceso el 03 de septiembre de 2014, http://oma.eu/projects/tres-grande-bibliotheque.html.
[56] "Zeebrugge sea terminal, sitio web de OMA, acceso el 06 de septiembre de 2014, http://oma.eu/projects/zeebrugge-sea-terminal.html.

con estados de ánimo sucesivos: Lo mecánico, lo industrial, lo utilitarista, lo abstracto, lo poético, lo surrealista"⁵⁷.

La propuesta del intercambiador belga, tiene un antecedente cuatro años antes, con un programa similar concebido, en este caso, para Rotterdam, en el proyecto *De Bol*, de 1985, una gran esfera flotante con un programa mixto, y una serie de circulaciones que se ensartan en la esfera.⁵⁸

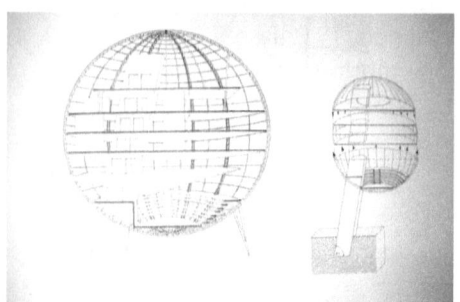
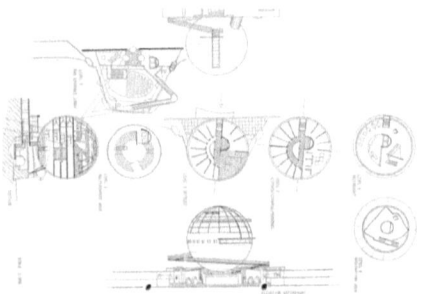

OMA. *De Bol*. Rotterdam, 1985.

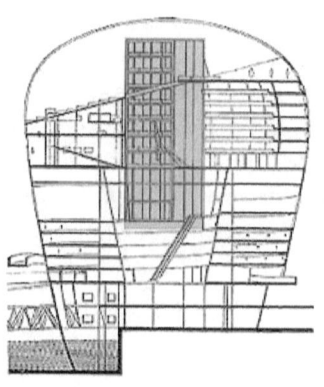

El Babel invertido como concepto del intercambiador. Incluido en *S, M, L, XL* de 1995.

OMA. Intercambiador de Zeebrugge. 1988. El rascacielos embrionario.

⁵⁷ O.M.A., Rem Koolhaas and Bruce Mau, *S, M, L, XL*, 584.
⁵⁸ "The bol", sitio web de OMA, acceso el 09 de septiembre de 2014, http://oma.eu/projects/de-bol.html.

Intercambiador de Zeebrugge. 1988. Maqueta.

Un huevo colocado por Dalí en la cubierta de su casa de Port Lligat.

La cáscara del huevo de Zeebrugge sería de un material duro, resistente, pétreo: hormigón, que se rompería en pequeños puntos para relacionar el interior con el exterior. En la parte superior del huevo aparece una lámina de vidrio como cerramiento, que completa la envolvente, lo que permite que el vacío interior del edificio esté en contacto permanente con el exterior. Así, el interior del ovoide sería un espacio denso, pero liberado, donde la comunicación entre unas zonas fuese directa, al menos visualmente, y donde siempre se percibiera la sensación de estar en el interior del huevo. De este modo, el ovoide se percibe desde el exterior del edificio, pero también desde su interior. Un pequeño rascacielos embrionario se emancipa del resto de formas contenidas emergiendo tímidamente, un eco del símbolo de OMA que reaparece fidedignamente más de una década después

El éxito internacional del proyecto, a pesar del fracaso del concurso, mantuvo el interés de Koolhaas por la experimentación con el huevo como forma del edificio. En el primer proyecto construido a gran escala de OMA, la propuesta del *Congrexpo* de Lille, de 1990-94, se interviene en una gran bolsa de terreno situada entre infraestructuras ferroviarias y rodadas. Recurre de nuevo a la *forma fácil* del huevo, en este caso explorando su validez en una tralación a las dos dimensiones y formando el volumen por extrusión de esta silueta bidimensional. En la parte central, de nuevo, emerge de modo tímido, un cuerpo paralelepípedo, como en el símbolo de OMA. En el tratamiento del cerramiento del edificio se mantiene también la carga simbólica del huevo al plantearse como una superficie quebrada en determinados puntos, como la cáscara de huevo fragmentada por un impacto.

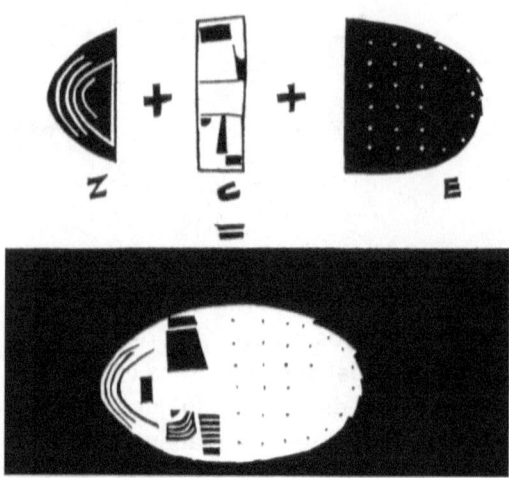

OMA. Esquema conceptual del *Congrexpo* de 1990-1994.
EL cuerpo central, el rascacielos tumbado naciendo del huevo.

En el *Educatorium* de Utrecht, de 1992-1995 nos encontramos también con el símbolo del huevo, en dos episodios diferentes: al inicio del recorrido unos huevos-guijarros reciben al visitante, y en el interior, la cabina de proyecciones de la *sala Megaron* concebida como una forma elíptica tridimensional, un balón de rugby, que aparece incrustada en el cerramiento de vidrio de la parte posterior de la sala. Su estructura está formada por elementos de acero y la cáscara se recubre por paneles de acabado en madera y falso suelo horizontal en su interior. Aunque la forma se aparte de la de un huevo propiamente dicho, la concepción flotante de la pieza, su relación con el espacio exterior, su evocación de habitáculo protegido, materno, ponen en relación la pieza con el símbolo del huevo-cigoto flotando en el líquido amniótico del espacio del auditorio.

Junto al *Megaron*, Koolhaas coloca otro auditorio, el *Theatron*, como un reflejo inverso del primero, separados ambos por la gran escalera de acceso a la planta. En este auditorio, la silueta del huevo define el perímetro de la sala. Se trata de una forma similar a la del intercambiador de Zeebrugge: un huevo invertido, en este caso bidimensional, al que se ha eliminado uno de los extremos. En un juego de contrarios con el anterior auditorio, en el que la cabina de proyecciones constituía un volumen independiente y reconocible, en éste dicha cabina se materializa por un quiebro de la *cáscara del huevo,* como los del *Congrexpo,* generando un espacio intersticial.

OMA. *Educatorium.* Utrecht. 1992-1995. Los guijarros en el acceso.

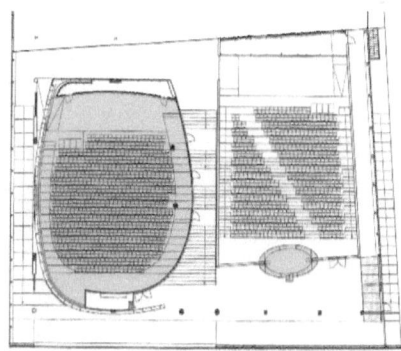

OMA. *Educatorium.* Utrecht. 1992-1995. La aparición del símbolo del huevo en los dos auditorios.

OMA. *Educatorium.* Utrecht. 1992-1995. La cabina de proyección del *Megaron.*

THE SERPENT'S EGG

Otra importante inserción del símbolo del huevo en la obra de OMA la encontramos en la propuesta para el pabellón temporal de la *Serpentine Gallery* de Londres, de 2006. Desde el año 2000, dicha galería dedicada al arte contemporáneo y ubicada en un edificio de los años 30 junto al *Lago Serpentine,* en los *Kensington Gardens* Londinenses, construye una pequeña pieza temporal en el jardín que permanece los meses de cada verano, y para cuyo diseño se selecciona a los más importantes arquitectos del mundo.

El pabellón, un divertimento arquitectónico, se convierte en un pequeño manifiesto de la arquitectura de cada autor, una *infusión* de su propuesta arquitectónica. En la propuesta para el *Serpentine Gallery Pavilion* de 2006 encomendada a OMA, no sorprende que el arquitecto holandés, en un gesto de nostalgia fundacional, recurra al símbolo del huevo como forma del edificio. El pabellón es en sí un cilindro translucido, que constituye propiamente la sala y un gigante *Cosmic Egg,* que flota sobre él y que conforma la cubierta del mismo. OMA investiga Junto con Ove Arup diferentes propuestas para la formalización de la estructura del pabellón, manteniendo la idea de ligereza y transparencia.[59] El proyecto recuerda de nuevo a la propuesta *De Bol*, en Rotterdam, de 1985, mencionada en páginas precedentes: una esfera blanca flotante conteniendo un equipamiento mixto cultural, cuyo proyecto no llegó a desarrollarse.[60]

---

[59] "Serpentine Gallery Pavilion", sitio web de OMA, acceso el 12 de Noviembre de 2015, http://oma.eu/projects/serpentine-gallery-pavilion.html.
[60] "The bol", sitio web de OMA, acceso el 09 de septiembre de 2014, http://oma.eu/projects/de-bol.html.

Croquis de Cecil Balmond para el *Serpentine Gallery Pavilion*.

OMA. *Serpentine Gallery Pavilion*. 2006

La cáscara está formada por un material ligero blanco, tela de poliéster revestida de PVC, con 2000 m3 de aire presurizado y 6000 m3 de helio como relleno. Está ideada como un elemento móvil que se desplaza en función de las condiciones atmosféricas. La parte inferior es una pieza de policarbonato traslúcido que alberga todo el programa. El volumen del huevo tiene recortado en su parte inferior un paralelepípedo, que es la parte superior de la sala, de nuevo el rascacielos del anagrama de OMA pero esta vez en negativo.

Durante los proyectos de los últimos años, OMA sigue utilizando tanto volúmenes ovoideos, ecos de aquel huevo surrealista de 1975, como esferas, esferoides, elipsoides, etc. Formas osadas, símbolos, y también iconos de los distintos *skylines metropolitanos*, que continúan demostrando la máxima koolhassiana del uso de la forma *fácil*. En la propuesta para el *Taipei Performing Arts Center*, en Taiwan, por ejemplo, cuyo proyecto es de 2009, se recupera aquel *globo cautivo* de 1972 que en este caso colisiona violentamente con el resto del programa, un *encuentro fortuito,* "se asemeja a un acoplamiento entre un planeta suspendido y el cubo"[61] una

---

[61] "Taipei Performing Arts Center", sitio web de OMA, acceso el 30 de Junio de 2014, http://oma.eu/projects/taipei-performing-arts-centre.html.

protuberancia que precisa un apuntalamiento daliniano que mantenga la presión y evite que el planeta caiga.

OMA. *Taipei Performing Arts Center*, 2009-2016. Maqueta conceptual.

OMA. *Taipei Performing Arts Center*, 2009-2016.

Salvador Dalí. *Persistencia del buen tiempo*, (detalle). 1932-34.

THE FLOATING SWIMMING POOL

El tercer gran símbolo del universo **OMA** nace del mito de la *Piscina Flotante,* lo que se traduce en la inserción repetitiva tanto de piscinas, de modo literal, como de elementos alusivos a estas en numerosos proyectos a lo largo de los últimos cuarenta años. El significado del símbolo, como explicaremos, proviene de una compleja yuxtaposición de influencias e intereses que Koolhaas condensa en un sencillo elemento, con una gran carga simbólica que hace indispensable su análisis y disección interesada. En el capítulo de la *dramatización*, explicamos como el *cuento de la piscina flotante*, incluido en *Delirious New York*, es el origen del mito-símbolo, y como éste sintetiza a grandes rasgos la admiración de Koolhaas por la arquitectura constructivista soviética preestalinista y su convencimiento de la viabilidad de su renacimiento en la sociedad capitalista y en el modelo metropolitano.

Koolhaas ha dejado claro siempre su afición personal por la natación, de la que ha hablado en numerosas ocasiones, reivindicando nadar como medio de relajación e inspiración[62]. El nadador en la piscina simboliza la fluidez del deseo en oposición a la solidez de la materia, lo que fue

---

[62] Sandford Kwinter e Marco Rainò, ed. *Rem Koolhaas: verso un'architettura estrema* (Milano: Postmediabooks, 2002), 69.

la principal obsesión surrealista[63]. El hecho de la inserción de piscinas, *piscinas flotantes*, con agua o sin ella, casi siempre prismas, tiene la intención de remarcar que su arquitectura siempre es heredera de las propuestas de aquellos progenitores soviéticos, hija mestiza de los postulados constructivistas y de Manhattan. Dice por ejemplo de ésta, que es una manzana de Manhattan *móvil* a la deriva.[64] Como veremos posteriormente, la piscina, o los paralelepípedos flotantes que aluden al símbolo siempre aparecen en los proyectos como una pieza díscola, que se gira, que molesta, que colisiona contra la metrópoli.

Hallaremos ejemplos donde la inserción es clara en intención, uso, forma y materialización, pero encontraremos otros, posiblemente más interesantes y reveladores para este estudio, donde el símbolo se oculta, se desfigura o diluye, necesitando una mirada más atenta y una reflexión intensa para revelar su existencia. En palabras de Koolhaas, estos ejemplos, estas inserciones paranoicas, son las más eficaces como elemento revolucionario: "cuanto más inadvertida pase su existencia, mejor pueden dedicarse a la destrucción de esa sociedad"[65].

ANTECEDENTE 1: DE BLANKE SLAVIN

Antes de que Koolhaas soñara con ser arquitecto, en su breve etapa de cineasta, de la cual ya hemos hablado con anterioridad, encontramos una presencia relevante del baño como experiencia estimulante, erótica y de intercambio social. En *La esclava blanca,* su malogrado largometraje de 1969, gran parte de la película transcurre en ámbitos que tienen que ver con el baño y nadar, no entendido desde el punto higiénico y sí desde el de la estimulación, relajación, erotismo e incitación al sexo. La película mantiene en todo su desarrollo una tensión sensual contenida y es claro el interés *voyeurista* de Koolhaas, (no olvidemos que es el autor del guion), por mostrarnos el cuerpo desnudo femenino, siempre relacionado con situaciones de hedonista relajación como el baño, la sauna, el masaje, etc.

---

[63] Dalivor Veseley citado por Roberto Gargiani, *Rem Koolhaas/OMA. The Construction of Merveilles*, 5.
[64] Rem Koolhaas, *Delirious New York*, 310.
[65] Rem Koolhaas, *Delirious New York*, 241.

1,2,3, enz Groep. *De Blanke Slavin*. 1969. Las escenas de los baños, saunas y cuerpos desnudos nadando son parte fundamental de la propuesta fílmica.

ANTECEDENTE 2. TRAFALGAR BATHS

En 1971, Koolhaas elabora un proyecto académico para la *Architectural Asociación* denominado *Trafalgar Baths*. Una propuesta de un complejo multiuso dedicado al baño, al deporte y la relajación, un *condensador social*. El todavía estudiante de arquitectura, inserta en su propuesta toda la carga erótica relacionada con el baño que aparecía en *La esclava blanca*. La concepción global del proyecto y sobre todo la específica disposición de las estancias, están pensadas para facilitar el intercambio social, incluso sexual, entre los usuarios. Los dibujos de Madelon Vriesendorp sobre los croquis de Koolhaas evidencian el carácter erótico de la idea de este[66]. Formalmente, además, el proyecto es un antecedente de la propuesta de *Exodus*, una barra longitudinal segmentada en cuadrantes, con algún apéndice incorporado.

[66] Carlos García González, "Atlas de Exodus", 143.

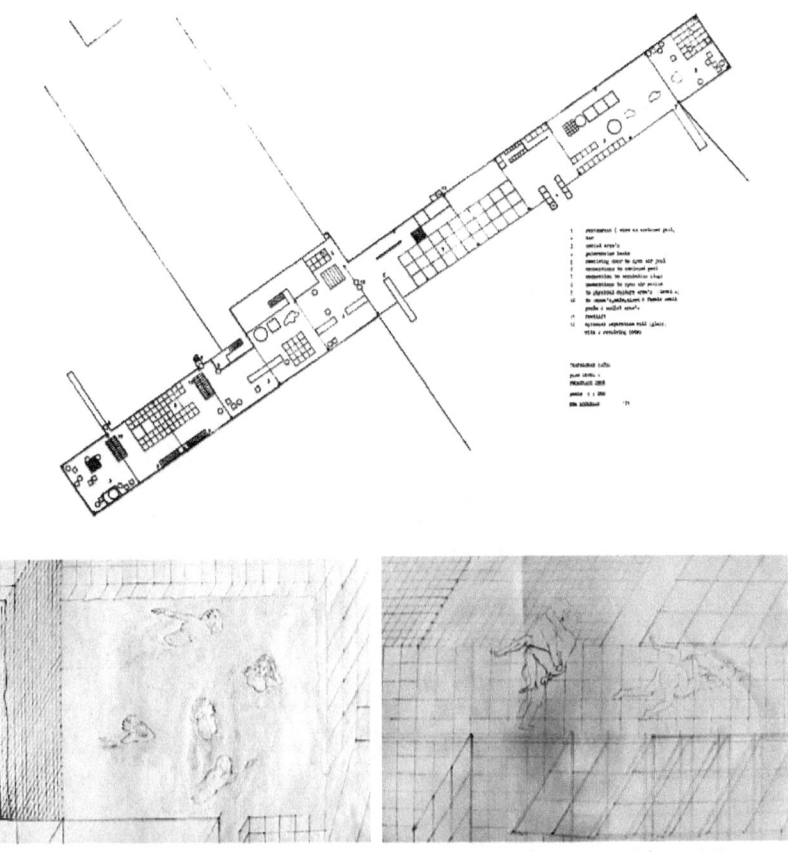

Rem Koolhaas, *Trafalgar Baths*. Proyecto de estudiante en la *Architectural Association* de 1971. (los dibujos de personas manteniendo relaciones sexuales son de Madelon Vriesendorp sobre los planos de Koolhaas)

ANTECEDENTE 3. EXODUS

De nuevo Exodus: La piscina, y el baño hedonista y erótico, también son ingredientes fundamentales en la propuesta de 1972 que alberga coincidencias importantes pon el anterior proyecto de *Trafalgar Baths,* de 1971, y que, como argumentamos en páginas anteriores, también puede ser entendido como un eco arquitectónico de aquella *Esclava Blanca,* de 1969.

De hecho, entre todas las piezas del puzle de *Exodus*, cada una con su misión específica para trasformar a aquel hombre burgués londinense derrotado por el *statu quo* de los 70, destacan dos que se relacionan de modo claro con el *símbolo Piscina*: la primera se sitúa en el denominado parque de los cuatro elementos, en el que uno de los cuadrados está ocupado por *la plaza del agua*: una superficie de agua rectangular en la que se produce oleaje de modo artificial "El lago es el dominio de algunos buscadores de placer, los cuales se han hecho completamente adictos al desafío de las olas"[67]

Rem Koolhaas, *Exodus*. 1972. Los baños, basados en la propuesta de *trafalgar Baths* con imágenes pornográficas, de baños y de *La esclava blanca*.

La otra zona relacionada con la obsesión de la piscina es la de los Baños. Su reciclaje conceptual de la película de Koolhaas y del proyecto de *Trafalgar baths* se evidencia en los propios *collages*, para los que recupera a diversas escenas de la película algunas de gran carga erótica, incluso pornográfica. Se trata de un condensador social hedonista y lascivo, con zonas comunes para ejercicios físicos, duchas y baños, un lugar de exhibición y narcisismo personal, y dos edificios longitudinales con celdas privadas donde "animar la indulgencia y facilitar las fantasías e invenciones sociales; invitan a todas las formas de interacción e intercambio".[68]

---

[67] O.M.A., Rem Koolhaas and Bruce Mau, *S, M, L, XL*, 12.
[68] O.M.A., Rem Koolhaas and Bruce Mau, *S, ...*, 13.

ANTECEDENTE 4. DOWNTOWN ATHLETIC CLUB

Cuando Koolhaas viaja a Nueva York, en 1972, descubre que su proyecto de *Trafalgar baths*, y su condensador social de *Exodus* ya existen y se encuentran en el n°20 de *West Street* del *Lower* Manhattan.

Una versión vertical de los Baños de *Exodus*, referencia imprescindible para Koolhaas y un ingrediente más para el nacimiento de la obsesión y el mito de la piscina, lo encontramos en el Edificio del *Downtown Athletic Club* de Manhattan, muestra construida del concepto soviético del condensador social transfigurado por el hedonismo y la frivolidad de la sociedad "hiperrefinada" de la Gran Manzana. Un ejemplo de inestabilidad definitiva y apoteosis de la cultura de la congestión[69]. La diferencia entre la propuesta de *Exodus* y la del *Club*, estriba, prácticamente solo, en la disposición y concatenación de las actividades que lo conforman, que pasan estar colocadas de modo consecutivo en horizontal a estarlo en vertical. La profusa y apasionada descripción que hace Koolhaas en *Delirious New York* revela en cierta manera el impacto del conocimiento de este edificio. Entre las múltiples actividades y terapias descritas, la zona de la piscina ocupa en su narración el momento álgido del texto.

> "En la planta 12ª, una piscina ocupa el rectángulo completo; los ascensores conducen casi directamente al agua. De noche la piscina se ilumina sólo mediante un sistema de luces sumergidas, de modo que la masa entera parece flotar en el espacio, suspendida entre el centelleo eléctrico de las torres de Wall Street y las estrellas reflejadas en el Hudson"[70]

Tenemos pues el antecedente formal de la piscina flotante: un paralelepípedo iluminado que flota en Manhattan a 50 metros de altura, y cuyos usuarios, constructivistas resucitados, forman parte de un organismo, un condensador social del placer y el bienestar.

---

[69] Rem Koolhaas, *Delirious New York*, 152.
[70] Rem Koolhaas, *Delirious New York*, 155.

La piscina del *Downtown Athletic Club*.

WELFARE POOLS

En 1975, Koolhaas ya tiene en su cabeza la *Piscina Flotante* así como su significado. En su primer año de docente en la *unit 9* de la *Architectural Association*, en el curso 75-76, uno de los programas que se desarrolla en el curso entre los alumnos por voluntad de Koolhaas es el de *las piscinas como tipologías urbanas*. Koolhaas describe en el *Projects Rewiew* del curso, la revista resumen anual de la institución londinense, el concepto de la piscina como pequeño condensador social injertable en los más variopintos programas. Los ejercicios publicados de alumnos evidencian las intenciones del ejercicio. "El objetivo fue culminar en un catálogo de diseños individuales de piscinas que abarcasen el espectro de tipos y actitudes en términos de localización y en términos de actividad programática, de lo más rural y simple a lo metropolitano y sofisticado".[71]

---

[71] Rem Koolhaas, "Diploma 9", en *AA Projects Review*, 1975-76.

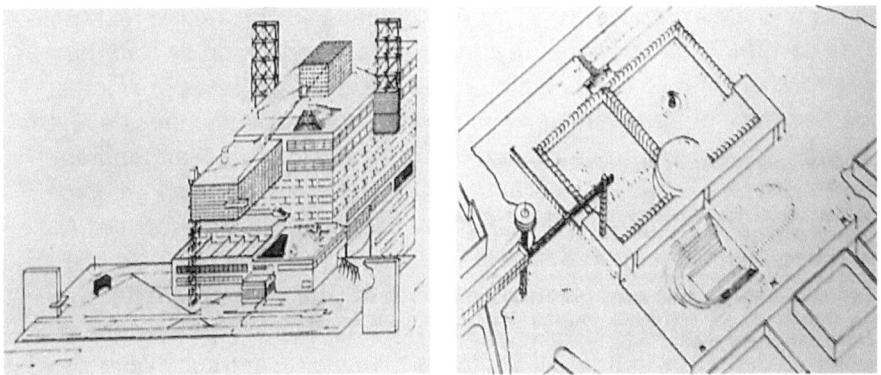

Propuestas de los alumnos de Koolhaas de la *Unit 9* de la AA dentro del programa *Pools as urban Types*. 1975-1976.

Por otra parte, en todos los proyectos incluidos en la parte final de *Delirious New York*, los cuales constituyen en sí una historia completa y un inventario de intenciones arquitectónicas, aparece la piscina como un elemento metafórico imprescindible. Una piscina corona el proyecto del hotel esfinge de 1975-76 incluido en el libro. Se trata del elemento principal del complejo en la cabeza del fabuloso animal. En el proyecto para el concurso de la *Welfare Island* y el *Hotel Welfare Palace* de 1976, aparece la *piscina china*, de colosales proporciones, que tiene un papel muy similar en el funcionamiento del complejo a aquella *plaza del agua* que veíamos en *Exodus*. La descripción del funcionamiento de esta nos recuerda de modo claro las formas de vida en los baños de la utópica franja londinense:

> "dos puertas giratorias, situadas en ambos extremos, conducen a los vestuarios que ocupan las dos mitades del puente (uno para hombres y otro para mujeres). Una vez desvestidos, ambos sexos emergen por el centro del puente, donde pueden nadar hasta la playa retranqueada."[72]

---

[72] Rem Koolhaas, *Delirious New York*, 152.

En las primeras propuestas *reales* de Koolhaas, los proyectos rectangulares de 1974-75, prácticamente coetáneos a la redacción de *Delirious New York*, el símbolo de la piscina sigue presente. En estos proyectos, que Koolhaas plantea también como trabajo para sus alumnos de la AA, reivindicará una arquitectura libre de ejercicios formales, pretendidamente *aburrida*, como abanderamiento de la *nueva sobriedad*[73] y como punto de enfrentamiento a las posturas posmodernas de la época. Así retomamos de nuevo el proyecto de la *Casa Spear,* de 1974, que como veíamos también investiga en el concepto del *muro simbólico* Koolhaasiano, para reparar que, como contrapunto a la vivienda, a aquella sucesión de muros mutantes, Koolhaas dispone un estrecho vaso de piscina que penetra en el interior de la casa. El mar, al fondo de la piscina, proporciona una estampa análoga a la reflejada en las acuarelas de Vriesendorp con la piscina flotando hacia Manhattan.

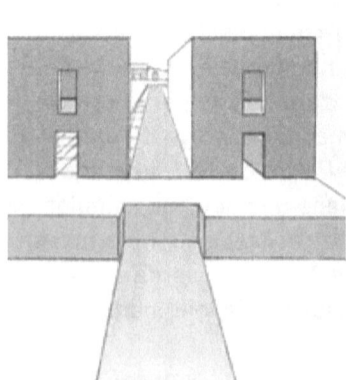
Rem Koolhaas, *Casa Spear*. 1974.
La piscina cuchillo.

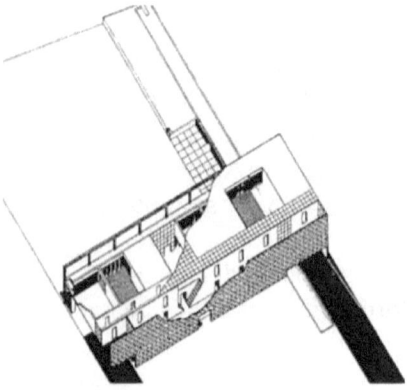
Rem Koolhaas, *Casa Spear*. 1974.
Axonométrica.

---

[73] *Our new sobriety*, es aparte del título de un artículo de Koolhaas el que OMA da a su exposición en la *Bienal de arquitectura de Venecia* de 1980.

El proyecto de 1978 de la *ampliación del parlamento de la Haya*[74], incorpora también una piscina, la primera experiencia de la *floating swimming pool* en Holanda. La propuesta arquitectónica, se puede seccionar en tres fragmentos, cada uno de los cuales es desarrollado por uno de los arquitectos del equipo respectivamente: Koolhaas, Zenghelis y Hadid. La parte de Koolhaas, que él denomina *la guitarra,* incorpora entre otras funciones las dedicadas al ocio y el deporte dentro del complejo. En una complicada concatenación de funciones aparece la piscina, en este caso como un eco del antiguo foso del complejo histórico de Binnenhof.[75]

Añade a toda la carga simbólica de la piscina la de constituir una arqueología inventada, una "reconstrucción de simbolismo"[76] y apelación al inconsciente colectivo de La Haya, y una inversión en el significado del elemento recuperado que pasa de dispositivo de separación, de protección frente a la agresión exterior, a elemento de unión, tanto en su propia disposición en el proyecto, al contribuir al ensartado de las piezas, como a la propia función de la piscina como cohesionador social, en este caso de los parlamentarios holandeses.

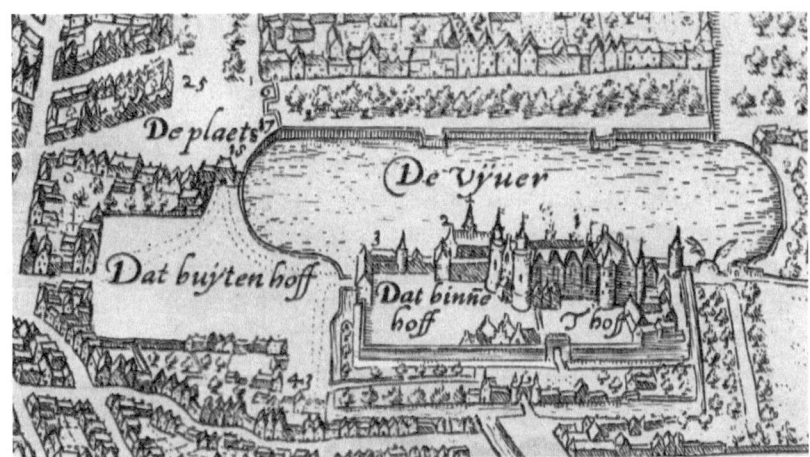

Grabado del complejo medieval del Binnehoff, donde se aprecia la antigua muralla y el foso defensivo exactamente en el mismo lugar donde Koolhaas inserta su piscina.

[74] El análisis pormenorizado de este proyecto se incluye en la parte de la *fragmentación*.
[75] O.M.A., Rem Koolhaas and Bruce Mau, *S, M, L, XL*, 300.
[76] "Dutch Parliament Extension", sitio web OMA, acceso el 20 de Agosto de 2015, http://www.oma.eu/projects/1978/dutch-parliament-extension/.html.

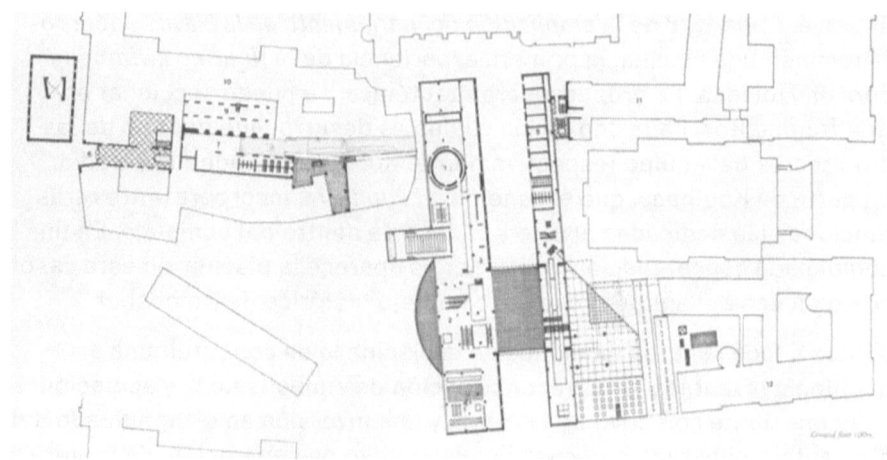

OMA. *Proyecto para la ampliación del parlamento de La Haya*. 1978. En azul, la piscina.

La primera propuesta de OMA donde la *piscina flotante* se revela de modo claro, lo constituye el proyecto para la Villa Dall´Ava en Saint-Cloud, cerca de París, de 1985-91. El hecho de que los propietarios quisieran una piscina en la cubierta hizo que este elemento fuese el principal de la composición volumétrica y funcional, condicionando el resultado final y ofreciendo a Koolhaas una oportunidad para edificar un primer manifiesto de la *New Sobriety*, y una vía de descarga de metáforas autobiográficas. El complejo sistema estructural de la vivienda consigue que la piscina se mantenga flotando en una inestabilidad constante y tensa, creando la sensación de que la eliminación de un pequeño soporte estructural en cualquier zona de la vivienda puede propiciar el colapso del conjunto. Sin embargo, Koolhaas, y en una dirección que apunta claramente a provocar una identificación certera entre el artefacto soviético y la piscina parisina, elimina de la primera versión del proyecto cualquier elemento que pueda hacer parecerse a la cubierta del edificio con la cubierta de un navío. "odio la metáfora del barco"[77]. Las barandillas son sustituidas por una malla de obra, los conductos de salidas de gases desaparecen..., las enérgicas correcciones a su propio proyecto aparecen grafiadas en la parte de *S, M, L, XL* dedicada a la vivienda.

---

[77] O.M.A., Rem Koolhaas and Bruce Mau, *S, M, L, XL*, 180.

La atmósfera surrealista lograda por Koolhaas y la vinculación con el *mito de la piscina flotante* quedan patentes en las fotos existentes de la inauguración de la casa, incluyendo las en las que el equipo de Koolhaas posa evocando ejercicios gimnásticos de la antigua Unión Soviética junto al borde. Son los *arquitectos-nadadores*, que retoman el viaje tras una parada en París rumbo a la arquitectura del futuro. El hecho de que la piscina se oriente hacia la torre Eiffel, como aquella imagen de Madelon Vriesendorp del cuento de *Delirious New York*, refuerza la analogía entre ambas, a pesar de que Koolhaas siempre quiso evitar que esta circunstancia se convirtiese en el principal elemento epistemológico del proyecto.[78]

OMA. *Villa dall'Ava*. 1985-1991. La piscina flotante en dirección a la torre Eiffel.

Madelon Vriesendorp. *La llegada de la piscina a Manhattan*. Gouache de 1974.

[78] Sanfor Kwinter, ed., *Rem Koolhaas, Conversaciones con estudiantes*.

Ejercicios gimnásticos en la URSS en los años 20.   El equipo de OMA en una *performance* constructivista sobre la Piscina de París.

De esta misma época datan otros ejemplos de piscinas en cubiertas de edificios, como la prevista para el conjunto residencial *Boompjes* en Rotterdam, en 1980-82. En la propuesta, el *significado* de la piscina rodea la intervención de modo múltiple. Aparte de la mencionada en la cubierta, Koolhaas incorpora de nuevo una *Piscina flotante* sobre el río Mosa. Pero la presencia del símbolo va más allá de la inserción de las piscinas, abarcando la totalidad de la concepción del proyecto y su analogía con los rascacielos de Manhattan, con la densidad y mezclas de usos reivindicadas por el *manhhatanismo*, pero planteada desde una óptica plenamente constructivista por la formalización de las fachadas, el simbolismo de los materiales, la presencia de la torre, etc. Un proyecto a medio camino entre el *Downtown Athetic Club* y los *clubs* de trabajadores soviéticos.

OMA, *Complejo Boompjes*. Rotterdam. 1980-82. Piscina en la cubierta

OMA, *Complejo Boompjes*. Rotterdam. 1980-82. En primer término, junto a la torre la *floating swimming pool*.

OMA. La piscina en la cubierta del *intercambiador de Zeebrugge*. 1989

FLOATING SWIMMING BOXES

A partir de finales de los años 80, el mito de la piscina flotante evoluciona en las obras de OMA perdiendo el uso como tal y consolidándose como una caja ¿a la deriva? insertada de diversos modos, pero manteniendo siembre la connotación de inserción paranoica: impredecible, inestable, molesta, etc. Una pieza de un puzle forzada a encajar. A veces será un elemento más o menos imperceptible, otras constituirá el motivo fundamental del proyecto.

En esta nueva etapa del símbolo, una de sus primeras apariciones se puede constatar en el proyecto del *Zac Danton Ofice Tower,* 1991-93, en el Barrio de *la Defense* de París. Éste no pasaría de ser una torre prismática de oficinas con cierta mezcla de usos si no fuese por el desplazamiento lateral de una de las plantas, que se mueve "irresistiblemente atraída por la metrópolis" [79]. Aquí la piscina desaparece como tal, pero mantiene la potencia de su presencia como caja flotante mal colocada, que escapa.

---

[79] Rem Koolhaas, *Delirious...*, 237.

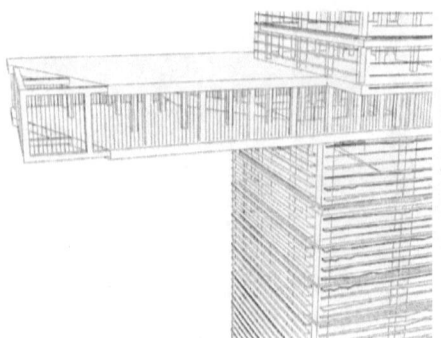  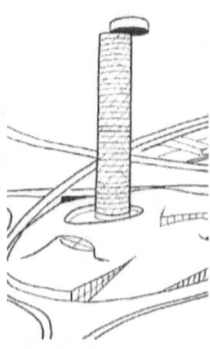

OMA. *Zac Danton Ofice Tower.* 1991-93. *La Defense*, París. Detalle de la planta desplazada.

OMA. *Zac Danton Ofice Tower.* 1991-93. *La Defense*, París. Maqueta.

OMA. Plan para un sector de Courtrai, Francia, 1990.

El desplazamiento de una planta de una torre ya lo había experimentado Koolhaas en su propuesta para el concurso de un sector de Courtrai de 1990, cerca de Lille. Dentro de diversas intervenciones de carácter urbano, planifican una descomunal torre emergiendo de un edificio topográfico insertado en una forma de huevo, de la cual la última planta se desplaza de modo imposible recordando una vez más las propuestas constructivistas.

La piscina se transforma definitivamente en caja flotante, o mejor dicho en dos, en el proyecto residencial *Nexus World Housing* en Fukuoka, Japón, en 1991. Un sector residencial que aglutina propuestas de arquitectos de gran relevancia de la época como Cristian de Ponzampark, Steven Holl, Osamu Ishiyama, Arata Isozaki o el español Oscar Tusquets. Se trata de dos bloques prácticamente idénticos separados por una calle central.

Los bloques se organizan en varios niveles, y la caja flotante aquí está conformada por una densa pieza de hormigón negro que simula un despiece pétreo diagonal, similar al utilizado por Koolhaas en el proyecto del *Grand Palais*, que flota sobre un basamento fragmentado y retranqueado de vidrio y hormigón, por donde se produce el acceso a las viviendas. Esta muralla resulta infranqueable, salvo por minúsculas ventanas, que no hacen más que potenciar su carácter cerrado. El proyecto esconde todo un complejo universo espacial de vacíos y llenos, donde se distribuyen las viviendas como verdaderas casas patio prácticamente sin vistas hacia el exterior. Se trata de una renovada versión de los prisioneros voluntarios de *Exodus,* que reniegan del escenario de la ciudad de Fukuoka una de las de mayor densidad de habitantes por superficie de Japón. Al igual que la *Piscina Flotante* del cuento, el inmenso volumen de agua, la "caja negra", se plantea como un contenedor del fluido espacio interior de vacíos y llenos que organizan las viviendas. Las cubiertas de estas evocan un oleaje artificial como el producido por los arquitectos-nadadores soviéticos al nadar al unísono.

OMA. *Nexus World Housing.* 1991. Las olas en la caja flotante.

En la propuesta para una vivienda en Holten, Holanda, proyecto de 1992-93, la *floating swimming pool* aparece de nuevo. En este caso se desarrolla el programa de la casa a partir de un esquema que ya había sido utilizado en otras ocasiones, véase la villa Dall'Ava, como es la separación radical del programa de los padres y de los hijos. En esta propuesta, de clara influencia *miesiana*, la vivienda se concibe como dos rectángulos que colisionan, uno de ellos elevado, correspondiente al de los padres, y otro semienterrado, que alberga las dependencias de los hijos. Koolhaas recupera la colisión entre la balsa de la Medusa, ligera, inestable, correspondiente con la parte de los padres, y la piscina flotante, pesada, cerrada. El *choque* provoca la conexión de los distintos niveles y el punto álgido del proyecto. "El acero de la piscina se hunde en el plástico de la escultura como un cuchillo en la mantequilla".[80]

---

[80] Rem Koolhaas, *Delirious New York*, 310.

OMA. Vivienda unifamiliar en Holten, Holanda. 1992-1993. La colisión de la piscina de los hijos (en primer término) con la balsa de los padres.

OMA. Vivienda unifamiliar en Holten, Holanda. 1992-1993.

En 2004 Koolhaas consigue construir la piscina flotante de modo explícito. En una segunda fase de la intervención en la Casa en Burdeos para elaborar una piscina-aljibe, tiene la posibilidad, treinta años después de la redacción del cuento, de enfrentarse directamente con el elemento en el que no había "nada de ruptura, de tensión, de ingenio, sino tan solo líneas rectas, ángulos de 90° y el color apagado de la herrumbre"[81]. La propia vivienda ya era en sí una piscina flotante: el color de hierro de sus paredes, los ojos de buey, afianzan la relación simbólica, pero es la pieza de la piscina-aljibe, donde la *floating swimming pool* aparece de modo literal, posada en el terreno, a punto de zarpar.

OMA: Ampliación de la Vivienda en Burdeos. Piscina aljibe. 2004.

[81] Rem Koolhaas, *Delirious...*, 310.

La permanencia de la *piscina flotante* continúa en obras posteriores de OMA. Bien como piscina, o bien como volumen flotante, desplazado o emancipado. Está claro que mantener la presencia de la singular nave constructivista de modo más o menos palpable es una cuestión primordial para Koolhaas y así podemos comprobarlo en propuestas tan variopintas como el *Kunsthall* de Rotterdam, el Museo Hermitage-Guggenheim de Las Vegas, el *Milstein Hall* de la universidad de Cornell, el *Shenzhen Stock Exchange Plaza*, etc.

La *floating swimming pool* en los proyectos de OMA: *EL Kunsthal* de Rotterdam; El *Museo Hermitage-Guggenheim* de Las Vegas; *El Shenzhen Stock Exchange Plaza*, Shenzhen; El *Milstein Hall* de La universidad de Cornell; *El Centro de convenciones y exposiciones* de Ras al Khaimah.

LA CONDENSACIÓN

El mecanismo onírico de *la condensación*, uno de los principales según Freud, consiste básicamente en el proceso de reducción del ingente material latente e inconsciente del sueño en un contenido manifiesto de menor entidad. El trabajo del sueño tiene, en este caso, la ardua tarea de elaborar una drástica reducción de contenidos para producir un resultado manifiesto, lo más breve posible, que pueda encajar en el desarrollo del sueño. La consecuencia de este trabajo será denso y condensado, y su nueva representación compacta, además, colaborará con los otros mecanismos oníricos en ocultar el origen latente del mismo. A la condensación onírica le debemos fundamentalmente la ininteligibilidad del sueño, ya que el producto de este que percibimos es un conglomerado de contenidos cuyos vínculos o concomitancias han sido deliberadamente ocultados. Para Freud, la condensación es el primer gran instrumento desfigurador, responsable en gran medida de la aparente incoherencia y oscuridad del sueño percibido[1].

El trabajo de la condensación en favor de la obtención de contenidos manifiestos se produce en el ámbito onírico de dos modos distintos, según el psicoanálisis, que tienen que ver con la distorsión de uno de los dos elementos del binomio *espacio-tiempo*. Ambos territorios de manipulación, muy influidos también desde la ciencia con todas las investigaciones sobre la relatividad publicadas por Einstein en 1905, fueron explorados y explotados por la vanguardia de principios del siglo XX, fundamentalmente por el cubismo, el futurismo y también por supuesto por el surrealismo.

La primera, es una condensación espacial, podríamos decir *topográfica*, de elementos, o acontecimientos y la segunda se fundamenta en la manipulación por parte de la psique del *tiempo del sueño*, llámenosla desde este punto de vista condensación *cronológica*. Al primer modo, al de la condensación *topográfica*, se adscriben los habituales sueños con lugares imposibles formados mediante la condensación de distintos escenarios afines a nuestra memoria. En origen pueden situarse en lugares muy lejanos y sin ninguna vinculación entre sí, que en nuestro sueño pueden mostrase yuxtapuestos o fusionados. También pertenecen a este tipo de condensación los sueños con artefactos, animales o personas formadas

[1] Sigmund Freud, *Introducción al Psicoanálisis*, 218.

por la fusión de partes pertenecientes a diversas procedencias. A este tipo de condensación, de amplio recorrido entre los artistas vinculados al surrealismo, pertenece la producción de entidades mixtas o híbridas, en muchas ocasiones similares a los seres concebidos por la mitología y el imaginario colectivo como las sirenas, la Hidra, o la Esfinge.[2]

La otra categoría de condensación, la que hemos venido en denominar *cronológica*, es el mecanismo onírico que en los sueños posibilita repentinos y sorprendentes cambios de ubicación, traslados temporales a otras fechas o épocas, o la experimentación de modo simultáneo de dos actividades o situaciones que desde un punto de vista racional suceden de modo separado, (la condensación de la noche y el día, por ejemplo)[3].

Efectivamente, *la condensación*, tanto espacial como temporal, constituye una de las herramientas fundamentales del campo de trabajo por parte de la vanguardia de principios del siglo XX, hasta el punto de ser, junto con *la fragmentación*, dos de los atributos transversales de la práctica totalidad de las distintas corrientes surgidas con el nacimiento del siglo. El surrealismo perteneciente a una segunda oleada posterior a la Segunda Guerra Mundial, y, como sabemos, afanándose por insertar en su doctrina los principios de la teoría psicoanalítica de Freud, será el grupo que llevará a cabo una investigación más exhaustiva y *clínica* del mecanismo, menos plástica, como la del cubismo, y más conceptual. Recurriremos una vez más dentro del surrealismo a ejemplos de la obra de Salvador Dalí y sobre todo a la de René Magritte: ambos han hecho de la condensación uno de los recursos principales en su propuesta creativa.

Identificaremos tres aproximaciones de la condensación en la obra de Rem Koolhaas y OMA. Las tres suponen una reinterpretación de los mecanismos anteriormente explicados de condensación espacial y condensación temporal. La primera se refiere exclusivamente a la condensación espacial y se relaciona fundamentalmente con las primeras obras de OMA, con proyectos y edificios de carácter híbrido, formados por partes comprimidas, ciertamente dispares y con referencias explícitas a arquitecturas relevantes anteriores y obsesiones personales del arquitecto

---

[2] Isabel Paraíso, *Literatura y Psicología*, 83.
[3] Sigmund Freud, *Introducción...*, 215-218.

holandés. La segunda aproximación vendrá de la mano del mecanismo de la condensación temporal: retornaremos por tanto al territorio de la circulación en los edificios e investigaremos en este punto fenómenos de contracción del tiempo y formación de bucles en algunos edificios de OMA. Concluiremos con la tercera aproximación, la más relevante, en la que confluyen las dos anteriores, tanto la espacial como la temporal, y la cual constituye, quizás, la raíz epistemológica más pregnante de su teoría arquitectónica: la que tiene que ver con el *Manhattanismo* y con la *cultura de la congestión*.

LA CONDENSACION TOPOGRÁFICA

Una posible explicación del mecanismo de la *condensación espacial o topográfica* en la obra de arte contemporánea se puede realizar mediante el análisis de la escultura ejecutada por Pablo Picasso, en 1943, denominada *Cabeza de toro*. La pieza está compuesta por dos elementos sencillos, como son el manillar y un sillín de una bicicleta, unidos de una forma inesperada si consideramos su posición inicial en el conjunto de la bicicleta. Esta hábil conjunción concebida por el artista malagueño obliga al espectador, de modo automático e inevitable, a relacionar el nuevo objeto surgido con una esquemática cabeza de toro, en la cual el manillar son los cuernos y el sillín forma una faz esencializada, casi neolítica. El título de la escultura, *Cabeza de toro*, refuerza la intención de la ingeniosa combinación[4]. La sencillez de la ejecución de la obra en realidad condensa todo el proceso creativo de la reubicación de estos elementos para sacarlos de su contexto utilitario y transformarlos en una obra de arte.

En este ejemplo, *la condensación* se produce en el ámbito espacial, entendido este espacio como un espacio metafórico, únicamente existente en la mente del creador de la pieza, en el cual dos elementos son desplazados de una posición inicial determinada a otra en virtud de la eliminación de las partes (en este caso de la bicicleta) que no interesan. *La condensación*, además, se refuerza con el título de la obra, en un proceso de sobredeterminación, ya que la obra concentra los conceptos de bicicleta y toro, que en todo momento son perceptibles por el espectador.

[4] Laura S. Adams, *Arte y Psicoanálisis* (Madrid: Cátedra, 1996), 138.

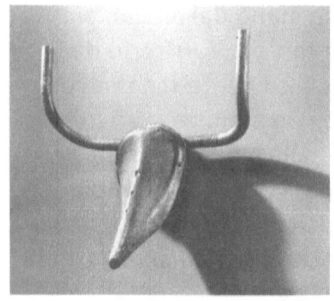 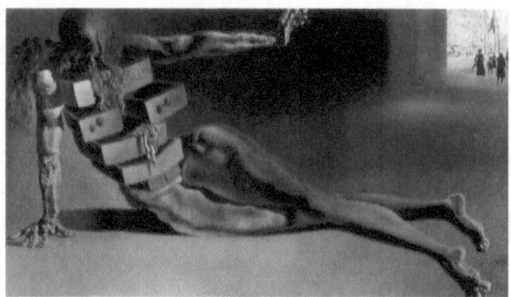

Pablo Picasso. *Cabeza de toro.* 1943.   Salvador Dalí. *El escritorio antropomórfico.* 1936.

Un modo similar de condensación lo encontramos en gran parte del trabajo de Salvador Dalí, con sus habituales seres híbridos, formados por la unión de las más variopintas raíces en una nueva entidad de condición mixta, un engendro que contradice las leyes de la naturaleza y que pasa a engrosar las filas de la imaginería personal del pintor catalán. Así por ejemplo en la obra titulada *El escritorio antropomórfico,* de 1936, Dalí fusiona una figura humana con un mueble con cajones. Centrándonos en la condensación surrealista, interesa marcar la diferencia con la condensación llevada a cabo por Picasso en el ejemplo anterior, pues aquella, al fin y al cabo, se fundamentaba en un proceso reflexivo racional, (aunque el resultado final claramente no pertenezca a este ámbito). En el caso del ejemplo de Salvador Dalí, la condensación tiene una clara alusión, ya en el propio procedimiento de su formación, a la apelación a los contenidos irracionales de la psique desde una óptica estrictamente psicoanalítica. De este modo, el resultado, a la vez dramático y violento, responde a la voluntad del artista de exteriorizar los deseos ocultos en los cajones secretos del inconsciente.[5]

Si bien, como adelantábamos, quizás sea René Magritte el pintor surrealista que más experimenta con la condensación en todas sus vertientes y posibilidades. Tanto en la formación de seres híbridos, mixtos, provenientes de varias raíces, como en la sobredeterminación de sus creaciones, basada en la carga conceptual de la apariencia de las cosas y en las

---

[5] Robert Descharnes y Gilles Néret, *Dalí: La Obra Pictórica* (Madrid: Taschen, 2013), 276.

alteraciones de lo evidente, provocando situaciones sorprendentes con los elementos más banales[6].

René Magritte. *La invención colectiva*. 1934.   René Magritte. *El modelo rojo*. 1937.

En su cuadro de 1934, *La invención colectiva*, se apropia de una creación mítica híbrida existente, como es la sirena, a la que alude el propio título de la obra, intercambiando las partes de mujer y pez, creando, con esta simple acción, un engendro que se separa radicalmente de la sensual imagen de las sirenas que la imaginación colectiva ha construido a lo largo de la historia. Un ejemplo similar sucede con la pintura titulada *El modelo rojo*, de 1937, otro caso de hibridación donde unos pies humanos se convierten en unas botas, en una perturbadora combinación.

COCKTAIL

Los primeros proyectos de Rem Koolhaas en la etapa inicial de OMA, fueron fundamentalmente híbridos. Koolhaas, con los fundamentos teóricos de su arquitectura ya consolidados a principios de los 80, apostaría por la producción de un estilo deliberadamente no uniforme, abiertamente heterodoxo. Es interesante recordar a Rafael Moneo reflexionando sobre esta cuestión acerca de la genética de la arquitectura *koolhaasia-*

---

[6] Marcel Paquet, *Magritte*, 71.

na: "me atrevería a compararla con un *cocktail* al considerar que en ella encontramos múltiples referencias y muy diversos sabores....Alguien podría hablar de mestizaje"[7]. La sentencia del arquitecto español no puede ser más acertada, pues en aquellas primeras arquitecturas se adivinan las más variopintas referencias que fueron clave para el holandés: el cine, el surrealismo, el constructivismo ruso, Manhattan y también algunas otras que pueden considerarse dentro de la categoría de obsesión: *la balsa de la Medusa*, el mito de la *piscina*, el Muro de Berlín, la obra y la persona de Mies van Rohe, etc. Esta heterodoxia genética trajo como consecuencia en aquellos primeros proyectos inserciones específicas y reconocibles de fragmentos que mediante su agregación y condensación determinaban el proyecto definitivo.

El funcionamiento del sistema creativo de OMA en esta época, tenía mucho que ver en general con el proceso de formación de los sueños y en particular con el mecanismo de la condensación: las distintas referencias, ya fuesen arquitectónicas, artísticas o míticas, pertenecientes al imaginario latente de Koolhaas (y también al de Zenghelis, habría que matizar) digeridas, alteradas y personalizadas, renacían en una propuesta arquitectónica que los condensaba y que bien podríamos considerar una propuesta manifiesta, un edificio soñado.

Este paralelismo entre la formación del sueño y la tarea creativa de proyectar arquitectura, no cabe duda de que no es exclusivo de la obra de OMA, desde el punto de vista de que en toda obra arquitectónica la referencia es inevitable y en cierto modo los proyectos arquitectónicos son los sueños cumplidos de los arquitectos autores[8], en los cuales aparecen, de modo consciente o inconsciente, de modo explícito u oculto, de forma literal o deformada, aquellas arquitecturas que constituyen nuestro inconsciente arquitectónico. Pero es el modo en cómo se revelan en OMA lo que refuerza la tesis de un alto grado de condensación onírica en su obra.

---

[7] Rafael Moneo, *Inquietud teórica y estrategia proyectual en la obra de ocho arquitectos contemporáneos*, 314-315.

[8] A este respecto, recordar la reflexión de José Jiménez en el catálogo de la Exposición *El surrealismo y el sueño* del museo Thyssen Bornemisza, referencia de este trabajo, sobre el sentido polisémico de la palabra *sueño* en castellano y en su utilización en relación con la fantasía y con el anhelo de conseguir un determinado fin en el futuro.

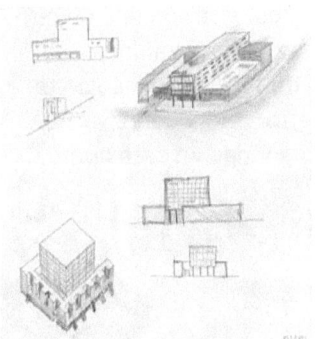 

OMA. *Morgan Bank*. Amsterdam. 1985. Propuestas volumétricas preliminares.

OMA. *Morgan Bank*. Maqueta sobre propuestas volumétricas preliminares.

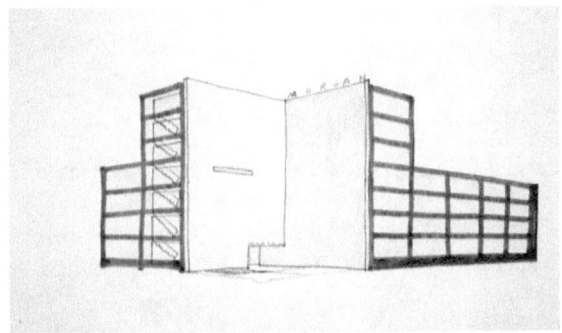

OMA. *Morgan Bank*. Propuesta definitiva, acceso principal.

En el proyecto de 1985, no construido, para el Banco Morgan de Amsterdam, OMA estudia la correspondencia formal de distintos volúmenes que respondían a las diferentes partes del proyecto: oficinas bancarias, viviendas, un restaurante, etc. En los croquis y maquetas preliminares, OMA investiga en la integración y condensación de distintas combinaciones de volumetrías paralelepípedas independientes[9], se adivina la variedad formal y cromática pretendida para cada una de las piezas del complejo. La propuesta definiti-

---

[9] "Morgan Bank En Woningbouw (Amsterdam)", sitio web de *NAI (Netherlands Architecture Institute)*, acceso el 8 de septiembre de 2015, http://zoeken.hetnieuweinstituut.nl/nl/objecten/detail/a3992c08-9860-5bc9-aaa8-292b7d84414d/media/51563509-3a09-d727-2896-2823a34147c4.html.

va, sin embargo es una intervencion más integrada, resuelta con una única retícula ortogonal de los huecos de fachada, similar a la del ya aludido edificio del *Chicago Tribune* de Luwding Hilberseimer, de 1922. El acceso se retranquea de la alineación oficial como un libro abierto, colocado en vertical, generando una zona pública previa y la entrada a la entidad en este punto[10].

OMA. *Complejo Byzantium*. Ámsterdam. 1985-1989. Edificio concluido.

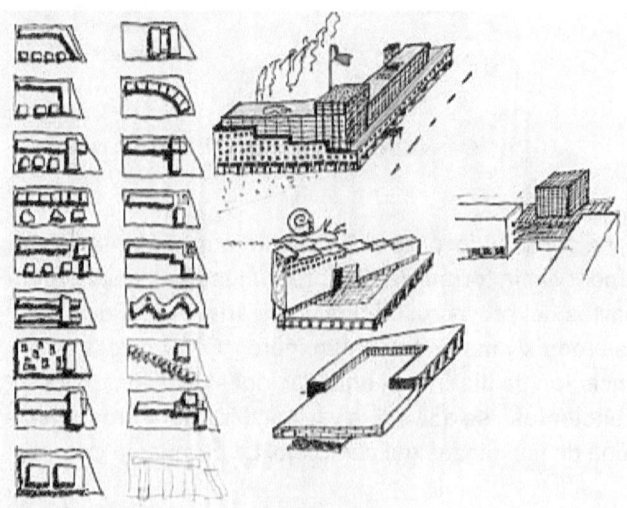

OMA. *Complejo Byzantium*. Ámsterdam. 1985-1989.
Propuestas preliminares de ocupación.

[10] O.M.A., Rem Koolhaas and Bruce Mau, *S, M, L, XL*, 350.

En otro proyecto iniciado en la mísma epoca, el *complejo Byzantium* en Amsterdam, de 1985-1989, se repite el mismo esquema de condensacion de volúmenes que corresponden a las distintas partes del programa. Cada parte, una vez más, responde a referencias latentes de Koolhaas que surgen en un nuevo ser híbrido, la zona de oficinas, una pieza similar a la del banco Morgan con reminiscencias de Hilberseimer colisiona con la pieza de las viviendas ejecutada en ladrillo de color claro y con una composicion de huecos distinta en cuya esquina se incrusta un cono invertido dorado, un mirador de uno de los áticos similar al del *Teatro de la Danza* de La Haya que veremos posteriomente. Koolhaas justifica esta inserción como una metáfora de las pequeñas torres implantadas en algunos edificios emblematicos de Amsterdam, como el *Hotel American*, el *Edificio Hirsch*, o el *Hotel Central,* en una tradición de "rascacielos fracasados"[11]. Su paralelismo con la corona de la cabeza de la Estatua de la Libertad neoyorquina, por otra parte, es también indiscutible.

En propuestas menos conocidas de la misma epoca OMA continúa con su experimentación en la colisión de volúmenes disonantes. Conviene destacar el estudio para el proyecto de 1984 de un hotel en Roosendaal, Holanda, en el que se sigue experimentando con un esquema similar, en este caso basado en dos volúmenes principales separados por una calle peatonal a los que se le injertan formas diversas, o la propuesta para un museo de arquitectura en Amsterdam, de 1984, basada en la agregación de múltiples volúmenes paralelepípedos de distintos tamaños y materiales[12].

---

[11] "Byzantium, Netherlands, Amsterdam, 1995. A Transition between two urban antipoles", sitio web de OMA, acceso el 8 de agosto de 2015, http://www.oma.eu/projects/1995/byzantium/.html.
[12] "NAI archive / OMA", sitio web de *NAI (Netherlands Architecture Institute)*, acceso el 8 de agosto de 2015, http://static.nai.nl/oma/Start_EN/Start_search.php?projectid=51&subcat_van=0&subcatid=0., hmtl.

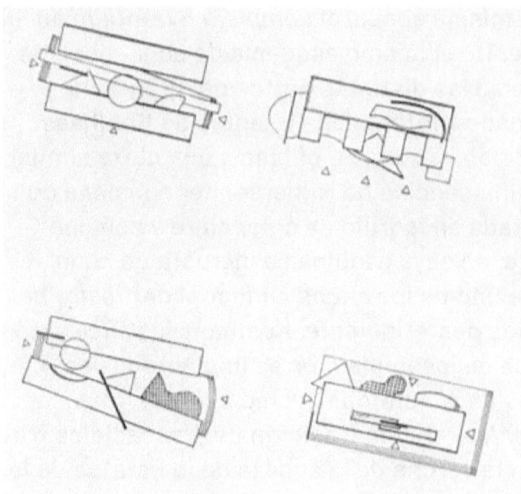
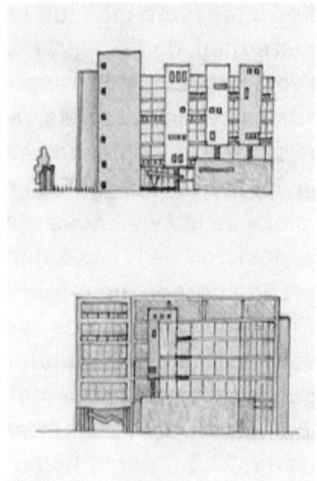

OMA. Propuesta para hotel en Roosendaal. Holanda. 1984.

OMA. Propuesta para museo de arquitectura en Amsterdam. Holanda. 1984.

PARASOMNIA

Continuando con esta línea de proyectos condensados de mediados de los 80, es necesario detener la atención en las sucesivas propuestas concebidas entre 1980 y 1987 para el Teatro de Danza de la Haya. Podríamos decir que se trata de uno de los *proyectos soñados* por excelencia dentro de la trayectoria de OMA: los fenómenos de condensación onírica son múltiples y las referencias latentes a otras arquitecturas e influencias son patentes. Además, la propia gestación de la propuesta, se manifiesta como una parasomnia, una pesadilla con continuas y traumáticas transformaciones del proyecto a lo largo de casi una década: cambios de solar, de presupuesto e innumerables tensiones entre los distintos agentes que culminaron en un momento en el propio despido de OMA por parte de la propiedad.

En 1980 OMA recibió el encargo de construir un teatro de danza para el NDT, *Nederlands Dans Theater*, la compañía de danza más importante de Holanda y una de las primeras del mundo. La primera ubicación seleccionada para la construcción del teatro fue Scheveningen, el barrio costero y turístico de la Haya, planteándose como una ampliación del edificio del *Circus Theater*, construcción del siglo XIX, que era el lugar que hasta el momento venía utilizando la compañía.

Para el primer proyecto, que contaba aparte del teatro con salas de ensayo, talleres, camerinos y un teatro al aire libre protegido por una lona retráctil, Koolhaas concibió estructuras independientes, como venía siendo habitual en esta época, en un modo de composición compacta, que metafóricamente conformasen el complejo en una especie de *collage surrealista*[13]. En esta propuesta la referencia a Le Corbusier es quizás la más evidente[14]: la composición de las piezas y la cubrición del teatro recuerdan de modo claro al proyecto del *Palacio de los Soviets,* de 1931, influencia que potenciará aún más en la siguiente versión.

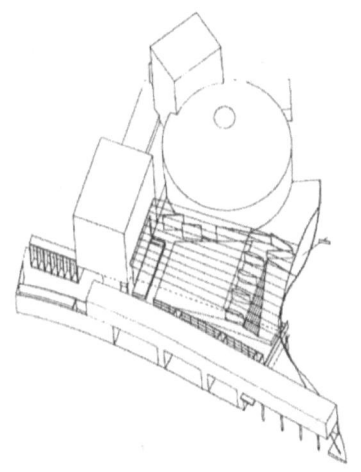

OMA. Axonometría de la primera versión del proyecto del *Teatro de la Danza* de La Haya de 1980.

Vladimir Tatlin. Contra relieve de esquina 1915. Las esculturas de Tatlin exploran la relación dinámica entre las distintas partes que la componen en un tenso y frágil equilibrio, Solía incorporar cuerdas y nervios metálicos para potenciar esa tensión de atado del conjunto.

---

[13] Charles Jencks, *Modern Movements in Architecture* (Londres: Penguin Books, 1973), 21-26.
[14] Roberto Gargiani, *OMA/Rem Koolhaas. The construction of Merveilles*, 101.

Un gran volumen paralelepípedo que incorpora el nuevo escenario del teatro al aire libre, el cuerpo del propio teatro, un edificio *muro* que vuela a lo largo de la calle y que integra el resto del programa, y el teatro al aire libre, cuyas guías de la cubierta textil tienen un funcionamiento simbólico de atado de las distintas partes del proyecto.

Collage elaborado por Madelon Vriesendorp de la segunda versión del proyecto del *Teatro de la danza* de la Haya incluida en *S, M, L, XL*.

La segunda versión del proyecto, de 1982, es consecuencia de una nueva recondensación del programa debida, entre otras cosas, a la reducción de tamaño del solar por la incorporación en las calles aledañas de una línea de tranvía. La propuesta, aunque sigue en la línea anterior, introduce algunos cambios relevantes que tienen que ver con la deformación o trasformación de elementos o partes del proyecto inicial, pero que hacen aún más evidente su condición de edificio formalmente híbrido. La cubierta textil, de este modo, se solidifica en una cubierta fija, con un suave ondulado, y el muro hueco programático de la primera versión, se cierra aún más desde la calle, consolidándose como una barrera. El atado de las piezas se refuerza con la aparición de una gran losa soportada por una gran viga y un pilar cónico inclinado, con tirantes y puntales. Se incluye además un arco parabólico, referencia explícita también al constructivismo ruso y al antes referido *Palacio de los Soviets* de Le Corbusier, aunque en este caso colocado de modo incómodo, diagonal y oprimido por las distintas partes de la composición.

COLISIÓN

La intervención municipal y otros factores hicieron que se abandonase el proyecto de OMA en Scheveningen y se propusiese incorporar el teatro en un complejo mixto en el centro de La Haya, en la avenida del *Spui*. El nuevo planeamiento incorporaba algunas premisas determinantes: debía situarse sobre un aparcamiento subterráneo y compartir solar con el *Dr. Anton Phillips Zaal*, otro teatro de similares características, así como con un hotel. La traslación del proyecto supuso un nuevo fenómeno de recondensación, pues muchas de las partes concebidas para la primera ubicación, para poder ser encajadas en esta, tuvieron que comprimirse nuevamente. El complejo, además, se desarrollará por varios arquitectos independientes. Aun así Koolhaas se erige en conductor del diseño global, encargándose del estudio de ocupación de las intervenciones en el solar.

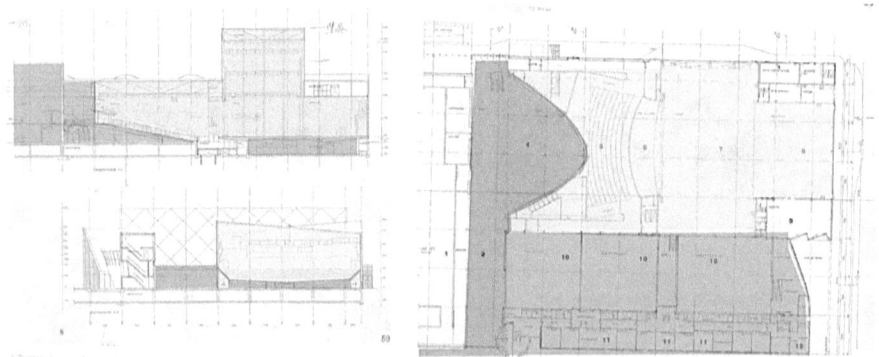

OMA. Secciones y planta baja de la tercera versión del proyecto del *Teatro de la danza* de la Haya en el nuevo solar del Spui. En gris oscuro el foyer, la zona comprimida entre los dos edificios colindantes.

La pieza longitudinal que constituye el alzado hacia la plaza, es una versión del *muro hueco* volado del primer proyecto, un pequeño *Exodus* con dependencias destinadas al ejercicio y ensayo, incluida una piscina. Tras esta pieza, se sitúa el teatro propiamente, con la caja escénica como elemento principal emergente, trasladado sin alteraciones de la segunda versión, manteniendo el motivo gráfico de Vriesendrop de la segunda versión. Tanto el patio de butacas como las dependencias auxiliares se sitúan a ambos lados de este volumen.

Desde la perspectiva de *la condensación*, interesa sobre todo el análisis del foyer, el espacio *in between* longitudinal existente entre ambos teatros, donde Koolhaas despliega una serie de mecanismos metafóricos para evidenciar la tensión entre las partes provocada por la compresión de las piezas. En esta franja de vacío, se sitúan las zonas de programa comunes de ambos teatros: el espacio de acceso al complejo, el foyer y la cafetería. Este espacio se ve atravesado de modo ortogonal por el volumen trasero y curvo del patio de butacas que colisiona con el edificio adyacente, colisión que Koolhaas potencia deformando y levantando hacia arriba la pieza, que al elevarse sobre la cota cero genera bajo de sí el espacio de la cafetería, un ámbito también comprimido, con zonas de baja altura inhabitables que recuerdan al crecimiento de Alicia en la casa del conejo que imaginara Lewis Carroll.

John Tenniel. Grabado de la primera edición de *Las aventuras de Alicia en el País de las maravillas*. Lewis Carroll. 1865.

OMA. *Teatro de la Danza* de la Haya. Espacio de la cafetería bajo el patio de butacas.

El foyer del teatro, recordemos, incorpora además, una pieza elíptica en la primera planta que Koolhaas denomina el *Skybar*, esta pieza, innecesaria en el programa, perteneciente al imaginario particular de OMA, un huevo bidimensional flotando inestablemente en el espacio o, como aquellos vagones de las atracciones de Coney Island, para experimentar, de modo metafórico, la inestabilidad provocada por las fuerzas de compresión del edificio. La plataforma, soportada como un equilibrista en su zona central por una viga roja, mantiene su estabilidad mediante la frágil ayuda de dos elementos atirantados oblicuos. Esta viga, además, parece estar sometida a una gran fuerza de compresión entre los dos edificios y simula evitar el desplazamiento de todo el teatro. El voladizo en el testero de la pieza longitudinal de cierre del alzado principal potencia la idea de elemento que no cabe, que necesita expandirse hacia la calle. El ondulado de la cubierta del teatro, idea reciclada también de las versiones anteriores del proyecto, se percibe también como un plano *arrugado,* consecuencia de dichas presiones entre piezas.

OMA. *Teatro de la Danza* de la Haya. El *Sky-bar* en el foyer.

OMA. *Teatro de la Danza* de la Haya. El voladizo del cuerpo del programa complementario al teatro.

La pieza de acceso al complejo, un cono dorado invertido que alberga en planta baja las taquillas y en planta alta un restaurante, tiene una función similar a los objetos surrealistas de funcionamiento simbólico concebidos por Dalí, o los mecanismos imaginados por Francis Picabia, su giro metafórico mueve el engranaje que acerca y comprime las distintas partes. Como en los anteriores edificios, los fragmentos que forman el conglomerado final mantienen su identidad formal, de modo que es sencillo reconocer aquellas referencias y préstamos de otras arquitecturas latentes: nuevamente la Estatua de la Libertad, Leonidov, etc.

PLIEGUES

Los ejemplos vistos hasta ahora pertenecen a la categoría que hemos denominado condensación espacial, o condensación topográfica, que como explicamos responde a fenómenos de movimiento de distintas partes independientes hacia la obtención de una propuesta arquitectónica heterogénea concentrada, comprimida. Este mecanismo aparece fundamentalmente en la primera etapa de proyectos de OMA, que busca una identificación metafórica de las distintas partes del proyecto y las formas del edificio, en la habitual experimentación forma-función emprendida por Koolhaas desde principios de los años 70.

Veremos a continuación ejemplos que responden a otro tipo de condensación, la *condensación cronológica* que anticipábamos en la introducción de este capítulo. Este tipo de *condensación* marcó la hoja de ruta tanto del surrealismo como del resto de la vanguardia creativa del siglo XX. La introducción de la alteración temporal en la obra de arte, implementando todos estos mecanismos derivados de la condensación onírica, permitió a los surrealistas la investigación y el juego con las distorsiones temporales y la experimentación con la ubicuidad o la bilocación de elementos o personas.

Efectivamente, esta condensación temporal propicia el pliegue espaciotemporal, poniendo en duda a la realidad cartesiana y abriendo nuevos campos de experimentación de lo múltiple, lo divergente, lo simultáneo y lo imposible. Koolhaas descubre en Coney Island y en sus atracciones un laboratorio real de experimentación sobre el binomio espacio-tiempo. Las atracciones constituyen desafíos para el racional entendimiento del movimiento y del espacio, poniendo en duda las habituales categorías de acontecimientos:

> "el espacio plegado articula una nueva relación entre vertical y horizontal, figura y fondo, dentro y afuera - todas las estructuras articuladas por la visión tradicional. De modo distinto al espacio de la visión clásica, la idea del espacio plegado niega el encuadre en favor de una modulación temporal"[15]

---

[15] Peter Eisenman, "Visions Unfolding: Architecture in the Age of Electronic Media", *Domus,* n.º 734, (1992).

René Magritte. *El Salón de Dios*. 1948.

René Magritte. *El mago*. 1952.

Entre la militancia surrealista los fenómenos de *condensación temporal* fueron recursos habituales, con distintas aproximaciones e interpretaciones. Una vez más nos referiremos a René Magritte para ilustrar el mecanismo de la manipulación y condensación temporal en la pintura, de la que el pintor belga hizo uno de sus recursos favoritos. Un claro ejemplo aparece en el cuadro de 1948, *El salón de Dios*, que representa una casa de campo entre árboles tal y como se vería en un día soleado, sin embargo, el cielo es un cielo nocturno completamente oscuro, en el que descubrimos la luna y las estrellas. La condensación de los dos momentos temporales contrarios, noche y día, transforma una sencilla escena, pintada con una técnica convencional en un producto surrealista cargado con la energía del conflicto de lo imposible. Otro ejemplo de condensación temporal del pintor belga lo encontramos en el autorretrato de 1952 titulado *El mago*. Como en el caso anterior, la condensación de dos momentos temporales distintos transforma un a priori convencional autorretrato del artista, en un resultado sorprendente e imposible en el mundo real.

Vamos a ver como estos experimentos condensatorios, como pliegues temporales, son utilizados por Rem Koolhaas en no pocas obras, de dos modos distintos. En el proyecto del *Kunsthal* de Rotterdam, y en el de *las Bibliotecas de Jussieu* en París, por ejemplo, se implementa un pliegue del espacio, más específicamente del plano del suelo, que provoca una condensación en el tiempo arquitectónico del edificio: el movimiento peatonal lleva dos veces al mismo sitio en un bucle temporal. En el proyecto de *la vivienda de Fiorac,* en Burdeos, sin embargo, la plataforma-estancia genera la situación contraria, pues el desplazamiento de esta provoca una condensación temporal al modificar nuestra posición de modo automático: es el edificio el que se desplaza desde el punto de vista relativo de la posición de la persona. Dicho de otro modo, en los primeros existe un desplazamiento del individuo cuyo recorrido le remite al mismo punto espacial, y en el segundo el individuo cambia de posición espacial sin desplazarse.

En la publicación *Content* de 2004, OMA intenta codificar sus aportaciones particulares en el ámbito experimental arquitectónico elevándolas a la categoría de *inventos.* Plantean de modo irónico, unas *patentes de modernización universal,* "media vida de la memoria colectiva de la arquitectura es ahora como seis meses. Las ideas surgen, inspiran y son convenientemente olvidadas. Aquí OMA clava su reclamación para la eternidad"[16]. Es significativo que cinco de dichas *patentes* se refieran a procesos que tienen que ver con la condensación espacio-temporal: *Loop-Trick* (bucle engaño), *Inside-out city* (ciudad dentro-fuera*), Everywhere and nowhere* (todos los sitios y ninguno), *Variable-speed museum* (museo de la velocidad variable) *y Skyscraper loop* (bucle rascacielos).

En la primera de ellas que OMA denomina *Loop-trick*: el truco del lazo; define el efecto provocado por la incorporación de una conexión en equis entre dos plantas consecutivas: "introduciendo una x de intersección de plantas en un edificio de dos plantas, se crea una superficie continua que destruye el estatus de la planta individual, se elimina la noción de arriba y abajo"[17]. Diríamos nosotros también que se produce un pliegue, una condensación temporal del recorrido del edificio en el punto de intersección de las dos plantas, ya que se trata un punto determinado del espacio al que se accede en dos tiempos distintos y en virtud de dos localizaciones relacionadas con ámbitos diferentes. Esta deformación es una de las bases proyectuales de la propuesta definitiva para el edificio del Kunsthal de Roterdam, de 1992. En éste, el recorrido principal se

---

[16] Rem Koolhaas, *Content*, 73.
[17] Rem Koolhaas, *Content*, 76.

concibe como una espiral ascendente que conecta los distintos niveles y en el que se producen varios efectos de condensación que provocan encuentros entre visitantes de distintas partes del edificio en estancias y situaciones divergentes: interior y exterior, arriba y abajo, realidad y reflejo, movimiento ascendente y movimiento descendente; haciendo del recorrido una experiencia cinética indeterminada que se autoenriquece durante la visita al museo.

OMA. *Kunsthal* de Rotterdam. 1995. El bucle de circulaciones. Imagen incluida en *S, M, L, XL*.

John Tenniel. Grabado de la primera edición de *A través del espejo y lo que Alicia encontró allí*. De Lewis Carroll 1871.

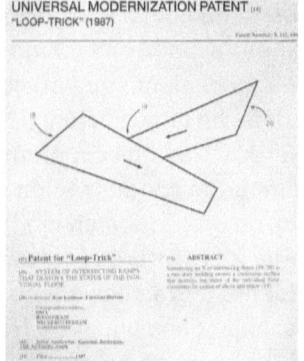

OMA. *Universal Modernization Patent*. Incluida en *Content*. *Loop-trick*. 1987.

Loop the Loop, atracción de Coney Island. 1901-1910.

Rem Koolhaas. Grabado sobre el tren *Pídola* incluido en *Delirious New York*. 1978.

OMA. *Kunsthal* de Rotterdam. 1995. El efecto *pídola* en la circulación superior de una de las salas de la exposición.

LOOP THE LOOP

Este juego de alteraciones del discurrir lineal buscando el efecto sorpresa, Koolhaas lo encontró en las atracciones de Coney Island, que propician precisamente eso: la irracional deambulación del visitante. El propio nombre de *Loop-trick* relaciona la *Patente Koolhaasiana* con una de las atracciones de más éxito en la isla recreativa norteamericana de finales del siglo XIX, el *Loop the Loop*: rizar el rizo: un ferrocarril que traza un bucle vertical girando sobre sí mismo permitiendo experimentar la ingravidez a los viajeros. La atracción, clausurada pocos años después como consecuencia de algunos accidentes, sintetizaba la seducción más absoluta por la irracionalidad: se trataba de un mecanismo que posicionaba en el mismo lugar espacial al que disfrutaba de la atracción, (lo que en términos de físicos y racionales es un absurdo), tras una experiencia en la que existía un riesgo real[18]. Un efecto similar de condensación que Koolhaas reproduce en otra zona del Kunsthal, se provocaba en la atracción de Coney Island denominada el *Tren Pídola*, cuyo interés radicaba exclusivamente en el aparente riesgo de accidente entre dos vagones de tren que viajando en sentido contrario amenazaban con chocar de frente. Fatal desenlace, "un emocionante accidente"[19], que no se producía gracias a un ingenioso sistema de railes sobre la cubierta de los propios vagones que permitía que uno pasase por encima de otro. La atracción,

---

[18] Rem Koolhaas, *Delirious New York*, 34.
[19] Rem Koolhaas, *Delirious...*, 58.

como los cuadros de Magritte, posibilitaba lo imposible: dos vagones de tren en un mismo punto de la vía y a la vez.

Otra de las patentes incorporadas por Koolhaas en *Content,* que no es sino una evolución modificada de la anterior, y que eleva a la enésima potencia el fenómeno de la condensación temporal: nos referimos al proceso de plegado, que es la base de *las bibliotecas de Jussieu,* proyecto de 1992. La propuesta, a la que ya nos referimos al hablar de la circulación automática, parte de una reflexión sobre la disfuncionalidad de la gran cota cero abierta del proyecto de todo el campus, plantea una condensación teórica de dicho plano al proponer un edificio formado por su plegado sucesivo, posibilitando como en el Kunsthal, o como en *loop the loop,* cortocircuitar el programa en puntos determinados:

> "Para reafirmar su credibilidad imaginamos su superficie plegable: una alfombra mágica social, la doblamos para generar densidad, entonces formamos un apilamiento de plataformas".[20]

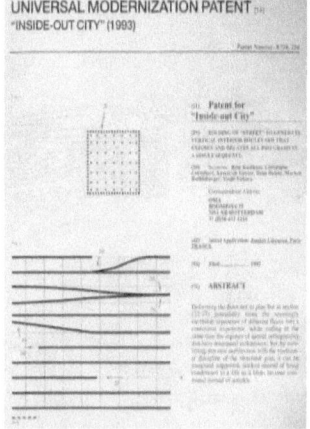

OMA. *Universal Modernization Patent.* Incluida en *Content. Inside-out city.* 1993.

OMA. Proyecto para las *bibliotecas de Jussieu.* París. 1992. Proceso de plegado de la cota cero del campus.

---

[20] Rem Koohaas y Bruce Mau, *S, M, L, XL,* 1310-1311.

En los ejemplos anteriores, el pliegue en el espacio-tiempo posibilita la condensación en un punto espacial determinado de dos realidades temporales distintas. La novena patente incluida en *Content: Everywhere and Nowhere,* como explicaremos, define exactamente lo contrario: "sistema para transformar un dispositivo de transporte en una habitación para crear una casa cambiante"[21]. El ejemplo que propone OMA como demostración del mecanismo, traducido como *en todos los sitios y en ninguno,* es el proyecto de la *casa en Fiorac,* en el cual transforma un ascensor de comunicación vertical entre las plantas en una plataforma-habitación que comunica todos los niveles. Como comentábamos, interesa el extremo en el que el desplazamiento de una parte de la edificación y su encaje ulterior con los distintos ámbitos de la vivienda, posibilita una suerte de *teletransportación*, un viaje en el espacio sin que el espectador altere su posición, circule, en términos relativos. Como el que experimentaban los visitantes de *Dreamland* en Coney Island cuando pasaban de una minuciosa recreación de Venecia a otra de Suiza como por *arte de magia*.

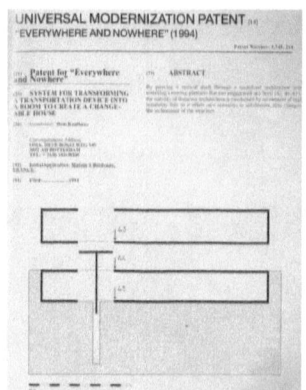

OMA. *Universal Modernization Patent.* Incluida en *Content. Everywhere and Nowhere.* 1994.

OMA. *Casa en Fiorac.* Burdeos. 1994-1998. La plataforma-habitación.

[21] Rem Koolhaas, *Content*, 81.

EL MANHATTANISMO

La reflexión sobre el ascensor como *teletransportador*, que Koolhaas estudió y documentó en *Delirious New York*, tiene una correspondencia clara con la condensación onírica en relación a la economía energética para interrelacionar ubicaciones diferenciales, cuestión indispensable en el corpus teórico de la congestión manhattaniana. Efectivamente: el rascacielos de Manhattan como contenedor de actividades humanas, de escenarios cargados con los ingredientes de aquella arquitectura fantástica, aquel *cisma*, no tiene fundamento como sistema sin el ascensor. Este, posibilita infinitos fenómenos de condensación entre las distintas plantas estableciendo otras tantas relaciones insospechadas de las que se alimenta el *Manhattanismo*. Como las escenas de un sueño, consecutivas e inconexas, el ascensor estructura este viaje imaginario por el interior del rascacielos, aniquilando de la experiencia metropolitana el concepto de circulación urbana[22] defendido por el Movimiento Moderno, cuestión sobre la que entraremos de modo detallado a continuación.

Este planteamiento de economía energética defendido por Koolhaas en su *cultura de la congestión* refuerza la vinculación entre el funcionamiento del edificio y el de la propia psique humana. De hecho, el enfoque económico, o lo que es lo mismo, el de la mente desde el menor gasto energético es uno de los más relevantes de los que plantea Freud en su teoría psicoanalítica. Vemos como para el psicoanálisis el aparato psíquico se admite como un lugar que podríamos calificar de *urbano*, con zonas públicas, con zonas ocultas, con conexiones y barreras, con transferencias de energías, con colisiones y cuyo funcionamiento puede asemejarse al de una ciudad, o mejor al de una metrópoli. Máxime si añadimos a esta visión metropolitana de la psique la aportación hecha por Carl Gustav Jung de la existencia en la topografía psíquica de los *complejos* como edificios, como elementos independientes procedentes de la experiencia personal, "verdaderos hogares o nudos de la vida psíquica, de los que uno casi no debería verse privado; más aún, no deben

---

[22] Fernando Bruno, "Cultura de la congestión versus cultura de la circulación", sitio web de Fernando Bruno, acceso el 31 de julio de 2015, http://www.fernandobruno.com/articulos/cultura-de-la-congestion-vs-cultura-de-la-circulacion-koolhaas-lee-a-le-corbusier/.

faltar nunca porque, sin ellos, la actividad del espíritu acabaría en una parada fatal"[23].

Si hacemos una lectura correlativa de la evolución de la teoría urbana tomando como punto de partida el urbanismo descongestionado y abierto del Movimiento Moderno, aquel "funcionalismo ingenuo"[24], vemos cómo en el planteamiento koolhaasiano de la cultura de la congestión no se introduce un giro de ciento ochenta grados en la evolución del pensamiento sobre la ciudad, sino que, más bien, se continúa una tendencia que, ya a partir de los años 50, cuenta con propuestas que anticipan determinadas contracciones y cambios de rumbo.

El minuto *cero* de esta secuencia lo constituirían las bases de crecimiento urbano postuladas por la *Carta de Atenas, en 1933,* y su defensa de un urbanismo de la descongestión. El propio Le Corbusier dirá: "En los sectores urbanos congestionados, las condiciones de habitabilidad son nefastas por falta de espacio suficiente para el alojamiento, por falta de superficies verdes disponibles y, finalmente, por falta de cuidados de mantenimiento para las edificaciones"[25]. De este modo, los principios de la *Carta de Atenas* se fundamentaban en la máxima expansión urbana con la creación de amplias zonas segregadas monofuncionales, cuyo planteamiento obedecía a una visión neocapitalista del desarrollo urbano y al de la facilitación del control de la población. Este modelo de planificación urbana, defendida por Le Corbusier en sus propuestas como en la de *La Ciudad Radiante* de 1935, se fundamentaba en la desconcentración de la ciudad y la conquista por ésta del espacio verde[26], con la primacía del tráfico rodado como estrategia. Postura que se sitúa en las antípodas del principio de economía energética al que nos referimos anteriormente.

---

[23] Carl Gustav Jung citado por Isabel Paraíso, *Literatura y Psicología*, 85.
[24] Aldo Rossi, *La arquitectura de la Ciudad* (Barcelona: Gustavo Gili, 2007), 81.
[25] Le Corbusier, *Principios de Urbanismo. La Carta de Atenas* (Barcelona, Editorial Ariel, 1999), 39.
[26] W Boesiger y H. Girsberger, *Le Corbusier 1910-1965* (Barcelona: Gustavo Gili, 1994), 332.

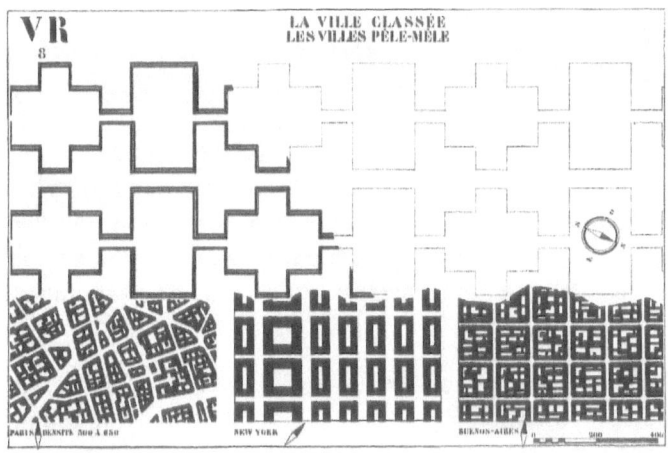

Le Corbusier, *La ciudad radiante*. 1935. Esquema comparativo de densidades entre el modelo propuesto por el arquitecto suizo y el de grandes Metrópolis.

La influencia de estos parámetros en el urbanismo posterior a la Segunda Guerra Mundial fue absoluta, implantándose el modelo de la zonificación abierta en todos los rincones del planeta. A este tipo pertenecen, por ejemplo, el modelo urbano de, las *New Towns* Británicas, que Koolhaas conoció de primera mano, concebidas para descongestionar Londres dentro del ambicioso impulso del *Greater London Plan* de 1944[27]. Estos planteamientos urbanos anti-congestión empezaron a estar en crisis en el mismo momento en que se demostró su incapacidad para facilitar al hombre un sistema vital satisfactorio, ya que la vida se fundamentaba en el transporte rodado entre las distintas zonas del organismo. Se abrió un debate auspiciado por voces divergentes de miembros de la vanguardia arquitectónica, incluso vinculados a los CIAM, como los arquitectos que posteriormente formarían el *Team X* a partir de los años 50, que defendieron un modelo urbano distinto, abandonando el dogmatismo previo, pero aún dentro de un planteamiento estrictamente racional de la ciudad.

En 1967, Alison y Peter Smithson, publican el texto *urban structure*, en el que se resumen muchas de las aportaciones del Team X y que consti-

---

[27] Montaner, *Después del movimiento moderno*, 72.

tuye una aportación fundamental frente al planteamiento funcionalista e higienista de la segregación de usos defendida por el urbanismo de *la Carta de Atenas*. Dirá Aldo Rossi, refiriéndose a su trabajo:

> "Los arquitectos ingleses han vuelto a encontrar un motivo seguro en los modelos tipológicos residenciales cuando se han dado cuenta, como así afirman, de que la disgregación de los *slums* [barrios residenciales] comportaba la paralela dispersión de comunidades que tradicionalmente vivían con un grado de densidad elevado"[28].

Postulan por la necesaria incorporación de aspectos psicológicos, antropológicos y sociológicos en el diseño de la ciudad. Se trata, en definitiva, de la recuperación de la vida urbana que siempre tuvieron las ciudades y que el más estricto urbanismo racionalista había destruido. En este sentido, el concepto de *cluster*[29] utilizado por los Smithson, que es en realidad un modelo de asociación de un ámbito específico urbano, con claras connotaciones de la psicogeografía de Guy Debord, supone ya un primer mecanismo de *condensación* sobre el urbanismo racionalista, tanto a nivel de planificación territorial, al recurrir a un modelo específico de asociación urbana, a un reagrupamiento; como porque concibe la ciudad, como una condensación de circunstancias que se superponen al planteamiento técnico del diseño urbano, como son las relaciones entre los habitantes, la atmósfera, el color, el juego o el sonido, "la calle es un escenario donde acaecen encuentros, charlas, juegos, litigios, envidias, galanteos y orgullo"[30].

Otro arquitecto de la época, Yona Friedman, propuso un urbanismo completamente antitético al zonificado, basado en la superposición, en la densidad, y en las capas múltiples: una planificación urbana indeterminada heredera de los postulados situacionistas y del concepto de *deriva*. Esta diferenciación específica, afirma Friedman, indefectiblemente obliga al planteamiento de un modelo urbano distinto, inusitado. Friedman

---

[28] Aldo Rossi, *La arquitectura de la ciudad*, 154.
[29] De compleja traducción, un *cluster* o racimo, podría definirse como un ámbito reducido de ocupación de la ciudad con identidad propia más allá de la planificación urbanística, que posibilita el desarrollo favorable del vínculo social de la comunidad.
[30] Robert Smithson citado por Aldo Rossi, *La arquitectura de la ciudad*, 154.

es de los primeros que propone un modelo urbano congestionado con un funcionamiento similar al de la psique que nos ocupa. No piensa en una separación de las funciones de un modo físico, sino en el nivel de las ideas, cercanas a las estructuras mentales.[31]

Alison y Peter Smithson. Esquema de condensación de *clusters* en la trama urbana. 1957.

Yona Friedman. *La villa espacial*. 1958.

Durante los años 60 surgen nuevas posturas de experimentación con la recongestión de los ámbitos metropolitanos. Recordemos de nuevo la *Nueva Babilonia* de Constant, que no es sino un modelo metropolitano denso y concentrado en determinadas áreas, o a grupos como *Archigram* o *Archizoom*, que elaboraron propuestas utópicas de grandes y densas metrópolis basadas en una verdadera condensación de arquitectura, tecnología, ciencia y fantasía; con proyectos que imaginan ciudades híbridas, que fusionan la idea de ciudad con la de una máquina, o un vehículo, como la *Plug-in City, de* 1964, o las *Walking Cities* de Ron Herron, también de 1964, un organismo compacto capaz de trasladarse. O experimentos de mezcla a más pequeña escala, como las invenciones híbridas de Michael Webb, de Archigram, de 1966, como el *Cushicle*, condensación de coche, tienda de campaña y remolque, o el *Suitaloon*, un prototipo que condensa, como su propio nombre indica, un vestido con una casa.

---

[31] Javier Mozas, "This is Hybrid", en *This is Hybrid*, ed. por Aurora Fernández Per, Javier Mozas y Javier Arpa (Vitoria: a+t architecture publishers, 2011), 22.

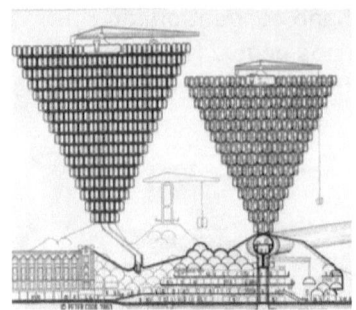
Archigram. *Plug-in City*. 1964.

Archigram. *Walking Cities*. 1964.

Archigram. *Cushicle*. 1966.

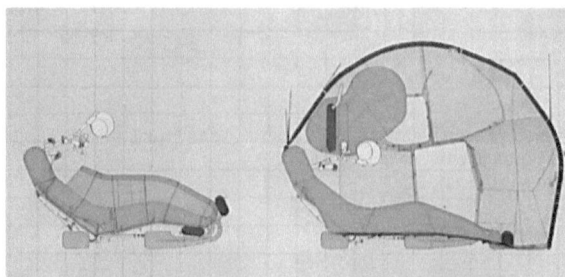
Archigram. *Suitaloon*. 1966.

CITIES WITHIN CITIES

Todas estas investigaciones en el ámbito del desarrollo urbano son el caldo de cultivo para la consolidación, en los años 70, de una propuesta urbana que podríamos denominar *postmoderna*. Un urbanismo que se centrará fundamentalmente en la puesta en duda de los fundamentos del urbanismo racional y en la solución de la problemática de abandono y obsolescencia de la ciudad histórica, investigando con modelos de *condensación* e *hibridación* de usos contrarios a los principios del Movimiento Moderno:

"Se tiene conciencia del error, derivación racional y racionalista, de confundir la complejidad urbana con caos y de haber eliminado o intentado eliminar en nombre del restablecimiento del orden la riqueza y la variedad de la ciudad real... Es una ciudad verdadera, densa, en la que las identidades no son inmediatamente perceptibles."[32]

Surgido en este entorno, y como paso previo a la introducción a la cultura de la *congestión* propuesta por Koolhaas, en necesario detenerse en la propuesta urbana de Oswald Mathias Ungers, cercano al ámbito del Team X, al que ya nos hemos referido anteriormente. En su libro *The Dialectic City*, propone una ciudad dialéctica en la que revindica la tensión permanente, un continuo de transformaciones, un libro abierto de eventos cuya intensidad no es homogénea, sino que se concentra en mayor grado en zonas de alta calidad, como islas en un archipiélago urbano cuya consideración debe ser objetivo primordial en la planificación urbana, *ciudades dentro de la ciudad* donde residen los motores vitales en la metrópoli[33].

Ungers que fue *Chairman* del Departamento de Arquitectura de la Universidad de Cornell en Nueva York, de 1969 a 1975, incorporó a Koolhaas en su equipo de trabajo durante la estancia del arquitecto holandés en los Estados Unidos. En el equipo de Ungers, Koolhaas coincidió con Hans Kollhoff, Peter Alison y Arthur Ovaska, tomando parte entre 1973 y 1978 en numerosos proyectos y estudios, la mayor parte relacionados con los crecimientos urbanos y la intervención en entornos históricos de las ciudades los cuales tendrán una gran transcendencia en la formulación de su teoría del Manhattanismo.

En el proyecto de Ungers de 1973 para el concurso de un complejo comercial en una manzana de Tiergarden en Berlín, aparecen ya los conceptos de *condensación* e *hibridación* de funciones y de crecimiento aleatorio de formas urbanas dentro de la manzana urbana. Los croquis del proyecto, ejecutados por Koolhaas, están en consonancia con las propuestas de crecimiento automático del *proyecto de La ciudad del globo cautivo* elaborados por la misma época. En la propuesta, sobre un prisma que funciona a modo de pódium, surgen crecimientos variopintos de pequeños rascacielos manhattanianos en donde se inserta el programa requerido en el concurso.

---

[32] Giandomenico Amendola, *La ciudad Postmoderna,* 40.
[33] Oswald Mathias Ungers y Stefan Viets, *The dialectic city*, (Milan: Skira, 1997).

Team X en la *Universidad Libre* de Berlín, 1973. De izquierda a derecha: Peter Smithson, Ungers, Schiedhelm, De Carlo, Van Eyck y Sia Bakema.

Croquis realizado por Rem Koolhaas para la propuesta de Ungers al concurso de *Berlin-Lichterfelde, 4. Ring*. Berlín. 1975. Nótese la similitud con propuestas posteriores de rem Koolhaas como *La ciudad del globo cautivo*.

En 1977, dos años después de la fundación de **OMA**, Koolhaas trabaja de nuevo con Ungers en un estudio volcado en la identificación y análisis de las islas urbanas de la ciudad y en el modelo de la ciudad archipiélago. El trabajo dentro de los estudios de verano de la Universidad de Cornell sobre Berlín[34], denominado *La ciudad dentro de la ciudad*, profundiza en la lectura de la evolución de la ciudad determinada por la superposición de ideas, conceptos, decisiones y casualidades[35]. El proyecto, para evitar la tendencia de pérdida de población de la zona céntrica de la ciudad en favor de nuevas zonas urbanas, propone una recondensación de actividades y construcciones seleccionando zonas de la ciudad que por su valor de identidad deban ser preservadas y trasformadas en islas urbanas concentradas revitalizadoras, proponiendo para el resto la no intervención, para que con el paso de los años se transforme en un vacío verde.

---

[34] Oswald M. Ungers, Rem Koolhaas, Peter Riemann, Hans Kollhoff, Arthur Ovaska, "La Citta nella Citta" *Lotus International,* n.º 19 (1978): 82-97.
[35] Oswald M. Ungers, Rem Koolhaas, Peter Riemann, Hans Kollhoff, Arthur Ovaska, *The city in the city. Berlin a green archipelago* (Zurich: Lars Müller Publishers, 2003).

En aquel momento OMA ya había participado en varios concursos sobre Manhattan que le permitirían la experimentación con estos modelos sobre la naturaleza de la isla urbana y que supusieron en cierta forma la constatación de la validez del modelo de la cultura de la *congestión* como propuesta arquitectónica. El primer concurso en el que OMA toma partido y al que acude con dos propuestas, es el de la planificación de la *Welfare Island* en Nueva York de 1975. Uno de los proyectos lo elaboran en colaboración con Ungers y el otro es desarrollado por Koolhaas y Zenghelis[36]. La propuesta de Ungers, dentro de los parámetros e intereses del arquitecto en cuanto a tipologías, mezcla de usos y relaciones formales entre las distintas piezas, asume el sistema urbano de Manhattan de organización en manzanas densas y propone una acción de recondensación de la propia organización reticular de la isla, un desarrollo de un Manhattan en miniatura organizado alrededor de un también reducido Central Park. La otra propuesta, la elaborada por Koolhaas y Zenghelis, plantea también una recondensación de los principios manhatanianos pero desde otro punto de vista. Si la anterior suponía prácticamente una reducción escalar, en ésta se propone una reinterpretación del catálogo tipológico neoyorquino, como las torres escalonadas, los rascacielos, los bloques de vivienda tipo *browstone*, etc. para condensarlos en un organismo unitario donde todos los elementos quedan fusionados mediante maclas consecutivas. Se trata de una *condensación*, si cabe y en referencia a la primera propuesta, más relacionada con los procesos oníricos, generando un complejo *manifiesto* inusitado: "los bloques encajan entre las torres, las torres encajan entre los bloques del río. Comprimidos juntos. Los tres en un único muro"[37].

En una de las perspectivas elaboradas para la segunda propuesta se aprecia el efecto de *condensación* y compactación buscado por Koolhaas y Zenghelis: a ambos lados de la calle, versiones contemporáneas de las tradicionales viviendas neoyorquinas con las escaleras de acceso a las plantas primeras y los consecuentes patios ingleses, aprisionados en su parte superior por una pieza longitudinal de dos plantas que a su vez se ensarta entre las torres.

---

[36] Roberto Gargiani, *OMA/Rem Koolhaas. The construction of Merveilles*, 29.
[37] "O.M.A", *Lotus International*, n.º11 (1976): 37.

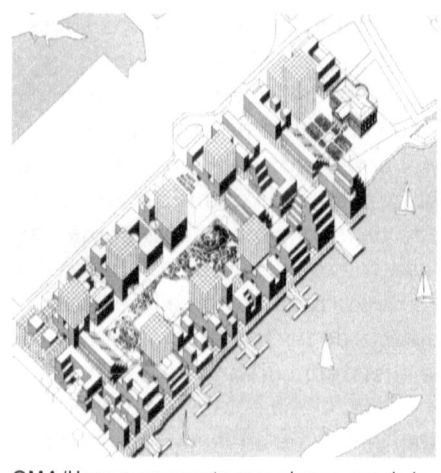
OMA/Ungers, propuesta para el concurso de la *Welfare Island*. 1975

OMA, propuesta alternativa para el concurso de la *Welfare Island*. 1975

OMA, propuesta alternativa para el concurso de la *Welfare Island*. 1975. Las calles y la condensación de tipologías.

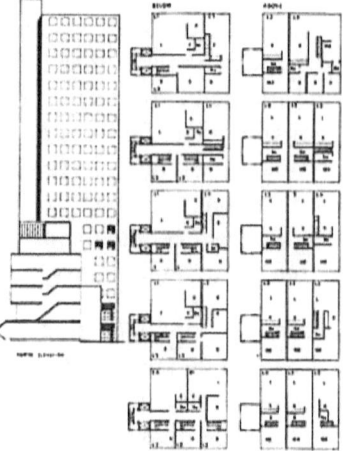
OMA, propuesta alternativa para el concurso de la *Welfare Island*. 1975. Planta de las distintas tipologías.

DELIRIOUS NEW YORK

En 1978, Koolhaas publica *Delirious New York* donde presenta al mundo de la vanguardia arquitectónica su propuesta urbanística fundamentada en la cultura de la congestión: *el Manhattanismo*. Es el resultado de la investigación sobre el funcionamiento urbano de Manhattan y la codificación de un *modus operandi* que tiene su base en el ejemplo vivo de la isla americana pero al que se le incorporan otros ingredientes imprescindibles como la visión urbana condensada y fraccionada aprendida de Ungers, la relación entre sociedad y arquitectura del condensador social soviético y la metodología surrealista sobre el sueño y el deseo.

Koolhaas, en primera instancia, valida Manhattan como el arquetipo de la metrópolis: el nuevo tipo urbano surgido en el siglo XIX por una fusión del desarrollo tecnológico y del crecimiento exponencial de la población que invalida las leyes del urbanismo clásico, viéndose obligada a desarrollarse sin la presencia de un modelo de crecimiento, posicionándose de este modo en contra del urbanismo desarrollista del Movimiento Moderno y del urbanismo clásico. Para Koolhaas, el éxito del sistema de la isla de Nueva York se basa en la perfecta conjugación de la malla ortogonal, que de modo racional y homogéneo estructura el plano del territorio, con la irracional implantación en esa retícula de una multiplicidad de conjeturas arquitectónicas que responden a unos principios de crecimiento muy singulares. Frente al equilibrio bidimensional, opuesto a la racionalidad cartesiana de la organización de la malla, se impone la "la libertad inesperada para la anarquía tridimensional". La ciudad puede ser a la vez ordenada y fluida como dice el propio Koolhaas "una metrópolis del caos estricto".[38]

El segundo momento del desarrollo del manhattanismo se corresponde con la necesidad del incremento del volumen edificatorio derivado del devenir propio de la ciudad, posibilitado entre otras cosas por la invención del ascensor, que permite las ocupaciones verticales hasta el infinito y la imposibilidad del crecimiento en horizontal, por la condición insular de Manhattan, que obliga a un aumento exponencial de la densidad y al crecimiento en altura de cada manzana. Se convierte, por tanto,

---

[38] Rem Koolhaas, *Delirious New York*, 4.

en un contenedor metropolitano que se ve obligado a albergar los distintos usos necesarios y pertinentes que la ley de la oferta y la demanda, la única válida en Manhattan, ofrezca. Nace el rascacielos de Manhattan, una nueva forma de urbanismo[39]. El tercer momento del Manhattanismo surge cuando toda esa estructura, a priori concebida para albergar oficinas, se ve obligada a convivir con nuevos usos y funciones. En ese momento, la tecnología fantástica de Coney Island se pone al servicio de Manhattan transformando cada manzana en una atracción. Un enclave singular que puede llegar a ser autosuficiente, Manhattan se transforma en un archipiélago de islas en un mar seco[40].

Este es el momento apoteósico del rascacielos de Manhattan: un edificio denso, vertical y necesariamente híbrido, con capacidad de albergar las más insospechadas funciones. Koolhaas confirma en las leyes de su formación tres conceptos fundamentales interrelacionados entre sí: el primero es el concepto de *automonumento* que permite desvincular el exterior y el interior del edificio, quedando el primero como simple disfraz que proporciona la expresión monumental y simbólica del edificio en el ámbito de la ciudad: símbolo vacío con capacidad para albergar una condensación de usos divergentes y unos flujos de circulación mutantes. El segundo concepto es el de *lobotomía,* consecuencia del anterior, relacionada con la posibilidad de inserción de los usos más dispares en virtud de la libertad dada por la autonomía del exterior del edificio. La continua intervención de lobotomización y recondensación de los usos más diversos en el rascacielos lleva al tercer concepto de *cisma* como el punto máximo de desconexión no sólo entre el exterior y el interior del edificio sino entre las plantas entre sí. Koolhaas reivindica en este punto la sobredeterminación, la hiperdensidad de los nuevos usos insertados en el rascacielos como forma de contrarrestar la inestabilidad de la composición definitiva.

Se ha conseguido codificar de modo retroactivo el proceso de condensación de usos y funciones que ha posibilitado el Manhattan delirante y que él reivindica como posibilidad arquitectónica y urbana.

---

[39] Rem Koolhaas, *Delirious New York*, 87.
[40] Giandomenico Amendola, *La ciudad Postmoderna* (Madrid: Celeste Ediciones, 2000), 41.

"...su continua validez es en sí misma un argumento en favor del segundo advenimiento del manhattanismo, esta vez como doctrina explícita que puede superar los límites de la isla donde tuvo su origen para revindicar un puesto entre los urbanismos contemporáneos."[41]

Skyline de Manhattan en 1935.

[41] Rem Koolhaas, *Delirious New York*, 10.

EL SEGUNDO ADVENIMIENTO

Condensación, densidad y libertad. Koolhaas estudia Manhattan, la disecciona y analiza. Su reivindicación es osada: el *manhattanismo* es el modelo perfecto y necesario para la metrópolis del futuro. La viabilidad de su *reproducción* precisa de una codificación de los mecanismos que se producen en la isla: una hoja de ruta, un manual para los arquitectos que les permita hacer manhattanismo.

"Tal formulación revela estrategias, teoremas y adelantos que no solo proporcionan una lógica y un modelo al rendimiento de la ciudad en el pasado, sino que su continua validez es en sí misma un argumento en favor del segundo advenimiento del manhattanismo, esta vez como doctrina explicita que puede superar los límites de la isla donde tuvo su origen para reivindicar un puesto entre los urbanismos contemporáneos"[42]

Planteamos, a continuación, un recorrido por varios proyectos relevantes de Zenghelis, Koolhaas y OMA que explotan los axiomas de *la cultura de la congestión*, con la condensación como mecanismo fundamental, cuya lectura consecutiva explica, además, el modo de aplicación del manhattanismo como posibilidad arquitectónica, certificando su carácter abierto y mutante. No cabe duda de que en la tendencia actual de *verticalismo urbano* en la que nos encontramos inmersos en el urbanismo metropolitano, la investigación y reflexión de Koolhaas sobre el rascacielos neoyorkino, así como sus proyectos de edificios híbridos y condensados, han sido una influencia indiscutible. La metrópolis urbana está destinada a la condensación y a la densificación. El fenómeno hoy en día aún se puede considerar incipiente y existe un cambio de concepción tradicional del urbanismo de dos dimensiones al de tres, así como una fuerte tendencia a considerar la inserción en torres de otros programas que tipológicamente han sido resueltos en construcciones horizontales como campus universitarios, instituciones, administraciones, etc.[43].

La consolidación de OMA como gran estudio internacional le ha permitido a Koolhaas, a lo largo de los años, llevar a cabo proyectos donde in-

---

[42] Koolhaas, *Delirious...*, 10.
[43] Iñaki Ábalos y Urtzi Grau, "Verticalismo. El futuro del rascacielos", en *This is Hybrid*, ed. por Aurora Fernández Per, Javier Mozas y Javier Arpa, 249.

vestigar con la *cultura de la congestión* hasta sus últimas consecuencias. A este respecto es relevante destacar la apreciación de que la aplicación del método en un proyecto *ex novo* haciendo Manhattanismo, es en principio conflictivo con una de sus premisas, que reivindica la continua intervención sobre el edificio *vacío*, lobotomizado, y donde la incertidumbre de las posibles funciones que pueden llegar a condensarse en su interior, así como su especifica naturaleza, mutante y volátil forman parte ineludible de su idiosincrasia. Lo anterior colisiona con la habitual naturaleza del encargo arquitectónico, donde el cliente, quien convoca el concurso o quien encarga el proyecto, habitualmente necesita una solución específica a unas necesidades particulares programáticas que deben de resolverse con una propuesta. Koolhaas, plenamente consciente de este hecho, plantea su campo de acción ideológico en este sentido, asumiendo el manhattanismo como una actitud, una respuesta al desafío de la metrópoli más que como un dogma. Él se ha apropiado y ha sacado partido de la simulación voluntaria del inconsciente colectivo, innovando e investigando en nuevas formas de usar, de ocupar el espacio y de relacionar las distintas partes del programa arquitectónico del edificio metropolitano.

A lo largo de cuarenta años de trayectoria de OMA, Koolhaas ha reescrito el concepto de la cultura de la congestión en infinidad de ocasiones con ejemplos que se replantean y ponen en duda el corpus dogmático retroactivo de los edificios de Manhattan de antes de la Segunda Guerra Mundial. Como un prestidigitador, ha cambiado de sitio los naipes del manhattanismo: el automonumento simbólico, la lobotomía y el cisma, los ha mezclado, escamoteado y recuperado de modo sorprendente. Eso sí: en todos, sin excepción, encontraremos mezcla de usos y densidad. En todos gobierna el mecanismo surrealista de la condensación.

THE SPINX

En 1939, Dalí presenta *Shirley Temple, el monstruo sagrado más joven del cine contemporáneo.* El cuadro, un *collage* en el que se representa a una esfinge, cuyas alas han sido sustituidas por un murciélago, cuya cabeza es la de la actriz norteamericana y que tiene cuerpo de un felino indeterminado que parece haber devorado a un ser humano, expresa el momento de fascinación del pintor por la cultura norteamericana, y en particular por Nueva York y todo el imaginario que rodea el sueño americano: el cine, los automóviles, Manhattan, el único país de libertad extraordinaria. El significado del cuadro juega con el concepto de monstruo sagrado y de *icono*, elaborando una versión literal y apropiándose del mito clásico de la esfinge. Recreando una versión personal del monstruo mítico surgido del imaginario colectivo por la condensación de una cabeza de mujer, del pecho, las patas y la cola de león y alas de pájaro.

La esfinge presta también su carga mítica al proyecto del *Hotel Esfinge* de Elia y Zoe Zenghelis de 1975, incluido en *Delirious New York* por Rem Koolhaas como propuesta de edificio concebido bajo los principios del nuevo *manhatanismo*. Se trata de una versión renovada del hedonista programa del *Downtown Athletic Club*, perteneciente a la serie de *proyectos idealizados* desarrollados por los arquitectos en su fase inicial como demostración de su posicionamiento teórico. El edificio incorpora todos los elementos de la condensación metropolitana defendida por Koolhaas, así como la parte simbólica y onírica de un ser híbrido perteneciente al imaginario fantástico colectivo. Nos parece significativo relacionar la pintura de Dalí con el proyecto de Zenghelis, aparte de por su evidente paralelismo formal, porque en ambos encontramos una voluntad provocativa radicada en elementos coincidentes.

Salvador Dalí. *Shirley Temple, el monstruo sagrado más joven del cine contemporáneo.* 1939.

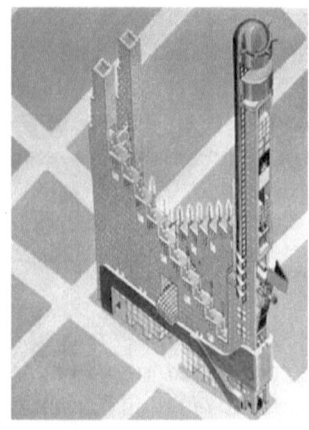

Elia y Zoe Zenguelis. *Hotel Spinx.* 1975.

Dalí concibe el cuadro inspirado al ver a la actriz en el momento álgido de su carrera en *La princesita,* de 1939. Con una voluntad provocativa indiscutible, el pintor fusiona, en virtud de un proceso de condensación, el mito de la esfinge, *femme fatale* y devoradora de hombres, con el mito de la adorada estrella infantil, merodeando el delicado plano de la perversión y el tabú sexual, al que acompaña con elementos pertenecientes al mundo de la simbología daliniana como el murciélago, la soga, y los esqueletos[44].

La imagen de la esfinge, simbiosis entre erotismo, violencia y frivolidad, encaja perfectamente con el programa del hotel que conjuga ocio, comercio, placer y erotismo y que se sitúa en *Times Square*, el ágora de la metrópoli contemporánea, de gran vinculación con Broadway y el cine americano:

> "La esfinge es un hotel de lujo entendido como modelo de vivienda colectiva. La planta baja y la entreplanta contienen funciones que son extensiones y añadidos de los sospechosos servicios que confieren su carácter a *Times Square*; están diseñadas para dar cabida a la exuberante demanda de actividades que tienen lugar en las aceras de Broadway".[45]

El edificio no se sitúa en una manzana convencional de Manhattan, sino en una triangular formada por la intersección de la Séptima Avenida con la única vía que rompe la cartesiana organización de la isla neoyorquina: Broadway. La condensación de usos prevista es máxima en este hotel, concebido como un organismo vivo, aunque el planteamiento de independencia entre interior y exterior no es absoluto, como podría desprenderse de una interpretación estricta del manhattanismo, ya que existe una correspondencia clara entre las distintas partes de la esfinge y las del programa. Las plantas inferiores se dedican a usos vinculados a su específica ubicación, incluyendo un centro de información internacional. La parte subterránea resuelve la conexión del edificio directamente a la red del metro, de modo que el edificio queda ligado a la estructura

---

[44] Laura Thomson, *Los surrealistas* (Madrid: Lisma ediciones, 2009), 105.
[45] Rem Koolhaas, *Delirious New York*, 297.

inconsciente de Manhattan. El programa incluye teatros, auditorios, salas de bailes y de celebraciones, un restaurante se sitúa en las *alas* de la esfinge, y las partes altas se ocupan por distintos módulos de alojamiento aprovechando el perfil aterrazado del edificio, incluyendo dos torres gemelas en miniatura con apartamentos[46]. La parte fundamental del complejo, como no podía ser de otra forma desde el punto de vista biológico, se sitúa en el cuello y la cabeza de la esfinge, donde está el verdadero *condensador social* hedonista, con clubes y zonas sociales que se rematan en la gran piscina rotatoria, aludida en el capítulo anterior, desde la que se tiene una vista privilegiada del baudeleriano paraíso artificial de *Nueva York*.

Koolhaas describe con todo lujo de detalles la experiencia vital en la zona de la cabeza, con una isla para saltos, salas de masaje, un bar semicircular en la corona de la esfinge y un planetario. La famosa vista desde la piscina en la cabeza de la esfinge, elaborada por Zoe Zenguelis, se recrea en la representación de un ámbito misterioso donde apreciamos de nuevo el doble juego de condensación entre interior y exterior del edificio, entre la noche y el día y entre la cota de la lámina de agua y el plano de nubes que oculta por completo Manhattan, exceptuando al *Empire State* y las Twins, como barcos a la deriva en el mar de nubes. Un juego visual que nos recuerda procedimientos condensatorios empleados por René Magritte de fusión de dos realidades distintas. Véase la desarrollada en *La condición humana*, cuadro de 1938, donde al igual que la visión gráfica de Zoe Zenghelis se provoca una confusión entre el interior de la habitación y el exterior mediante el juego de prolongación del paisaje de la playa sobre el cuadro pintado. O cómo en *La victoria,* de 1939, con una temática similar de un paisaje de playa y una misteriosa puerta entreabierta, al igual que el cerramiento de vidrio de la piscina, y una nube que entra por la puerta desbaratando nuestra, a priori, inicial comprensión racional de la pintura, de modo semejante al plano de las nubes sobre manhattan que se prolonga de modo incierto en las olas de la piscina en la representación de Zenghelis.

---

[46] Elia Zenguelis, "Hotel Spinx/1975", *Architectural Desing*, n.º 5 (1977): 338.

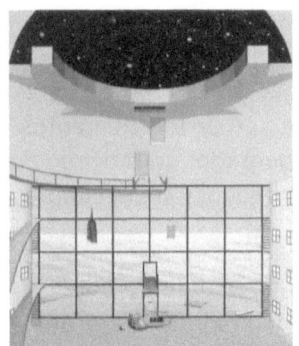  

Elia y Zoe Zenguelis. *Hotel Spinx*. 1975. La piscina de la cabeza de la esfinge.

René Magritte. *La condición humana*. 1938.

René Magritte. *La victoria*. 1939.

CELEBES

Es necesario recordar que el edificio híbrido que postula el manhattanismo *oficial*, está indisolublemente vinculado a la presión metropolitana del alto valor del suelo y la limitación de la trama urbana. Cabe preguntarse en este sentido, ¿es capaz OMA de plantear un edificio híbrido que responda a los principios rectores de la cultura de la congestión sin encontrarse sometido a dichas presiones? La respuesta afirmativa la encontramos en la propuesta para el malogrado concurso de 1989 para el intercambiador marítimo de Zeebrugge, en Bélgica.

En 1921, Max Ernst pinta el cuadro titulado *Celebes*, uno de los primeros experimentos de *condensación onírica*, previo incluso a la inauguración oficial del surrealismo, donde se nos muestra la fuerza creativa de la aglomeración de elementos extraños. Es uno de los ejemplos de hibridación de partes más reseñable en la producción de este precursor del surrealismo: un ser mixto, a medio camino entre un elefante y una caldera con añadidos que distorsionan y complican una interpretación unitaria, un extraño apéndice superior a modo de escotilla, una cabeza con cuernos asimétricos y componentes externos al propio artefacto-animal. Aparentemente un cuadro sencillo, de comprensión rápida, pero en el que la condensación de elementos, significados y metáforas evidencia una raíz latente compleja y profusa. Ha alimentado no pocas páginas de investigación: desde recuerdos infantiles del autor, hasta la influencia de la guerra, connotaciones míticas como el rapto de Europa por Zeus disfrazado de toro, etc. El fenómeno de la condensación alcanza en esta obra una de las cotas más elevadas y la sagaz elección de los elementos simplifica el resultado final, pero provoca en el espectador un proceso de activación analítica inconsciente que relaciona la precepción del cuadro con la de una pesadilla.[47]

Koolhaas proyecta su *Celebes* particular en 1989, en el aludido concurso para la Terminal marítima de Zeebrugge, convocado para mejorar el servicio de conexión marítima de *ferries* de pasajeros con gran Bretaña, anticipándose a la posible repercusión negativa de la apertura del túnel del Canal de la Mancha que se haría efectiva cinco años más tarde.

Max Ernst. *Celebes*. 1921.

OMA. *Proyecto para el intercambiador de Zeebrugge*. Bélgica. 1989.

[47] Laura Thomson, *Los surrealistas*, 17.

El programa, una mezcla de usos idónea para una nueva aplicación de la cultura de la congestión, permite proponer un edificio basado en la condensación. La voluntad de la compañía de *ferries* era, por encima de todo, hacer de la experiencia de *cruzar en barco* algo excitante y emocionante, único punto donde podía competir con el *Eurotunel* que era en realidad una *no-experiencia* de viaje, pero por el contrario mucho más eficiente en términos económicos y de tiempo. Una de las bases del proyecto era, por tanto, potenciar su carácter de atracción emocional por encima de su utilidad[48].

A diferencia del edificio *manhattaniano* ortodoxo, no hay presión urbanística, no hay normativa. Koolhaas impone una forma preconcebida, arbitraria y extraña al mundo de la arquitectura. Necesita e inventa un corsé donde presionar las actividades del edificio, que adopta como ya explicamos una forma de huevo invertido, una forma condensada entre un cono y una esfera. La referencia de lo tecnológicamente fantástico de *Coney Island* también vuelve a estar presente: el edificio es una renovada versión de la *Globe Tower*.

La megalómana propuesta arquitectónica fue concebida en 1906 para ser el edificio más espectacular de la isla de recreo, que, al igual que el proyecto de OMA, incorporaba un intercambiador entre líneas subterráneas de tren y las más variopintas actividades a lo largo de sus 90 metros de altura: jardines en cubierta con espectaculares vistas del atlántico, teatros, restaurante giratorio, salón de baile, habitaciones, África en una de las plantas, etc., todo interconectado verticalmente con la red ferroviaria mediante ascensores.[49]

---

[48] "Zeebrugge Sea Terminal", sitio web de OMA, acceso el 6 de agosto de 2015, http://www.oma.eu/projects/1989/zeebrugge-sea-terminal/.html.
[49] Rem Koolhaas, *Delirious New York*, 73-75.

OMA. *Proyecto para el intercambiador de Zeebrugge.*
Bélgica. 1989.

The Glove Tower. Coney Island.
1906.

En el interior del edificio las actividades se acumulan en los distintos niveles. El visitante que accede desde los niveles inferiores puede contemplar toda la altura interior en virtud de un corte que lo atraviesa de arriba abajo, teniendo la sensación de estar en un exterior ya que el volumen se cierra con una bóveda acristalada esférica. Contiene restaurantes, hoteles, un casino, etc. todo para estimular al viajero que puede perderse en una isla de congestión manhattaniana frente al vacío del océano Atlántico. En la cubierta del hotel, la piscina, situada de modo metafórico, una vez más.

Al igual que el monstruo *Celebes*, figura híbrida, cargada por obsesiones particulares de Ernst, la propuesta de Koolhaas condensa las referencias habituales de su inconsciente arquitectónico, para producir un artefacto ambiguo en el cual todas son reconocibles en tensa compensación manifiesta: *Coney Island*, la ciencia ficción, el constructivismo ruso, la pintura metafísica y el surrealismo.

LA BRAGUETA DE MATISSE

"Todo cambio en la acostumbrada manera de vestir; toda pequeña negligencia (por ejemplo, un botón sin abrochar) y todo principio de desnudez quieren expresar algo que el propietario del traje no quiere decir directamente"[50]

En 1953, Dalí coincide con Matisse y otros amigos, momento que queda inmortalizado en una famosa fotografía donde el pintor ampurdanés susurra algo al oído del artista francés. Cuando Dalí, días después, observa la fotografía en cuestión, repara en un detalle que excita su habitual capacidad paranoica de reinterpretación de los acontecimientos. En la foto, el maestro francés aparece con la bragueta bajada. Esta nimia cuestión a Dalí le parece tan sobrecogedora e indicativa del pensamiento inconsciente de Matisse, como los cajones abiertos que inserta en sus seres híbridos a modo de puertas abiertas hacia el inconsciente. Esta anécdota activa su pensamiento obsesivo y se incorpora en el vocabulario simbólico del pintor catalán. "Dalí busca y encuentra, cada vez que lo desea, una raíz arraigada en la libido y el inconsciente para alimentar sus cuadros"[51], apareciendo en ejemplos como en el botón de la camisa de su *Torero alucinógeno,* de 1970, donde el artista afirma: "Ese botón se inspira directamente en la bragueta de Matisse"[52].

---

[50] Sigmund Freud, *Obras comp*letas, tomo 1. ,877.
[51] A. Oriol Anguera citado por Robert Descharnes y Gilles Néret en *Dalí: La Obra Pictórica,* 503.
[52] Dalí citado por Robert Descharnes y Gilles Néret en *Dalí: La Obra Pictórica,* 505.

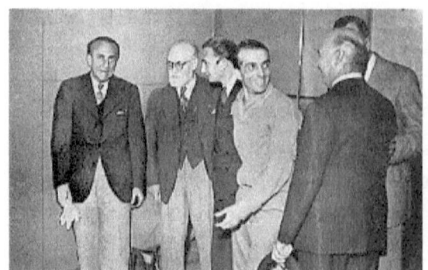
Reunión Matisse, Dalí...1953.

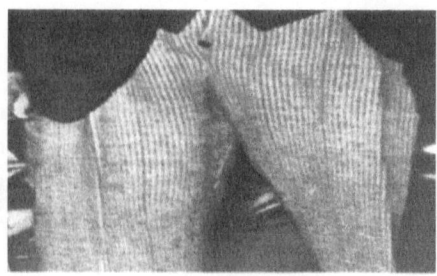
Detalle de la fotografía anterior donde se aprecia la bragueta de Matisse. 1953.

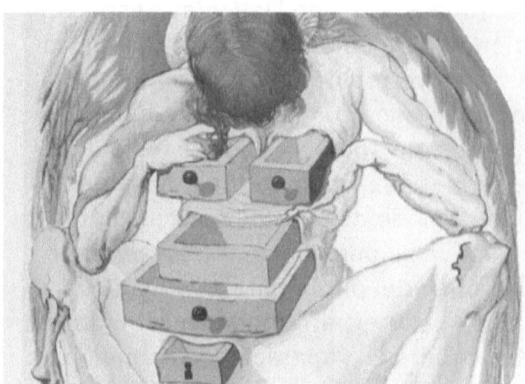
Dalí. Grabado. *El Ángel Gabriel* de la serie de *la divina comedia.* 1964.

Dalí. *El torero alucinógeno* (detalle). 1970.

La premisa fundamental del *manhattanismo* ortodoxo es la absoluta ruptura entre el exterior de los edificios y el interior. Según Koolhaas, el exterior, el traje, el disfraz, se entrega al espectáculo metropolitano. El interior de los edificios, inconsciente, permanece oculto y desconocido "el monolito le ahorra al mundo exterior el tormento de los cambios continuos que hacen estragos en su interior; es decir esconde la vida cotidiana"[53]. Sin embargo, como en la bragueta de Matisse, a partir de principios de los años 90, los opacos disfraces de automonumento que había defendido Koolhaas en su *Delirious New York* empiezan a desintegrarse, a romperse, a descuidarse, comenzándonos a mostrar la incógnita de esa vida cotidiana interior.

[53] Rem Koolhaas, *Delirious New York,* 101.

Koolhaas dirá en 1978 "está claro que las leyes del baile de disfraces han regido la arquitectura de manhattan"[54], sin embargo progresivamente, la condición narrativa del exterior del edificio, va limitándose y diluyéndose en un lento *streaptease* como los que imaginara Vriesendorp en sus eróticos encuentros entre rascacielos. El concepto de *automonumentalidad* se separa de las connotaciones simbólicas de las propuestas de los años 70 y orbita en otras áreas y territorios, como la arquitectura genérica, la expresión de la estructura en la piel, la forma extraña[55], etc. A este proceso de tergiversación conceptual se le superpone otro no menos interesante: si en el Manhattan inicial, los otros mecanismos fundamentales del rascacielos, lo que Koolhaas denominó "tácticas secundarias"[56]: *el cisma* y *la lobotomía*, se mantenían ocultos al exterior tras el disfraz lobotomizado, en los ejemplos que veremos a continuación comprobaremos como estos recursos, estas revelaciones del inconsciente, empiezan a adivinarse desde el exterior, y lo que es más importante, a formar parte de la imagen monumental del edificio.

Los principales arquitectos de Manhattan disfrazados de sus edificios. 1931.

---

[54] Rem Koolhaas, *Delirious New York*, 130.
[55] A este respecto ver la parte de este texto dedicada al *desplazamiento* como mecanismo onírico y en particular a la forma extraña de los edificios en OMA.
[56] Rem Koolhaas, *Delirious New York*, 100.

Como un *segundo manifiesto del surrealismo*, Koolhaas recodifica este nuevo *manhattanismo* en 1995 en *S,M,L,XL*, en el que se purga a los edificios de referencias surrealistas narrativas.[57] Nosotros añadiremos: la componente surrealista se mantiene, pero como venimos defendiendo en el presente texto, se afianza el procedimiento frente al recurso narrativo.

CISMAS

Ya en este sentido, el proyecto del intercambiador de Zeebrugge anticipaba esta apertura de la piel lobotomizada de los edificios. Efectivamente, la cúpula de vidrio, como un gran escote, nos hacía partícipes de la realidad interior del edificio. A través de ella, apreciábamos la congestión interior, el desprendimiento de la piel e independencia formal de las piezas contenidas. Los proyectos siguientes siguen en esa línea de transformación y apertura inconsciente del edificio, replanteándose y reformulando los axiomas del manhattanismo.

Ocho años más tarde del concurso de Zeebrugge, OMA tiene de nuevo la posibilidad de injertar *manhattanismo* en la propia ciudad de Rotterdam. Una nueva oportunidad con respecto al fallido *complejo de Boompjes,* en un emplazamiento cercano y similar al del proyecto de 1980. El complejo *De Rotterdam*, proyectado en 1997 y comenzado a construir en 2009, forma parte de un área de *nueva congestión metropolitana* planificada por el Ayuntamiento de Rotterdam: el Wilhelminapier, un muelle histórico de la ciudad que forma parte del distrito de Kop Van Zuid, junto al puente Erasmus. Un pequeño y nuevo Manhattan en la ciudad holandesa para revitalizar un área degradada mediante la inserción de altos edificios con hoteles, oficinas, teatros. Del Muelle Wilhelmina partían, entre otros, los barcos con emigrantes holandeses a los Estados Unidos en décadas pasadas. *De Rotterdam* es el nombre de uno de aquellos barcos, con lo que el edificio se ancla retóricamente más aun a la *Gran Manzana*, un retorno metafórico de la piscina constructivista que vuelve a Europa para descargar manhattanismo.

---

[57] Silvia Colmenares Villata, "La planta única como tipo resistente a la escala", en *Proyecto, Progreso, Arquitectura* n° 10, (Sevilla: Universidad de Sevilla, 2014): 98.

El Wilhelminapier. Un nuevo Manhattan en el centro Rotterdam. 2009.

El complejo, un edificio híbrido en el más amplio sentido de la palabra, alberga espacios de ocio, un hotel, oficinas, salas de conferencias, apartamentos y un gran aparcamiento. El propio Koolhaas concibe *De Rotterdam* como una ciudad vertical[58].

El planteamiento volumétrico del edificio supone, hasta la fecha, el ejemplo construido más relevante de ese *nuevo manhattanismo* de OMA, investigado durante toda la década de los 90. Sobre un pódium único, como aquellos del proyecto *de la Ciudad del Globo cautivo*, significado materialmente en sus plantas inferiores del resto del edificio y que funciona como gran distribuidor, surgen tres torres paralepipédicas que incorporan cada una de las partes del resto del programa. Isótropas, frías, tecnológicas, simbólicamente mudas, como aquellas del Manhattan de después de la Segunda Guerra mundial, como el *Seagrams Building* de Mies Van der Rohe, la *Lever House* o la *Torre Willis* de SOM. Koolhaas indulta el Manhattan *post mortem* que caricaturiza en 1978, de "rascacielos baratos"[59] el cual se convierte paradójicamente en referencia en la intervención del complejo.

La piel se plantea como una envolvente cuasi homogénea, con ligeras variaciones técnicas en función de la orientación de cada fachada, pero con una apariencia similar, formada por un muro cortina con perfiles

---

[58] "De Rotterdam", sitio web de OMA, acceso el 02 de Noviembre de 2015, http://oma.eu/projects/de-rotterdam.html.
[59] Rem Koolhaas, *Delirious New York,* 287.

de aluminio. Tampoco tiene reflejo alguno en la fachada, como en otros ejemplos de OMA, el sistema estructural del edificio, que se resuelve con una retícula de elementos de hormigón independiente del cerramiento. ¿Dónde se encuentra la diferencia entre esta propuesta y la de los edificios baratos de Manhattan?, ¿Cuál es el mecanismo que transforma la intervención en un objeto simbólicamente activo, en un ejemplo relevante de la arquitectura contemporánea?

Koolhaas utiliza dos recursos de alteración de la forma previsible del edificio. Por un lado, agita las torres[60] de modo aparentemente aleatorio, de modo que se complica su envolvente y se producen fenómenos de conexión entre las distintas piezas, propiciando enlaces inusitados en los volúmenes que se traducen en extensiones de la propia planta. Y, por otro lado, en la planta central del edificio, corta drásticamente las torres y vuelve a desplazar los nuevos segmentos obtenidos: un *cisma* que sale de su anonimato ortodoxo del primitivo rascacielos neoyorquino y se convierte en el gesto fundamental que singulariza la volumetría del edificio. Un corte como el del ojo de *Un Perro Andaluz* que trasforma un edificio genérico, en un producto surrealista.

OMA. Edificio *De Rotterdam*. Visión diurna y nocturna. 2009.

[60] Ver este proyecto en la parte de este texto dedicado al *automatismo formal*.

El *cisma evidenciado*, es un recurso ampliamente utilizado en proyectos de OMA a partir de estos años. En ocasiones como en el edificio *De Rotterdam* es un corte limpio, en otras son varios cortes los que singularizan los segmentos de la torre. Como en la propuesta para el grupo *Athena* de 2006 en Jersey City, donde una torre prismática es *cortada* en tres partes que rotan 90°, cada una de las cuales se corresponden con una parte distinta del programa. En otros ejemplos el mecanismo se fusiona con componentes simbólicos, como ya vimos la torre *Zac Danton*, de 1991, en La *Defense* parisina, donde toda una planta se desplaza como una singular piscina flotante, o bien se plantea como la ausencia de una planta, como en la propuesta para la torre para *Essence Securities Company* en Shenzhen de 2013, donde esta ausencia genera una nueva plaza de observación a la vez que se corresponde con la división en dos bloques del programa. O la propuesta para el concurso del *Toru Phare* de 2006 también en la Defense, que en cierto modo es la combinación de los dos ejemplos anteriores.

OMA. Torre para el grupo *Athena*. Jersey City. 2006.

OMA. Torre *Zac Danton*. París. 1991.

OMA. Torre para *Essence Securities Company*. Shenzhen. 2013.

OMA. Tour *Phare*. París. 2006.

LOBOTOMÍAS

En todos los ejemplos vistos en esta línea creativa de la *torre+cisma* las pieles carecen de protagonismo simbólico, se trata de fachadas tecnológicas, mas o menos complejas, pero al fin y al cabo cierres técnicos de las actividades. Volviendo a la metáfora del vestir, frente a los estrambóticos disfraces de los arquitectos de Manhattan del 1931 y a los trajeados edificios de los cuadros de Madelon Vriesendorp, se podría aseverar que estas construcciones se encuentran en ropa interior: un velo que tamiza las distintas actividades y les da una apariencia similar hacia el exterior, pero a la vez transparente, de modo que las visiones nocturnas de los edificios anulan su papel de filtro mostrando la lobotomizacion existente en el interior al aparecer distintas zonas de actividad en funcion de la iluminacion artificial.

Un ejemplo que investiga en otro sentido la relación entre exterior e interior del eficio es la propuesta para el *Campus Vertical* de Shinjyuku de 2004. En este caso, en lugar de un prisma con un cisma que se muestra al exterior determinante en la imagen del edficio, Koolhaas imagina un volumen virtual prismático el cual talla y desgarra dejando a la vista la realidad vital del interior lobotomizado.

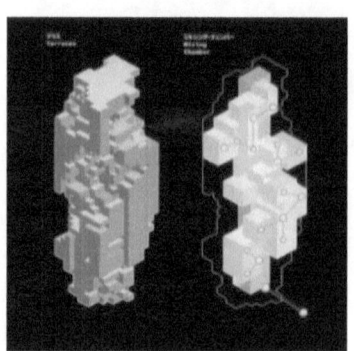

OMA. *Campus Vertical* de Shinjyuku. 2004.

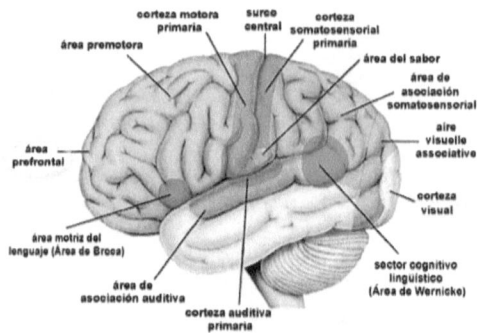

Esquema de las distintas partes funcionales del cerebro.

El proyecto propone una nueva reflexión sobre la torre manhattaniana y sobre el concepto de condensación de usos y la forma habitual del edificio en relación a la función. Generalmente, las grandes torres han sido las tipologías óptimas para los usos residenciales y de oficinas, pero menos habituales en la resolución de usos educativos, y menos aún en la traslación de un concepto urbano como el de un *Campus*. El proyecto plantea la integración de tres escuelas universitarias: una médica, ISEN; una de moda, MODE; y una informática, HAL. En lugar de recurrir al mecanismo del cisma horizontal, como en los anteriores ejemplos, Koolhaas concibe toda la actividad del campus, incluyendo las tres escuelas, las zonas comunes, tanto de ocio como académicas, y los espacios libres abiertos, condensada en un esquema de distribución topográfica tridimensional del conocimiento, como un gran cerebro y en base a unos criterios inventados por OMA.

> "ISEN siempre tiene una forma rectangular pura, MODE siempre tiene una forma libre, HAL siempre ocupa una planta entera) podrían establecer y reforzar el carácter individual de cada una y proporcionar una sola la identidad cohesiva para la torre"[61].

OMA le añade otro nivel programático que refuerza la cohesión de los distintos programas que, de modo muy elocuente, denomina *cámaras de mezclas*. Como condensadores sociales, distribuidas e interconectadas por toda la torre.

En este proyecto se propone un grado extremo de lobotomización. De hecho, plantea un estado inicial teórico del edificio como un prisma prefecto imaginando la obtención de la forma definitiva mediante un tallado ortogonal virtual del mismo, logrando una nueva superficie interior de ese *sólido capaz*, aparentemente aleatorio. Posibilitando la aparición de nuevas superficies horizontales interiores que se usarán como terrazas en el campus como aquellas del Hotel Esfinge.

Hay una alteración importante de los principios del *manhattanismo* en esta propuesta: aquella fachada inmutable, disfraz de los edificios neo-

---

[61] "Idea Vertical Campus", sitio web de OMA, acceso el 3 de agosto de 2015, http://www.oma.eu/projects/2004/idea-vertical-campus/.html.

yorquinos que asumía la condición de icono y de símbolo en la ciudad, desaparece a medias, carcomida por una lobotomización que no la respeta, evidenciando al exterior la actividad íntima del campus, que asume por tanto en este caso el papel simbólico del edificio.

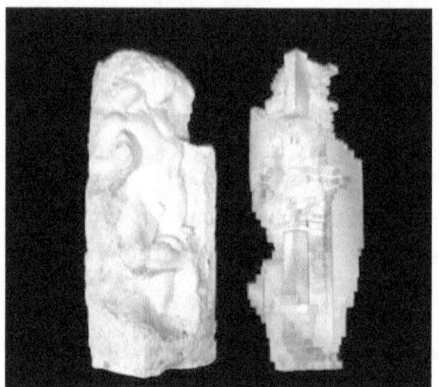

Miguel Ángel. *Esclavo despertándose*. 1520-1523 comparado con el Campus

OMA. *Campus Vertical* de Shinjyuku. 2004. Infografía.

METACITY

El proyecto de 2009-2015, *Metacity Stadskantoor*, en Rotterdam, avanza un paso más en la pérdida de la piel metropolitana, respecto al caso anterior, con el que tiene grandes coincidencias. La piel, en este ejemplo, ha desaparecido por completo evidenciando un interior desnudo, un programa apilado sin orden. Koolhaas afirma: "Lo que ahora se necesita puede ser la sutileza y la ambigüedad en medio de una sobredosis de la forma. Proponemos un montón, sin forma"[62]. La condensación y acopio de los módulos con distintos usos, las luces encendidas o apagadas, los movimientos de las personas, son la imagen del edificio. Incluso el aislamiento del cerramiento es transparente para mostrar plenamente el interior.

---

[62] "En construcción: Stadskaantoor/ OMA", sitio web de *plataforma de arquitectura*, acceso el 4 de agosto de 2015, http://www.plataformaarquitectura.cl/cl/757178/en-construccion-stadskantoor-oma.html.

El edificio se proyecta para albergar dependencias municipales, oficinas y apartamentos. La cualidad informal del edificio, al contrario de lo que pudiera parecer, surge de un detallado análisis del entorno circundante que permite mediar entre la gran variedad estilística de los edificios cercanos sin plantear ningún nuevo estilo. Como comentamos anteriormente, en este proyecto Koolhaas se ha desprendido por completo de la fachada icónica de Manhattan. La estructura del edificio, resuelta con una retícula tipo *Virendeel* de tres dimensiones, concentra la densidad programática en la zona central, liberando la mayor parte en cota *cero* y las plantas inferiores, posibilitando la creación de un gran ámbito urbano.

OMA. *Stadskantoor*. Rotterdam. 2009.
Situación en la trama urbana de la ciudad.

OMA. *Stadskantoor*. Rotterdam. 2009.
Esquema de la estructura.

OMA. *Stadskantoor*. Rotterdam. 2009.
Fotografía estado actual.

OMA. *Stadskantoor*. Rotterdam. 2009. Infografía.

1.000 PARAGUAS Y MÁQUINAS DE COSER

OMA ha sabido extrapolar valores del *manhattanismo* y de la cultura de la congestión en otras propuestas que mantienen los principios básicos de compresión y mezcla de usos pero que surgen con otros intereses y premisas ajenas a estos condicionantes de presión económica. La congestión en estos proyectos provoca especiales reacciones que resulta imprescindible investigar en el presente texto.

Este es el fundamento de la propuesta de Koolhaas y Zenghelis para el concurso del Parque de la Villette de París, de 1982. La aplicación de las leyes del *manhatanismo* del rascacielos en la planificación de un parque suburbano, con un gesto surrealista propio de Marcel Duchamp o Salvador Dalí, entre ambos tumban el rascacielos y observan los efectos de ese vuelco en los conceptos de *lobotomía*, *cisma*, etc.

OMA propone la organización del parque como una condensación de distintas capas que responden a determinados objetivos. Se trata de un sistema de organización al margen de cualquier consideración paisajística o pintoresca, basada en una explícita zonificación de actividades. Una de esas capas, decíamos, la conforma la traslación de la sección del rascacielos al plano horizontal del parque, cortándolo en múltiples bandas de actividades diversas, de modo que se potencia al máximo y de modo consciente el concepto de límite entre actividades. Se producen las interferencias del mismo modo que en los rascacielos de Manhattan incitando a imprevisibles encuentros, cientos de contactos surrealistas que entusiasmarían a Latreaumont entre *paraguas y máquinas de coser en la gran mesa de disección* del parque. Sobre esta *layer* de las bandas funcionales se superpone otra denominada *Confetti* por **OMA** que, como un *dropping* programático, salpica el parque de distintos pequeños equipamientos calculados según las necesidades del programa, insertando nuevos elementos *inesperados* sobre ésta.

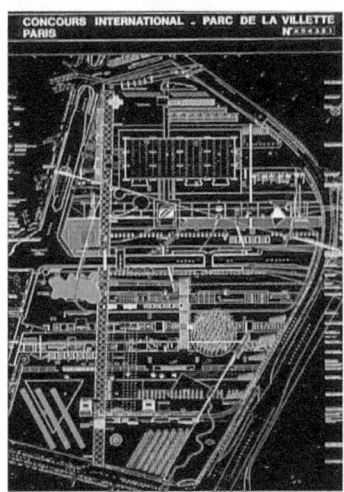

OMA. Proyecto del parque de la Villete. París. 1982. Planta general.

OMA. Proyecto del parque de la Villete. París. 1982. Maqueta.

Otra capa, la de los grandes equipamientos, tiene la misión de inocular contenido simbólico al parque del que las anteriores capas. Concebidas como islas de intensidad programática, recuperan de nuevo el valor del archipiélago de Ungers, flotando en el parque.

Las circulaciones se plantean como una capa más que se superpone e interfiere con las anteriores. OMA prevé tres formas de recorrer el parque. La primera, quizás la más relevante, aunque no se refleja en ningún gesto proyectual, recupera el concepto de la libre deambulación entre franjas programáticas, como hicieran los surrealistas con sus paseos erráticos en París. La segunda, que los arquitectos denominan *Promenade*, tiene que ver con el concepto explicado en dicha parte del *Laberinto dinámico*, o lo que es lo mismo una deambulación más o menos errática pero preconcebida por los autores y propuesta como alternativa de recorrido por el parque. La tercera: *El Boulevard*, una franja ortogonal a todas las franjas, es la versión del *ascensor* del rascacielos transformado en recorrido horizontal,[63] el recorrido más corto para viajar, en el tiempo, entre los distintos universos imaginados por OMA para cada franja.

[63] Rem Koolhaas y Bruce Mau, *S, M, L, XL*, 927.

Koolhaas afirma en la correspondiente patente recogida en su libro de 1982 *Content* que el parque es en realidad un *condensador social*, un experimento sociológico al margen de la intervención arquitectónica, basado en la fricción entre las distintas partes: "capas programáticas sobre terreno vacío para alentar la existencia dinámica de actividades y para generar mediante su interferencia eventos impredecibles"[64]. Es, por tanto, un paraíso del surrealismo, un ámbito inestable de inesperados *fenómenos lum*ínicos provocados por colisiones entre opuestos que no son sino infinitas condensaciones imprevistas:

> "El valor de la imagen está en función de la belleza de la chispa que produce: y, en consecuencia, está en función de la diferencia de potencia entre los dos elementos conductores...son productos simultáneos de la actividad que yo denomino surrealista, en la que la razón se limita a constatar y a apreciar el fenómeno luminoso"[65].

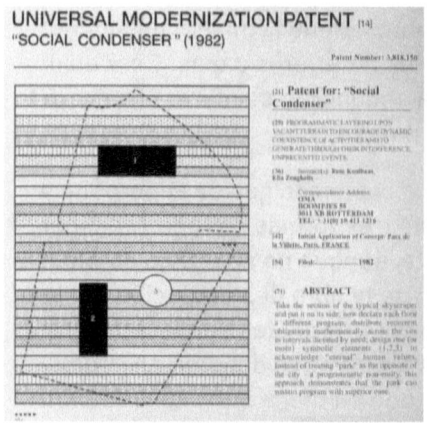
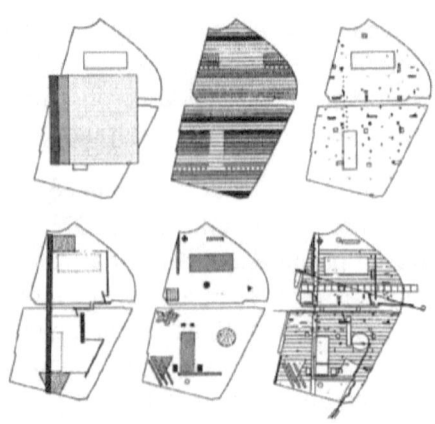

OMA. *Universal Modernization Patent.* Incluida en *Content. Social Condenser.* 1982.

OMA. Proyecto del *parque de la Villete.* París. 1982. Esquemas de las distintas capas.

[64] Rem Koolhaas, *Content*, 73.
[65] André Breton, *Manifiestos del Surrealismo*, 58.

REVOLVER

Con el Proyecto de La Villette, OMA inaugura un campo de experimentación de la condensación y de la cultura de la congestión al margen de la edificación y dentro del encuadre del urbanismo y la organización del territorio. Es capaz incluso de proponer, no sin cierta ironía, un modelo de condensación urbana a escala nacional, como la del estudio de 1993, de planificación territorial de Holanda. En este estudio se proponen dos soluciones radicales de reubicación de densidades urbanas de todo el país, concentrando a toda la población en una *macrometrópolis* única que como consecuencia libera el resto del territorio holandés para la naturaleza. Las dos propuestas son un ejercicio teórico de las consecuencias de la condensación, tanto poblacional como edificatoria, a una escala inusitada que recupera planteamientos radicales como aquellos de Archizoom o Superstudio. Koolhaas justifica este pensamiento extremo, que llevaría de modo ineludible a la destrucción absoluta y progresiva de las estructuras urbanas del país, en la artificialidad de su existencia[66]: "Es una dolorosa ironía que el país que más que ninguno se ha fabricado a sí mismo ahora trata a su territorio como si tuviese la autenticidad e inevitabilidad de la naturaleza"[67]. Esta destrucción, este asesinato del modelo urbano del país, es un acto surrealista de primer orden comparable a aquella acción que expresaría Breton, en el *Segundo manifiesto del surrealismo,* como *el acto surrealista por antonomasia*: salir a la calle y disparar a discreción contra la multitud[68]. Desde este punto de partida, propone dos modelos de replanteamiento del urbanismo holandés desde la única visión de lo construido, la metrópolis y el vacío, la naturaleza[69].

En la primera de ellas, *Point City*, OMA propone la recondensación urbana del actual anillo existente entre las principales ciudades en torno a Ámsterdam: el *Randstad*, que funciona como un conjunto heterogéneo de centros y periferias que se intersectan generando ámbitos de densidades inciertas. La operación significaría la densificación metropolitana

---

[66] Rem Koolhaas, *Sendas Oníricas de Singapur*, 32.
[67] Rem Koolhaas y Bruce Mau, *S, M, L, XL*, 888.
[68] André Breton, *Manifiestos del Surrealismo*, 164.
[69] "Pointcity / Southcity, Netherlands, 1993", sitio web de OMA, acceso el 4 de agosto de 2015, http://www.oma.eu/projects/1993/pointcity-southcity/.html.

del corazón verde interior al anillo, una zona prácticamente carente de poblaciones y de alto valor natural y ecológico. Al igual que hiciera Le Corbusier en su estudio para la *Villa Radiante*, plantea un comparativo de densidades metropolitanas conocidas como son la existente en Holanda, la de Los Ángeles y la de Manhattan, estudiando el tamaño consecuente del gran *punto* metropolitano.

La otra propuesta, *South City,* plantea una reubicación de densidades urbanas similar, pero desplazando y condensando toda la masa metropolitana presente y futura hacia la zona Sur del país, desde la visión de OMA, la más apropiada desde la óptica de la atracción de intereses por los países europeos adyacentes. En ambas propuestas, la aplicación de la *Cultura de la congestión* posibilita una reserva de vacío para el resto del territorio[70].

Este planteamiento de *tábula rasa* de las propuestas, que Koolhaas aprende de entornos sin prejuicios históricos, como explica en su *Sendas oníricas de Singapur,* entronca con la idea de *aniquilación de la patria* promulgada por el aludido *Segundo manifiesto del surrealismo.* Nos advierte Breton: "todo está aún por hacer, todos los medios son buenos"[71].

---

[70] Rem Koolhaas, "Point City, South city", *Arch+*, n.º 132 (1976): 36-37.
[71] André Breton, *Manifiestos del Surrealismo*, 168.

LA FRAGMENTACIÓN

Si el capítulo dedicado al *simbolismo* del presente texto se situaba tras el de la *dramatización* en virtud de una vinculación, podríamos denominar causa-efecto, sobre la que ya investigamos. Con la *fragmentación* y la *condensación* sucede algo parecido: la entidad manifiesta, densa, del sueño, formada por partes seleccionadas del inconsciente, lleva implícita una cualidad fragmentaria del producto. Dicho de otra forma, donde hay condensación hay ineludiblemente fragmentación. En la eliminación de cierto contenido latente, la psique nos muestra una *interesada selección* en la cual dichos elementos discriminados pierden la posible continuidad o concatenación argumental o causal original y se nos muestran como una fusión de fragmentos inconexos: "el contenido del sueño no consta exclusivamente de situaciones, sino que encierra fragmentos inconexos de cuadros visuales, discursos y hasta trozos de ideas no transformados"[1].

Sin embargo, Freud en determinados momentos del desarrollo de su teoría psicoanalítica codifica este mecanismo onírico de modo independiente. Aunque su aparición casi siempre sea más una consecuencia de la labor de otros mecanismos complementarios que la suya propia. Si hablamos de la posible traslación del mecanismo de la fragmentación al ámbito de la creatividad, podemos asegurar que nos encontramos ante uno de los recursos más relevantes del arte del siglo XX. Efectivamente, la consideración del fragmento frente a la obra de arte unitaria, abandera la evolución de la estética moderna que se opone a la belleza de lo absoluto, lo único y lo eterno frente a lo múltiple, lo temporal y caduco[2]. Esta apología de la condición fragmentaria, posibilita no solo las más evidentes deconstrucciones formales que se encuentran detrás de las propuestas del cubismo o del purismo, sino que atesora una reflexión tan profunda sobre la imagen, figura, significado y contexto, que se inserta de modo incuestionable en propuestas creativas que van desde el propio surrealismo hasta el *Arte de Acción,* pasando por todas las tendencias de *Arte*

---

[1] Isabel Paraíso, *Literatura y psicología*, 88.
[2] Inmaculada Rodríguez Cunill, "Multiplicidad y fragmentariedad en el arte contemporáneo a través de un análisis de instalaciones y videoinstalaciones" (tesis doctoral, Universidad de Sevilla, 1999), 44.

Conceptual o el *Pop Art*[3]. La razón es clara: centra la energía del descubrimiento en el *principio de interrupción,* al que aludió Walter Benjamin en su ensayo *El autor como productor*: "El descubrimiento se realiza por medio de la interrupción del curso de los hechos"[4]. El artista, como defendió el surrealismo, y como explicitó Breton en los sus *Manifiestos*[5], se convierte en mero registrador. No hay talento, no existe el genio, "Nada que decir, solo mostrar, ninguna expresión ingeniosa, afinidades y disonancias, pero no para describirlas sino para recordarlas"[6].

La fragmentación creativa, por un lado, validará nuevos sistemas de creación de la obra de arte que descartan la tradicional y sagrada paternidad del artista genio: florecerá la colaboración, la obra compartida y coral, el *cadáver exquisito*, etc. Y por otro lado, estará detrás de la investigación formal, material y conceptual de la fragmentación como técnica material y plástica, descubierta por el cubismo y Dadá y que el surrealismo se encargará de recargar de contenido, tensión y misterio: asistimos al nacimiento del *collage.*

SISTEMA Y TÉCNICA

En este sentido, y en relación al trabajo de Rem Koolhaas, nos referiremos primero a la *fragmentación* como sistema de trabajo, que tiene que ver con su gran interés por el proceso de la gestación del proyecto. Esta preocupación llega hasta sus realizaciones más recientes, y la podemos relacionar con el *modus operandi* surrealista, basado en distintos modos de colaboración procedimental, como por ejemplo, el juego del *cadáver exquisito*. Este primer modo de aproximación a la fragmentación permite traer a colación las actividades llevadas a cabo por la *Oficina de*

---

[3] Pensemos, por ejemplo, en el recurso del *objet trouvé*, en el extrañamiento de una pieza, mecanismo ampliamente investigado por Dadá y el surrealismo: un proceso de inclusión de un único fragmento proveniente de otra realidad que colisiona con su nuevo contexto.
[4] Walter Benjamin, "El autor como productor" (conferencia, Instituto de Estudios del Fascismo de París, 27 de abril de 1934).
[5] André Breton, *Manifiestos del Surrealismo*, 47.
[6] Walter Benjamin citado por José Francisco Yvars, *El siglo del Collage. Una apreciación radical* (Barcelona, Editorial Elba, 2012), 31.

Investigaciones Surrealistas en París desde 1924[7], el centro de reunión de los primeros surrealistas, realmente un *alter ego* de OMA. Un lugar por donde pasaban, además de los miembros de la propia vanguardia, amigos y simpatizantes, y destacados representantes del pensamiento de la época, pero también gente anónima, vagabundos, incluso enfermos mentales[8]. Todos llamados a colaborar en el *proyecto surrealista,* donde vieron la luz experiencias colectivas, ideas y experimentos, como fueron las sesiones de escritura automática, los paseos errantes o los aludidos cadáveres exquisitos literarios y pictóricos. Proponemos un recorrido a través del sistema de trabajo en OMA comenzando en las primeras propuestas de finales de los 70 desarrolladas como verdaderos *cadáveres exquisitos*: la propuesta para el concurso ganado, pero no construido de la ampliación del Parlamento de la Haya y el proyecto de la residencia del primer ministro Irlandés en Dublín, proyectos ambos de 1978. Este inicio fragmentario del sistema de trabajo será el punto de arranque para la singular sistematización del desarrollo del proyecto, cuando OMA empieza a transformarse en un importante estudio de arquitectura a partir de los años 90 del pasado siglo.

OMA. La fragmentación como sistema de trabajo. Proyecto elaborado con la técnica del cadáver exquisito. La ampliación del parlamento holandés en La Haya. 1978.

OMA. La fragmentación como técnica. *Congrexpo*. Lille. 1990-1994.

[7] Dawn Ades, "El sueño en el discurso surrealista y la singularidad caso del cuadro *Foto: Este es el color de mis sueños* de Joan Miró", en *El surrealismo y el sueño*, ed. Por José Jiménez, 83.
[8] Louis Aragon, citado por Cathrin Klingsöhr-Leroy, *Surrealismo*, 11.

En la segunda aproximación a la *fragmentación* surrealista en la obra de Koolhaas nos referiremos al fraccionamiento como técnica: el proyecto concebido como recorte y agregación de fragmentos como fundamento arquitectónico. Edificios *collage*, donde resulta evidente la posición del arquitecto como *bricoleur*, y del fragmento arquitectónico como un *papier collé*. Los proyectos de OMA que responden a esta cualidad son, sobre todo, propuestas de los años 80 y 90 relacionados e influidos por el movimiento arquitectónico que conocemos como deconstructivismo, que en estos años aparece como heterodoxa propuesta de vanguardia y de la que OMA forma parte, al menos desde el punto de vista de la crítica arquitectónica de la época. De esta etapa deconstructivista o *collage* de Koolhaas nos referiremos al proyecto de la Villa Dall'Ava, en París de 1984-1991, el proyecto del *Congrexpo* de Lille, de 1990-94 incluido de la propuesta urbanística y arquitectónica del gran centro de intercambio de transportes de *Euralille* concebido por OMA[9] y el *Educatorium* de Utrech de 1992-1995.

LA FRAGMENTACIÓN COMO SISTEMA

En 1925, en los albores del surrealismo, Robert Desnos, André Breton y Tristán Tzara, que ya revindicaban el *automatismo* como indagamos en el capítulo correspondiente; propusieron un juego, un pasatiempo que, a la postre, se revelaría como una herramienta fundamental de la vanguardia creativa del siglo XX. Compusieron una pequeña pieza literaria en la cual cada uno de ellos escribía una frase o una palabra en un papel, la cual se ocultaba a los demás participantes que, sucesivamente, escribían su aportación de modo independiente. El juego terminaba al descubrirse la totalidad del texto, procediendo a la lectura continua de todos los fragmentos elaborados independientemente por cada autor.

El primer experimento fue tan revelador para ellos, de tal intensidad literaria, que sería utilizado en lo sucesivo para definir este procedimiento colectivo de creación: "El cadáver exquisito tomará el vino nuevo"[10]. Se trataba

---

[9] "Euralille", sitio web de OMA, acceso el 23 de septiembre de 2014, http://oma.eu/projects/euralille.html.
[10] El nombre surge del resultado del juego inicial, *Le cadavre exquis boira le vin nouveau* (El cadáver exquisito tomará el vino nuevo). ... Se interpretó que estos fragmentos poéticos

realmente, de otra modalidad de instigación al inconsciente, pero en este caso al *inconsciente colectivo* descrito por Carl Gustav Jung. El momento mágico en el que el papel se despliega y se muestra la obra completa que, lejos de estar carente de significado como una agregación de manifestaciones automáticas, revelaba una coherencia oculta, relativa a la existencia de aquel inconsciente común y a una vinculación a una creatividad irracional y colectiva. Este punto es el que nos interesa de modo preeminente, pues en él encontramos un posicionamiento precursor a la idea de Rem Koolhaas sobre la gestación arquitectónica de un proyecto: la aportación más relevante de la técnica del *cadáver exquisito* es la reflexión sobre la obra colectiva desde la perspectiva de la más absoluta pérdida de jerarquía creativa.

El experimento del *cadáver exquisito*, como había ocurrido antes con la escritura automática, pasó rápidamente del ámbito literario al plástico, donde encontró múltiples formas de manifestación: figuras imposibles, concatenaciones formales con resultados ambiguos entre la fragmentación y la unidad. Se trataba de un producto con indudable contenido automático, pero dentro ya, no del *automatismo rítmico* que definiera Breton que producía trazos sin sentido, sino del de las formas reconocibles, aunque absurdas y fuera de contexto, dentro de lo que el patriarca del surrealismo definió como *automatismo simbólico*[11]. En 1928, el *cadáver exquisito* ha saltado ya del ámbito literario al plástico: Man Ray, Yves Tanguy, Joan Miró y Max Morise, producen infinidad de dibujos ejecutados con esta técnica, en sesiones colectivas a menudo bajo los efectos del trance, la hipnosis o el alcohol.

En esta voluntad de construcción final, de ensamblaje sobrevenido de propuestas fragmentarias, retomamos algunos de los experimentos didácticos llevados a cabo por Koolhaas y Zenghelis en la *Architectural Association* de Londres, entre 1975 y 1980. Habíamos abordado esta etapa centrando la atención en la implementación de técnicas basadas en la incitación al inconsciente y al automatismo psíquico en la gestación

---

revelaban la realidad inconsciente de la personalidad colectiva, resultado de un proceso que Ernst bautizó como "contagio mental". *El cadáver exquisito* representa la transposición a un nivel colectivo del collage verbal de Lautréamont, fiel al precepto de que la poesía debe ser hecha por todos y no por un solo autor.

[11] Lucía García de Carpi, *Las claves del arte surrealista-Cómo interpretarlo* (Barcelona, Planeta, 1990), 20.

del proyecto arquitectónico, aplicadas en ejercicios académicos con los alumnos. En esta línea experimental, Koolhaas apelará también al método del *cadáver exquisito* entre los alumnos en determinadas ocasiones. Repartirá entre ellos los fragmentos de un volumen predeterminado, recurrirá de nuevo a los *tektonik* de Malevich, para resolver de modo fragmentado las distintas partes del programa, y para, en una fase colectiva posterior, proceder al ensamblado de todas las piezas. En la imagen podemos apreciar una intervención de ampliación del edificio McGraw-Hill, diseñado por Raymond Hood en Manhattan, al que se le añade una pieza casi especular, realizada por distintos alumnos de la institución londinense según el método del *cadáver exquisito*. La condición fragmentaria derivada de la metodología de trabajo resulta evidente[12].

Intervención en el edificio *MacGraw Hill* de Nueva York. La propuesta, como un cadáver exquisito acumula fragmentos proyectados por distintos alumnos.

[12] Rem Koolhaas y Elia Zenghelis, "Architettura de la metropoli planetaria. *Architectural Association*. Diploma School. *Unit 9*", *Lotus International*, n.º 21 (1978): 7-17.

No es casualidad, por tanto, que el primer proyecto en el que colaboran los cuatro integrantes del futuro OMA: Koolhaas y Vriesendorp, con Elia y Zoe Zenghelis, *Exodus o los prisioneros voluntarios de la arquitectura,* ya tratado intensamente por otros motivos en este texto, sea precisamente un *cadáver exquisito*. El método de trabajo consistió en repartirse las plazas entre las parejas de arquitectos y desarrollarlas por separado para finalmente de modo conjunto proceder al ensamblado de todas ellas. Son significativas las palabras del propio Koolhaas describiendo en el sistema de ejecución del proyecto un modo de proceder que sería adoptado en su fase profesional venidera de OMA:

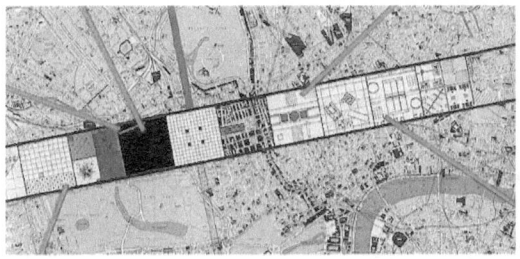

Rem Koolhaas, Madelon Vriesendorp, Elia Zenghelis y Zoe Zenghelis. *Exodus.* 1972. Las plazas yuxtapuestas como un cadáver exquisito.

Cadáver exquisito. 1927. (Composición, marcando los dobleces del papel realizada por el autor) André Breton, Camille Goemans, Jacques Préverte, Yves Tanguy.

"Elia era el romántico y yo el racionalista. El intelecto de Elia funciona exagerando cosas, el mío funciona sugiriendo que lo atroz pueda ser normal. Así era el diálogo. En algún momento nos dividimos el trabajo en plazas y cada pareja tomó un número de plazas. Quizá éste fue el lanzamiento de un estilo de oficina donde la individualidad es algo secundario. Empezamos como cuatro individuos y nos convertimos en una entidad singular. Esta es una buena manera de describir el proceso"[13].

---

[13] Shumon Basar & Stephan Trüby, ed., *The World of Madelon Vriesendorp,* 261.

BINNENHOF

El éxito y difusión de *Exodus* a partir de 1972, como ya sabemos, animó a los cuatro integrantes del equipo a continuar trabajando juntos y a plantearse un futuro profesional común. En los años sucesivos, con la creación de la *Office for Metropolitan Architecture* en 1975 y las primeras propuestas arquitectónicas, el sistema de trabajo continúa basándose en la producción colaborativa indiferenciada y en el fraccionamiento físico de las propuestas, siguiendo las pautas del aludido juego surrealista investigadas en el proyecto sobre Londres. Los *Tektonik*, los *cadáveres exquisitos* y el rascacielos de Manhattan son las tres referencias básicas de esta primera época, en la que además se incorpora Zaha Hadid al equipo[14]. Inauguran el desarrollo de una *arquitectura de comité* como Koolhaas definiera en *Delirious New York* refiriéndose al modo en el que se concibió el *Rockefeller Center* de Nueva York.[15]

A finales de la década de los 70, evidenciando su interés en los planteamientos sobre la intervención en la ciudad, OMA intensificó su participación en proyectos internacionales de actuación en centros históricos. El sistema de trabajo, una vez más, consistía en el fraccionamiento radical del programa y su elaboración por los distintos miembros de OMA, cuestión que además permitía trabajar en el mismo proyecto a todo el equipo, frecuentemente disperso entre Londres, Rotterdam y Atenas, en una época en la que aún no se contaba con las posibilidades telemáticas actuales.

OMA. Propuesta para la ampliación del Parlamento Holandés en la Haya. 1978. Axonometría del conjunto.

[14] Roberto Gargiani, *Rem Koolhaas/OMA. The Construction of Merveilles*, 77.
[15] Rem Koolhaas, *Delirious New York*, 178.

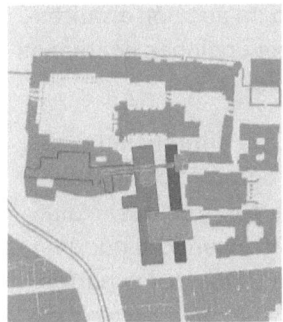 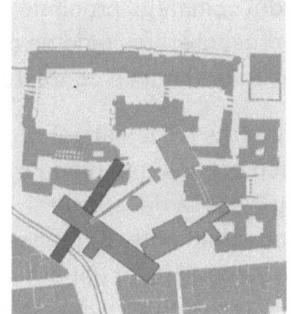 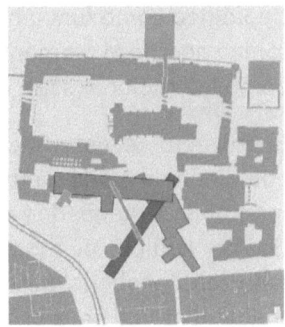

Variaciones propuestas por el autor de composición de las distintas partes desarrolladas por cada arquitecto.

La primera oportunidad para desarrollar el método fraccionario del *Cadáver Exquisito* fue en 1977 con el concurso de la Ampliación del Parlamento en el complejo de Binnenhof, en La Haya, en el que obtuvieron el primer premio ex aequo[16]. Los arquitectos de la recién nacida OMA no solo se limitaron a redactar su propuesta, sino que, en favor de aumentar el clima creativo colectivo, incluyeron el proyecto como ejercicio entre sus alumnos de la *Architectural Association* londinense.

El concurso propone la ampliación del complejo situado en el centro de la capital holandesa para albergar dependencias e instalaciones ligadas al gobierno de Holanda. El Binnenhof, así se denomina el conjunto, es ya de por sí una acumulación de fragmentos y de estilos históricos desde el siglo XIII y que han ido acomodando su función desde el punto de vista defensivo al representativo y simbólico[17], produciendo ya en sí mismo un verdadero *cadáver exquisito* de intervenciones a lo largo de los siglos. El proyecto se plantea como la adición de un estrato más al conjunto, otro episodio en el palimpsesto espaciotemporal del ámbito, que se separa de cualquier interpretación historicista y que, por el contrario, pretende infiltrar entre los muros de la fortaleza medieval un elemento contemporáneo. La opción de OMA, plantea una intervención que asume el lento transformar, tanto

---

[16] "Dutch Parliament Extension", sitio web de OMA, acceso el 22 de Noviembre de 2014, http://oma.eu/projects/dutch-parliament-extension.html.
[17] O.M.A., Rem Koolhaas and Bruce Mau, *S, M, L, XL*, 281.

tipológico como funcional del complejo, proponiendo un escalón arquitectónico acorde al momento presente, apartado de otras opciones coetáneas como las racionalistas, estructuralistas o contextualistas[18].

El proyecto se materializa en tres partes absolutamente diferenciadas que coinciden de modo simbólico con los tres bloques programáticos fundamentales demandados en las bases del concurso y que fueron desarrollados por equipos de modo independiente: Koolhaas y Vriesendorp por un lado, los Zenghelis por otro y Zaha Hadid por el último. Dos de las partes fundamentales de la propuesta la constituyen los dos bloques paralelos que se introducen en el complejo histórico con la misma potencia que la banda de *Exodus* seccionaba el tejido urbano del viejo Londres, cerrando el perímetro de intervenciones históricas. Se trata en realidad de la repetición del mismo volumen en dos posiciones diferentes. Uno de ellos, un bloque tumbado de clara influencia radical en su formalización, fue el desarrollado por los Zenghelis. Alberga las salas de conferencia y los espacios públicos y va envuelto en una piel reticulada de vidrio que lo emparenta directamente con las experiencias de los radicales italianos, fundamentalmente con la propuesta del *Monumento continuo* de Superstudio, de 1969.

El otro bloque, delgado y alto, y con la misma longitud que el primero fue el desarrollado por Zaha Hadid, con las mismas proporciones que el de Zenghelis pero colocado en vertical. Como si de un puente levadizo se tratara, cuyo giro libera un nuevo acceso al interior del recinto en el espacio existente entre ambas piezas. La parte de Hadid alberga todo el programa de oficinas para los políticos y para el personal, en la cual cada una de las fachadas, al contrario que en la pieza isótropa de Zenghelis, se resuelven de modo diferente: hacia el Este un gran muro cortina y hacia el Oeste un cerramiento de huecos que permite una lectura de las funciones albergadas en el interior[19].

El tercer bloque, es el desarrollado por Rem Koolhaas y Madelon Vriesendorp, que ellos denominan metafóricamente la guitarra, en clara alusión a los collages picassianos. Es, sin duda, el de menor presencia urbana den-

---

[18] O.M.A., Rem Koolhaas and Bruce Mau, *S...*, 287.
[19] Rem Koolhaas-OMA, "Ampliamento del parlamento a L´Aia. Progetto di concorso, 1979. Office for Metropolitan Architecture: Zaha Hadid, Rem Koolhaas, Elia Zenghelis", *Lotus Internacional*, n.º25, (1979): 25.

tro del conjunto del proyecto, pues se desarrolla fundamentalmente en el interior vacío de un tejido existente, sobre el espacio ocupado por el antiguo y desaparecido foso medieval del complejo. Liberados de la responsabilidad de cualquier presencia exterior de la pieza, experimentan con la dicotomía lleno-vacío en una audaz intervención de cosido del tejido existente. Insertando en esta zona elementos, a priori, secundarios del programa como una biblioteca, un gimnasio y la anteriormente aludida piscina, que recupera la zona de agua perdida del foso. Se trata, en el fondo, de una intervención confinada linealmente, una versión de *Exodus* como tantas otras que aparecerán de modo ininterrumpido a lo largo de su carrera, en la que Koolhaas aprovecha para insertar su programa hedonista de culto al cuerpo y a la mente.

POENIX PARK

Otro ejemplo de la utilización del *cadáver exquisito* como técnica de desarrollo de proyecto lo encontramos en la propuesta para la vivienda del primer ministro irlandés en el parque Poenix de Dublín, concurso de 1979. El enunciado del proyecto se planteó una vez más entre los alumnos de la *Unit 9* de la *Architectural Association*, por lo que muchos aspectos y problemas del concurso tuvieron que ser necesariamente puestos en común[20]. En este caso, además, Zaha Hadid presentó una propuesta independiente, quedando el tándem Koolhaas-Zenghelis como coautores del proyecto.

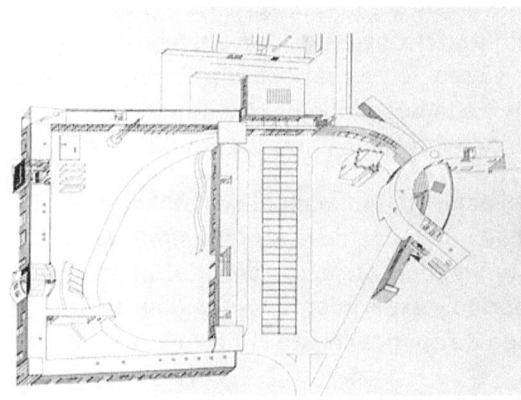

OMA. Propuesta para el concurso de la vivienda del primer ministro irlandés. Dublín. 1979. Ensamblaje de las partes del programa.

[20] Roberto Gargiani, *Rem Koolhaas/ OMA. The construction of merveilles*, 80.

La doble autoría se traslada de modo consciente y evidente a la configuración del proyecto ya que se desarrollan dos fragmentos totalmente diferenciados por cada una de las parejas: Koolhaas aborda la parte del alojamiento de invitados, que se materializa en un rectángulo apoyado en un muro preexistente con un patio interior, y los Zenghelis proyectan la vivienda del primer ministro, formada por la colisión de dos curvas especulares, una en planta baja y la otra en planta alta. La primera contiene el dominio privado del primer ministro y su familia, la segunda las salas de recepción y los servicios necesarios para su funcionamiento.

El proyecto es una propuesta simbólica pero sobria, apartada del expresionismo gráfico exagerado de la propuesta de Hadid y por supuesto en las antípodas de los historicismos postmodernistas de la época. Se vale del lenguaje del Movimiento Moderno: *pilotis*, amplios ventanales, cubiertas planas, etc, con clara referencia *corbuseriana* en el grafismo, pero hace un ejercicio de manipulación del lenguaje para construir un artefacto extraño, una vez más una acumulación fragmentaria de partes, con sabor constructivista en la utilización simbólica y parlante de los materiales.

OFICINA DE INVESTIGACIONES SURREALISTAS

El funcionamiento de este primer OMA, de la búsqueda deliberada de este fraccionamiento múltiple como sistema de trabajo, se concreta en la creación de la oficina para una arquitectura metropolitana que permitiese la canalización de una voluntad de investigación universal y colectiva, un centro de pensamiento y creación de vanguardia. Efectivamente, el objetivo primordial del grupo fue la búsqueda de una arquitectura cuya definición respondiese a los fenómenos de las grandes metrópolis[21].

A pesar del paso de los años, el espíritu fundacional de OMA, inmerso en aquella quimera surrealista de búsqueda de *ideas inclasificables y rebeldías perpetuas*, se ha mantenido durante estas décadas en las que aquel gabinete básicamente teórico y experimental se ha ido transformando, partiendo de aquel grupo de amigos, hasta conformar una gran

---

[21] Beatriz Colomina, "Conversación entre Beatriz Colomina y Rem Koolhaas", *El Croquis*, n.º 134/135 (2007): 348-377.

empresa, en virtud de los éxitos cosechados, la redacción de proyectos relevantes y el reconocimiento por la comunidad arquitectónica internacional a partir de los años 80 del pasado siglo XX.

Hay que recordar que de la estructura inicial de 1975 Madelon Vriesendorp y Zoe Zenghelis fueron paulatinamente desligándose y dedicándose a sus carreras profesionales como pintoras[22], aunque manteniendo colaboraciones puntuales en determinados proyectos de modo secundario. Zaha Hadid, que se incorporó nada más fundarse OMA, organiza su propio estudio en Londres, en 1979, con lo que su paso por OMA y la colaboración en proyectos importantes fue cuanto menos fugaz. En 1982 se funda OMA-Atenas, que se mantiene hasta 1987, año en el que el Elia Zenghelis abandona definitivamente el grupo para asociarse con la arquitecta Eleni Gigantes.

Queda por tanto en 1987 el liderazgo de la empresa holandesa a cargo exclusivo de Koolhaas, en una estructura de *partnership* que ha ido aumentando de tamaño y complejidad a lo largo de los años. En esta época, finales de los 80, es todavía un pequeño estudio[23] pero cuenta con gran consideración entre el mundo académico de la arquitectura. El liderazgo de Koolhaas es indiscutible, a pesar de que como veremos posteriormente, el sistema operativo sigue basado en una fragmentación tanto vertical como horizontal del trabajo. En la actualidad Koolhaas es a OMA lo que Bretón fue al surrealismo, aunque se ha liberado de la autoría directa de muchos de los proyectos su opinión última es determinante sobre cualquier cuestión transcendente.

Será a partir del final del siglo XX cuando OMA, después de superar una tremenda crisis interna y encontrarse cercana a la bancarrota, experimente un crecimiento exponencial alentado por el incipiente interés de mercados diferentes al europeo y al americano, lo cual motiva su expansión física y perfila su actual estructura empresarial. En estos momentos, OMA es una empresa dirigida por diez socios, *Partners*, y una plantilla cercana

---

[22] Shumon Basar & Stephan Trüby, ed., *The World of Madelon Vriesendorp. Paintings / Postcards / Objects / Games*, 70.
[23] Eduardo Arroyo, "Héroes" en *Rem Koolhaas, más que un arquitecto,* ed. por Heidingsfelder, Markus y Min Tesch (Barcelona: Fundación caja de arquitectos,2009), 6.

a las 300 personas, sin contar las colaboraciones externas y cuenta con oficinas en Rotterdam, Nueva York, Australia, Hong Kong, Doha y Dubai.

BURBUJAS

Podemos preguntarnos qué queda de aquel sistema de trabajo característico de los primeros proyectos de OMA. ¿Qué se mantiene de aquellos procesos fragmentarios de colaboración y de aquel descoyuntamiento proyectual?, ¿siguen albergando los proyectos de OMA características de los *cadáveres exquisitos* que veíamos claramente en aquellos primeros concursos de finales de los 70?.

Nos centraremos a partir de este momento en investigar cómo el sistema actual de trabajo en OMA, sigue fundamentándose en procesos de fragmentación y recomposición del trabajo. Podemos diferenciar en este sentido entre *la fragmentación energética*, o lo que es lo mismo, el equipo humano, formado esencialmente por una plantilla mutante de arquitectos, técnicos, empresas y especialistas; *la fragmentación analítica*: el análisis previo de cada proyecto hasta unos niveles inusitados desde múltiples ópticas, abarcando siempre esta investigación mucho más que el ámbito puramente arquitectónico. Y, por último, *la fragmentación metodológica*: el método de trabajo fraccionado en equipos que OMA denomina *las burbujas*[24], un sistema ultra crítico con los avances de cada proyecto, con la puesta en duda sistemática de las decisiones, procurando en lo posible la consideración de cualquier camino alternativo de cada proyecto.

El modo de comenzar a trabajar de OMA en un proyecto determinado tiene mucho que ver con la curiosidad transversal que caracterizó a los surrealistas, que se interesaron y escribieron sobre temas dispares como la psiquiatría, la religión, la política y la ciencia. Se trata de aquel hombre *soñador sin remedio*, que vuelve la mirada buscando nuevos contenidos, nuevas energías al mundo que le rodea[25]. Esta primera frase, la que podríamos denominar de curiosidad y observación, se centra en el análisis exhausti-

---

[24] Albena Yaneva, Albena. *Made by the Office of Metropoltan Architecture. An Etnogaphie of Design* (Rotterdam: 010 Publishers Uitgeverij, 2009).
[25] André Breton, *Manifiestos del Surrealismo*, 14.

vo de todas las cuestiones que pudieran ser relevantes a la hora de tomar las primeras decisiones del proyecto, en campos que de modo deliberado se escapan del ámbito de la arquitectura, indagando en otras líneas de conocimiento e investigación, como la política, la economía, la ciencia, etc., en busca de las claves que posibilitarán la respuesta arquitectónica idónea a la demandada por el encargo. "Definimos una agenda, y luego nos fijamos en el momento actual y vemos dónde y de qué manera podríamos proponer *avances* y esa forma de trabajar es completamente independiente a hacer una secuencia constante de proyectos de arquitectura."[26]

Este análisis teórico previo siempre fue fundamental para Koolhaas, que en todos sus proyectos rodeó la creación arquitectónica de una ingente carga analítica, que al final se materializa en numerosos análisis, estudios, y documentación estrictamente no arquitectónica. Hasta el punto de que la relevancia de esta *investigación perimetral* lleva a Koolhaas a materializar una nueva fragmentación de OMA con la creación de AMO en 1998, como *alter ego* de OMA[27], entidad dedicada a la concreción específica de todo ese trabajo.

El sistema de trabajo en OMA, comentábamos anteriormente, se estructura en *burbujas*: para cada encargo el *partner* responsable organiza un equipo multidisciplinar de trabajo. Este equipo, esta fracción, ocupa una parte del estudio cuya ubicación se determina en función de la ocupación del resto de *burbujas* que se desarrollan en ese momento. Es por eso por lo que el personal carece de puestos fijos de trabajo: son los proyectos los que colonizan los ámbitos, y el personal adscrito los ocupa.

Cada *burbuja* suele situarse alrededor de una mesa de maquetas, pues la maqueta, como veremos, es una de las herramientas fundamentales en el desarrollo de proyecto de OMA[28]. Ahora bien, las burbujas no son fracciones estancas, sino que existe una interactuación entre ellas. Se podría de-

---

[26] Albena Yaneva, *Made by the Office of Metropoltan Architecture. An Etnogaphie of Design.*
[27] La importancia de AMO para Koolhaas queda patente al observar la propia página web de OMA. De todos los proyectos publicados, casi el 20% se adscriben a AMO.
[28] El estudio en el que se basan estas líneas data de 2002, época en la que la producción de maquetas superaba de modo aplastante a otros mecanismos de proyecto, en la actualidad OMA ha incrementado el uso de la herramienta informática como sistema de trabajo, pero la maqueta sigue teniendo un lugar primordial en la oficina.

cir, en este sentido, que recuperan el concepto de fricción entre actividades que OMA investigó en el *Proyecto del parque de la Villette* de París, buscando premeditadamente la interacción entre grupos, de modo que las ideas puedan desplazarse, contaminarse y alimentarse de otras líneas de investigación. El taller es en realidad un espacio social, de libertad absoluta, con libertad de horarios, pero con un nivel máximo de exigencia del personal[29].

Una vez organizada la *burbuja,* y después de la investigación analítica previa de la que hablamos en líneas anteriores, le sigue propiamente la búsqueda de la respuesta arquitectónica idónea a las incógnitas suscitadas por el encargo. Esta fase del trabajo tiene también semejanzas con los experimentos llevados a cabo por Breton y el resto de surrealistas en la *Oficina de investigaciones Surrealistas*, de búsqueda de respuestas e incitación al inconsciente.

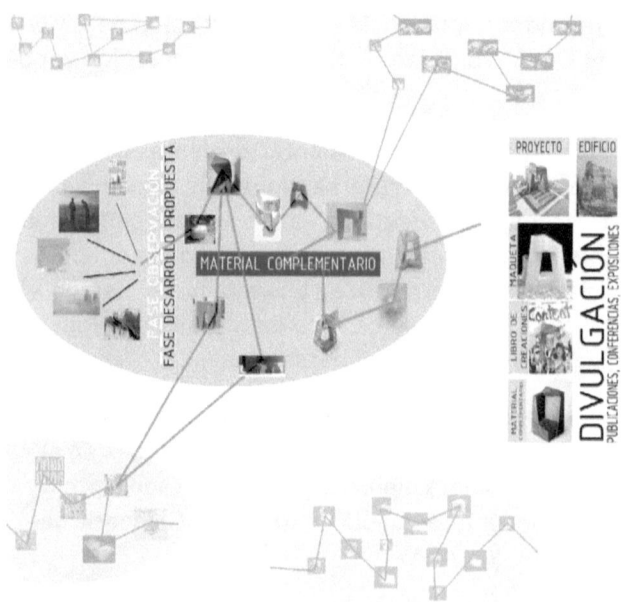

Esquema del autor sobre el sistema de estructuración del trabajo en OMA en burbujas

---

[29] La página web de OMA, tiene un apartado de ofertas de trabajo, uno de los requisitos para los aspirantes es, textualmente, olvidarse del clásico trabajo *9 to 5*.

Collage realizado por el autor sobre una lluvia de ideas de *embellecimiento irracional* de París propuestas por el grupo surrealista en 1933: sustituir las torres de Notre Dame por dos enormes botellas de vidrio.

OMA. Collage conceptual del proyecto para la sede de los Estudios Universal. 1996.

LA FRAGMENTACIÓN COMO TÉCNICA

La segunda aproximación al mecanismo onírico de la *fragmentación* lo haremos a través del territorio de la técnica. No nos referiremos ya a sistemas y metodología de concepción de proyectos, sino a proyectos específicos, buscando la existencia de *fragmentación* en cualquiera de sus niveles epistemológicos posibles. Comentábamos al inicio del presente capítulo la biunívoca relación entre el mecanismo de la *condensación* y el de la *fragmentación*, y cómo la eliminación de ciertos contenidos en virtud del primer mecanismo origina resultados fragmentarios de modo ineludible. Recordando aquellas propuestas analizadas en el anterior capítulo como, el *complejo Bizantium*, o el *Teatro de la Danza* de la Haya, recalcar que, aunque indudablemente son fragmentarios, lo son por un proceso aglutinador de condensación, el cual ya explicamos, que constituye a nuestro parecer el mecanismo epigenético de los mismos. Nos centraremos a partir de este momento en otros proyectos, pertenecientes también a la primera época de OMA, en los que existe una *fragmentación* que, sin ser consecuencia de fenómenos de condensación, se aplica directamente, de modo deliberado. Una arquitectura del fragmento fundamentada en la inestabilidad de sus componentes o en la ausencia de transiciones constructivas entre sus partes, contraponiéndose a la solidez o a la elaboración tecnológica de otras propuestas arquitectónicas contemporáneas y tomando el testigo de experimentos fragmentarios de la vanguardia contemporánea del siglo XX: fundamentalmente del cubismo, del suprematismo, el constructivismo y del surrealismo.

En estas propuestas, el proyecto se concibe como un inmenso collage tridimensional en donde las relaciones entre las partes, fundamentalmente planos, mantienen los principios de inestabilidad y provisionalidad que caracterizaron a aquellas obras de la vanguardia. No hay detalle constructivo[30], Koolhaas, como un *bricoleur,* trabaja con trozos de elementos de materiales habitualmente *innobles*: plástico, la chapa, el hormigón visto, el vinilo, la tela, el papel, etc. los cuales organiza, yuxtapone o adhiere con técnicas constructivas que se acercan a los efectos del cosido con alfileres, el pegado con cola, o la construcción de un tinglado, resultando, en fin, propuestas concebidas como grandes maquetas construidas.

Cuando Picasso y Braque, en 1912, recurren a la inclusión de elementos extraños a la pintura, adhiriendo trozos de papel a la composición, aparte de introducir un recurso en el mundo del arte que lo cambiaría para siempre, están por encima de todo destruyendo la imagen del artista todopoderoso creador de ideas de orden superior. Frente a la nobleza tanto de materiales como de temática, se incorporan a la obra elementos espurios, convencionales, residuales[31]. Aparece el concepto de lo táctil frente a lo puramente visual, y lo real (lo mundano) frente a lo ilusorio, se trata, en fin, de la popularización del hecho artístico. No es extraño, por tanto, que, *el Collage*, concebido como técnica entre los dos artistas, fraguado entre el azar y la ironía, acabe desbordándose del encuadre cubista inicial y constituyendo con el paso de los años, teórica y técnicamente, el recurso fundamental en el arte de vanguardia del siglo XX[32].

---

[30] Eduardo Arroyo, "Héroes" en *Rem Koolhaas, más que un arquitecto,* ed. por Heidingsfelder, Markus y Min Tesch, 11.
[31] José Francisco Yvars, *El siglo del Collage. Una apreciación radical*, 26.
[32] José Francisco Yvars, *El siglo del Collage. Una apreciación radical*, 16.

El surrealismo, recoge la andadura de la *fragmentación* y el *collage* explorada por las vanguardias precedentes y les inyecta las doctrinas de Freud sobre la fragmentación onírica. De este modo, el *collage surrealista* no sólo se formará necesariamente por la adición de fragmentos de materiales o recortes vacíos, sino también por la suma de fragmentos visuales de objetos o de personas cuya yuxtaposición produce un resultado sincopado y sobre todo provocador. Se trataba, como afirmaba Louis Aragón, de huir del cansancio de la pintura y construir el vehículo de una alternativa de inspiración subversiva.[33]

Pensemos, por ejemplo, en algunos de los collages visuales de Marx Ernst, de ejecución y técnica más o menos homogénea pero donde la verdadera unión fragmentada de realidades dispares se produce por el contenido de lo expresado, más allá de un *papier collé*, se trata de una superposición "que lleva al extremo las posibilidades plásticas y expresivas de la yuxtaposición visual de elementos sensibles, imágenes y signos y la sucesión de estridentes figuras del sueño y la memoria al servicio de la fantasía."[34]

POÉTICA SURREALISTA DEL DECONSTRUCTIVISMO

No es extraño que esta técnica de yuxtaposición de fragmentos, del *collage* de la vanguardia creativa de principios del siglo XX, tuviese su paralelismo en el ámbito de la arquitectura. Es preciso destacar en este sentido el carácter fragmentario de la arquitectura del constructivismo ruso. En él encontraremos uno de los antecedentes directos, en el ámbito de la arquitectura, de estas primeras obras fragmentarias de OMA. Fue el primer movimiento de vanguardia arquitectónica que dio un paso más en la exploración del fragmento, superando el simple recurso compositivo de sus compatriotas suprematistas. El constructivismo Realiza una profunda reflexión sobre la emancipación del material con respecto al conjunto constructivo y dotándole de significación y simbolismo acorde a las ideas de revolución y progreso perseguidas en las primeras expresiones arquitectónicas de la recién nacida Unión Soviética. El acero y el

---

[33] Louis Aragon, *Les collages* (París: Ed.Hermann, Collectionmiroir de l'art, 1965).
[34] Louis Aragon, *Les collages*, 42.

vidrio, los grandes protagonistas de esta etapa, manifiestan con su presencia la potente industria necesaria para su producción y la estética la impone la industria, los creadores de trasatlánticos, de aviones y de trenes[35].

El conocimiento del constructivismo ruso por parte de la comunidad internacional fue ciertamente opaco a partir de los años 30 y durante la mayor parte del siglo XX. Un doble ocultamiento, tanto por el propio sistema soviético, que acabó repudiándolo en pro del *clasicismo socialista*, como por la propia hermeticidad del *telón de acero,* impidió una transmisión hacia occidente de las investigaciones constructivistas. A partir de los años 70, con el comienzo de la denominada *coexistencia pacífica* entre la URSS y EEUU y la firma de varios tratados comerciales entre ambos, se inicia cierto aperturismo que revivió, entre otras cosas, el interés por las ideas de aquellos soviéticos idealistas de los años 20. Esta revisión, unida a la decadencia de la arquitectura del Movimiento Moderno, colocó al constructivismo en una línea prominente de referencia en la arquitectura de vanguardia de la época. Ya vimos como Koolhaas se introduce en los círculos que por aquellos años se esfuerzan en extraer de aquel movimiento denostado el combustible para nuevas propuestas arquitectónicas.

Un grupo notable de estos arquitectos, influidos directa o indirectamente por la fuerza de aquellas creaciones, comenzaron a producir una arquitectura con referencias claras al sistema compositivo fragmentario explorado por los constructivistas, ligada a su vez a un entendimiento colectivo del sistema de trabajo. La fragmentación compositiva introduce una nueva variable de primer orden en la gestación de estos edificios, así como los diferentes mecanismos para resolver la relación entre las diferentes partes *fraccionadas* que lo constituyen: Yuxtaposición, superposición, macla, pliegue, separación, absorción, corte. Estos nuevos arquitectos de los años 70, encuadrados en una sociedad capitalista que critican y renegados tanto de los postulados del Movimiento Moderno como de los excesos formales de los nuevos postmodernismos, se encuentran, sin embargo, alineados en esta posición crítica, negativa. No sorprende, por tanto, que en su repertorio epistémico recurran no solo a formas y procedimientos del cons-

---

[35] Maria Ametova, Jean-Louis Cohen, Christina Lodder, Richard Pare, Maria Rogozina, Maria Tsantsanoglou, *Construir la Revolución. Arte y Arquitectura en Rusia 1915-1935* (Barcelona: Fundación "la Caixa"; TURNER, 2011), 27.

tructivismo, sino que complementen sus propuestas con *modus operandi* extraídos directamente de algunas *vanguardias negativas* como el surrealismo o el Dadá, que defendieron, la crítica, la irreverencia, el escándalo, lo irracional o el caos; proponiendo "la recuperación de los mecanismos del *automatismo* y del equívoco sensorial de los surrealistas".[36]

La exposición *Deconstrustivist Architecture*, organizada en el MoMA de Nueva York por Philip Johnson y Mark Wigley en 1988, recogió este proceder introduciendo a sus protagonistas en la categoría de grupo de vanguardia. La muestra aunó propuestas tanto de Koolhaas[37] como de Frank Gehry, Daniel Libeskind, Peter Eisenman, Zaha Hadid, Coop Himmelb(l)au y Bernard Tschumi. Se planteó como un acto de rebeldía ante la fuerza que empezaban a tomar los planteamientos posmodernos. De hecho, los arquitectos que formaban la muestra, aunque ya con cierta heterogeneidad de planteamientos, tenían en común un posicionamiento antitético ante la alternativas posmodernas de recuperación de la arquitectura histórica frente a la arquitectura del Movimiento Moderno, defendida, desde ópticas también ciertamente diferenciales, por arquitectos como los Krier, Robert Venturi, Michael Graves, incluso el propio Aldo Rossi[38].

Entre muchas de las particularidades que caracterizan a los participantes de la exposición del MoMA, *la fragmentación* es la principal cualidad común. No solo fragmentación física de sus edificios, concebidos como una inestable agregación de elementos y componentes, sino también fragmentación como estrategia e ideología. Esta circunstancia queda de manifiesto en el título de la publicación *Violated perfection. Architecture and fragmentation of the modern*, consecuencia de otra exposición sobre los mismos autores celebrada en Chicago, previa a la del MoMA organizada por también por Johnson.

La voluntad de vinculación por parte de los organizadores de la exposición del MoMA entre estos primeros proyectos adscritos a la deconstrucción y sus antecedentes soviéticos es manifiestamente palpable

---

[36] Josep María Montaner en referencia al deconstructivismo, *Después del Movimiento Moderno. Arquitectura de la segunda mitad del siglo XX*, 228.
[37] La nota de prensa de la exposición no se refería a OMA sino a Koolhaas.
[38] Patricia G. Chimeno, "MoMA. Deconstructivismo 25 años después", 06 de febrero de 2013, blog de Edgar González, acceso el 02 de Marzo de 2016, http://www.edgargonzalez.com/2013/02/06/deconstructivismo-25-anos-despues/.html.

hasta el punto de que la muestra neoyorquina se complementó con imágenes y cuadros del suprematismo y edificios constructivistas de los años 20 y 30 pertenecientes a los fondos del museo. Todos estos nuevos constructivistas retoman con mayor o menor claridad el repertorio formal fraccionario de sus antecesores rusos, potenciando las relaciones entre los fragmentos e incrementando la intensidad de estas hasta elevarlas al grado de catástrofes[39]. La fragmentación de estos ejemplos de la deconstrucción se apoyará en lo irracional, lo contingente y lo inestable, desde las *folies* o *Locuras* de Bernard Tschumi insertadas en el Parque de la Villette de París, pasando por los sorprendentes fundamentos que motivan la formalización del Centro de Biología de Frankfurt de Peter Eisenman, hasta la construcción imposible del centro de ocio *The Peak* de Zaha Hadid. Incertidumbre creativa[40], locura, irracionalidad, ruptura y caos: salta a la vista cómo el modo surrealista se ha insertado en aquellos principios de los constructivistas, siempre racionales, de expresión de una ideología renovadora y exhibición de una nación fuerte.

Proyectos integrantes de la exposición del MoMA de 1988
Frank Gehry. *Gehry house*. Santa Mónica. 1977-1987.   Rene Magritte. *La poitrine*. 1961.

---

[39] Vicente Esteban Medina, "Forma y composición en la arquitectura deconstructivista" (tesis doctoral, Universidad Politécnica de Madrid, ETSAM, 2003), 379, http://oa.upm.es/481/.pag. 115 citando a Fernández Galiano, Luis. "La casa Rusia, aprendiendo de los constructivistas" pag 5. En arq. Viva numero 11
[40] Javier Maderuelo, *El espacio raptado: interferencias entre arquitectura y escultura* (Madrid: Mondadori España, 1990), 319.

Si nos detenemos en la consideración fragmentaria entre algunos de los arquitectos que formaron parte de la muestra de 1988, encontramos cómo el entendimiento del fragmento por parte de Koolhaas difiere sustancialmente del planteamiento de sus compañeros. Para Bernard Tschumi, por ejemplo, la condición fragmentaria es inherente al momento actual y reconoce que "la arquitectura sólo existe a través de mundo en el que se ubica. Si este mundo implica disociaciones y destruye la unidad, la arquitectura lo reflejará inevitablemente. La fragmentación de nuestra loca situación contemporánea sugiere inevitablemente reagrupamientos nuevos e imprevistos de sus fragmentos"[41]. Los proyectos de Tschumi de esta época experimentan con la inserción de fragmentos, que suele concebir en rojo intenso, en un campo virtual determinado de interacción, provocando relaciones entre ellos que interfieren con el resto del programa. Estos fragmentos autónomos pueden ser recombinados a través de una serie de permutaciones cuyas reglas se separaran de aquellas que estructuraron el clasicismo o el Movimiento Moderno."[42]

En el caso por ejemplo de Frank Gehry, el fragmento constituye la base de su *léxico* arquitectónico. Tanto sus primeras propuestas como sus obras actuales, alejadas siempre de los principios de tipología y contextualismo, posibilitan una intervención sin prejuicios fundamentada en una confrontación de fragmentos y un diálogo entre formas elementales que surge de un particular entendimiento del programa: "lo que más me gusta es romper el proyecto en tantas partes como sea posible...en lugar de entender una casa como una sola cosa, yo la veo como si fueran diez cosas distintas"[43]. Consiste la labor del arquitecto en relacionar dichos fragmentos entre sí, dejando que las figuras geométricas "se sometan a la acción del campo de fuerzas del medio en el que van a vivir"[44].

---

[41] Vicente Esteban Medina, "Forma y composición en la arquitectura deconstructivista", 166.
[42] Vicente Esteban Medina, "Forma y composición en la arquitectura deconstructivista", 166.
[43] Barbarale Diamondstein, entrevista a Frank O. Gehry, *American Arquitecture Now* (Nueva York: Rizzoli, 1980).
[44] Rafael Moneo, *Inquietud teórica y estrategia proyectual en la obra de ocho arquitectos contemporáneos*, 258.

En este modo de operar, en el que existe un punto de coincidencia claro con el trabajo de OMA[45], aparece el valor de la maqueta como elemento de trabajo: la maqueta entendida no como representación reducida del edificio, sino como instrumento pragmático de proyecto. De modo análogo que los collages para la vanguardia artística tienen que ser entendidos no como piezas autónomas sino como fases de una propuesta experimental global del autor.

La propuesta presentada por Koolhaas en la exposición, el proyecto de los apartamentos Boompjes de Rotterdam, de 1980, un estudio sobre la edificación en altas densidades encargado a OMA por el departamento de planificación de la ciudad, a la que ya nos referimos en relación con el crecimiento aleatorio de sus partes, investiga la fragmentación volumétrica de sus fachadas en búsqueda de efectos a escala territorial. El complejo se sitúa en una estrecha franja de terreno flanqueada por el río Nuevo Mosa y los canales y es atravesado longitudinalmente por varias vías rápidas. Un auténtico *espacio basura* en el que OMA ve una oportunidad para vincular el río con la ciudad. Las referencias constructivistas son evidentes tanto en la formalización de la propuesta como en su grafismo, sobre todo en la torre proyectada junto al río. Reinterpretación prácticamente literal de la tribuna de Lenin diseñada en 1924 por El Lissitzky. La idea del proyecto parte de una tipología de losa[46] que, mediante un fraccionamiento sucesivo y repetitivo, transforma el bloque en una suerte de pequeños rascacielos adosados cuyas fachadas, bien de piedra, bien de cristal, reflejan la luz del entorno y las imágenes del cielo y del agua circundante. Un proyecto a-simétrico, a-jerárquico y de formalización ambigua. Un collage a escala urbana, preludio de las propuestas que OMA llevaría a cabo en los años sucesivos. Expresión de la particular interpretación del fenómeno de la fragmentación en un edificio. Se trata, sin embargo, de una fragmentación tranquila, en el lado opuesto de las propuestas de Hadid o Himmelblau, y desprovista de la ironía de las inserciones de Tschumi o de Gehry. Una fragmentación compatible con *la nueva sobriedad* que OMA propone como alternativa. Denominémosla en comparación con sus compañeros de la muestra del MoMA una *fragmentación sobria*.

---

[45] Rafael Moneo, "Permanencia de lo efímero, La construcción como arte transcendente". AV monografías, n.º 25 (1990): 9-12.
[46] "Boompjes", sitio Web de OMA, acceso el 2 de febrero, http://oma.eu/projects/boompjes.html.

Podemos hacernos una idea del caleidoscópico panorama con el que los visitantes se encontraban en la exposición del MoMA: no es estrictamente postmodernismo ni es un nuevo episodio del Movimiento Moderno. Nos encontramos, por tanto, con un *tertium datur* contrario a la lógica aristotélica y tan presente siempre en el surrealismo: una tercera vía, donde dos caminos antitéticos se engarzan indisolublemente, al igual que el surrealismo asumió el papel de esa tercera salida en la dialéctica expresionismo-formalismo de los años 20 y 30.[47]

OMA. *Complejo residencial Boompjes*. Rotterdam. 1981. Acuarela, fachada fragmentada hacia la ciudad.

OMA. *Complejo residencial Boompjes*. Rotterdam. 1981. La torre constructivista.

El Lissitzky. *Tribuna de Lenin* .1924.

Vamos a centrarnos en una serie de proyectos de OMA en los años 90, propuestas herederas de los principios expuestos en el proyecto de Boompjes. Se adscribirán a lo que podríamos denominar la *fase deconstructivista* de OMA, entre 1985 y 1995, de ese deconstructivismo moderado y sobrio, eso sí, sin dejar de lado que durante esta década Koolhaas además, dentro de su habitual heterodoxia, concibió proyectos distintos y con otros intereses. Estas propuestas albergan un particular planteamiento constructivo cercano al *collage*, con métodos de agregación de planos semejantes a aquellas composiciones de superposición de materiales en crudo. Como los trozos de tela, plástico o periódico que se adherían, provocando un *conflicto plástico* en el soporte, de elementos extrañados. De modo similar,

---

[47] Juan Carlos Arnuncio Pastor, *La actitud surrealista en la arquitectura. Entre lo grotesco y lo metafísico*, 83.

Koolhaas insertará un *paño* de policarbonato, varios *trozos* de aluminio curvado, un *plano* de hormigón..., el fragmento del material se encontrará por encima de la prevalencia de la sintaxis habitual del lenguaje arquitectónico que supedita sus componentes al conjunto del subsistema constructivo: fachada, cubierta, etc. al que pertenece normalmente.

El detalle constructivo consistirá fundamentalmente en una incómoda sutura entre materiales para pasar de uno a otro por proximidad, de un modo drástico. Y cómo en la ausencia de una construcción elaborada que posibilita la cohesión y unidad de un proyecto determinado, Koolhaas utiliza recursos novedosos, que tienen más que ver con *el pegamento* "La ausencia del detalle constructivo se convierte en un hecho fundacional del collage arquitectónico"[48]. Sustituirá la clásica organización aglutinante del proyecto entre los sistemas estructurales y la envolvente por una concatenación de múltiples y débiles uniones, casi provisionales, que cercenan la solidez compositiva, sustituyéndola, al igual que los *collages*, por un conglomerado de accidentes inestables, obligando al espectador a formar parte vigilante de la estabilidad del edificio. Y así, la estructura, deja de ser un sistema de primer orden, de grandes elementos portantes que transportan de modo racional las cargas hasta el terreno y se transforma en los alfileres de los *collages* picassianos.

OMA. Los alfileres estructurales del *Congrexpo* de Lille.

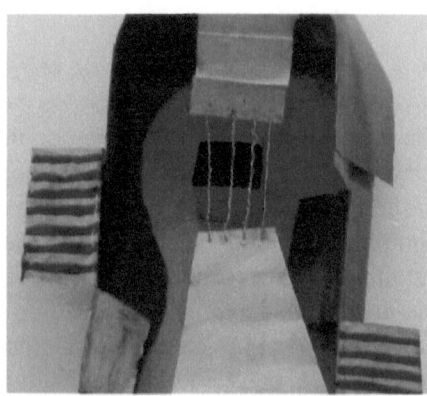

Pablo Picasso. *Collage. Guitarra.* 1924.

[48] Santiago De Molina, *Collage y arquitectura. La forma intrusa en la construcción del Proyecto Moderno*, 165.

I NATURALEZA MUERTA: DOS CAJAS, MADERA, VIDRIO Y AGUA

Este es el planeamiento de la propuesta de la Villa Dall´Ava, en St. Cloud, cerca de París, desarrollado entre 1985 y 1991. El proyecto, uno de los de mayor trascendencia en OMA, atesora una importante carga metafórica autobiográfica, pudiendo llegar considerarse como uno de los primeros ejemplos construidos de la *fragmentación Sobria*.

El planteamiento de la vivienda parte de la ya aludida concepción fragmentaria de la familia para Koolhaas. Probablemente una influencia de su propio entendimiento de la vida familiar, considerando dos partes diferenciadas para las dos generaciones, padres e hijos, que de modo habitual componen la unidad familiar. De este modo podríamos definir la vivienda como la disposición de dos cajas separadas flotando en el espacio, que se corresponden con las habitaciones para los padres y para la hija del matrimonio. El resto del programa, correspondiente con la zona diurna, constituye el enlace entre ambas. Este planteamiento se aprecia de modo claro tanto en los *collages* previos, así como en la maqueta realizada en la fase de proyecto, hasta el punto de que el edificio finalizado mantiene esta idea de planos adheridos, conservando una apariencia de maqueta construida a escala natural. Si las cajas se conciben como elementos tridimensionales cerrados y homogéneos, el resto del programa no tiene una configuración volumétrica definida y precisa al formarse por una agregación inestable de planos abiertos, casi como *planites* de Malevich. La superposición de estos planos, como recortes dispares de distintos materiales (hormigón, piedra, madera, vidrio, lámina de agua) contrasta con la hermeticidad de las dos cajas metálicas a las que se adhieren de modo incomodo, en un intento de afianzamiento insuficiente que exige un apuntalado, rápido, *provisional,* del conjunto mediante *improvisados* puntales, que posibilitan la estabilidad definitiva.

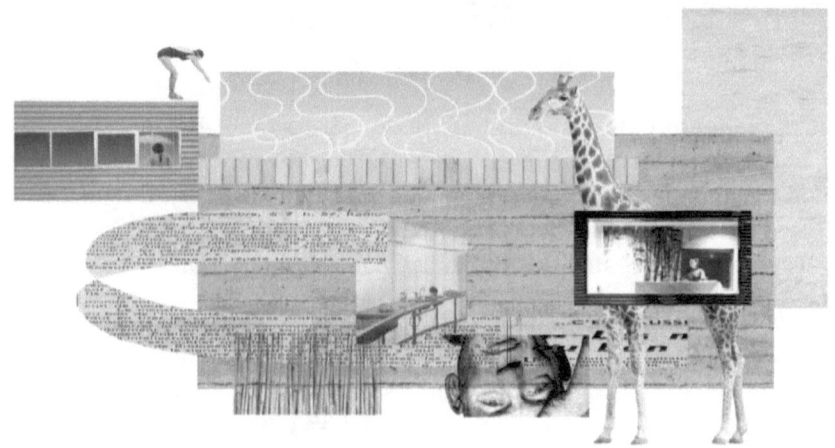

Collage conceptual de la Villa Dall´Ava elaborado por el autor cuyo título podría ser: *Naturaleza Muerta: dos cajas, madera, vidrio y agua.* 1990.

Las características intrínsecas del *collage*, se encuentran plenamente desarrolladas en el proyecto: la yuxtaposición de materiales de modo inmediato, la utilización de materiales espurios, deliberadamente innobles: tela, plástico, bambú, etc. El arquitecto inserta, en un *modus operandi* puramente surrealista, un artefacto *póvera* para tormento[49] de los vecinos del acomodado barrio parisino cuyas viviendas por lo general reproducen la tipología del *chateau francés*. El recurso a la construcción provisional y *de obra* es innegable[50]: Las dos cajas metálicas de los dormitorios, de chapa grecada, se muestran como sendos contenedores o casetas de obra, los pilares inclinados recuerdan a un apuntalado de un forjado en fase de curación, la escalera escamoteable metálica es similar a las de los andamios. El hormigón sin tratar, el policarbonato del interior definiendo el espacio de la cocina, y los vallados de obra de la azotea, refuerzan esa idea de una instalación auxiliar y provisional.

La construcción refuerza la idea perseguida por Koolhaas en una doble dirección. Por un lado, las cajas se construyen de modo que se refuerza

---

[49] O.M.A., Rem Koolhaas and Bruce Mau, *S, M, L, XL*, 135.
[50] Ver en el capítulo dedicado al desplazamiento onírico la utilización de materiales extraños en algunos proyectos de OMA:

su carácter de volumen tridimensional, propiciando una continuidad de la chapa metálica en las esquinas y cerrando los huecos incluidos en su volumen con vidrio en el plano de fachada. Siempre con soluciones básicas, carentes de remates, goterones o transiciones que pudieran entorpecer la *inmediatez* de las piezas. Los planos del resto de la vivienda, sin embargo se construyen de modo inverso, forzando la diferenciación entre materiales, modificando el plano en el que se sitúan y dejando libres sus extremos, evidenciando su ausencia de volumen. El muro de hormigón que cierra la vivienda en su alzado Este, se concibe como el plano principal, actuando como el lienzo al que se adhieren las distintas partes, planos y cajas. Su perímetro vuela con respecto al resto de planos de la vivienda, remarcando su cualidad de soporte conceptual.

TINGLADO

Junto con la parisina Villa Dall´Ava, es en el proyecto del *Congrexpo* de Lille de 1990-1994 donde encontramos una muestra incluso más rotunda de un *papier colle,* en este caso, a gran escala. La difícil traslación del mecanismo adhesivo del *collage* se complica en un edificio de una longitud equivalente a la torre Eiffel. La traslación de la idea de la maqueta al proyecto, que en la villa de St. Cloud se materializa prácticamente de modo mimético, sufre con el aumento de escala, lo que obliga a determinadas modificaciones de este en el sistema estructural. Las leyes físicas que posibilitan que dos papeles se adhieran con un alfiler y un punto de cola de contacto, sufre de modo exponencial al aumentar el tamaño de la intervención.

 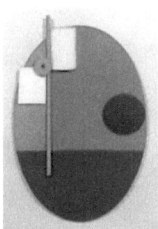 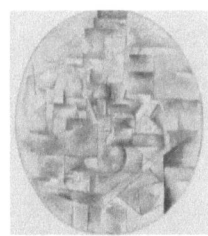 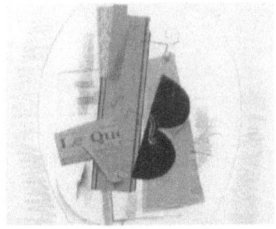

La maqueta de la primera versión del *Congrexpo* comparada con distintos collages y composiciones de la vanguardia pictórica del s. XX: Jean Arp, Picasso y Braque. La composición circunscrita a un óvalo o una elipse fue motivo recurrente para estos artistas.

El proyecto, el único que desarrolla OMA en su propuesta de ordenación urbana de Euralille, la denomina *Congr-expo*, lo que en cierta manera evidencia ya, antes de su propia planificación, la voluntad de formación del edificio como yuxtaposición de piezas independientes, huyendo del nombre real del edificio: Grand *Palais*[51]. Se trata como ya explicamos de un huevo gigante cortado radicalmente en tres fragmentos con el criterio de las bandas paralelas del proyecto del parque de la Villette: la sala de conciertos, denominada *sala Zenit* con capacidad para 6000 espectadores sentados, la franja central ocupada por el *Palacio de Congresos*, formado por tres auditorios y salas de conferencia, y por último el *Palacio de Exposiciones,* un gran espacio que a su vez puede subdividirse mediante paneles plegables, con el mismo criterio de bandas, en otros tres grandes *halls* denominados Londres, París y Bruselas. El resto de los espacios también permiten subdivisiones escamoteables, fraccionamientos infinitos para posibilitar un máximo grado de polivalencia de los espacios.

Constructivamente, sólo la Sala Zenit es consistente: ejecutada en hormigón y descansando sobre potentes pilares del mismo material. El resto se resuelve de modo inconsistente, provisional, mediante planos ligeros, donde la ausencia de grosor hace que parezcan casi papeles. Los vidrios de la parte central se fracturan también como un surrealista impacto sobre un vidrio. Esta fragilidad múltiple precisa de una máxima diversificación del sistema estructural, múltiples soluciones locales a los *problemas* de estabilidad del edificio: muros de carga, pilares de hormigón, metálicos, cerchas, tirantes, cruces de San Andrés. Koolhaas nos muestra todos los recursos estructurales imaginables, en el extremo opuesto al de una configuración global del sistema portante.

---

[51] "Congrexpo", sitio web de OMA, acceso el 20 de diciembre de 2014, http://oma.eu/projects/congrexpo.html.

OMA. *Congrexpo*. El fraccionamiento se produce a todas las escalas, el cierre de la zona central del centro de congresos se rompe en decenas de dedazos de vidrio con distintas orientaciones como un vidrio agredido por una piedra. Véase la semejanza con el cuadro de Rene Magritte *La clef des Champs* (detalle) de 1936, a la derecha.

El cerramiento perimetral, delgado como una cáscara de huevo, se *fractura* también al domarse en coherencia con la forma del edificio. No hay remates, no hay suturas ni transiciones. El cambio de material sucede, como en los collages, de modo drástico. "Arquitectónicamente es escandalosamente simple"[52]. La construcción se obstina en potenciar el efecto de la fragmentación de planos sin grosor. El gigante ovoide de la cubierta, ejecutado mediante un forjado colaborante soportado por celosías con el alma inferior de madera, se desmaterializa unos metros antes de llegar a su borde en un complejo sistema estructural que le permite a Koolhaas rematar el plano de la gran cubierta en una línea sin espesor, como el filo de un cuchillo. Los planos de fachada, de poliéster y chapa ondulada de aluminio se fraccionan y se separan entre sí. Los encuentros con suelo y cubierta también se diseñan para forzar la idea de separación de planos.

DECONSTRUCCIÓN SOBRIA

El tercer y último edificio al que nos vamos a referir, perteneciente a esta familia de proyectos fragmentarios adscritos a lo que hemos venido en

---

[52] "Congrexpo", sitio web de OMA, acceso el 20 de diciembre de 2014, http://oma.eu/projects/congrexpo.html.

denominar *deconstrucción sobria,* es el *Educatorium* de Utrecht, de 1993-1997[53]. Se trata de un proyecto de gran relevancia dentro de la evolución teórica proyectual de Koolhaas, y es un ejemplo construido que anticipa otros territorios de exploración en OMA como la investigación sobre los espacios intersticiales y los pliegues del continuo suelo-techo.

El *Educatorium*, nombre inventado que evidencia su carácter experimental como edificio capaz de activar la educación en todos los sentidos, se encuentra en el campus de la Universidad de Utrecht. El Complejo se plantea como una extensión y conexión de otros dos edificios ya existentes en el campus, con la misión de albergar un programa polivalente en el que se incluyen dos auditorios, aulas para exámenes, zonas de reunión, una gran cafetería restaurante y un parking cubierto de bicicletas. El edificio, por su ubicación y configuración, se diseña como un verdadero *condensador social*, un lugar de encuentro entre alumnos y profesores. Aunque en los croquis iniciales el proyecto preveía un gran espacio de descanso, en la propuesta definitiva Koolhaas decide que este papel lo asuma la gran superficie dedicada a los espacios *in between* que rodean las estancias principales, De modo que, una vez más, la *trajectory* koolhaasiana se trasforma en una *perfomance architectural*. Como en el edificio del Kunsthal de Rotterdam, como una atracción de *Coney Island* donde las experiencias sensoriales y fortuitos encuentros entre los usuarios son siempre sorprendentes.

El esquema del edificio se resuelve a partir de la sección, concebida como dos formas en U que se intersecan y que, a su vez, sectorizan programáticamente el complejo en dos mitades. El proyecto continúa con la investigación ya llevada a cabo por Koolhaas en las bibliotecas de Jussieu del plegado sucesivo de una superficie y así condensar unas circulaciones y unas actividades de connotaciones urbanas en un determinado espacio tridimensional.

Si en la Villa Dall´Ava, y en referencia a su planteamiento como un collage tridimensional, veíamos como el gran muro de hormigón funcionaba como soporte del complejo dispositivo que suponían el resto de piezas y

---

[53] Es significativo que nos hayamos referido ya a estos tres proyectos en el apartado del simbolismo ya que los tres incorporan, de una u otra manera, referencias al símbolo del huevo, incluido también el *Kunsthal* que pertenecería a esta *familia* de proyectos de la fase deconstructivista de OMA.

planos que se iba adhiriendo a él, en este caso Koolhaas tumba el modelo, de forma que el soporte conceptual de todos los fragmentos es la lámina plegada que resuelve suelos y techos, recurriendo a los más inverosímiles recursos para evitar aumentar el grosor de dicha capa en zonas de máxima luz y mantener en todo momento palpable la cualidad de hoja de papel doblada sucesivamente. De este modo, la estructura se independiza de esta superficie, precisando un continuo apuntalamiento del plano. Igual que en la vivienda parisina, las dos cajas, unidades habitacionales de distintos materiales, se adherían al muro soporte, en el *Educatorium* los dos auditorios, concebidos también como piezas singulares el *Megaron* y el *Theatron*, quedan atrapados entre los pliegues del gran lienzo.

Nos encontramos ante uno de los edificios con mayor grado de fragmentación de la obra de Koolhaas. Partiendo del gran pliegue suelo-techo, los paramentos verticales, tanto exteriores como interiores, de modo complementario a la hoja plegada, permiten organizar el programa y configurar las fachadas, que se resuelven con los más variopintos e inusitados materiales. Koolhaas renuncia al diseño delicado, al edificio joya. El *Educatorium* se concibe como una simple infraestructura climatizada, de modo que la tecnología constructiva orbita en este territorio: el del garaje, el de la industria o el del *mall*. Galvanizados, plásticos, chapas grecadas, suelos continuos, mallas electrosoldadas, tableros de encofrar o infraestructuras vistas de climatización y pluviales, ingredientes de un proyecto que parece una instalación provisional o de edificio en obras, connotaciones que ya apreciábamos en la vivienda de París y en el *Congrexpo*.

OMA. *Educatorium* de Utrech. La fachada sur. Detalles de los encuentros entre el fragmento de U-glass con las superficies acristaladas.

EL DESPLAZAMIENTO

Con el *desplazamiento* nos adentramos en el último de los mecanismos oníricos desfiguradores que Sigmund Freud analiza pormenorizadamente en *La interpretación de los sueños*. En palabras del psiquiatra austriaco: "Ningún otro proceso contribuye tanto a ocultar el sentido del sueño y a hacer irreconocible la conexión entre contenido manifiesto y las ideas latentes"[1]. Este mecanismo, en la ardua tarea de la psique de disfrazar los mensajes del inconsciente, trabaja como un prestidigitador cambiando las cosas de sitio: conceptos, elementos, palabras, personas, etc. Traslada el interés de un sueño de una representación a otra distinta: la intensidad psíquica de lo verdaderamente importante, lo que la psique considera fundamental en la transmisión onírica, se desvía a contenidos secundarios con el objeto de burlar a las resistencias y posibilitar su entrada en la parte consciente como un elemento sin aparente importancia[2]. Lo más relevante de esta cuestión, es que, sin el análisis clínico psicoanalítico, nuestra consciencia aparentemente no comprende el mensaje: sueña algo extraño, absurdo o grotesco y a la postre incomprensible. Esta cuestión fascinó al surrealismo, que unas veces, investigó e interrelacionó inconsciente y consciencia como en el caso de la pintura paranoico-crítica de Salvador Dalí, autentica recreación del inconsciente del pintor, o que en otras ocasiones se limitó a reproducir este lenguaje del absurdo, sin pretender insertar, como en el caso de Magritte, mensajes ocultos asociados a lo mostrado en la pintura, circunscribiéndose exclusivamente al ámbito de la razón, eso sí jugando con ella, y en ocasiones poniéndola en entredicho.

El *desplazamiento* es uno de los mecanismos más explorados en el mundo de la creación artística, responsable de lo que podemos denominar la *remodelación temática* o la distorsión voluntaria o involuntaria por parte del creador del material creativo mediante desplazamientos sucesivos que trasforman y ocultan la intención creativa personal proveniente del inconsciente en la obra de arte. El psicoanálisis se obstinó, entre otras cosas, en la búsqueda de aquellos contenidos que hasta ahora habían pasado inadvertidos para los críticos del arte y en la elaboración de esas nuevas lecturas que investigan sobre dichos mensajes escondidos, desplazados. El surrealismo, por su parte, no dejará pasar esta oportunidad

---

[1] Sigmund Freud citado por Isabel Paraíso, *Literatura y psicología*, 86.
[2] Sigmund Freud, *Introducción al psicoanálisis*, 219.

de revisitar la historia de la creación artística con la mirada psicoanalítica que en ocasiones anula las interpretaciones tradicionales de la obra de arte, y beberá de esta nueva puerta abierta hacia el misterio.

En *La interpretación de los sueños* analizando la obra de *Hamlet*, por ejemplo, el fundador del psicoanálisis nos revela cómo tras la historia literaria dramática y de venganza del príncipe de Dinamarca, se encuentra oculto, desplazado, el trauma del complejo de Edipo de Hamlet hacia su padre, en el que el propio Shakespeare, al que Breton calificó de surrealista[3], se identifica personalmente y nos transmite la angustia del conflicto, de modo ciertamente imperceptible para el espectador cuya atención se centra en la trama *manifiesta* de la tragedia. Solo el análisis psicoanalítico nos descubre el mensaje latente y la auto identificación velada entre el poeta inglés y su personaje. También nos demostrará Freud en su estudio de 1914 *El Moisés de Miguel Ángel*[4], como el artista toscano, fue capaz de ocultar en esta obra escultórica universal, un aspecto tan personal como la pésima relación que tenía con el Pontífice Julio II para cuya tumba esculpió la pieza, subrayando de este modo la importancia del análisis exhaustivo de los pequeños detalles que pasan desapercibidos por el encuadre principal de la obra porque en ellos el artista expresa los procesos anímicos ocultos.[5]

Esta ocultación, es más notoria aún en el controvertido estudio de 1910 de Freud titulado *Un recuerdo infantil de Leonardo da Vinci*[6] que tiene como objeto el cuadro del artista florentino *Santa Ana, La Virgen y el Niño*, pintado alrededor de 1510. Según el psicoanalista el ropaje de la virgen esconde la figura de un buitre, incorporado inconscientemente por Leonardo en el cuadro como rememoración de un sueño de su infancia en el que un buitre acudió a su cuna y le golpeó repetidamente con la cola en la boca. Este sueño, dice Freud, aparte de expresar de modo desplazado la condición homosexual de Leonardo, supondría además, una alusión desplazada de la progenitora del artista, justificada al ser el buitre una representación de la madre en distintas culturas, por ejem-

---

[3] André Bretón, *Manifiestos del surrealismo*, 45.
[4] Sigmund Freud, *El Moisés de Miguel Ángel* (Madrid: Casimiro libros, 2011).
[5] Carmen Loza Ardila, "Psicoanálisis, arte e interpretación" en *Anuario de psicología clínica y de la salud* (Sevilla: Universidad de Sevilla, 2005), 60.
[6] Sigmund Freud, *Leonardo Da Vinci* (Londres: Routledge, 2001).

plo en los jeroglíficos egipcios, realimentando su significado como el recuerdo del pezón de la madre de Leonardo al mamar. La interpretación Freudiana, pese a la diatriba generalizada de la crítica del arte y ciertos errores de interpretación (Freud parte de una premisa errónea pues fue un milano y no un buitre el animal del sueño de Leonardo) encontró grandes defensores, incluido Lacan, que coincide con Freud en la importante carga sublimatoria en la obra del pintor renacentista y en la proyección continua de aspectos personales desplazados de modo inconsciente en sus cuadros.

Leonar56do Da Vinci. *Santa Ana, La virgen y el niño*. 1510. La figura del buitre descubierta por Freud en el cuadro.

Dejando a un lado si la exégesis freudiana es acertada o se fundamenta en un dato erróneo que invalida toda la investigación, lo más relevante de esta interpretación es que abre un campo inusitado hasta entonces del análisis de la obra de arte, cuestión capital para los surrealistas. Uno de los ejemplos más claros de este nuevo sistema hermenéutico lo supondrá el método Paranoico-Crítico de Salvador Dalí y los experimentos interpretativos de obras ajenas como la llevada a cabo en su texto de *El Mito trágico de El ángelus de Millet*[7], cuya conexión con el texto de Freud sobre Miguel Ángel es evidente. Sobre esta nueva mirada hacia el arte en particular y hacia el mundo en general apologizará Rem Koolhaas al defender el método daliniano como el idóneo para una reivindicación de lo inconsciente y una reinterpretación necesaria de la vida con el objeto revolucionario de lograr el "descrédito total del mundo de la realidad".[8]

TERGIVERSACIÓN

De todos los mecanismos oníricos de los que estamos dando cuenta en este texto, recursos del inconsciente e instrumentos del surrealismo, sobre los cuales indagamos y cuya presencia buscamos en la propuesta arquitectónica de Rem Koolhaas, podemos afirmar que el *desplazamiento* es uno de los mecanismos donde la relación entre el arquitecto holandés y el movimiento parisino se antoja más evidente y palpable. Es cuestión lógica, si consideramos que el punto de partida de la teoría arquitectónica de Koolhaas se fundamenta en un auto-desplazamiento de la vanguardia arquitectónica de la época en la que nace y se posiciona en un camino divergente al resto de propuestas coetáneas: la teoría de Koolhaas desde esta perspectiva, se construirá mediante el descrédito de lo habitual, lo repetido y lo asumido y se construirá a partir de lo extraño, lo inverosímil y lo sorprendente. En este capítulo vamos a referirnos a tres maneras en las que se materializa el desplazamiento que encontramos repetidamente en la propuesta arquitectónica de OMA y que tienen una equiparación directa con los tipos de desplazamientos a los que hace mención Freud relacionándolos con otros tantos conocidos recursos surrealistas: El *objet trouvé*, El *détournement* y el *trompe l'oeil*.

Con el recurso del *objet trouvé* u *objeto encontrado*, nos referiremos a la continua utilización por parte de OMA de mecanismos de concepción de edificios-objeto, cuya presencia se separa deliberadamente de la imagen

---

[7] Ver el capítulo de este texto dedicado a *la locura*, donde se explican pormenorizadamente las características del método daliniano.
[8] Salvador Dalí citado por Rem Koolhaas, *Delirious New York*, 235.

arquetípica arquitectónica, mediante operaciones de alteración en el tipo, la forma y la escala del edificio, como hiciera en su caso el Dadá y el surrealismo, buscando el impacto o incomprensión del visitante.

Con el *détournement*, investigaremos la utilización de elementos en los edificios pertenecientes a otros ámbitos, *desplazados* de su ubicación habitual, utilizados de modo sorprendente, cambiados de sitio, de función y de tamaño. Entronca este proceder con el fenómeno del *extrañamiento* surrealista en el sentido que lo definió el Formalismo Ruso, *ostranenie*, pero más que con la cualidad ingenua de herencia Dadá se vincula a la idea de tergiversación, *détournement*, acuñada por el letrismo y el situacionismo, que retuerce aún más el extrañamiento sustituyendo el azar, la inocencia y el nihilismo dadaísta por alteraciones y desplazamientos que incorporan siempre feroces críticas contra el sistema y en los que Koolhaas se mueve con comodidad:

> "La tergiversación no sólo conduce al descubrimiento de nuevos aspectos del talento; al chocar frontalmente con todas las convenciones legales y sociales se convierte en un arma cultural poderosa e infalible al servicio de una verdadera lucha de clases"[9].

El *Trompe l'oeil*, el trampantojo, en la propuesta arquitectónica de OMA, supondrá la inhabitual utilización del lenguaje constructivo, de los materiales de construcción apartándose de la sinceridad constructiva con la que se identificó por ejemplo el Movimiento Moderno: materiales que simulan ser otros, despieces inusitados, hormigones tratados como aplacados, vidrios como cortinas, etc.

---

[9] Guy Debord y Gil J. Wolman, "Métodos de tergiversación", *Les Levres Nues*, n.° 8 (1956).

El Objec trouvé: La casa da Música de Oporto. El edificio como elemento encontrado, extraño y ajeno a la estructura en la que se inserta.

El détournement. Pilares del *Kunsthal* de Rotterdam: el elemento cambiado de su sitio habitual.

El Trompe l'oeil. Viviendas en Fukuoka: aplacado falso de piedra ejecutado en hormigón.

EL OBJET TROUVÉ

El arquitecto belga Stephan Bell reconoce entre sus influencias, que le llevan a utilizar ciertos mecanismos relacionados con el surrealismo en su obra, tanto a Marcel Duchamp como a Rem Koolhaas, aludiendo a que el arquitecto holandés fue el que le hizo ver que cualquier cosa tiene una doble lectura: una seria y otra banal y que las dos pueden convivir con idéntica expresividad[10]. Efectivamente Koolhaas ha destacado siempre por una tremenda habilidad para incorporar en sus obras elementos extraños y cuya presencia se mueve en la ambigüedad del elemento arquitectónico necesario y el objeto surrealista inexplicable.

Estas acciones no se encuadran en gestos de ingenuidad, pero sí en un intento de ver las cosas con una inocencia a recobrar y cuya presencia posibilita nuevas relaciones con su entorno que modifican ambos: "No cosas que tienen un significado, sino cosas que pueden adquirir significado"[11] debido a su inesperada posición y relación con el entorno. Efectivamente, los edificios-objetos de OMA, se injertan en la ciudad racional como las píldoras paranoicas del método Paranoico-Crítico "estos hechos falsos se relacionan con el mundo real como los espías de una sociedad determinada"[12]. Está constatada la convivencia de *familiaridad y extrañamiento*[13] de gran parte de la propuesta arquitectónica actual, atreviéndonos a decir que en este sentido la influencia de OMA ha sido determinante: nadie mejor que Koolhaas se ha atrevido a producir *objetos arquitectónicos* con la intención de sintetizar lo que Breton entendió por *lo maravilloso,* término del cual Roberto Gargiani no duda en apropiarse al referirse a la obra de OMA como construcción de *merveilles*[14]. En este sentido explicará Breton: "digámoslo claramente: lo maravilloso es siempre bello, todo lo maravilloso, sea lo que fuere, es bello, e incluso debemos decir que solamente lo maravilloso es bello"[15]

A finales de los 80 concluye el que podríamos denominar el primer gran ciclo de trabajo en OMA, donde se concreta la propuesta arquitectónica,

---

[10] Juan Antonio Cortés, "Familiaridad y extrañamiento", *El croquis*, n.º 125, (2005): 18.
[11] Stéphane Beel citado por Juan Antonio Cortés, "Familiaridad y extrañamiento", *El croquis*, n.º 125, (2005): 18.
[12] Rem Koolhaas, *Delirious New York*, 241.
[13] En el artículo que prologa a la revista *El croquis* n.º 125 dedicado a Stéphane Beel citado aquí, Juan Antonio Cortés, hace una brillante reflexión sobre la relación de estos dos conceptos ciertamente antitéticos y las razones de su vinculación con muchas de las propuestas arquitectónicas de vanguardia actuales.
[14] El propio Roberto Gargiani nos comentó como la elección del término francés *merveilles* con respecto a ciertas obras de Koolhaas era un homenaje al surrealismo y en particular a Magritte, ya que en muchas de sus obras se incluye dicho término: *Les merveilles de la nature, L'âge des merveilles,* etc.
[15] André Breton, *Manifiestos del surrealismo*, 31.

práctica y teórica, de Koolhaas y su posicionamiento concreto dentro del panorama internacional de la arquitectura. En 1986 se vive una transformación radical dentro de la estructura de OMA: Koolhaas toma las riendas del estudio al abandonar Elia Zenghelis el equipo. A pesar de ser un momento delicado desde el punto de vista empresarial, los encargos empiezan a consolidarse y la figura de Rem Koolhaas como teórico va ganando peso en las distintas escuelas de arquitectura, congresos y publicaciones internacionales. La intensidad creativa de OMA, en su momento álgido, se concreta en la concepción de los grandes proyectos de finales de la década, la mayor parte de ellos no construidos[16]. Comienza por estos años la época de *las maravillas*.

El proyecto de la Terminal marítima de Zeebrugge de 1989, el de la Biblioteca de Francia en París de 1989 y el del *ZKM* de Karlsruhe de 1989-1990, ya incluidos en este trabajo por distintos motivos, inaugurarían la lista de estos *edificios-objeto* en los que se produce un común desafío a los códigos arquitectónicos conocidos hasta la fecha. Propuestas formalmente extrañas, compactas y de gran escala, artefactos de alta densidad, autónomos, que contrastan de modo radical con el entorno: "el edificio impresiona simplemente por su masa, por su apariencia y por el hecho banal de su propia existencia. Su presencia es impresionante, incluso bella"[17].

Son proyectos europeos que pretenden dar respuesta a un momento muy particular del desarrollo económico del continente, con una energía específica ligada a una explosión de escala inusitada hasta el momento. Se trata de exponentes claros de la cultura de la congestión y de "una nueva actitud de su autor frente a la invención formal"[18].

---

[16] Es conocida la crisis de OMA por la imposibilidad de llevar a cabo los grandes proyectos de finales de los 80, lo que puso al estudio al borde de la ruina económica. Sin embargo con la distancia del tiempo, sin dudar de la gran influencia que han tenido estos proyectos en el devenir de la vanguardia arquitectónica de finales del siglo XX, cabe preguntarse si el haberse mantenido en el plano de la propuesta teórica, apartados de los aspectos más prosaicos de la arquitectura *construida*, no ha contribuido a elevar estas propuestas a la categoría de mitos, cuya prematura muerte posibilitó su inscripción con letras mayúsculas en el inconsciente colectivo.
[17] Rem Koolhaas, *Conversaciones con estudiantes*, 15.
[18] Juan Antonio Cortés, "Delirio y más", *El croquis*, n.º 131/132 (2006): 8.

PACKAGE

El efecto de *objet trouvé* buscado por Koolhaas se consigue con la absoluta independencia del edificio con el contexto: *Fuck Context*, "que se joda el contexto"[19] exclamará Koolhaas, proponiendo una suerte de anti-contextualismo en dos tiempos: el primero, provocado por la ruptura de la escala con respecto al contexto, el edificio *grande*, el cual "ya no forma parte de ningún tejido urbano" dirá el propio Koolhaas en su vehemente texto de defensa de la gran escala *Grandeza o el problema de la talla*, incluido en la publicación de 1995 *S, M, L, XL*. El segundo tiempo de la elaboración de estos *objet trouvé* es consecuencia del primero, Koolhaas ya intuye en *Delirious New york*[20] lo que certifica casi veinte años más tarde en su texto sobre la *grandeza*: cómo los edificios a partir de un determinado punto crítico no pueden ser concebidos desde la habitual ética arquitectónica. "A partir de cierta masa crítica un edificio pasa a ser un edificio grande. Dicha masa ya no puede ser controlada por un gesto arquitectónico, ni siquiera por alguna combinación de gestos arquitectónicos"[21], la formalización de su superficie queda, por tanto, liberada por fin de la tiranía del lenguaje de la arquitectura y puede y debe ser otra cosa. La teoría de la *grandeza*, como una segunda parte de la defensa del manhattanismo y la teoría de la *congestión* defendida en *Delirious New York* queda demostrada con estos ejemplos explícitos, pruebas evidentes de aquellas sospechas de Manhattan de finales de los 70 "los contenedores de la Grandeza serán hitos en un paisaje postarquitectónico"[22].

Estas acciones conducen al misterio, el que se defendió en el surrealismo. El edificio *grande* es en realidad una acumulación de misterios. Las formas implementadas por Koolhaas distarán a partir de ahora de las habituales en edificios, las configuraciones de las fachadas huirán de las composiciones de huecos, atendiendo a otras lógicas inusitadas, los interiores independientes por completo de la lógica del volumen percibido, verdaderos acontecimientos en la ciudad[23]. Incógnitas descomunales

---

[19] Rem Koolhaas, *Grandeza o el problema de la Talla*, 14.
[20] Rem Koolhaas, *Delirious New York*, 100.
[21] Rem Koolhaas, *Grandeza...*, 11.
[22] Rem Koolhaas, *Grandeza...*, 11.
[23] David Moriente, *Poéticas arquitectónicas en el arte contemporáneo*, 268.

cuya ausencia de lenguaje arquitectónico, las acerca, por ejemplo, a muchos de los enigmáticos elementos fuera de escala que Magritte incluye en sus pinturas como la inmensa roca erosionada frente al mar de *Mundo invisible* 1954 cuyo efecto en el espectador es muy similar al que produce el volumen del inmenso *guijarro* de la Casa da Música de Oporto posada sobre la estructura de un solar del centro de la ciudad portuguesa. Koolhaas, al igual que Magritte, desafía nuestras expectativas racionales con esta roca misteriosamente colocada en un entorno que le es ajeno, donde tiempo y espacio se detienen[24].

OMA. *Content*. Los edificios-objeto de OMA vistos como monstruos.

---

[24] Alyce Mahon, *Surrealismo, eros y política 1938-1968* (Madrid: Alianza Editorial, 2009), 168.

En el fondo OMA con la creación de estos edificios que pertenecen al ámbito de lo amoral[25] y como ya profetizó Koolhaas en *Delirious New York*, está contribuyendo la génesis de una nueva especie de edificios mutantes, de monstruos colosales, que concibe y dispersa por las principales metrópolis del mundo. Se trata de revivir aquella máxima de los radicales italianos que años antes habían predicho el nacimiento de estos engendros: "preferimos cuidar de nuestro tropel de monstruos, evocándolos dentro de nuestro círculo mágico, allí los cuidamos y los alimentamos hasta que hayan crecido lo suficiente para soltarlos a todos"[26].

OMA. *Casa da Música* de Oporto. 1999-2005.   René Magritte. *Mundo Invisible*. 1954

La evolución de los edificios objeto en OMA continúa por la línea de la fachada misteriosa, en oposición a la tradicional fachada parlante, sus propuestas empiezan a transformarse en paquetes anónimos que encierran algo de una categoría independiente a su envolvente, encontrándose cercanas, por ejemplo, a las experiencias empaquetadoras de Christo y

---

[25] Rem Koolhaas, *Grandeza o el problema de la Talla*, 13.
[26] *Arquitectura Radical*. Catálogo para la exposición *Arquitectura Radical*, 208.

Jeanne Claude. No en vano, los envoltorios a gran escala de edificios e infraestructuras de la pareja de artistas no hacen más que amplificar la potencia de ciertas instalaciones surrealistas de unas décadas antes[27]. Sus propuestas de envoltorios para rascacielos en Manhattan[28] anticipan proyectos de OMA tales como el del *CCTV* de Pekín o el de biblioteca de Seattle y no sólo por lo de insólito de la forma, sino por ese despojamiento de lenguaje que imprime el envoltorio y que Koolhaas maneja con maestría, planteando un conflicto con su entorno al producirse una situación de incómoda inadaptación.

En este grupo de edificios paquete es necesario mencionar también el *Prada Transformer,* prototipo de 2007-2009, donde OMA-AMO da un paso más en este sentido, ya que el propio paquete es la intervención: se trata de una estructura temporal encargada por la marca textil italiana para ser colocada en Seúl. Su volumen se forma por la intersección de varias figuras geométricas un círculo, una cruz, un hexágono y un rectángulo, de modo que cada figura es en realidad una de las fachadas de una especie de icosaedro textil que tiene la particularidad de estar concebido para ser cambiado de posición en el terreno de modo que dichos cambios hacen que el prototipo sea adecuado a distintas actividades[29]. Se trata de una *arquitectura de eventos* donde destaca sobre todo "su capacidad para escenificar, en forma y contenido, ciertos aspectos de nuestra cultura visual."[30]

---

[27] La relación entre determinadas propuestas de Christo y Jean Claude y las propuestas de Duchamp, como la instalación *Milla de Cuerda* ejecutada en 1942 para la exposición surrealista de 1942 es evidente.
[28] Amy Dempsey, *Estilos, Escuelas y Movimientos. Guía enciclopédica del arte moderno*, 247.
[29] "Prada transformer", sitio web de OMA, acceso el 9 de Junio de 2014, http://oma.eu/projects/prada-transformer.html.
[30] Connor Walker, "5 Años después, Una mirada retrospectiva al `Transformador Prada´ de OMA", 2 de Mayo de 2014, sitio web de *plataforma de arquitectura*, acceso el 14 de Diciembre de 2014, http://www.plataformaarquitectura.cl/cl/02-357686/5-anos-despues-una-mirada-retrospectiva-al-transformador-prada-de-oma.html.

Christo y Jeanne Claude. *Lower Manhattan Packed Building* (Project) 20 Exchange Place. 1964.

OMA, *El CCTV*. Pekín. 2002-2012.

OMA. Prada Transformer, 2007-2009.

YINGLONG[31]

Uno de los ejemplos más relevantes de estos *objet trouvé, o edificios paquete* construidos por OMA, lo encontramos en el proyecto para la sede e instalaciones de la televisión pública china *CCTV* en Pekín, propuesta de 2002-2012. Es un ejemplo rico en desplazamientos conceptuales y en mecanismos de extrañamiento. El complejo, elaborado conjuntamente con Ole Scheeren[32], está formado aparte de otros elementos secundarios, por el edificio sede de la *CCTV China Central Television* y por el edificio *TVCC Television Cultural Centre* que incluye un teatro, un auditorio, un centro de recepción de visitantes y un hotel. La forma del edificio *CCTV* como un descomunal bucle formado por dos rascacielos que se unen en la parte superior, puede considerarse como el punto de intersección entre de la investigación de OMA del edificio-objeto y la investigación sobre el rascacielos de manhattan, la densidad y la congestión.

Para la forma del edificio clave de OMA en el arranque del siglo XXI, Koolhaas no duda en incorporar un "antropomorfismo surrealista"[33] con reminiscencias de los dos personajes de *El ángelus de Millet* que aproximan sus cabezas cerrando la composición. La propuesta aúna también premisas del *manhattanismo* como la separación radical de la imagen interior y la exterior, la fragmentación y multiplicidad de los usos del interior y la primacía del ascensor como elemento que dota de sentido el funcionamiento programático del edificio. La extraña forma de la construcción oscila entre una materialización imposible como la del triángulo de Penrose[34] o una onda de un dragón chino enroscado que esconde su cabeza.

---

[31] El dragón chino es el animal de más alto rango en la jerarquía de los animales de la mitología de este país, fuertemente asociado a la vez con el emperador y por tanto con el poder y la majestad. *Yinglong* es uno de los nueve tipos de dragones, es un dragón alado, deidad de la lluvia.
[32] Edgar González, "OLE deja OMA", 07 de marzo de 2010, blog de Edgar González, acceso el 21 de diciembre de 2015, http://www.edgargonzalez.com/2010/03/07/oma-y-ole-se-divorcian/. A partir de 2010 el socio de OMA Ole Scheeren, director de las oficinas de Pekín y Rotterdam, responsable de los proyectos de la firma holandesa en toda Asia deja la empresa para formar su propia firma Büro Ole Scheeren.
[33] Roberto Gargiani, *OMA/ Rem Koolhaas. The construction of merveilles*, 311.
[34] Objeto imposible creado por el artista sueco Oscar Reutersvärd en 1934 y redescubierto empíricamente por el físico Roger Penrose, en los años 50. M. C. Escher lo utilizó en muchas de sus composiciones.

La propuesta retoma la experimentación con pieles estresadas que ya explorara OMA en la ampliación del Whitney Museum de Nueva York de un año antes. Para ambos proyectos, Koolhaas y Ove Arup, conciben un exoesqueleto como sistema principal de soporte y arrostramiento del edificio, de modo que la expresión de las tensiones experimentadas por el mismo imprime la imagen a la propuesta. La inclusión del programa huye de la habitual y rutinaria disposición[35], combinando oficinas, estudios de emisión y producción de los canales de la televisión china. El basamento común aúna todas las dependencias relacionadas con la producción televisiva, de él emergen dos torres, una dedicada fundamentalmente a la producción de noticias y la otra a actividades paralelas como la investigación y la formación. La conexión de ambos a partir de la planta 37 incorpora un enorme cuerpo con 75 m en voladizo donde se sitúa el área de administración y dirección.

La percepción del edificio en el entorno es absolutamente de contraste y extrañamiento, la lógica e inevitable distribución interior de plantas, no se percibe desde el exterior donde la maya diagonal a una escala colosal y la retorcida forma del conjunto condicionan la imagen final.

OMA, *El CCTV* en construcción, un colosal ángelus de Millet sobre Pekín.

Salvador Dalí. *Reminiscencia Arqueológica de El Ángelus de Millet.* 1933.

---

[35] "CCTV &TVCC Centro de emisión y sede central de CCTV y Centro cultural de TVCC", *AMO-OMA Rem Koolhaas. 1996-2006*, *El croquis*, n.º 131-132, (2006): 271.

Al igual que los *Packages* de Christo, el *CCTV* es en sí mismo como un verdadero paquete en el que la cuerda se ha sustituido por un sofisticado sistema de arriostramiento del conjunto del edificio que, por otra parte, le confiere un buen comportamiento contra sismos. La organización de esa piel-estructura, es también contradictoria en varios aspectos ya que no es la verdadera superficie arriostrante, la cual se sitúa en paralelo al plano de fachada pero en el interior, separada un metro aproximadamente de esta. Se trata, por tanto, de un eco de dicha red, de una extensión conceptual[36] de la estructura, reproducida en el exterior mediante líneas de montantes de aluminio que seccionan el muro pantalla en toda la superficie del edificio hundiéndose levemente con respecto del plano del vidrio e incrementando la sensación de volumen atado y comprimido.

EL DÉTOURNEMENT

El segundo fenómeno de *desplazamiento* en la obra de OMA, es el que tiene que ver con el *détournement* o tergiversación, término acuñado por el letrismo y el situacionismo que consiste en desplazar algún objeto, casi siempre vinculado al sistema capitalista o de consumo[37], de su contexto con el objeto de distorsionar su significado y someterlo a crítica. En realidad el détournement es un paso más en el *extrañamiento* que llevaron a cabo Dadá y surrealismo y que se ha consolidado como uno de los mecanismos capitales de la creación artística sobre todo a partir del primer cuarto de siglo XX. Si para Guy Debord y los situacionistas este desplazamiento del objeto era una crítica contra el sistema, para Koolhaas sus maniobras de détournement de un elemento o elementos en un edificio, son una crítica contra la propia concep-

---

[36] Yoshida, Nobuyuki, ed. *CCTV by OMA. a+u.* Tokyo: a+u Architecture and Urbanism, especial Issue (July 2005), 66.
[37] Guy Debord y Gil J. Wolman, "Métodos de tergiversación", *Les Levres Nues*, n.º 8 (1956).

ción arquitectónica contemporánea, sus extrañamientos no pretenden sino poner en duda los parámetros dogmáticos asumidos durante el siglo XX.

Uno de los primeros ejemplos de tergiversación conceptual lo encontramos en la propuesta de OMA para el pabellón de la Bienal de Venecia de 1980. El comité organizador, invitó a varios de los arquitectos más relevantes del momento a diseñar un pabellón, o mejor dicho una concatenación de fachadas, una calle, la *Strada Novissima*, tras la cual se exponían las principales obras de cada equipo. El pabellón de OMA es el único que podemos considerar como un verdadero *détournement* frente a las otras propuestas. Ejecutado de modo esencial, consistía en un paramento textil ondulado de color azul cielo, con un pilar de sección cuadrada inclinado pintado de rojo atravesando la cortina y soportando un cartel de neón, casi como de entrada a un *pub*, con el acrónimo OMA. La parte izquierda de la cortina se plegaba de modo diagonal permitiendo la entrada al recinto donde se encontraban las obras de Koolhaas y su equipo. El extrañamiento en la propuesta de Koolhaas, el *desplazamiento*, resulta evidente: frente al resto de propuestas no elaboran lo que podríamos considerar una fachada arquitectónica: "Odiaba la idea de hacer una fachada para autorrepresentarnos"[38].

---

[38] Ohran Ayyüce, "Translucent oppositions. OMA's proposal for the 1980 Venice Architecture Biennale" (Conversación entre Stefano de Marino y Rem Koolhaas sobre la Bienal de Arquitectura de Venecia de 1980), sitio web de Archinet, acceso el 12 de enero de 2016, http://archinect.com/news/article/127170080/translucent-oppositions-oma-s-proposal-for-the-1980-venice-architecture-biennale.html.

Bienal de Venecia, 1980, *La Strada Novissima*. Propuestas de Frank O. Gehry, Arata Isozaki, Robert Venturi, Franco Purini, Ricardo Bofil, Christian de Portzamparc, Hans Hollein, Paolo Portoghesi y OMA entre otros.

Bienal de Venecia, 1980, acuarela con la propuesta de OMA.

Bienal de Venecia, 1980, la propuesta de OMA.

Observando las fachadas de los pabellones se aprecia la solitaria divergencia de OMA de las filiaciones de los arquitectos participantes, muchos como Charles Jenks o el propio Kenneth Framptom, en contra del posicionamiento teórico de Koolhaas, de búsqueda de otras inspiraciones como por ejemplo la del surrealismo: "él pensaba [Framptom] que era terrible escribir sobre Dalí"[39].

[39] Rem Koolhaas citado por Ohran Ayyüce, "Translucent oppositions. OMA's proposal for the 1980 Venice Architecture Biennale.

La propuesta para la Bienal, consolida la breve trayectoria de OMA y exhibe a la crítica de vanguardia internacional su postura rebelde mediante la inverosímil codificación de este nuevo lenguaje arquitectónico, basado en la reasignación de significados a elementos más o menos cotidianos que se apartan de los ingredientes habituales de la arquitectura: puerta, fachada, piel: aludiendo a la fachada propuesta para OMA para su pabellón.

Koolhaas reivindica el elemento desplazado, tomado de otros ámbitos, el componente extraño al que se le dota de un nuevo uso y un nuevo sentido. Un continuo *détournement* que llega hasta sus últimas obras: soportes estructurales inusitados, cerramientos inverosímiles, acabados sorprendentes. OMA ha mantenido una voluntad férrea de utilización de elementos en lugares *inapropiados* e insospechados aludiendo a la aquella nueva mirada sobre la vida que defendiera Breton. El edificio del Kunsthal de Rotterdam, por ejemplo, dentro de la riqueza conceptual ya aludida con respecto a la poética surrealista, incorpora también elementos desplazados insólitos en arquitectura como la utilización de troncos de madera en los pilares de la sala de exposiciones inferior, o en el porche de acceso a modo de barrera, o la inserción de objetos enigmáticos en el edificio, como el beduino y el camello que pasean por la cubierta, esculturas del artista holandés Henk Visch, tan ajenos a cualquier referencia previsible en el edificio que su apercibimiento extraña y desconcierta al visitante. O la cortina del salón de actos, que si desplegada recuperaba la forma del huevo tal y como explicamos en el capítulo del simbolismo, enrollada su posición adquiere la cualidad de una enigmática presencia.

OMA. *Kunsthal*. Roterdam.1987-1992. Los pilares-troncos de la sala de exposiciones inferior.

OMA. *Kunsthal*. Roterdam.1987-1992. Barandilla de protección del porche de acceso.

OMA *Kunsthal*. Roterdam.1987-1992. Las esculturas de Henk Visch en la cubierta.

OMA *Kunsthal*. Roterdam. 1987-1992. La cortina recogida del auditorio.

Uno de los desplazamientos recurrentes en no pocas intervenciones de OMA, es el de aquellos elementos que pertenecen al ámbito del edificio en construcción: elementos auxiliares de la obra como andamios, protecciones, apeos, o simbología y códigos de gráficos y colores propios de las obras. En este sentido, ya comentamos en el capítulo de la fragmentación como la Villa dall´Ava en St. Cloud, exploraba este territorio del edificio auxiliar y de obra: la utilización de materiales innobles, las cajas claramente inspiradas en los contenedores de obra, los apuntalamientos de una de ellas, la escalera retráctil, tipo andamio, de la parte posterior, etc.

Si el recurso del elemento de obra y el sabor industrial le sirven a Koolhaas para desacralizar el estereotipo de vivienda de un determinado entorno, un efecto similar, pero en el territorio del *musealización*, se convierte en una vía de proyecto en algunas propuesta de OMA, como en la exposición The first decade, organizada en Rotterdam en 1989. La muestra, con obras de la oficina, se articula utilizando directamente armaduras de acero corrugado para estructuras de hormigón armado, en muros y pilares, del que cuelgan de modo *provisional*, láminas y planos de las obras del equipo holandés.

También encontramos propuestas que exploran la utilización de elementos industriales como la exposición celebrada en 2010 en el NAI Schatkamer, el Instituto de arquitectura holandesa, donde la totalidad del espacio de la exhibición se organiza con lamas de plástico como las que cierran las puertas de las naves industriales. Un efecto similar es el buscado en el Proyecto del Hemitage-Guggenheim en Las Vegas, de 2001, cuyos agresivos colores de señalización, el desprejuicio de los materiales utilizados y la evidencia exhibicionista de los conductos de instalaciones nos recuerdan más a un complejo industrial que a un museo. En otros ejemplos OMA no duda en elevar a la categoría del material noble de revestimiento a materiales técnicos que habitualmente quedan ocultos. Así sucede con la espuma de protección ignífuga de la estructura en la Biblioteca de Seattle de 1999-2004 que Koolhaas deja a la vista, o la transformación de los paneles de espuma de absorción acústica en sillones para la firma de mobiliario Knoll.

OMA. *Villa dall'Ava*, .1984-1991. La valla de "obra" de polipropileno

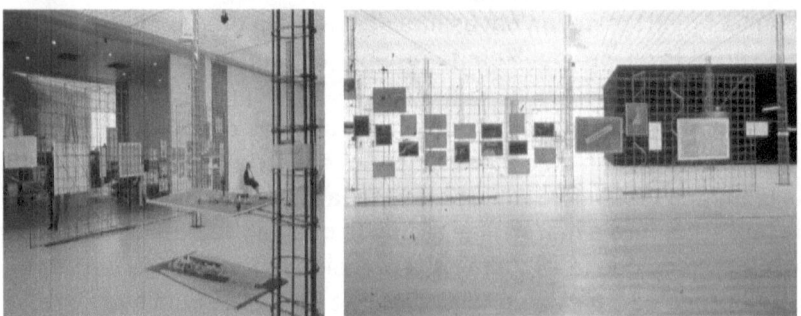

OMA. Exposición *The first decade*, Rotterdam 1989.

PRADA

No cabe duda que uno de los principales campos de actuación para Koolhaas en los que experimentar y reflexionar sobre el desplazamiento de materiales y elementos constructivos lo constituye la intensa colaboración entre AMO y la firma textil italiana Prada y su filial Miu-Miu, durante la últimas décadas, en el diseño de desfiles de moda, catálogos, videos, spots publicitarios, material gráfico, así como de las tiendas, *epicentros*, en las principales ciudades del mundo o el sorprendente, ya mencionado, *Prada Transformer*[40] en Seúl o

---

[40] "Prada transformer", sitio web de OMA, acceso el 9 de Junio de 2014, http://oma.eu/projects/prada-transformer.html.

el reciente diseño de la fundación Prada en Milán de 2008-2015. Esta colaboración ha permitido a OMA la experimentación en campos transversales a la arquitectura y una libertad de premisas inusitada, independientes de los condicionantes habituales de la edificación, y que tienen que ver con la moda, lo efímero o el lujo. La utilización de materiales tomados de otros ámbitos, aparte de los referidos materiales de obra, tableros de OSB, andamios, o la experimentación con textiles, plásticos, espumas, esponjas, etc, han posibilitado el más alto grado de desplazamiento material dentro de la obra de OMA.

La propuesta, por ejemplo, para la presentación de la colección de otoño invierno en París para Miu Miu en 2014, cuaja de andamios el espacio del *Palais d'Iena* diseñado por Auguste Perret en 1936, los plásticos, luminarias de obra, señalización, balizas, etc suponen un homenaje absoluto al universo de la construcción arquitectónica. Algo parecido sucede en las presentaciones de las colecciones para Prada, como la de de 2016, en la que OMA se sirve del tablero OSB para resolver totalmente una arquitectura escenográfica, o de diversos tipos de planchas convencionales flotantes de plástico colocadas sobre el espacio de la exhibición.

OMA. AMO. Desfile de Prada otoño-invierno de 2016. El tablero OSB se utiliza para la construcción absoluta de todos los elementos de la instalación, incluidos suelos y barandillas.

OMA. AMO. Desfile de Prada primavera-verano de 2016. Un muestrario de distintos paneles de policarbonato translúcido recrea una atmosfera onírica y dificulta su comprensión inmediata.

EL TROMPE-L'OEIL

Hablaremos en último lugar de un mecanismo de *desplazamiento* importante que aparece en otras propuestas de OMA. Nos referimos, como ya apuntamos en la introducción de este capítulo, a la utilización espuria del material constructivo, el uso deliberadamente confuso y falseado de un determinado sistema, cerramiento, elemento arquitectónico e inusual desde el punto de vista de sus cualidades materiales. En resumen el material que aparenta ser otro. Nos referiremos a el recurso creativo del trampantojo o *trompe-l'oeil*.

En este sentido, podríamos afirmar que OMA se sitúa en el polo opuesto de la tan controvertida sinceridad constructiva del Movimiento Moderno, esto es, que la percepción del edificio corresponda con su naturaleza material y se incorpore de un modo racional, en cuanto a la colocación, dimensión de las piezas, etc. Koolhaas ha peleado incesantemente contra esta automatización del material constructivo, aplicando en sus propuestas, fundamentalmente en la primera década, soluciones audaces, incluso temerarias y encuentros inusitados que no pocas veces han derivado en patologías constructivas en sus obras.

La primera incursión seria de OMA en el concepto de lo verdadero, lo aparente, y lo falso respecto a la utilización del material en los edificio, lo encontramos en el pabellón construido por OMA *Casa Palestra* para la *Triennale* de Milán de 1986, donde OMA *profana* el proyecto del pabellón de Barcelona de Mies van der Rohe[41].La propuesta, sobre la que retornaremos en la parte de este texto dedicada a *la locura* en virtud de la influencia obsesiva del maestro alemán en el arquitecto holandés, comporta un extrañamiento total del pabellón barcelonés realizado con materiales falsos como plástico y cartón que, como en un decorado cinematográfico, pretenden adulterar la nobleza material del pabellón original.

En otras propuestas, Koolhaas da soluciones constructivas ejecutadas de modo distinto a su apariencia visual, algunos encuentros complejos

---

[41] Ver en el capítulo de la locura la parte dedicada a la aplicación del método paranoico-crítico y a la obsesiva recurrencia de Koolhaas a la arquitectura y a la figura del maestro alemán.

de fachada, como las que tienen que ver con la manifestación al exterior de la estructura, tienen necesariamente que pasar por una compleja resolución constructiva en la que el arquitecto suele aprovechar para introducir una componente irónica. Así por ejemplo la idea fundamental del edificio del *Educatorium* de Utrecht de 1992-1995, de un plegado sucesivo de un plano que va generando los distintos niveles y que Koolhaas muestra al exterior mostrándonos el canto del forjado doblado, no es tal, pues se trata en realidad de una solución falsa de aplacado que esconde el verdadero forjado y cuya colocación permite el aislamiento de dicho canto, que de haberse construido de modo sincero hubiese provocado un puente térmico al interior.

OMA. *Casa Palestra*. 1986. Travertino falso y curvado en esta versión paranoica de OMA del pabellón de Barcelona de Mies van der Rohe.

La falsedad del grosor de este plano flexible, nos la muestra Koolhaas en uno de los puntos más intensos del edificio, en la curva de hormigón que pasa de ser cubierta a ser fachada. Desde el interior apreciamos la ausencia de grosor de dicho plano curvado, evidenciando un entramado metálico que muestra la falsedad del elemento que se concibe en realidad como un trampantojo, como un decorado.

OMA. *Educatorium*. Utrecht. 1992-1995. En el corte de la curva se aprecia el aplacado de piedra remarcando el grosor del plano.

OMA. *Educatorium*. Utrecht. 1992-1995. En el interior se manifiesta la falsedad de dicho grosor que en realidad consiste en un entramado metálico vacío.

Otra solución de las que podríamos denominar *falseada* es la que OMA aplica en el ya mencionado ejemplo del edificio del *CCTV* de Pekín. Una vez más la solución constructiva *desplazada* es consecuencia de la relación entre los elementos estructurales y la fachada. La voluntad de Koolhaas de construir un exoesqueleto, expresión de las tensiones superficiales que experimenta el edificio en distintas partes de su envolvente, choca una vez más con la compatibilidad constructiva con los elementos de fachada. Para resolver esta circunstancia, Koolhaas libera a la fachada de la malla perimetral arriostrante que se sitúa levemente retranqueada en el interior del edificio, pero reproduce la geometría de la malla, como un eco al exterior, con un panel de aluminio en forma de C de las mismas dimensiones que los perfiles estructurales de los arriostramientos.

OMA. *CCTV*. Pekín, 2002-2012. Módulo de prueba del sistema de cerramiento de fachada.

Este gran aplacado fingido a 45° del edificio de Pekín, es en realidad una versión a gran escala del falso aplacado utilizado por OMA en las viviendas *Nexus World Housing*, proyecto de 1988-1991, en Fukuoka, Japón, o en el zócalo del *Congrexpo* de *Eurallille* 1990-1994, realizado en hormigón coloreado que simula un despiece pétreo ciertamente *naif*. En este último caso abundan los ejemplos de utilización de materiales *trompe-l'oeil* que simulan ser otros, aparte del aplacado mencionado, los cerramientos de policarbonato que parecen muros cortinas de vidrio, el muro capitoné azul de la sala, que evidencia su condición blanda al ser aplastado por las placas de sujeción de los focos. Etc.

OMA. *Congrexpo* de Eurallille. Lille, Francia, 1990-1994.

OMA. *Nexus World Housing*, proyecto de 1988-1991, Fukuoka, Japón.

CORTINAS

En este universo del trampantojo, los textiles suponen un elemento de gran importancia por su capacidad de fingimiento determinado por la posibilidad de estampar sobre sí texturas o imágenes. Además su condición escamoteable contribuye al concepto de *pared falsa*, a la rápida trasformación de los espacios en los que se encuentran y a la sorpresa o al extrañamiento del visitante. Encontramos numerosos ejemplos de elementos textiles en las propuestas de viviendas unifamiliares de OMA como el cierre de cortina de aluminio de la Vivienda en Burdeos de 1994-1998 o el de cota de malla de la Vivienda en Holten, Holanda, proyecto de 1992-1994. También el singular diseño de la fachada del proyecto para el Teatro Dee y Charles Wyly, en Dallas, propuesta de 2004-2009, cuya fachada simula ser un gran telón perimetral ejecutado sin embargo con una combinación de perfiles circulares extrusionados de aluminio que evocan las ondulaciones del textil. La fachada además se transforma en cortina verdadera en toda la planta baja.

OMA. Vivienda en Burdeos. 1994-1998. Los cerramientos escamoteables textiles.

OMA. Vivienda en Holten, 1992-1994.

OMA. Teatro Dee y Charles Wyly, Dallas. 2004-2009. Detalle de la fachada del edificio.

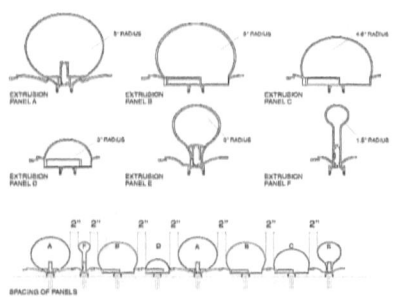

OMA. Teatro Dee y Charles Wyly, Dallas. 2004-2009. Sistema constructivo del falso telón.

Otro importante ámbito para el uso del trampantojo utilizado por OMA lo constituyen las inserciones gráficas en paramentos cuyos motivos en no pocas ocasiones interfieren con el espacio real al que sirven de modo que su condición de artificio supone una extensión virtual-conceptual del ámbito físico. Así sucede, por ejemplo en la inserción por parte de Koolhaas de una reproducción de la bóveda de la capilla Sixtina[42] como cubierta acristalada en el ya aludido proyecto del Hermitage-Guggenheim de las Vegas de 2001, o los trampantojos gráficos utilizados en el proyecto del Banco Rothschild en la City londinense[43], donde la sobriedad de los materiales utilizados en el proyecto contrasta con la imaginería clásica y cálida aportada por los elementos textiles y las múltiples inserciones gráficas en los muros con referencias a la historia de la familia de banqueros. En la propuesta para la *Casa de la Música*, Oporto, Koolhaas utiliza el trampantojo, el motivo gráfico, para compensar la rotunda abstracción de su fórmula de la intervención, y permitir una vinculación conceptual con el sitio. Las cerámicas ilustradas, tan reconocidas en la zona, el mobiliario barroco, los ajedrezados y el jaspeado dorado de la sala principal no son sino recursos de un cierto contextualismo refinado, en un proyecto claramente utópico. Como punto álgido de la falsedad en el proyecto portugués, los supuestos órganos barrocos de la sala principal, que en realidad son maquetas de tablero pintado y tubos de plástico sin función alguna, que OMA justifica como elemento de mejora acústica, una solución poco racional cuanto menos: ¿surrealista quizá?.

---

[42] "Hermitage Guggenheim", sitio web de OMA, acceso el 13 de Octubre de 2014, http://oma.eu/projects/hermitage-guggenheim.html.
[43] "New Court Rothschild Bank", sitio web de OMA, acceso el 20 de Enero de 2014, http://oma.eu/projects/new-court-rothschild-bank.html.

OMA. Hermitage-Guggenheim. Las Vegas. EEUU. 2001.

OMA. *Casa da Música*. Oporto. 1999-2005. Cerámica tipo *Vista Alegre* y el vidrio ondulado simulando ser una cortina.

OMA. *Casa da Música*. Oporto. 1999-2005. El veteado dorado de la sala principal, que tiene una clara relación con los *estofados* barrocos muy comunes en la zona, tiene su origen proyectual en una maqueta de trabajo ejecutada en madera donde las vetas, en aquel caso reales, se han reproducido a una escala ciclópea.

TERCERA PARTE
LA LOCURA

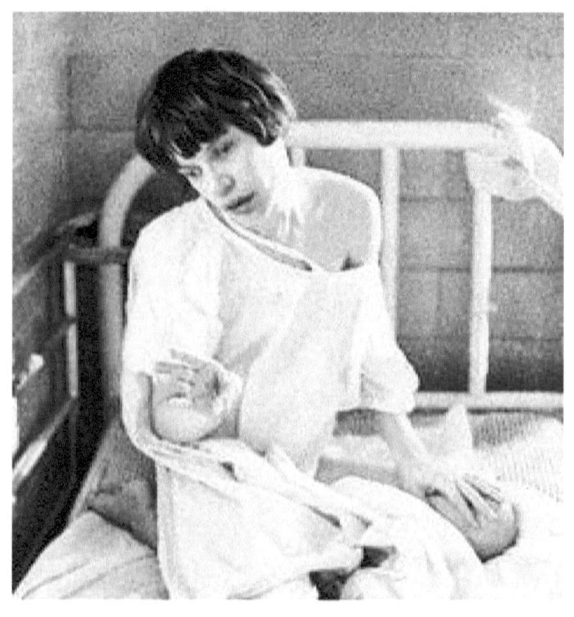

"Queda la locura la *locura que solemos recluir* como muy bien se ha dicho. Esta locura o la otra.... Estoy plenamente dispuesto a reconocer que los locos son, en cierta medida, víctimas de su imaginación, en el sentido que esta les induce a quebrantar ciertas reglas....su imaginación les proporciona grandes consuelos, que gozan de su delirio lo suficiente para soportar que tan solo tenga validez para ellos. Y, en realidad, las alucinaciones, las visiones, etcétera, no son una fuente de placer despreciable".[1]

La tercera parte y final del presente texto, indaga en la última referencia que el surrealismo tomó de las investigaciones psicoanalíticas para conseguir su objetivo de *reiniciar el mundo*. La última fuente creativa en la que los de Breton no pudieron evitar beber como último recurso de aniquilación de la razón como guía de la vida del hombre. De ahí las anteriores palabras entusiastas de Bretón, en el primer manifiesto del surrealismo, aludiendo a la locura y precisando más, refiriéndose específicamente a los procesos paranoicos transitorios. Aquellos *actos puntuales,* fuera del orden racional establecido, en virtud de los cuales el sujeto atraviesa la frontera clínica de la mente sana, para situarse al lado de los desequilibrados, trastornados y, en definitiva, enfermos mentales. ¿Por qué no convertirnos en locos simulados? como reivindicará Dalí unos años después. De hecho, como continua Breton en la cita, estos errores de la mente permiten sacar a la luz una conexión con la parte inconsciente, que los cuerdos reprimimos en virtud de las *sanas* defensas que mantienen nuestra irracionalidad oculta a nosotros mismos.

En 1924, por tanto, el recién nacido surrealismo, codificado en el *primer manifiesto*, ya vislumbra la importancia de la locura y del trastorno delirante como herramienta de creación. Sin embargo, como ya hemos abundado en páginas precedentes de este texto, los avances del surrealismo fueron progresivos en la actividad *arqueológica* de desenterrar al inconsciente. Conocemos cómo este avanzó progresivamente, durante la década de los años 20, en la metodología experimental creativa de negación de la razón partiendo del acotado universo del automatismo psíquico, para pasar a bucear en el infinito y fértil océano onírico.

---

[1] André Breton, *Manifiestos del surrealismo*, 19-20.

Será a finales de la década, en torno a 1928 y 1929, cuando la aceptación e incorporación en el grupo del joven español Salvador Dalí da un impulso definitivo a la reivindicación del proceso paranoico activo frente a la sistemática pasiva previa. Dalí había hecho de su vida su propio campo de experimentación sobre la irracionalidad paranoide como proceso creativo, aprovechando el nutriente creativo de su compleja personalidad, repleta de complejos, obsesiones y elementos reprimidos. En ellos, el pintor catalán se sumerge en la búsqueda, como diría Breton, de su particular *fuente de consuelo*. Para Rem Koolhaas, tal y como reconoce en *Delirious New York,* esta fase final del surrealismo, que no niega las anteriores, sino que las retroalimenta, es la más fascinante y en ella se vislumbra una tergiversación ontológica compatible con la *revolución* arquitectónica necesaria. "A finales de 1920, Dalí inyecta su método paranoico-crítico en el riego sanguíneo del surrealismo"[2]. El objetivo estaba claro: la sistematización de la confusión y la contribución al descrédito total del mundo real[3]. Koolhaas, y en esta frase se resume quizás una de las máximas más relevantes del libro, defiende frente al habitual encaje interpretativo de la vida, el delirio de interpretación. Nos insta, como los surrealistas, a comportarnos como paranoicos simulados, para aniquilar el orden establecido.

Grupo surrealista, 1933: Tristán Tzara, Paul Eluard, André Breton, Hans Arp, Salvador Dalí, Yves Tanguy, Max Ernst, René Crevel y Man Ray.

[2] Rem Koolhaas, *Delirious New York*, 234.
[3] Salvador Dalí citado por Rem Koolhaas en *Delirious New York*, 235.

En esta parte final del texto, que a lo largo de las páginas precedentes se ha ocupado de la búsqueda de los mecanismos poéticos surrealistas ocultos en la obra de Rem Koolhaas, no podemos desdeñar el importante papel que adquiere su particular exaltación de la visión paranoica. Del delirio interpretativo del mundo en su propuesta arquitectónica. Trataremos, en primer lugar, de explicar qué significa exactamente para Koolhaas el ambiguo *método paranoico-crítico* daliniano como instrumento operativo, sobre el que el arquitecto holandés presenta su particular exegesis en la parte final de *Delirious New York*. Partiendo de su propia interpretación de la autogeneración de Manhattan y el manhattanismo, como verdadero proceso paranoico-crítico urbano escondido en la formación de la estructura de la ciudad. Continuaremos con la búsqueda de *actividad paranoico-crítica* en la concepción de determinados proyectos de OMA que, como veremos, se mostrará de distintas formas, pero en las que se reconoce la huella indeleble del método daliniano.

Dentro del enorme campo de aplicación del método en la propuesta creativa daliniana, indagaremos especialmente en la actividad paranoico-crítica ejercida de modo obsesivo sobre ciertas grandes obras y figuras de la pintura universal. Este *trastorno delirante de grandiosidad*[4] del pintor, que lo inducía a compararse con grandes genios como Velázquez, Vermeer, Ingres, Picasso, Millet, Rafael, o Miguel Ángel; condicionó fuertemente su obra. Comprobaremos cómo en distintas etapas de su vida se fue obsesionando con esas figuras, hasta el punto de que una parte importante de la obra daliniana lo constituyen versiones paranoicas de obras de estos autores.

Proponemos hacer una reflexión similar en la especial relación que mantiene Rem Koolhaas con dos de las figuras fundamentales de la arquitectura del siglo XX. Ambas son antitéticas e influyen de modo completamente distinto en el devenir de su carrera como arquitecto: por un lado tenemos a Le Corbusier, al que ataca ferozmente en *Delirious New York*, elaborando una interpretación de la teoría urbana del arquitecto suizo a partir de nuevo de una obsesión delirante de tipo persecutorio. Koolhaas

---

[4] Carlos Mur de Viu, "El trastorno delirante crónico: hipótesis etiológicas y nuevas terapéuticas" (tesis doctoral Universidad Complutense de Madrid, 2010), 73, http://eprints.ucm.es/10448/.

advierte de la actividad paranoico critica ejercida por el arquitecto suizo para la aniquilación del manhattanismo y la imposición de su *Ciudad Radiante* anti congestionada.

En segundo lugar, veremos la gran importancia y continua presencia que tiene para Koolhaas la figura de Mies van der Rohe. Su relación conceptual, va más allá de la natural influencia de un maestro en las arquitecturas de vanguardia posteriores, rozando la obsesión con ciertas concomitancias con algunos trastornos delirantes erotomaníacos.

Le Corbusier, Rem Koolhaas y Mies van der Rohe, en un triángulo formado por tres maestros de la arquitectura del siglo XX. El espectro del *Trastorno Delirante Obsesivo* orbita entre ellos. Le Corbusier con Manhattan y Rem Koolhaas con Mies van der Rohe.

EL MÉTODO PARANOICO-CRÍTICO

Es importante poner de manifiesto que el interés por la existencia de una parte no consciente de nuestra psique nace en Sigmund Freud mediante el estudio de la enfermedad mental. Será fundamentalmente a través de la obra del neurólogo Jean-Martin Charcot, que había tenido éxito en el tratamiento de estas patologías a través de métodos terapéuticos como la hipnosis. La histeria era el ambiguo término donde se agrupaban, por aquellos años, distintos cuadros psicóticos que más tarde serían estructurados convenientemente por el propio psicoanálisis. Según el pensamiento de Charcot, aquella histeria era un desorden neurológico debido a anomalías en el sistema nervioso. La hipnosis permitía acceder a traumas que el enfermo no recordaba, es decir, que se atrincheraban en el inconsciente, y cuya revelación a la conciencia provocaba la curación del paciente. Freud, que también había conseguido importantes resultados con la hipnosis, amplió el espectro terapéutico a lo que posteriormente sería conocido como sesión psicoanalítica. Dicho en otras palabras, incitar al paciente, en un ámbito de relajación, a rememorar sus fantasías, alucinaciones y obsesiones. El médico austriaco llegó a la conclusión de que importantes enfermedades mentales, incluida la histeria y la paranoia, eran resultado de experiencias traumáticas del paciente, que se encontraban en principio ocultas a la consciencia, desarrollando una técnica terapéutica para dicha liberación, reflejada en la publicación de 1896 coescrita con Joseph Breuer *Estudios sobre la histeria*.

Sigmund Freud junto a su célebre diván.

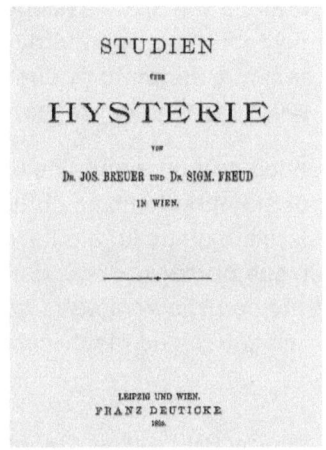

Primera edición de los *Estudios sobre la Histeria,* de Freud y Breuer.

El término paranoia, que la psiquiatría ha sustituido hoy en día por el de trastorno delirante, es una alteración psicótica que consiste en la creación psíquica de ciertas ideas delirantes: falsas desde el punto de vista racional, pero que el enfermo percibe como reales. Las personas que las padecen pueden tener asociado un trastorno psíquico grave, como la esquizofrenia, o pueden ser personas que, en un momento determinado de su vida, por un hecho puntual traumático o por el consumo de drogas o alcohol, pueden desarrollar estas patologías. Este carácter puntual, transitorio, de la paranoia, esta posibilidad de convivencia e interacción con una vida racional al margen de la patología es lo que verdaderamente interesó al surrealismo: *La locura puntual*, que es la base del método paranoico-crítico daliniano.

ALUMNO SUMISO[5]

Desde muy joven, Dalí fue consciente de su descomunal y divergente sensibilidad perceptiva, por lo que demandó y buscó, rápidamente y sin tregua, una vía de expresión creativa que permitiese equilibrar su propia personalidad. Su vida infantil estuvo marcada por la muerte de un hermano a los dos años de edad, antes de que el pintor naciera, llamado también Salvador, que le avocó a una morbosa auto identificación con él[6]. Por otro lado, su pertenencia a una familia relacionada con la cultura catalana y el arte de la época facilitaron el acceso del joven, desde edad muy temprana, al ámbito de la pintura. Dalí decidió rápidamente que tenía que ser pintor, y cuando ya había dado muestras de su talento, en 1920, a los 16 años, se matriculó en la escuela de dibujo de Figueras.[7]

En los primeros años de experimentación artística se interesó primero por el impresionismo, influenciado por Ramón Pitchot, pintor impresionista amigo de la familia y también de Picasso, cuestión que se aprecia en sus primeras obras como el *Retrato de mi padre,* de 1920, o su *Autorretrato con cuello rafaelesco,* del mismo año. Ya demuestra, aparte de una gran capacidad pictórica, la faceta narcisista del autor y su interés por

---

[5] Salvador Dalí citado en, *Dalí. El gran paranoico* de Jean-Louis Gaillemin.
[6] Dawn Ades, *Dalí* (Madrid: Ediciones Folio, ABC, 2004), 17.
[7] Jean-Louis Gaillemin, *Dalí. El gran paranoico*, 108.

equipararse con los grandes maestros de la pintura. Salta del academicismo al aludido impresionismo, pasando por el puntillismo o el expresionismo, en búsqueda de su sitio creativo.

El pintor empezará a practicar la locura simulada de modo voluntario: "la única diferencia entre un loco y yo es que yo no estoy loco"[8]. Esta genial *boutade* resume en una frase la razón de ser del sistema creativo de Salvador Dalí, y lo que él denominó posteriormente *actividad paranoico-crítica*. Las obras anteriores a su adhesión al surrealismo muestran ya una fuerte investigación en ese sentido. En el cuadro *La miel es más dulce que la sangre,* de 1927, en clara consonancia con la obra de Yves Tanguy y Picasso, al que acababa de visitar en París, encontramos ya muchos de los ingredientes del cosmos paranoico del pintor: cabezas cortadas, el burro putrefacto, cuerpos desnudos, deformes o mutilados y elementos blandos. También en su *Cenicitas,* de 1928, que es una plasmación exhaustiva y pormenorizada del universo freudiano: atributos sexuales, simbolismo, violencia y putrefacción. Su estilo de esta época de gran realismo, casi fotográfico, posibilita centrar la atención en la irracionalidad contenida en el cuadro. Dalí prefiere la fotografía a la textura plástica y al automatismo gráfico.[9]

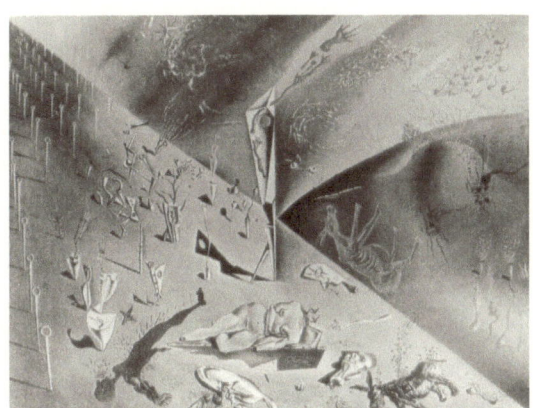 

Salvador Dalí. *La miel es más dulce que la sangre.* 1927.   Salvador Dalí. *Cenicitas.* 1928.

---

[8] Javier Pérez Andújar, Salvador *Dalí: a la conquista de lo irracional* (Madrid: Algaba Ediciones, 2003), 174.
[9] Dawn Ades, Salvador ..., 59.

EL JUEGO LÚGUBRE

Tras los reparos iniciales, en 1929 el surrealismo acepta a Dalí en el grupo. El mismo año pinta *El juego lúgubre*, como una especie de examen de ingreso, ya que los de Breton habían dudado en aceptarlo. Estos tienen clara su vocación transgresora e irreverente, desafían también a la consciencia y apologizan por lo irracional, pero la obra de Dalí avanza un paso más en la representación onírica experimentada por ellos. El joven español es capaz de atravesar directamente al espectador de su obra con el puñal de lo repugnante, el morbo, el deseo incestuoso y el onanismo. En el cuadro, las concesiones a referencias a otras obras del surrealismo son evidentes: la escultura situada a la izquierda, los escalones de perspectiva forzada de influencia *chiriquiana,* o los cuerpos biomorficos inspirados por Miró. A pesar de esto la obra transgrede los parámetros surrealistas anteriores: las referencias sexuales o coprófilas, como el personaje con calzones manchados con excrementos, no se encuadran dentro del cosmos surrealista del *Primer manifiesto,* y parecen extraídos del universo de un verdadero enfermo mental. El cuadro recoge la primera aparición de fenómenos teleplasmáticos, literalmente freudianos, donde se prolongan e hinchan miembros como expresión de determinadas formas de deseo reprimido.

Salvador Dalí. *El juego lúgubre*.
1929.

Salvador Dalí. *El gran masturbador*.
Detalle. 1929.

1929 es también el mismo año en el que Dalí conoce a Gala, y el comienzo de la investigación de la locura simulada como método creativo. En 1933 publica su artículo *El Asno podrido*[10], el cual anticipa las características del que será su método particular: el método paranoico-crítico. Evidencia su fundamento en la práctica y metodología psicoanalítica, pero planteando una apropiación personal y distorsionada de la práctica clínica: "Yo creo que está próximo el momento en el que, por un proceso de carácter paranoico y activo del pensamiento, será posible (simultáneamente con el automatismo y otros estados pasivos) sistematizar la confusión y contribuir al descrédito total del mundo de la realidad".[11]

Dalí pone sobre la mesa del surrealismo su método paranoico-crítico como un fenómeno activo de creación, frente a los dos sistemas de carácter pasivo como son el automatismo y la creación basada en la copia de imágenes oníricas, en la recreación en el lenguaje manifiesto de los sueños. "Implicaba establecer una idea obsesiva sugerida por el inconsciente, y luego elaborarla y reforzarla mediante una perversa asociación de ideas y, según parece, una lógica irrefutable, hasta que asumía la convicción de una verdad ineludible".[12]

Formaciones rocosas en el Cabo de Creus.

Salvador Dalí. *La Mano. Remordimientos*. 1930.

---

[10] Dawn Ades, *Salvador Dalí*, 114.
[11] Dalí citado por Juan Antonio Ramírez, *Dalí: lo crudo y lo podrido* (Madrid: A. Machado Libros, 2002), 129.
[12] Carlton Blake, citado por Jesús Lázaro Docio, *El secreto creador de Salvador Dalí. El método paranoico-crítico (1927-1937)* (Madrid: Editorial Eutelequia, 2010), 116.

EL MÉTODO

¿Dónde aprende y ejercita Dalí ese adiestramiento gimnástico de delirio interpretativo voluntario?: las rocas del Cabo de Creus, que le sugieren formas enigmáticas, los guijarros de la playa, las hormigas saliendo de animales putrefactos, o las manchas de humedad que escudriñaba en su habitación, son protagonistas ineludibles de la creación de su universo.[13] Llegados a este punto toca preguntarse cómo se concreta el método paranoico crítico en la obra daliniana. La pregunta no tiene fácil o una única respuesta. El mismo Dalí afirmaba irónicamente no saber muy bien en qué consistía su propio método. En principio, sobre los años 30, Dalí se limita a incluir en sus cuadros imágenes ambiguas, sus famosas imágenes dobles o triples, como emulación de aquellas formaciones rocosas o manchas de humedad cuyos fenómenos de pareidolia eran capaces de incitar el inconsciente. Representa figuras que parecen ser una cosa pero que, mediante el análisis pormenorizado del cuadro, sugieren otros conceptos. Dalí nos lo pone fácil con su realismo fotográfico y su depurada técnica, y nos invita a comportarnos como paranoicos temporales. Nos ayuda a delirar.

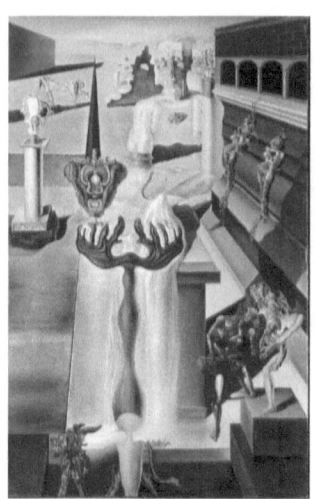
Salvador Dalí. *El hombre invisible.* 1929.

Salvador Dalí. *El gran paranoico.* 1936.

---

[13] Salvador Dalí, "El Gran Paranoico", sitio web de *artehistoria, página de arte y cultura en español*, acceso el 12 de junio de 2014, http://www.artehistoria.com/v2/obras/9566.html.

En su cuadro *El Hombre invisible,* de 1929-1933, por ejemplo, Dalí nos presenta un ejemplo de representación paranoica: una primera visión del cuadro nos muestra precisamente lo que el título del cuadro nos niega, una persona sentada de gran tamaño, que desaparece inmediatamente si procedemos a una visión más detallada. Las distintas partes de su cuerpo, en efecto, están formadas por otros elementos ajenos a su anatomía, y la especial organización en el encuadre nos hace percibirlo. Las nubes simulan el pelo, los ojos son en realidad unas esferas en el horizonte, la nariz pertenece a un orden arquitectónico incierto, el cuerpo lo forma un torso femenino desnudo de espaldas y una columna recortada por otro orden arquitectónico en un plano más cercano. Las manos son en realidad el negativo de una especie de aleta de pez invertida. A este motivo principal paranoico, Dalí lo acompaña con su universo personal de personajes dolientes, desnudos, mutilados y transformados. En otra obra algo posterior, *El gran paranoico,* de 1936, se produce un efecto similar: Dalí mezcla figuras en un paisaje desértico, en posiciones forzadas, cuya ubicación relativa nos permite percibir un rostro absolutamente canónico, en una tonalidad que recuerda a las sanguinas de Leonardo da Vinci.

Está claro que el método paranoico-crítico no reniega ni prescinde, en cierta manera, de la metodología automática y, menos aún, de la deformación onírica: "los sueños y el automatismo tendrían sólo sentido como evasiones idealistas, transformándose en menos recursos inofensivos y reclinables al servicio del regocijo escéptico de poetas elegidos"[14]. El cambio más relevante se produce en el modo de hacer, de enfrentarse a la obra de arte. Desde aquella posición de mero registrador bretoniana, a la de paranoico fingido y activo de Dalí: "Se trata de una exaltación de los fantasmas y de los mecanismos sustitutorios del inconsciente"[15].

Es comprensible por tanto que Rem Koolhaas, que ha defendido la metodología surrealista como alternativa al devenir racional *fracasado* de la arquitectura, vea en la metodología daliniana, de tan amplio espectro, una herramienta potente para poder ser implementada en el ámbito arquitectónico. Koolhaas nos explica su particular apropiación del método en *Delirious New York*:

[14] Dawn Ades, *Salvador Dalí,* 147.
[15] Juan Antonio Ramírez, *Dalí: lo crudo y lo podrido,* 130.

"La actividad paranoico-crítica consiste en la invención de pruebas para unas especulaciones indemostrables, y el subsiguiente injerto de estas pruebas en el mundo, de modo que un hecho *falso* ocupe un lugar ilícito entre los hechos *verdaderos*. Estos hechos falsos se relacionan con el mundo real como los espías con una sociedad determinada: cuanto más convencional e inadvertida resulte su existencia, mejor pueden dedicarse a la destrucción de esa sociedad".[16]

Un método que valida lo inválido, un reciclaje conceptual del mundo, la puesta en duda de lo establecido. Es difícil encontrar una definición más certera de la compleja y contradictoria trayectoria y obra de OMA/Rem Koolhaas que las palabras con las que resumen la esencia del método Daliniano: "El método paranoico-crítico propone destruir, o al menos desbaratar, el catálogo definitivo, cortocircuitar todas las clasificaciones existentes, volver a empezar".[17]

Koolhaas se apoya, para ilustrar el método daliniano, en un experimento clínico conductista de los años 60 con un grupo de enfermos mentales. Consiste en premiar pequeñas conductas racionales en la irracionalidad de su comportamiento, una terapia de refuerzo, pretendiendo que dichas conductas impuestas llegasen a ser automáticas. Es decir, que esa simulación de la normalidad se introdujese permanentemente en su mente enferma. Koolhaas, como Dalí, propone lo contrario: como un paranoico, insertar reflexiones, conductas irracionales, elementos sorprendentes, *píldoras de locura*, "asociaciones incontenibles, sistemáticas y en sí mismas racionales"[18], que puedan encajarse en el mundo racional para ayudar a reinventarlo.

---

[16] Rem Koolhaas, *Delirious New York*, 241.
[17] Rem Koolhaas, *Delirious...*, 241.
[18] Rem Koolhaas, *Delirious New York*, 238.

ARQUITECTURA FLÁCIDA

En *Delirious New York*, Rem Koolhaas hace una proclama singular. No sólo el manhattanismo, sino *toda la arquitectura,* es una actividad paranoico-crítica:

> "Arquitectura = la imposición al mundo de construcciones que éste nunca ha pedido y que previamente sólo existían como nubes de conjeturas en las mentes de sus creadores.
> La arquitectura es inevitablemente una forma de actividad paranoico-crítica.
> La transformación de lo especulativo en irrefutable, *ya está,* es traumática para la arquitectura moderna".[1]

Desde esta óptica, la arquitectura existe como conjetura paranoica en la psique del arquitecto. Este la impone al mundo con la sistematización de su conjetura, la hace crítica, mediante la construcción que, por otro lado, debe someterse a las estrictas normas de la racionalidad. La componente paranoico-crítica se esconde, en palabras del arquitecto holandés, hasta en la arquitectura más racional, la más anti surrealista: la propia arquitectura de Le Corbusier, mediante la utilización del hormigón armado, es en sí una actividad paranoico-crítica: el proceso de ejecución del hormigón armado unifica el proceso doble paranoico-crítico. Es blando e irracional como conjetura, y endurece y se hace crítico y racional como estructura[2]. Veremos como Koolhaas, habitualmente, incluirá también, pero de un modo distinto elementos y estrategias que representan a ambas partes del sistema en un tenso equilibrio inestable que mantiene palpable la tensión entre lo racional y lo irracional. Las conjeturas flácidas son soportadas por instrumentos independientes y reconocibles. "Diagrama del funcionamiento interno del método paranoico-crítico, conjeturas flácidas e indemostrables del pensamiento paranoico, sostenidas (hechas críticas) por las *muletas* de la racionalidad cartesiana".[3]

OMA busca y exhibe el conflicto entre partes del proyecto: lo blando frente a lo duro, lo inestable soportado por *muletas* imposibles, el elemento irracional divergente inyectado en el corazón del proyecto, como un grano de arena en

---

[1] Rem Koolhaas, *Delirious New York*, 246.
[2] Rem Koolhaas, *Delirious...*, 246.
[3] Rem Koolhaas, *Delirious...*, 236.

una ostra. La actividad paranoico-crítica en la obra de OMA siembre busca la interferencia, incomoda e inesperada y, como en los cuadros de Dalí, busca provocar al espectador una inconexión que nos provoca turbación[4].

MULETAS

Al contrario que en le Corbusier, para OMA no será el encofrado el que represente la parte crítica del método, la que objetive sus paranoias. Koolhaas se apoyará en la muleta daliniana, que convertirá en soporte, arriostramiento o tirante. En las estructuras que plantea, se opta por la inestabilidad controlada *in extremis*, si con sus recorridos hablábamos de *performance architecturale*, en referencia el soporte de las propuestas de OMA diremos que están planteadas también como una *performance estructural*. Una colección de mecanismos irracionales, no necesariamente optimizados, que posibilitan la estabilidad del conjunto en los cuales la estructura se exhibe de modo desconcertante. "las alteraciones de la estructura tienen una componente de provocación".[5]

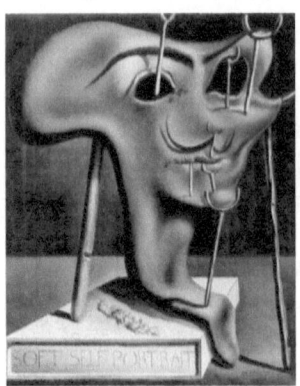

Salvador Dalí. *Autorretrato blando con tocino frito*. 1941.

Salvador Dalí. *Composición*. 1942.

[4] Jesús Lázaro Docio, *El secreto creador de Salvador Dalí. El método paranoico-crítico (1927-1937)*, 104.
[5] Alejandro Bernabéu Larena, "La estructura alterada", *Tectónica*, n.º 40 (2013): 6.

 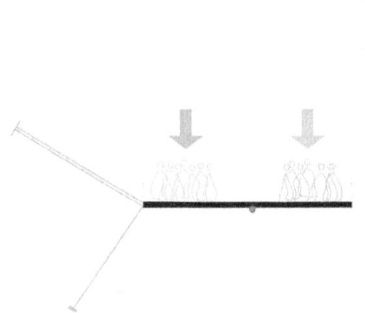 

OMA. *Teatro de danza* de La Haya. El *Skybar*.

Teatro de danza de La Haya. El *Skybar*. Esquema de estabilización de la pieza.

Salvador Dalí. *Media taza gigante voladora, con anexo inexplicable de cinco metros de longitud*, 1946.

.Ya hemos hablado en otras partes de este texto del soporte inestable, del apeo de la conjetura paranoica que Koolhaas incluye en sus proyectos. Como, por ejemplo, del complejo sistema de sujeción de la pieza del *Skybar* del *Teatro de la Danza* de La haya, mediante una combinación de distintos tipos de soportes y tirantes heterodoxos, con un aire de provisionalidad. O del *apuntalamiento* de una de las *cajas*, que contribuye a resolver la inestabilidad cinética de la *Villa Dall'Ava*, en París, donde Koolhaas inclina estos puntales con ángulos distintos, pintándolos de diferentes colores con la idea de anular cualquier idea de coordinación estructural. El propio Koolhaas fuerza la referencia daliniana al fotografiar la casa junto a jirafas, animal que fascinaba a Dalí por su estabilidad imposible. El pintor había plasmado en muchas de sus obras animales (elefantes, caballos, jirafas, etc.) con hiperprolongadas extremidades a modo de una evolución de su *muleta*. Como en *La tentación de San Antonio* de 1946, donde los diversos protagonistas del lienzo caminan sobre lo que el autor denomina *patas arácnidas*, que tienen que ver con los fenómenos de levitación y mística que le empiezan a interesar en estos años.[6]

---

[6] Robert Descharnes y Gilles Néret, *Dalí, La obra pictórica* (Köln: TASCHEN, 2013), 417.

Salvador Dalí. *La tentación de San Antonio*. 1946.

OMA. *Villa Dall'Ava* en París.

El ejemplo del *Educatorium* de Utrecht, también reproduce la dualidad paranoico-crítica de un elemento blando sustentado. El curvado del suelo de la planta primera sugiere la condición de plano maleable, blando, soportado por los pilares de la planta inferior. Una situación similar a la que Dalí nos muestra en su cuadro de 1937, *El sueño*, donde una cabeza blanda de un ser durmiente es soportada por múltiples muletas de extrema esbeltez. Koolhaas consigue una sensación similar desde el exterior, al ocultar la verdadera estructura que soporta el cuerpo *blando* y al colocar el cerramiento de vidrio de modo perpendicular a la superficie curva. Sugiere una posición eficaz de apuntalamiento frente al cuerpo soportado, dando la sensación de que es el muro cortina el que realmente sujeta al volumen superior. En general toda la estructura del *Educatorium*, se concibe una vez, más como un sistema independiente activo y ciertamente contradictorio con los recintos *soportados*.

OMA. *Educatorium de Utrecht*, el cuerpo superior blando soportado por el muro cortina.

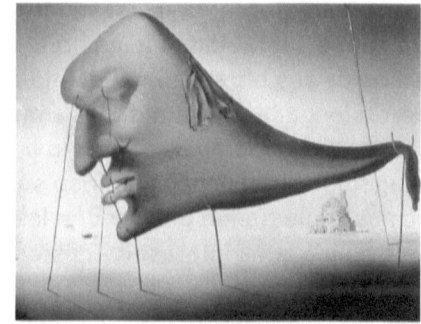
OMA. Salvador Dalí. *El sueño*. 1937.

En este punto y partiendo de este entendimiento dual de la concepción arquitectónica en OMA, y de emancipación de la estructura como entidad complementaria y necesaria en el proceso paranoico crítico, es imprescindible detenernos a analizar la colaboración de Koolhaas con Cecil Balmond, el ingeniero de Arup responsable de algunas de las estructuras más célebres de los proyectos de OMA. Koolhaas recurre a él para resolver los complejos soportes necesarios para sus conjeturas paranoicas, así que, de modo metafórico, podemos encontrar en la colaboración Koolhaas-Balmond, o también OMA-ARUP, la dualidad paranoico-crítica que Dalí o Le Corbusier unificaban conceptualmente en su obra:

> "En 1985 empezamos a colaborar con Cecil Balmond, un ingeniero de Ceylan, y su unidad de estructuras e instalaciones de Ove Arup. Fue muy paciente con nuestras demandas irracionales".[7]

Efectivamente, el sistema de trabajo entre OMA y ARUP reproduce el funcionamiento paranoico-crítico daliniano, y es fiel al concepto de arquitectura como dualidad paranoico-crítica expresada por Koolhaas en *Delirious New York*. Para Koolhaas, la estructura es un nivel conceptual que no puede ser obviado y Balmond es la muleta daliniana de Koolhaas, el nivel que el proyecto necesita para conformar una idea arquitectónica determinada.

El anteriormente estudiado edificio del *Kunsthal* de Rotterdam, por ejemplo, es una muestra también de una estructura alterada[8]. Dicho de otro modo: el sistema estructural se encuentra emancipado, constituyendo una estrategia de proyecto tan importante como la configuración espacial, material o formal del edificio. El edificio de Rotterdam está *soportado* por una concatenación de episodios estructurales singulares, que se muestran sin pudor y plantean relaciones de conflicto entre sí.

---

[7] O.M.A., Rem Koolhaas and Bruce Mau, *S, M, L, XL*, 666.
[8] Alejandro Bernabéu Larena, "Estrategias de diseño estructural en la arquitectura contemporánea. El trabajo de Cecil Balmond", 59.

OMA. *Kunsthal*. Rotterdam. 1987-1992. La viga naranja protagonizando cromáticamente la percepción del edificio desde lejos.

OMA. *Kunsthal*. Rotterdam. 1987-1992. El voladizo innecesario de la viga naranja.

El bombardeo paranoico de elementos estructurales se inicia con la enorme viga naranja sobredimensionada, simplemente para que sirva de barandilla en la terraza. Koolhaas la extrae hacia la cubierta del edificio, perfilando la percepción de su contorno, y la prolonga en un voladizo innecesario que refuerza la idea de elemento posado de modo provisional. En el acceso principal, bajo el cuerpo volado de la cubierta, un catálogo tergiversado de soportes estructurales recibe al visitante. Un contradictorio arriostramiento en cruz de San Andrés impide el paso directo, al situarse justo frente a la puerta de una de las salas principales, entre una viga tipo *void*, utilizada como pilar, y un humilde soporte de hormigón sin revestir. En el plano paralelo de la fachada, cerca de estos soportes, se suman a la sorprendente colección un pilar *miesiano,* cruciforme, blanco, y otro de hormigón, pero esta vez circular y pintado de negro. En el lado contrario al acceso, otro pilar cuadrangular, en este caso metálico y, al fondo, un soporte en el que se invierte el desplazamiento de uso viga-pilar de la anteriormente aludida viga *void*.

OMA. *Kunsthal*. Rotterdam. 1987-1992. La *colección* de soportes en el acceso principal.

OMA. *Kunsthal*. Rotterdam. 1987-1992. El arriostramiento naranja de las cerchas.

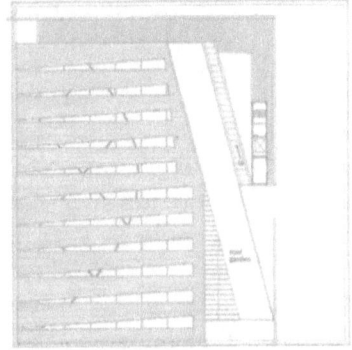

OMA. *Kunsthal*. Rotterdam. 1987-1992. Planta de cubiertas donde se ve el singular sistema de arriostramiento.

En el interior continúa el despliegue de *alteraciones* en el sistema estructural. Los soportes de hormigón del auditorio en determinado momento se seccionan, transformándose en inusitadas luminarias colgantes. O el arriostramiento frontal de las cerchas de la sala principal, que Koolhaas pinta de llamativo rojo, pero que nos muestra de modo aleatorio y sincopado, dificultando la comprensión del sistema estructural portante.

Otro ejercicio de actividad paranoico-crítica entre **OMA** y **ARUP** lo encontramos en el complejo sistema que mantiene en equilibrio el proyecto de Casa en Burdeos, de 1994-1998. La voluntad del cliente de que la casa flotase, apoyada por Koolhaas, redunda en un complejo sistema de alteraciones del sistema portante para forzar esa sensación[9]. Partiendo del esquema tradicional de una mesa en cuatro patas, los soportes se desplazan en el plano horizontal, desviándose de su posición estructuralmente más racional. Despareciendo el soporte de su *posición esperable*, pueden cambiar los esfuerzos de compresión de estas patas por otros de tracción y esto obliga a utilizar mecanismos de transporte de los esfuerzos, desde los puntos hipotéticamente óptimos de apoyo a los reales. La similitud de dichos mecanismos con los utilizados por Dalí, para equilibrar y soportar la masa de sus creaciones, es evidente. La gran pata de hormigón, por ejemplo, que sale del volumen de la casa hacia el exterior recuerda a las extremidades alargadas dalinianas, como las su cuadro *El espectro de Vermeer utilizable como mesa*, de 1934. Y el atirantamiento del pórtico contrario recuerda a elementos fláccidos colgados, como el huevo colgante de *Huevos al plato sin el plato*, de 1932.

Esta compleja operación se pone de manifiesto, de manera clara, en el alzado Oeste. El prisma de hormigón aparece apoyado sobre los elementos de acero y, a su vez, aparentemente *cuelga* de una gran ménsula situada en la cubierta. Esta ménsula parece en equilibrio inestable, de modo similar al *Skybar* del *teatro de la Danza* de La Haya. Se apoya en el cilindro de la caja de escaleras, y es estabilizada por el contrapeso enterrado. En cuanto a la caja de hormigón, está abierta por uno de sus cuatro lados, apareciendo así en el perímetro tres vigas-muro, de forma similar a las que aparecían en el proyecto para el *ZKM*, en las que se insertan las vigas *Vierendeel*.

.

---

[9] Alejandro Bernabéu Larena, "Estrategias de diseño estructural en la arquitectura contemporánea. El trabajo de Cecil Balmond", 72.

Salvador Dalí. *El espectro de Vermeer utilizable como mesa.* 1934.

OMA. Casa en Burdeos. 1994-1998. La pierna-soporte desplazada.

Otro ejemplo interesante de colaboración entre Koolhaas y Balmond, el proyecto de *La Casa da Música* de Oporto, supone un caso claro de irrupción de la estructura como un apeo necesario, que provoca una colisión con el sistema estructural primario. El planteamiento de esta estructura nace del proceso de concepción del proyecto como adaptación, con gran aumento de escala, de otro proyecto de una vivienda unifamiliar del que el proyecto portugués es una copia fidedigna. Nos referimos a la propuesta para la *Y2K House,* en Rotterdam, proyecto también comenzado en 1999. Aparte de otras lecturas desde otras tantas ópticas, interesa investigar en el proceso argumental que desemboca en la decisión formal de la vivienda Y2K y la operación surrealista, de su reciclaje para el proyecto portugués, así como la aludida repercusión en el sistema estructural.

La aparentemente caprichosa forma poliédrica de la *Y2K House* proviene de una evolución de distintas propuestas de adición de volúmenes alrededor de un prisma ausente, principal, que constituye el salón de la vivienda. En una sorprendente operación de automatismo, OMA auto plagia la propuesta para el proyecto de Oporto por una motivación tan ligera como es la ausencia de tiempo suficiente para redactar una nueva propuesta para el concurso. Optan por usurpar la forma y volumen ya definido de la casa Y2K y, en un magrittiano cambio de escala[10], *"mezcla de psicología, investigación científica y puro oportunismo"*[11], imponerla para resolver la propuesta del edificio de Oporto.

---

[10] Roberto Gargiani, *Rem Koolhaas/OMA. The Construction of Merveilles*, 277.
[11] Fernando Márquez Cecilia y Richard Levene, ed., *AMOMA REM KOOLHAAS II, teoría y práctica, 1996-2007*, El croquis, n.º 134-135, 208.

La planta de la vivienda es muy similar a la portuguesa, a pesar de la diferencia de tamaño y de los programas de ambos proyectos. Conserva el gran espacio central ausente, que pasa de salón principal a sala de conciertos, y los espacios insertados en la "capa gruesa" perimetral, presionados entre el volumen central y la forma poliédrica de la piel del edificio.

Como planteamiento general, para resolver el espacio singular de la sala de conciertos principal, ésta se inserta de manera independiente en el esqueleto del edificio. Sus muros laterales, de un metro de espesor cada uno, forman un núcleo portante de hormigón y los forjados de los espacios adyacentes cuelgan de este núcleo, reforzándose con jácenas de acero en determinadas zonas. La sala menor se encuentra entre una de las caras inclinadas del edificio y uno de los muros portantes de la sala principal y estructuralmente se ancla por su parte superior hacia el otro lado de ésta.

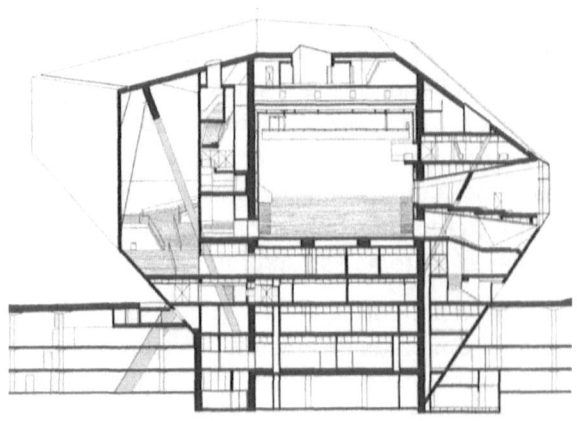

OMA. *Casa Da Música*. Oporto. 1999-2005. Sección transversal donde aparecen los *apeos diagonales*.

El cambio de escala del proyecto, y por tanto de la dimensión de las fachadas del edificio, llevó aparejado un problema derivado de la necesidad del arriostramiento lateral de las fachadas del auditorio. En efecto, en la propuesta de la vivienda resultaba irrelevante, pero en el proyecto portugués supone una problemática de primer orden. Koolhaas y Balmond recurren de nuevo a la muleta daliniana, disponiendo un sistema de arriostramiento independiente de pilares y vigas inclinadas, que pasan a ser parte protagonistas del edificio. La sensación de estos soportes atravesando el espacio recuerda al efecto de apuntalamiento de perímetros arquitectónicos utilizados por Dalí en algunos de sus cuadros, como en *La reina Salome* y *Herodías*, de 1937. El pintor los usa para ensartar determinados elementos de la composición: un rostro blando, un pecho femenino, etc., contra un fondo arquitectónico. El arriostramiento se utiliza para apuntalar lo blando en lo duro, otra de las dualidades paranoico-críticas de frecuente presencia en la obra del artista catalán. Un efecto similar aparece en algunos episodios del proyecto de OMA: un pilar diagonal parece sujetar el revestimiento blando acústico, de una de las salas del complejo.

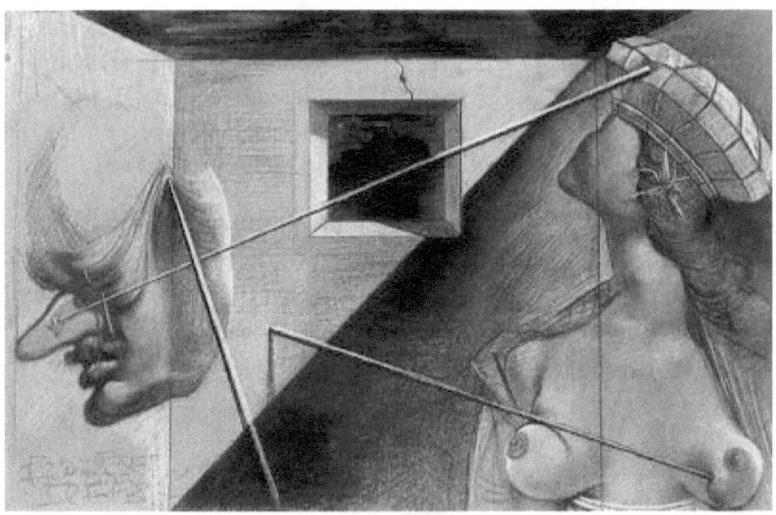

Salvador Dalí. *La reina Salomé*. 1937.

OMA. *Casa Da Música*. Oporto. 1999-2005. Los *apeos diagonales* irrumpiendo en el espacio interior.

OMA. *Casa Da Música*. Oporto. 1999-2005. Un *apeo diagonal* ensartando un revestimiento blando.

RELOJES BLANDOS

Anticipábamos en el proyecto anterior cómo la confrontación entre lo blando y lo duro, también es en sí una representación del pensamiento paranoico-crítico daliniano. Dalí, en este sentido, elogió y revindicó la arquitectura blanda del *modernismo*, por su *blandura comestible*. La tensión entre ambos conceptos es explorada por el pintor en grandes ejemplos de su obra. Juega con la inserción de inusitados elementos blandos o viscosos: la carne, los huevos fritos, la miel, las heces, volúmenes tumescentes o excrecencias orgánicas. Los cuadros, a partir de 1929, muestran una experimentación con esta materia blanda. El cuadro ya aludido, *El Gran Masturbador,* por ejemplo, plasma un conglomerado blando flotante. rodeado de simbología y mecanismos dalinianos. Aparecen elementos como el huevo o la chuleta que encierran en sí mismos la dualidad paranoico-crítica sobre la que reflexionará Dalí.

Pero serán los *relojes blandos*, casi siempre apoyados o escurriendo por superficies duras y geométricas, la expresión más célebre de la tensión duro-blando paranoico-crítica. Sobre ellos dirá Dalí: "el camembert paranoico-crítico tierno, extravagante, solitario del tiempo y el espacio"[12].

Salvador Dalí. *La persistencia de la memoria.* (Detalle) 1931.

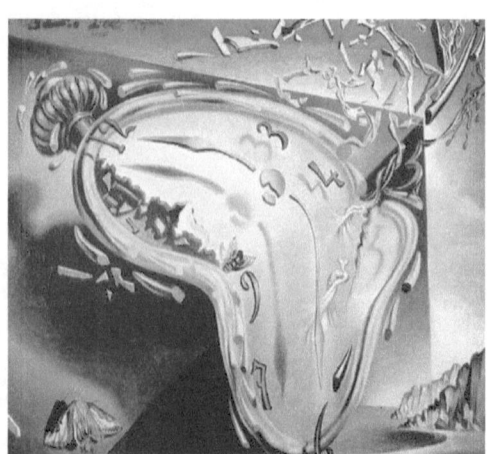

Salvador Dalí. *Reloj blando en el momento de su primera explosión.* 1954.

---

[12] Juan Antonio Ramírez, *Dalí: lo crudo y lo podrido,* 39.

OMA desarrolla también una línea de proyectos en los que investiga la colisión de lo blando con lo duro, de modo similar a las anteriores pinturas de los relojes blandos de Dalí. En estas propuestas, habitualmente concebidas para artes escénicas, auditorios, teatros y óperas, Koolhaas identifica la dualidad daliniana con una propuesta de audaz segregación del programa entre la parte de los espectadores, patio de butacas y palcos, y el resto del programa: escenario, almacenes y oficinas. La separación, en palabras de Koolhaas, de "la producción y el consumo".[13]

El primero de los proyectos es la propuesta para la Opera de Cardiff, de 1994. La parte técnica y el escenario, concebidos como un potente volumen paralelepipédico, soporta la presión del volumen blando de la zona de espectadores. Esta se resuelve, al igual que en el *Educatorium,* mediante una superficie maleable enrollada sobre sí misma, formando el foyer, el patio de butacas, la cubierta y la grada. El planteamiento de OMA pone en evidencia la desproporción entre zona de espectadores y el resto del programa, cuestión habitualmente oculta en las tipologías clásicas de teatros y auditorios. El mismo esquema se repite casi literalmente en la propuesta del Teatro Luxor, en Rotterdam de 1996, donde no sólo introduce el aludido esquema de la segregación de ambas partes del complejo, sino que potencia el carácter de forma blanda en los collages elaborados para el concurso, introduciendo acabados tipo capitoné como ya hiciera en el teatro de la Danza de La Haya, en simulación de los pliegues blandos de un cerebro.

La dualidad blando-duro del esquema se repite una vez más en el proyecto del *Opera House* de Guangzhou, de 2002[14]. Mantiene el mismo esquema, pero una extrusión longitudinal de ambos volúmenes con respecto a las propuestas anteriores provoca la necesidad de la inserción de un nuevo nivel de soportes de la parte fláccida. Se recupera el concepto de apeo daliniano, al igual que sucedió en la ampliación de escala entre la casa *2YK* y *la Casa da* Música de Oporto.

---

[13] "Luxor Theatre", sitio web de OMA, acceso el 20 de septiembre de 2014, http://oma.eu/projects/luxor-theatre.html.
[14] "Guangzhou Opera House", sitio web de OMA, acceso el 03 de octubre de 2014 http://oma.eu/projects/guangzhou-opera-house.html.

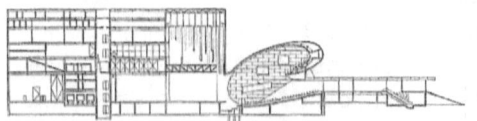 

OMA. Opera de Cardiff. 1994. Sección longitudinal.   OMA. Opera de Cardiff. 1994. Maqueta.

El proyecto para el *Milstein Hall* de la Universidad de Cornell, en Nueva York, de 2006-2011, es una ampliación del complejo universitario en el que estudió el propio Koolhaas, décadas atrás. OMA continúa con la exaltación del contraste entre lo duro y lo bando, pero de una forma distinta. La colisión no se produce lateralmente, sino de abajo hacia arriba: "el encuentro fortuito entre una cúpula que surge del subsuelo y un voladizo que parece flotar"[15]. La propuesta está formada por un prisma *flotante*, una vez más la *pieza dura* en voladizo, racional y cartesiana, que, además, constructivamente presenta un ambiente luminoso y organizado, embebido en una gran celosía de acero. La parte blanda, el auditorio, realizado en hormigón armado, surge del sótano como una protuberancia daliniana, oprimiendo el espacio vacío y abierto bajo el cuerpo volado. "su forma resuena con la del daliniano mobiliario".[16]

OMA. *Milstein Hall* de la Universidad de Cornell. Nueva York, 2006-2011. Imagen de la colisión entre lo blando y lo duro.

[15] OMA / Rem Koolhaas, "Lo duro y lo blando. Milstein Hall at Cornell University, New York", *Arquitectura Viva*, n° 152 (2013): 40.
[16] OMA / Rem Koolhaas, "Lo duro y lo blando. Milstein Hall at Cornell University, New York", *Arquitectura Viva*, n° 152 (2013): 42.

Anteriormente, OMA ya había experimentado en otros proyectos con el concepto del suelo blando que se deforma para adaptarse a los espacios que alberga debajo y que, de modo simultáneo, recrea topografías que interaccionan con los niveles superiores duros. El planteamiento del *Prada Epicenter* Nueva York, proyecto de 2000-2001[17], introduce dentro de un edificio existente, dentro del contendor *duro*, una masa *blanda y mutante*: un plano alabeado de madera que se modifica para permitir distintos usos del espacio. OMA utiliza, una vez más, el recurso del contraste material para diferenciar la ola mórbida, orgánica y cálida, ejecutada en madera, con el resto de los elementos que componen el local, planteados en metal y plásticos retroiluminados.

Un efecto de contraste similar se produce, en la *Casa da Música* de Oporto, entre el objeto duro y polifacético del edificio, resuelto en hormigón blanco, y la superficie donde se posa dicho objeto, que parece ondulada por el impacto de la roca al caer y que se ejecuta en una piedra que contrasta con el hormigón blanco del edificio.

OMA. *Prada Epicenter* Nueva York. 2000-2001. Vista del suelo blando.

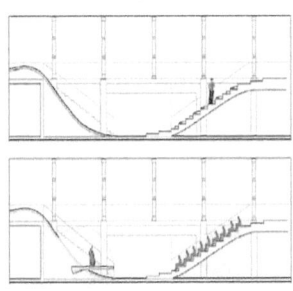

OMA. *Prada Epicenter* Nueva York. 2000-2001.

---

[17] "Prada Epicenter New York", sitio web de OMA, acceso el 25 de noviembre de 2014, http://oma.eu/projects/prada-epicenter-new-york.html.

OMA. *Casa da Música* Oporto. El impacto metafórico del volumen duro provoca la ondulación del plano del suelo.

OMA. *Casa da Música* Oporto. El caserío de Oporto tras las *dunas* del plano del suelo.

ROMPECABEZAS

El contraste paranoico-crítico no lo consigue Koolhaas simplemente mediante la confrontación entre lo duro y lo blando. Él mismo se refiere al método paranoico-crítico como: "Forzar una pieza en un rompecabezas de modo que encaje, aunque no cuadre"[18]. Este recurso de la pieza forzada resuelve también una serie de proyectos de OMA, en los que introduce un elemento incómodo que interfiere, propiciando colisiones que alimentan la emoción del proyecto. El proyecto de la *Ascot Residence*, de 2003, plantea un paralelepípedo con una organización cartesiana el que se inserta una forma tumoral vacía. Una especie de esvástica erosionada, como una lobotomía de un espacio central geométricamente diferente a la organización de la casa. OMA investiga en los fenómenos de colisión, de esta forma, con el resto de las dependencias de la casa. Incluso experimenta con la posibilidad de colocar el volumen de la casa desde la posición horizontal hasta la vertical, pasando el agujero central de ser patio a ser espacio interior de varias alturas.

---

[18] Rem Koolhaas, *Delirious New York*, 241.

Un efecto parecido se provoca en la propuesta para el Museo Nacional de China, de 2011[19]. El proyecto está formado por dos cuerpos fundamentales: el superior, la linterna, y un zócalo inferior, la ciudad. El zócalo inferior, al igual que la residencia de Ascot, de planta cuadrada, incorpora en su parte central un vacío. Como una gran ágora urbana cuya existencia deforma los espacios situados alrededor del ella: un núcleo caliente que derrite el edificio.

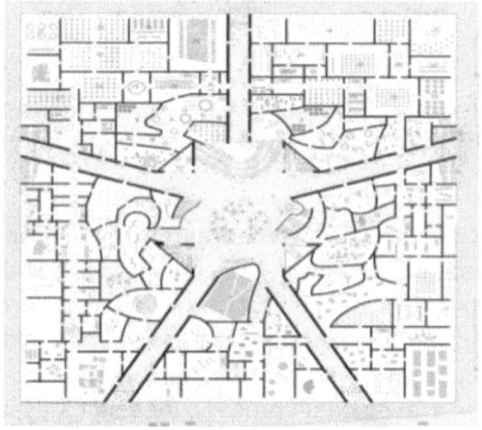

OMA. *Museo Nacional de China 2003.* Planta con el vacío paranoico.

El último proyecto que vamos a tratar, en esta línea de *inserciones paranoicas* en edificios existentes, es la propuesta de intervención, de 2015, en el inmenso edificio de 1907 de los Almacenes *KaDeWe, Kaufhaus des Westens,* en Berlín. OMA plantea la reconsideración de la organización de la superficie de los almacenes, obsoleta desde el punto de vista comercial del siglo XXI, proponiendo la segregación del edificio en cuatro cuadrantes en los cuales se organizan las distintas actividades.

---

[19] "National Art Museum of China", sitio web de OMA, acceso el 22 de mayo de 2014, http://oma.eu/projects/national-art-museum-of-china.html.

OMA. Almacenes *KaDeWe, Kaufhaus des Westens.* Berlín. 2015.
Las inserciones paranoicas.

Cada uno de los cuadrantes se mantiene vivo mediante su núcleo de comunicaciones, y se concibe por OMA como un elemento activo y revitalizador del complejo, el efecto de introducción de un elemento ajeno se percibe claramente en la imagen de la maqueta en la que se injertan cuatro formas naranjas diferentes entre sí, cuatro vacíos paranoicos.
"A través de un proceso más cerca de la tutela en lugar del diseño, cada hueco se ha desarrollado específicamente para ofrecer cuatro tipos de experiencias espaciales distintas, y cuatro modelos eficientes de organización Cada núcleo debe ser en sí una experiencia espacial atrayente para los visitantes del complejo. "[20]

---

[20] " Almacenes KaDeWe", sitio web de OMA, acceso el 22 de mayo de 2014, https://www.oma.com/projects/kadewe

EL MITO TRÁGICO

Como hemos visto, la aplicación del método paranoico-crítico en la obra de Dalí es múltiple: su praxis abarca desde la recreación de formas ambiguas, capaces de sugerir imágenes dobles o triples, pasando por la introducción de elementos paranoicos personales de asociación más compleja y terminando con la inserción de *entidades paranoico-críticas* que representan, en sí mismas, la dualidad del método, como la chuleta, el huevo o los famosos relojes blandos. Durante la década de los años treinta, el pintor va multiplicando exponencialmente su método de *locura simulada*, su *delirio interpretativo*, derivándolo hacia la posible exégesis de elementos ajenos a su propia creación artística. Lo hace fundamentalmente como vía reinterpretativa de la obra de otros pintores universales, cuya presencia obsesiva, orbitaron en la mente del pintor desde los quince años.

En 1935 Dalí termina el manuscrito de su fascinante *El mito trágico del Ángelus de Millet,* que permanecerá perdido hasta 1963, año en el que se publica en Francia[1]. Se trata del texto más relevante sobre la aplicación del método como reinterpretación de la obra artística ajena, en este caso, una ejemplificación de la actividad paranoico-crítica llevada a cabo por el pintor ampurdanés sobre la obra *El* Ángelus, de 1859, del pintor francés realista Jean-François Millet.

La explicación de Dalí de *El Ángelus* es sorprendente y difiere absolutamente de su banal apariencia. Para él, el cuadro representa una consecución de acontecimientos, en la que la pareja (una madre y su hijo según su teoría) es captada por Millet en un momento que preludia una relación sexual incestuosa. La conclusión de los perversos acontecimientos imaginados por Dalí es el sacrificio del hijo por parte de la madre, que lo devora como una mantis religiosa.

La asombrosa explicación del cuadro, en palabas de Dalí, posibilita recargar de energía su significado, dándole una nueva vida. Esto es lo verdaderamente importante del método paranoico-crítico y el aspecto que interesa a Koolhaas. Poco importa en realidad el aspecto científico o racional del nuevo significado. Y si en verdad conecta, como se afana

---

[1] Salvador Dalí, *El Mito Trágico de "El Ángelus" de Millet* (Barcelona: Tusquets Editores, 2006), 13.

Dalí en demostrar, con un supuesto Millet erótico, escondido tras el cuadro. O si el supuesto ataúd aparecido en un examen radiográfico del cuadro, llevado a cabo por el Louvre a instancias del pintor catalán, confirma la prueba del hijo muerto. El comentario de la propia Gala sobre esta prueba aclara de modo certero la importancia del análisis paranoico-crítico: "Si ese resultado constituyese una prueba, sería maravilloso. Pero si todo el libro no fuera más que una pura construcción del espíritu, ¡entonces sería sublime!".[2]

La actividad paranoico-crítica, ejercida tanto sobre el cuadro como sobre sus fenómenos asociados, tiene dos consecuencias trascendentales: por un lado, posibilita un nuevo significado de la obra: latente, sorprendente, completamente divergente a la apariencia física del cuadro y por otro lado, esta nueva *vida*, alimenta la obra de Dalí en la creación de versiones paranoicas de *El Ángelus* de modo continuo a lo largo de su etapa creativa.

TRANSTORNO DELIRANTE EROTOMANIACO

Explicábamos en el anterior apartado el interés del método paranoico-crítico, en su vertiente analítica-historiográfica, ya que posibilita la vinculación de la influencia externa de los grandes maestros de la pintura universal en la obra del Dalí, en virtud de una admiración obsesiva. Nuestra intención es precisa: demostrar que una actitud parecida, una apropiación de la metodología paranoico-crítica es ejercida por Rem Koolhaas, de dos formas muy diferentes, no obstante, con respecto a las figuras de Le Corbusier y Mies Van der Rohe.

En el caso de Dalí, la admiración por los grandes genios de la pintura es evidente y su obsesión evoluciona exponencialmente, saltando de unos a otros en distintas fases de su vida creativa. Pintores del renacimiento, como Miguel Ángel o Rafael; barrocos, como Velázquez, Zurbarán o Vermeer (cuyo análisis paranoico-crítico de *La Encajera,* análogo al de *El Ángelus* de Millet, es también de gran relevancia); realistas del XIX, como el aludido Millet, Ingres o Meissonier, etc. Reverencia también la pintura

[2] Gala citada por Salvador Dalí en *El Mito Trágico de "El Ángelus" de Millet,* 20.

de pintores coetáneos como Picasso, al que acude raudo a visitar en su primer viaje a París, frente a la animadversión que siente por Matisse[3], al que considera *pintor de burgueses*[4]. Todos ellos son utilizados por Dalí en su gran propuesta paranoico-crítica. De ellos se inspira, a todos ellos copia, modifica, distorsiona, explota o caricaturiza.

Johannes Vermeer, *La encajera*. 1669.

Salvador Dalí. *Pintura paranoico-crítica de La encajera de Vermeer.* 1965.

MATAR AL PADRE

Rem Koolhaas ama Nueva York, Le Corbusier odia Nueva York. Koolhaas repudia el urbanismo funcionalista antimanhattaniano sobre el que maestro suizo apologiza. No sorprende, por tanto, que en la delirante *carta de amor* hacia la gran manzana que es en realidad *Delirious New York*, el arquitecto holandés investigue sobre la parte inconsciente de la *Ciudad*

---

[3] Ver en esta tesis el capítulo 4º: *La Condensación*, en el punto 4: *El segundo advenimiento*, el epígrafe: *LA BRAGUETA DE MATISSE*.
[4] Robert Descharnes y Gilles Néret, *Dalí, La obra pictórica* (Köln: TASCHEN, 2013), 506.

Radiante, para desenmascarar su contenido latente. La metodología paranoico-crítica es la apropiada para esta tarea. Koolhaas ejerce la actividad paranoica para localizar la verdad oculta tras la *ciudad corbuseriana*, el mito trágico que subyace bajo sus rascacielos cartesianos: "Dalí aborrece el movimiento moderno, Le Corbusier desprecia el surrealismo. Pero el personaje y el método de actuación de Le Corbusier muestran muchos paralelismos con el método paranoico-crítico de Dalí".[5]

El libro de 1978 plantea, al igual que en *El* Ángelus, la hipótesis de un asesinato: el de Manhattan. El Manhattan que ya existía antes del Movimiento Moderno y de la *ciudad radiante.* La *madre* de esta última, Le Corbusier, para poder desarrollar su idea de la ciudad, tiene que matar al padre, eliminar las "pruebas embarazosas"[6]. Al igual que la mantis religiosa devora al hijo, a la vez padre incestuoso del fruto de la relación salvaje entre ambos personajes. Le Corbusier, la madre, "embarazado de 12 años de la *ciudad radiante*"[7], tiene que matar al padre, *devorarlo* metafóricamente:

Con la primera tarea, auténtica actividad paranoico-crítica daliniana sobre Manhattan, Le Corbusier difama, percibe los rascacielos de Nueva York como los seres deformados: los rascacielos son perturbaciones de la naturaleza, hombres con extremidades deformes, diez o veinte veces más largas. Le Corbusier, en su propuesta, toma los rascacielos de Manhattan y como Dalí, los deforma, los desnuda, los despoja de la base y la coronación, y los separa entre sí, intentando aniquilar la congestión en la que viven los *piojos* neoyorquinos. El automóvil, otra gran obsesión daliniana, aniquila aquella *súper aldea medieval.* La ciudad ya no existe. Es un no acontecimiento.[8]

La primera parte del proceso ya está hecha. Con la actividad paranoica, Le Corbusier recrea su modelo de *Manhattan falso*. El segundo momento, el crítico, será su implantación física, su imposición al mundo real. El plan Voisin es esta primera intención de implantación: "frente a Nueva York y Chicago, nosotros erigimos el rascacielos cartesiano, límpido,

---

[5] Rem Koolhaas, *Delirious New York*, 245.
[6] Rem Koolhaas, *Delirious...*, 243.
[7] Rem Koolhaas, *Delirious...*, 265.
[8] Rem Koolhaas, *Delirious...*, 269.

nítido, elegante y reluciente en el cielo de la Île-de-France". La razón de su ciudad se justifica por comparación con Manhattan. Le Corbusier se convierte en un viajante de su anti-Manhattan. Nadie quiere comprar su producto, nadie ama a su hijo.

Fotomontaje del autor sobre el mito trágico de la *ciudad radiante* de Le Corbusier.

Última oportunidad: vender a su hijo en el propio Manhattan. Una nueva ciudad radiante sobre la isla, que aniquile definitivamente las "pruebas embarazosas" del linaje de su hijo. "La matanza de los indios-rascacielos". Las autoridades, lógicamente, lo desestiman. Aun así, la historia le tiene reservada una venganza a Le Corbusier. La idea de unas nuevas Naciones Unidas aparece después de la Segunda Guerra Mundial y Nueva York se ofrece para albergar el edificio que represente al nuevo orden internacional. Le Corbusier tiene su oportunidad, una nueva y final actividad paranoico-crítica: "forzar a una pieza a encajar en un rompecabezas de modo que encaje, aunque no cuadre"[9]. La propuesta

---

[9] Rem Koolhaas, *Delirious New York*, 241.

de Le Corbusier para la ONU es esa última *pieza forzada.* La pastilla de oficinas en medio de una calle, el auditorio que corta la trama, el resto del solar vacío de densidad, la torre ajena a la volumetría circundante estructurada cartesianamente "El manhattanismo se ha atragantado con Le Corbusier, pero al final lo ha digerido"[10]. Como un tachón en un documento, Le Corbusier agrede al manhattanismo en pleno centro de manhattan con el edificio de la ONU.

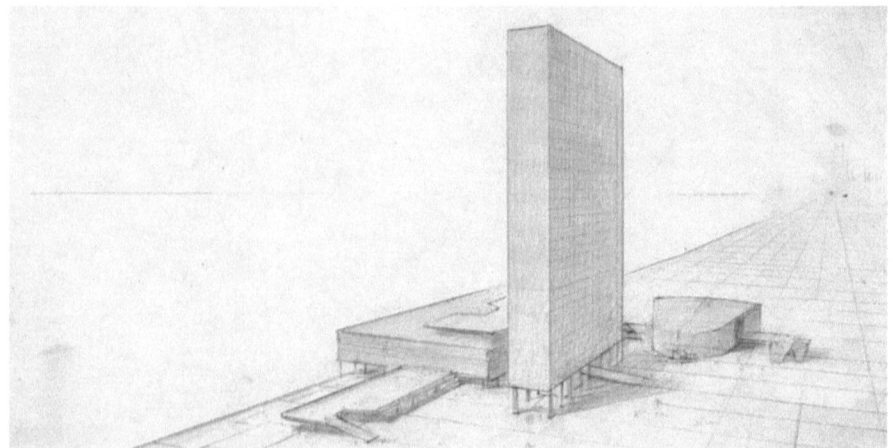

Perspectiva de Hugh Ferriss de la propuesta de Le Corbusier ajena una retícula abstracta, una *supersuperficie*.

EL MITO TRÁGICO DE MIES VAN DER ROHE

Tras la actividad paranoico-crítica ejercida por Koolhaas sobre Le Corbusier, la cual, al igual que *El mito trágico,* se circunscribe al ámbito literario, pasamos a estudiar otro tipo de actividad paranoico-crítica muy diferente, sobre otro gran maestro cuya personalidad y obra ha obsesionado a Koolhaas: Mies van der Rohe. El maestro alemán ha estado presente de modo continuo y obsesivo en toda la obra de OMA, hasta el punto de poder encontrar una serie de proyectos a los que sin pudor

[10] Rem Koolhaas, *Delirious...*, 281.

podemos denominar miesianos. Pero la relación con Mies no acaba aquí: Koolhaas ha reflexionado profundamente sobre la obra de Mies, ha escrito en abundancia y, además, ha tenido la oportunidad de enfrentarse cara a cara con la obra del alemán.

Koolhaas escribe también, como hiciera con Le Corbusier en *Delirious New York*, un nuevo mito trágico, una nueva aplicación del método paranoico-crítico sobre la arquitectura de Mies. Se trata de un pequeño artículo de 1993, incluido en *S, M, L, XL*, titulado *La casa que hizo a Mies*. El texto rescata un relato, a medio camino entre la realidad y la leyenda, sobre el primer proyecto encargado al maestro alemán. Koolhaas, una vez más, recupera su faceta de escritor para contarnos, como en un cuento, la historia que llega a sus oídos a través de su círculo familiar. Se trata de la abuela de una amiga de su madre, "una pequeña mujer con una inmensa fortuna"[11], dirá Koolhaas. Esta señora no era otra que la esposa de Anthony George Kröller, importante industrial holandés de principios del siglo XX, que quería construirse una inmensa casa para albergar su gran colección de pintura. El matrimonio estaba muy relacionado con la vanguardia arquitectónica de la época, y Berlage diseñó para ellos, en 1914, el palacio St. Hubert Hunting Lodge, lugar que Koolhaas utiliza como el *castillo-prisión* en su película, de 1969, *De Blanque Slavin*[12]. En 1911, Peter Behrens recibe el encargo de proyectar la casa y sala de exposiciones aludida. Mies, que por aquel entonces trabajaba en el despacho de Behrens, se encarga del proyecto, que no se lleva a cabo. La pareja, sobre todo la mujer, Helen, conecta de modo importante con el joven arquitecto, de 26 años, y le encargan una segunda propuesta. Esta cuestión, entre otras cosas, precipita que el mismo Mies abandone el estudio de Behrens.

Por expreso deseo de la propiedad, se construyó una maqueta de la propuesta de Mies, a escala real, con tableros de madera y tela, con el objeto de poder transmitir la sensación espacial del modo más real posible. La propuesta del proyecto elaborado por Mies mantiene el aspecto *schinckeliano*, solemne, pesado y clásico de la anterior propuesta de Behrens.

---

[11] O.M.A., Rem Koolhaas and Bruce Mau, *S, M, L, XL*, 62.
[12] Ver la parte de esta tesis dedicada al mecanismo de *la dramatización* y en particular el epígrafe *DE BLANKE SLAVIN*.

Como ya le ocurriera a Dalí con *El Ángelus de Millet,* en 1932, Koolhaas, en una reinterpretación paranoica, encuentra el origen de toda la contemporaneidad de la arquitectura de Mies en el hecho accidental de construir un edificio falso, con materiales ligeros y planos, sin peso y sin grosor, por cuya fachada principal y bajo la columnata pasea una figura. ¿Será el propio Mies? Sugiere Rem Koolhaas.[13]

Maqueta a escala real de la casa Kröller-Müller, incluida por Rem Koolhaas en *S, M, L, XL.* 1911.

Diecisiete años más tarde Mies construye el *Pabellón de Alemania,* en Barcelona. Se hace real, *crítica,* aquella arquitectura del muro y de la tela. Koolhaas certifica el origen paranoico-crítico de la arquitectura miesiana, una conjetura falsa, un capricho irracional de un cliente poderoso, que se trasforma en arquitectura real y posibilita la apertura de una línea de contemporaneidad universal que modifica el transcurso de la historia de la arquitectura.

LOS FENOMENOS DELIRANTES SECUNDARIOS

La interpretación paranoico-crítica de *la ciudad radiante* de Le Corbusier se nos antoja de recorrido más breve. No puede negarse, por supuesto, que en el posterior desarrollo de la carrera profesional de Koolhaas la presencia del maestro suizo no haya estado presente en algunas decisiones en sus proyectos, pero su presencia en los proyectos de OMA no es

---

[13] O.M.A., Rem Koolhaas and Bruce Mau, *S, M, L, XL*, 63.

en absoluto es comparable a la de Mies. El maestro alemán sí que desencadena una actividad paranoico-crítica en las propuestas del arquitecto holandés, similar a la que activaron Velázquez o Vermeer en las pinturas de Dalí. Mies no solo influye a Koolhaas, está presente en muchas de sus obras. Disfrazado, disimulado o alterado, pero siempre reconocible.

Efectivamente, ya en sus primeras propuestas Koolhaas evidencia un interés por mostrar su vinculación a la arquitectura del maestro alemán. De hecho, después de su etapa narrativa de sus primeros proyectos teóricos, recurre ineludiblemente al maestro alemán. Ya en *La ciudad del globo cautivo*, una de las manzanas, como no podría ser de otra forma, la ocupan dos *Torres homenaje a Mies.* Y recordemos que *La piscina flotante* del cuento, es constructivista de espíritu, pero *miesiana* de formalización. Mies es la referencia fundamental en la etapa de los años 80 en OMA, su concepción del vacío inestable y de los planos libres.

La propuesta para el concurso de viviendas públicas Kochstrasse, Friedrichstrasse, en Berlín, de 1980, ejemplifica esa inestabilidad espacial formada por planos secantes de fábrica o de vidrio. OMA invoca la presencia del maestro alemán al concebir con sus intervenciones, como hiciera en Manhattan, un *plano ideológico* de Berlín en el que aparece, en un extremo, como un juez supremo, el rascacielos no construido de Mies Van der Rohe para la capital alemana. El proyecto, reflexiona sobre la restauración de los vacíos dejados por los bombardeos de la Segunda Guerra Mundial, planteando una lotificación residencial junto al Muro de Berlín que recuerda a los alojamientos de *Exodus*. Se trata de viviendas-patio, en dos niveles, completamente distintas entre sí. Koolhaas denomina a las viviendas *Mieshaus,* una versión congestionada del proyecto de casas patio de Mies, de 1931-1938. La representación axonométrica del conjunto, que OMA adoptará de modo general en esta época, afianza aún más la relación con la arquitectura del alemán.

OMA. Viviendas públicas Kochstrasse, Friedrichstrasse. Berlín. 1980.

La primera *manipulación directa* de una obra de Mies va der Rohe, la construye OMA en 1986 con motivo del pabellón titulado *La casa Palestra,* en la *XVII Triennale* de Milán. Koolhaas se apropia del Pabellón alemán de Barcelona, construido por Mies en 1929, que se encontraba en un momento de controversia al plantearse su reconstrucción *ex novo* en su ubicación original. Koolhaas aprovecha la muestra milanesa para desacralizar el espacio diseñado por Mies, desde todos los ámbitos posibles. Lo hace formal y materialmente, al tener que curvarlo para adaptarlo a la forma del palacio que alojará el pabellón y plantearlo con materiales falsos. Vulnera también la estudiada integración en el lugar, al simular su ubicación en una cubierta de un edificio y, finalmente altera también el uso representativo del pabellón original cambiándolo por el de gimnasio y bar.

El pabellón se completa con luces artificiales, proyecciones y *performances* con actores. Aquí tenemos el primer fruto de la actividad paranoico-crítica ejercida por OMA sobre un proyecto *sagrado* de Mies. Un homenaje al alemán, pero también un ataque al puritanismo de la arquitectura moderna. Un *reciclado conceptual,* a la manera más ortodoxamente surrealista. "Dalí hace explotar a *El Ángelus* y le proporciona una nueva vida"[14], Koolhaas hace lo propio con el pabellón barcelonés.

[14] Rem Koolhaas, *Delirious New York*, 243.

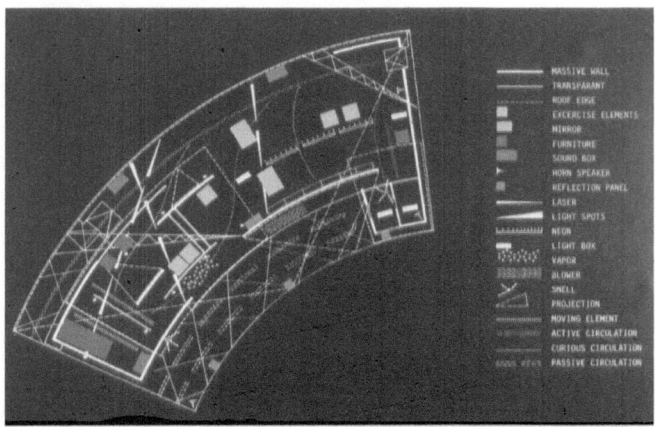

OMA. *La casa Palestra*. Milán. 1986. Planta del pabellón curvado.

En esos mismos años, el pabellón de Mies se está reconstruyendo en Barcelona bajo la dirección de Ignasi de Sola Morales y su equipo, alimentando un debate internacional sobre la ética de la reconstrucción falsa, de la réplica de un edificio perdido. Koolhaas, que participa en la cuestión, aprovecha la oportunidad de Milán para expresar su postura ante este tipo de intervenciones. El arquitecto holandés elabora un mito trágico, una oda menos conocida, sobre el proceso de desmontado y reciclado conceptual del pabellón real: "En 1983, el pabellón de Barcelona se reconstruyó en colores. Con esta resurrección se mató su aura "[15].

OMA. *La casa Palestra*. Milán. 1986. La distorsión del uso del pabellón que se transforma en bar y gimnasio.

[15] Rem Koolhaas ed., *Content AMOMA/ REM KOOLHAAS/ &&& Simon Brown & Jon Link*, 182.

La exposición de Milán refuerza la presencia de la obra de Mies en bastantes proyectos de OMA de la misma época. Los dos bloques de vivienda *De Brink*, en Oosterhaven, en Groninger, de 1984-88, por ejemplo, son dos torres idénticas en una parcela triangular junto al lago, con un quiebro en la fachada que da a Este, provocando una sensación ambigua entre dos y cuatro piezas. Su posición entre sí, en diagonal y frente al lago, y sus proporciones, recuerdan los Lake *Shore Drive Apartments* de Mies van der Rohe en Chicago, de 1949.

OMA. Viviendas *De Brink*, en Oosterhaven, Groninger. 1984-88.,.

Mies van der Rohe. *Lake Shore Drive Apartments*. Chicago. 1949. Vista desde el lago.

Por la misma época, Koolhaas elabora una propuesta para dos viviendas unifamiliares adosadas en un barrio de Rotterdam: las dos casas patio, de 1984. Una nueva reflexión sobre el espacio doméstico *miesiano,* y la resolución del programa de la vivienda mediante planos libres. Las dos casas se sitúan en un terraplén de una carretera que nunca se construyó, cuestión que utiliza OMA para desarrollar dos niveles: el inferior, donde se sitúa el garaje y dependencias de servicio a modo de zócalo, y el superior, donde se encuentra propiamente la vivienda [16].

---

[16] O.M.A., Rem Koolhaas and Bruce Mau, *S, M, L, XL*, 66.

OMA. Dos casas patio. 1984. Vista desde el jardín superior.

Mies van der Rohe. Casa Farnsworth. 1951. Exterior

A pesar de su clara vinculación con viviendas de Mies, como la casa Farnsworth de 1951, se trata de un ejercicio de desacralización del modelo de vivienda unifamiliar miesiana. La pureza del vidrio en las obras del alemán se contamina: vidrio transparente, traslúcido, armado, verde, o espejos provocando niveles de interferencia entre interior y exterior. El travertino, el ónice y las maderas nobles, son aquí una chapa metálica ondulada y un tablero OSB. La perfilería es convencional y comercial. El zócalo del edificio es un simple enfoscado y pintado. Y la barandilla de la escalera se resuelve con un sencillo tubo doblado.

En 1990 la ciudad de Groningen organizó, con motivo de su 950 aniversario, un evento denominado *What a wonderful world*, y encargó a los arquitectos más relevantes del momento (Zaha Hadid, Bernard Tchumi, etc.) pequeños pabellones, diseminados por la ciudad, con la intención de conectar arquitectura con los *media* y el arte contemporáneo[17]. OMA contribuye con dos intervenciones en las que Koolhaas, una vez más, aprovecha para *exorcizar* a Mies. En la primera de ellas, una marquesina de autobús realizada en Tuinbouwstraat, OMA invierte los parámetros materiales de las *casas patio* y, si en estas realiza versiones constructivamente desacralizadas de las villas de Mies, aquí transforma una pieza

---

[17] "What a wonderful world", sitio web de Staat in Groningen, acceso el 7 de febrero de 2014, http://www.staatingroningen.nl/manifestatie/4/what-a-wonderful-world.html.

con un programa convencional, en una especie de *monumento*, utilizando los mismos materiales nobles que Mies utiliza en el pabellón de Barcelona. Como si de un prototipo retroactivo se tratase.

Tres planos libres, que no se tocan entre sí: uno de mármol verde, otro de tela metálica (una versión para exteriores del terciopelo del pabellón) y otro de vidrio traslúcido. Un pilar cruciforme de acero inoxidable certifica la voluntad de la propuesta de adscribirse a Mies. *Only 90°* es el título que Koolhaas da al proyecto en *S, M, L, XL*, aludiendo al giro entre los tres planos entre sí.

> "Sigo pensando en una marquesina increíblemente majestuosa, como la haría Mies Van der Rohe, así que nada de mármol falso, sino mármol real ... solamente signos de vulgaridad, programas de video proyectados en el mármol en 3D, letras de metal ... *Erotics*".[18]

OMA. Marquesina de autobús. Groningen. 1990. Un prototipo retroactivo del Pabellón de Mies.

[18] O.M.A., Rem Koolhaas and Bruce Mau, *S, M, L, XL*, 196.

ONIRIC NATIONALGALERIE

En toda esta confrontación con la obra de Mies es necesario retornar al proyecto de *Kunsthal* de Rotterdam de 1987-92, hemos encontrado mecanismos de *condensación*, de *fragmentación*, de *desplazamiento*, así como ecos y presencias simbólicas como las del *huevo* y la del *muro* o la *piscina*. Merece la pena volver, una vez más, a reflexionar sobre el edificio desde la óptica que nos atañe: la influencia obsesiva, ya que la presencia de Mies es tan evidente en el edificio de OMA, que al autor de estas líneas se le antoja considerar al edificio como una suerte de *mies soñado*. Una propuesta intensamente miesiana, alterada por los mecanismos oníricos de los que hemos venido hablando. Demos un paso más: ¿podríamos atrevernos a decir que el edificio del *Kunsthal* es una versión onírica desfigurada y preñada del simbolismo koolhaasiano del proyecto de la Neue Nationalgalerie de Berlín? El método paranoico-crítico daliniano nos alienta a demostrar dicha aseveración.

Mies van der Rohe, *Neue Nationalgalerie*. Berlín. 1968. Alzado acceso principal.

OMA. *Kunsthal*. Rotterdam. 1992. Alzado acceso principal.

De hecho, ambas propuestas se posicionan en una línea de continuidad entre los museos proyectados por Mies y los diseñados por OMA. El de Berlín será el último museo de la carrera de del arquitecto alemán[19], que moriría un año más tarde. Pensemos en él como un paso previo, latente, al primer museo construido por Koolhaas, veinte años más tarde.

Los dos proyectos plantean un recorrido descendente por su interior hasta una zona abierta verde, que en el caso del edificio Berlinés es el jardín exterior de esculturas y en el de Rotterdam es el *Parque del museo*. Y ambos resuelven el desnivel desde la posición de la vía rodada donde se encuentra el acceso principal. Si observamos comparativamente sus alzados principales, la relación del edificio con este acceso principal es también análogo: un pequeño pódium, de unos pocos peldaños, que en el caso de la galería berlinesa circunda todo el edificio, y, en el *Kunsthal*, se limita a la fachada delantera. Si bien el alzado *urbano* del edificio de Mies es isótropo, el de OMA muestra al exterior la circulación transversal que se ha convertido ya en *performance architecturale*. El canto de la gran losa, que, en el caso de Mies, como en un friso griego, es un eco de la lógica estructural casetonada de la cubierta del *pódium*, es formalmente muy similar al del edificio de Koolhaas. Pero, en este caso, se trata de un simple trampantojo, un acabado cosmético, contrario a la resolución estructural, paranoica, del interior del edificio holandés.

La diferenciación radical planteada por Mies: zócalo cerrado en la parte inferior y pódium abierto sobre este, se corresponde con la colección permanente y la sala de exposiciones temporales, abierta, casi exterior, de planteamiento revolucionario en estos años. Koolhaas *remueve* estos conceptos, como una mezcla de ingredientes. Rompiendo dicha segregación y logrando una disposición heterodoxa, incierta y contaminada. Como respuesta, también, a un entendimiento similar del arte contemporáneo.

El espacio sagrado de la planta superior del edificio de Berlín está protagonizado por los dos grandes muros libres (pero gruesos, *hollow walls* al fin y al cabo) que resuelven parte de los conductos de instalaciones del

---

[19] "Neue Nationalgalerie", sitio web de la fundación *Mies Everywhere*, acceso el 22 de marzo de 2014, http://miessociety.org/legacy/projects/neue-nationalgalerie/.html.

edificio. Koolhaas no solo mantiene dichos muros, sino que los exagera, como un apéndice daliniano, flanqueando la aludida circulación principal y manteniendo la condición de muros con grosor que no solo incorporan instalaciones, sino también circulaciones en su interior. El mármol verde se transforma en policarbonato de un tono similar. Una vez más, Baudelaire se inserta en el *preciosismo matérico* miesiano.

Mies van der Rohe, *Neue Nationalgalerie*. Berlín. 1968. El zócalo de piedra en la parte inferior del *pódium*.

OMA. *Kunsthal*. Rotterdam. 1992. El zócalo invertido de piedra.

Mies van der Rohe, *Neue Nationalgalerie*. Berlín. 1968. Pórtico de acceso.

OMA. *Kunsthal*. Rotterdam. 1992. Pórtico de acceso.

En el alzado trasero, hacia el parque, se produce entre ambos edificios un fenómeno de inversión muy interesante: por el condicionante del desnivel y la necesidad de cierre del jardín de esculturas, aparece en el edificio de Mies el gran zócalo de aplacado pétreo que soporta virtualmente el pódium. Un aplacado muy similar coloca Koolhaas en la fachada en el parque, pero esta vez de forma invertida: el zócalo pétreo, pesado, se apoya sobre la fachada de vidrio de la planta interior. En el porche de acceso, un pilar cruciforme *miesiano* permanece escondido, desplazado, como testimonio de la referencia latente de Koolhaas. Se acompaña, como ya estudiamos, de una heterodoxa colección de soportes y refuerzos desconcertantes: apuntalamientos necesarios por la desaparición metafórica de la trama isótropa perimetral de soportes del edificio de Mies.

VANDALISMO

En 2003, **OMA** organiza la exposición *Content*. Una retrospectiva de toda su obra, tanto experimental como construida, hasta la fecha. La exposición se convierte en la publicación homónima de Taschen, centrándose en la producción desde 1995, fecha de la publicación de *S, M, L, XL*. La exposición se alberga precisamente en los dos edificios analizados previamente, el *Kunsthal* y la *Neue Nationalegalerie*. En Berlín, Koolhaas tiene una nueva oportunidad para vulnerar el espacio sagrado de la sala de instalaciones temporales del museo de Mies: en el espacio limpio y racional del pódium del edificio berlinés, OMA lanza su basura conceptual, compuesta por cientos de maquetas, paneles, instalaciones audiovisuales, hinchables, materiales desechables, etc. En resumen, el caos en el cronos, ¿una prueba de amor de un delirio erotómano? En amarillo chillón, el nombre de la exposición. Un grafiti furtivo cuya pintura escurre y gotea por el vidrio del cerramiento.

OMA/AMO. Exposición *Content*. En la *Neue Nationalgalerie*. Berlín. 2003.

OMA/AMO. Exposición *Content*. En la *Neue Nationalgalerie*. Berlín. 2003. Instalación interior.

I LOVE MIES

En 1997, **OMA** gana el concurso para la construcción del McCormick Tribune Campus Center, en el IIT, el *Illinois Institute of Technology* de Chicago. La primera oportunidad real de Koolhaas para enfrentarse directamente a un edificio de Mies. De hecho, en contra de los otros participantes en el concurso, la propuesta de **OMA** se plantea como una anexión al *Commons building,* realizado en 1954 por Mies. La propuesta de Koolhaas, de modo similar a la del *Educatorium* de Utrecht, pretende convertirse en un nuevo *condensador social* que dinamice las relaciones entre los estudiantes, y que revitalice las funciones del campus. Incluye un auditorio, salas polivalentes, cafetería, oficinas para organizaciones de estudiantes, etc. Koolhaas plantea su edificio como un crecimiento parásito del edificio de Mies, en una tensa relación de yuxtaposición. La propuesta supone una homotecia del rectángulo original del edificio, ampliado por debajo del espacio que es atravesado por un tren elevado.

La formalización interna del edificio se genera por la materialización de circulaciones perimetrales, desde los distintos puntos del campus. Se trata, una vez más, de la transformación en arquitectura de aquellas *performances architecturales*. Los cortes diagonales seccionan tanto su proyecto como el de Mies, introduciendo los recorridos en el interior. La ampliación de Koolhaas devora al edificio de Mies como la mantis religiosa del mito Daliniano descrito en El ángelus de Millet.

La presencia de Mies es continua, no solo por el edificio existente, sino por su aparición real en determinadas partes del programa. Como el *Patio de Mies*, que rodea al edificio antiguo. Koolhaas introduce incluso imágenes del rostro del propio Mies, de un modo similar a los rostros de Velázquez que aparecen en algunos cuadros de Dalí. Su cabeza protagoniza el acceso, *engullendo* a los visitantes al coincidir la boca con la posición de las puertas correderas. El paso superior del tren se encapsula por un cilindro metálico, cuyo peso aplasta la pieza rectangular del edificio. Una vez más, la dualidad paranoico-crítica aplicada en un elemento duro que aplasta uno blando, generando una compresión similar a la del *foyer* del proyecto del *Teatro de la Danza* de La Haya. Los materiales son, como se ha dicho, antitéticos al *preciosismo* miesiano: plásticos, cartón-yeso sin pintar, vinilos, suelos industriales.

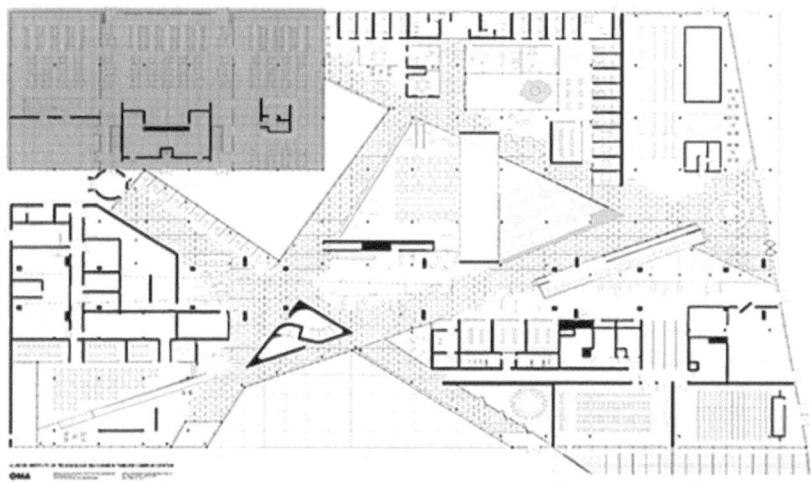

McCormick Tribune Campus Center, IIT. Chicago. 1997-2003. Planta. Una mantis religiosa devorando al padre. Fotografía OMA.

La intervención de Koolhaas provocó, en su momento, un importante movimiento en contra de su propuesta y en favor de la preservación del edificio de Mies. Como contestación a estas propuestas, Koolhaas se defiende con el artículo "Miestakes", incorporado en la publicación *Content*.[20]

LIDIA

Lidia de Cadaques era una vendedora de pescado, amiga de la familia de Salvador Dalí, que esporádicamente hospedaba en su casa a jóvenes intelectuales de la ciudad en busca de unos días de descanso. Entre sus huéspedes nos encontramos entre otros a Pablo Picasso, Puig i Cadafalch, André Derain y, en particular, a Eugeni D'Ors. Este último se alojó en casa de la pescadora en el verano de 1904, iniciándose en ella un sentimiento de admiración que derivó en una obsesión paranoica. El trastorno llegó al punto de llevarla a considerar que toda la obra literaria producida por D'Ors se encontraba dirigida a ella. Lidia, que acudía a vender pescado a la casa de los padres de Dalí, recitaba en voz alta las *glosas* del escritor haciendo una lectura interpretativa de las mismas en relación con su persona. Estas interpretaciones fascinaban al joven Salvador que en su etapa de la Residencia de Estudiantes de Madrid llevó a compañeros como Federico García Lorca a conocer y a escuchar a Lidia, todos quedaban impresionados con las palabras de la mujer.

Dalí aprendió de Lidia dos cosas fundamentales: por un lado, la fuerza que adquiere un objeto o una imagen, en este caso un texto, cuando se *reinventa* la razón de su existencia y, por otro lado, la habilidad de la paranoia, particularmente de una paranoica erotómana, para conseguir dicho objetivo. El pintor catalán no dudó en incorporar a la humilde pescadora en tertulias y debates, convirtiéndola de modo involuntario en la musa del método paranoico-crítico.

Al igual que Lidia de Cadaqués, Koolhaas lleva bajo el brazo la obra de Mies van der Rohe. Quizás con el convencimiento de que fue necesaria

---

[20] Rem Koolhaas ed., "Miestakes", en *Content AMOMA/ REM KOOLHAAS/ &&& Simon Brown & Jon Link*, 182.

para la existencia de su propia figura como arquitecto. Para convencernos de que el maestro alemán la concibió intencionadamente para su posterior reinterpretación paranoica por parte del arquitecto holandés.

Conversación ficticia de 1987 entre Dalí y Rem Koolhaas disfrazado de Lidia de Cadaqués. El arquitecto holandés explica al pintor cómo la arquitectura de Mies van der Rohe es en realidad una fase retroactiva necesaria de su propia arquitectura. En su regazo, una maqueta de la Neue Nationalegalerie, de Berlín, edificio con el que Koolhaas ha soñado esa noche. Éste le cuenta a Dalí cómo el edificio aparecía deformado en su sueño, convertido en la propuesta en la que se encuentra trabajando del reciente encargo del Kunsthal de Rotterdam [fotomontaje del autor]

CONCLUSIÓN

Una investigación como la que se presenta en este libro es ciertamente impredecible: se parte de una idea, una intuición, unas sospechas, que permiten tener cierta idea sobre el discurrir del trabajo, pero como en una deriva surrealista, los inesperados encuentros con ciertos campos de conocimiento obligan a desviarse del camino previsto, retroceder, o pasar dos veces por el mismo sitio. En este sentido el trabajo ha tenido algo de deriva por distintos puntos de interés intentando plantear un discurso completo de la relación de Koolhaas y el surrealismo. Consideramos, por ejemplo, que cada parte del libro: el automatismo, los sueños y la locura, podrían haber sido llegado a ser perfectamente documentos independientes, sirva este trabajo como punto de inicio para futuras investigaciones tanto propias como ajenas que amplíen la mirada en cada una estos fascinantes campos.

Sin noticias en sentido contrario, no existe un estudio específico del papel e influencia precisa de Madelon Vriesendorp en la obra de OMA, cuestión que se nos antoja fundamental en la comprensión de todo lo que significa su universo, y como tributo necesario a la diseñadora holandesa, ingrediente necesario en aquel OMA fundacional de los años 70.

Ya nos referimos en páginas anteriores a la existencia de una tesis que relaciona la arquitectura de Le Corbusier con la de OMA sin embargo, no existe a día de hoy, salvo desconocimiento por nuestra parte, un trabajo académico que proponga un estudio pormenorizado de la influencia de Mies van der Rohe en Koolhaas. Aquí se ha incluido un avance desde la óptica de la paranoia-critica, pero consideramos que la relación entre ambos arquitectos merece un estudio específico de más amplio espectro.

Ha sido para nosotros más provechoso estudiar y trabajar con proyectos de OMA más antiguos ya que hemos encontrado una presencia de poética surrealista más evidente que en otras propuestas más tardías, menos personales, en las que la participación específica de Koolhaas es menor. Será imprescindible, quizás dentro de unos años, abordar la ingente producción arquitectónica de OMA de estos últimos años. No nos cabe duda en lo que ahora se presenta como cierta atomización de decenas de propuestas divergentes, en un inestable equilibrio sobre la línea que separa la moda de la vanguardia, futuras investigaciones apreciarán una coherencia epistemología merecedora de análisis. Tampoco dudamos de la presencia del surrealismo en dichos análisis.

BIBLIOGRAFÍA

Para mayor información del lector se incluye toda la bibliografía utilizada en la tesis doctoral en la que se fundamenta este libro.

Bibliografía específica sobre Rem Koolhaas/ OMA

Libros y monografías

AMO and Moutaramat. *Al Manakh 1. Volume #12*. Amsterdam: Archis, 2007.

Ana Vaz Milheiro, Inês Moreira, Jorge Figueira, José Miguel Rodrigues, Luís Santiago Baptista, Nuno Grande y Pedro Gadanho. *Koolhaas Tangram*. Lisboa: Circo de Ideias, 2014.

Balmond, Cecil. *Informal*. Munich/London: Prestel, 2002.

Basar, Shumon & Stephan Trüby, ed. *The World of Madelon Vriesendorp. Paintings / Postcards / Objects / Games*. London: AA Publications, 2008.

Bayrle, Thomas, ed. *Layout: Philip Johnson in Conversation with Rem Koolhaas and Hans Ulrich Obrist*. Köln: Walther Köning, 2003.

Blistène, Bernard, ed. *Premises: invested spaces in visual arts, architecture & design from France 1958-1998*. New York: Guggenheim Museum Publications, 1998.

Bradley, Fiona, ed. includes texts by Mohsen Mostafavi, Hou Hanru, Hans Ulrich Obrist, Rem Koolhaas and Julia Diamantis. *Cities on the move: urban chaos and global change: East Asia art, architecture and film now*. London: Hayward Gallery, 1999.

Brayer Orleans, Marie-Ange. *Architectures experimentales 1950-2000*. Orleans: collection au FRAC Centre; HYX, 2003.

Brouwer, Joke, ed. *Transurbanism*: Arjun Appadurai, Arjen Mulder, Knowbotic Research, Lars Spuybroek, Scott Lash, Rafael Lozano-Hemmer, Andreas Ruby, Edward Soja, Rem Koolhaas, Brett Steele, Roemer van Toorn, Mark Wigley. Rotterdam: V_2 Publishing / NAi Publishers, 2002.

Celant, German, *Rem Koolhaas OMA AMO. L'Architettura I Protagonisti*. Roma: La biblioteca di Repubblica- L'Espresso, 2013.

Colenbrander, Bernard. *Reference OMA: the sublime start of an architectural generation*. Rotterdam: NAi Publishers, 1995.

Cortés, Juan Antonio y Rafael Moneo. *Comentarios sobre dibujos de 20 arquitectos actuales*. Barcelona: E.T.S. de Arquitectura, 1976.

Cuito, Aurora, ed. *Rem Koolhaas / OMA*. Dusseldorf/London: te Neues Publishing, 2002.

Cunningham, David and John Goodbun. *Propaganda architecture: Rem Koolhaas and Reinier de Graaf.* London: Radical Philosophy, 2009.

De Cauter, Lieven. *Capsular civilization: on the city in the age of fear.* Rotterdam: NAi Publishers, 2004.

Eisenman, Peter & Rem Koolhaas. *Super-Critical. Architecture Words I.* London: AA Publications, 2010.

Eisenman, Peter. *Ten canonical buildings 1950-2000.* New York: Rizzoli, 2008.

Espace Croise, ed. *Euralille: the making of a new city: Koolhaas, Nouvel, Portzamparc, Vasconti, Duthilleul, architects.* Basel: Birkhauser, 1996.

Fergusson, Ben and Eva McGovern, eds. *Serpentine Gallery Pavilion 2006: Rem Koolhaas and Cecil Balmond with Arup.* London: Serpentine Gallery; Koln: Walther Konig, 2008.

Fundaçao Casa Da Música, ed. *Casa Da Musica / Porto.* Porto: Newslettter Norprint, 2008.

Gargiani, Roberto. *Rem Koolhaas/OMA. The Construction of Merveilles.* Lausanne: EPFL Press, 2011.

Goulet, Patrice, ed. *Lile.* Paris: Institut Francais dÁrchitecture ; Carte Segrete, 1990.

Goulet, Patrice, ed. *OMA 6 Projects.* Paris: Institut Francais dÁrchitecture; Carte Segrete, 1990.

Heidingsfelder, Markus y Min Tesch. *Rem Koolhaas, más que un arquitecto.* Barcelona: FUNDACIÓN CAJA DE ARQUITECTOS, 2009.

Hyatt Foundation. *Pritzker Architecture Prize 2000: presented to Rem Koolhaas.* Los Angeles: Jensen & Walker, 2000.

Jacques, Michel and OMA – Rem Koolhaas. *Living Vivre Leben.* Berlin: Birkhäuser, 1998.

Kipnis, Jeffrey. *Perfect acts of architecture.* New York: Museum of Modern Art and Wexner Center for the Arts, the Ohio State University, 2001.

Koolhaas, Rem & Jorge Otero-Pailos. *Preservation is overtaking us.* New York: Gsapp Trancripts, 2014.

Koolhaas, Rem / AMO & Harvard Graduate School of Design. *Elements. Biennale di Venezia 14. Mostra Internazionale di Architettura.* Venezia: Marsilio, 2014.

Koolhaas, Rem / AMO and Kayoko Ota, ed. *Post-Occupancy. Domus d´Autore.* Milano: Editoriale Domus, 2006.

Koolhaas, Rem / AMO. *Fundamentals Catalogue. Biennale di Venezia 14. Mostra Internazionale di Architettura.* Venezia: Marsilio, 2014.

Koolhaas, Rem / AMO. *The Gulf.* Zürich: Lars Müller Publishers, 2006.

Koolhaas, Rem / OMA and Germano Celant. *Unveiling the Prada Foundation.* Milano: Fondazione Prada Edizioni, 2008.

Koolhaas, Rem and Bregtje van der Haak. *Lagos wide & close: an interactive journey into an exploding city.* Amsterdam: Submarine, 2005. Machado, Rodolfo and Rodolphe El-Khoury, eds. *Monolithic architecture*; with essays by Detlef Mertins, Rem Koolhaas and others. Munich: Prestel, 1995

Koolhaas, Rem and Hal Foster. *Junkspace with runnig room.* London: Notting Hill Editions, 2013.

Koolhaas, Rem and Hans-Ulrich Obrist. *Project Japan: Metabolism talks.* Köln: TASCHEN, 2011.

Koolhaas, Rem and Hans-Ulrich Obrist. *Serpentine Gallery 24 hours interview Marathon: London.* London: Trolley, 2008.

Koolhaas, Rem, ed. *Content. AMOMA/ REM KOOLHAAS/ &&& Simon Brown & Jon Link.* Köln: TASCHEN, 2004.

Koolhaas, Rem, Ed. *Koolworld. The ultimate Atlas for de 21st century. Wired.* New-York: Condé- Nast, 2003.

Koolhaas, Rem, Hans Ultee and Cees de Jong. *OMA 30: 30 Colours.* Blaricum: V + K Publishing, 1999.

Koolhaas, Rem, Reinier de Graaf, Iyad Alsaka, Arjen Oosterman, Lilet Breddels, Ole Bouman, Mitra Khoubrou and Daniel Camara. *Al Manakh: Gulf Continued. Volume #23.* Amsterdam: Archis, 2010.

Koolhaas, Rem. *Espacio Basura.* Barcelona: Gustavo Gili, 2008.

Koolhaas, Rem. *Grandeza o el problema de la talla.* Barcelona: Gustavo Gili, 2011.

Koolhaas, Rem. *La ciudad genérica.* Barcelona: Gustavo Gili, 2008.

Koolhaas, Rem. *Delirio de Nueva York, un manifiesto retroactivo para Manhattan.* Barcelona: Gustavo Gili, 2005.

Koolhaas, Rem. Prólogo a *Elements of Venice,* de Julia Foscari. Zürich: Lars Müller Publishers, 2014.

Koolhaas, Rem. *Sendas Oníricas de Singapur. Retrato de una metrópolis potemkim...o treinta años de tabla rasa.* Barcelona: Gustavo Gili, 2010.

Koolhaas, Rem. *The Community isue*. London: Hunch, 2013.

Koolhaas, Rem. *The Dutch Embassy in Berlin by OMA / Rem Koolhaas*. Rotterdam: NAi Publishers, 2004.

Kwinter, Sanfor, ed. *Rem Koolhaas Conversaciones con estudiantes*. Barcelona: Gustavo Gili, 2007.

Kwinter, Sanford e Marco Rainò, ed. *Rem Koolhaas: verso un'architettura estrema*. Milano: Postmediabooks, 2002.

Levin, Thomas Y, Ursula Frohne and Peter Weibel, eds. *Ctrl [space]: rhetorics of surveillance from Bentham to Big Brother*. Cambridge, Massachusetts: Karlsruhe, ZKM Center for Art and Media; MIT Press, 2002.

Lootsma, Bart. *Superdutch: new architecture in the Netherlands*. London: Thames and Hudson, 2000.

Lucan, Jacques, ed. *OMA / Rem Koolhaas*. Princeton, New Jersey: Princeton University Press, 1991.

Mateo, Josep Lluis, ed. *Rem Koolhaas, Projectes urbans...: 1985-1990 (exposició)*. Barcelona: Publicacio del Col legi de Arquitectes de Catalunya. Quaderns d´Arquitectura i Urbanisme Monografies. Editorial Gustavo Gili, 1991.

McQuaid, Matilda and Terence Riley, eds. *Envisioning architecture: drawings from the Museum of Modern Art,* (includes Rem Koolhaas thesis project at the AA: "Exodus, or the voluntary prisoners of architecture"*)*. New York: Museum of Modern Art, 2002.

Middleton, Robin, ed. *Idea of the city* (includes "Atlanta" by Rem Koolhaas). London: AA Publications, 1996.

Miessen, Markus, ed. *Violence of participation*. Berlin: Sternberg Press, 2007.

Moneo, Rafael. "Inquietud teórica y estrategia proyectual en la obra de ocho arquitectos contemporáneos". En *Rem Koolhaas,* editado por Carmen Díez Medina, 307-360. Barcelona: Actar, 2004.

*More is More OMA / Rem K*oolhaas. Theorie und Architektur. Kornwestheim: Wasmuth, 2001.

O.M.A., Koolhaas, Rem and Bruce Mau. *S, M, L, XL*. Köln: Benedikt Taschen Verlag GmbH, 1997.

Obrist, Hans-Ulrich and Rem Koolhaas. *London Dialogues: Serpentine Gallery 24 hours interview Marathon*. Milan: Skira, 2012.

Obrist, Hans-Ulrich. *Rem Koolhaas, conversaciones con Hans Ulrich Obrist*. Barcelona: Gustavo Gili, 2009.

OMA / LMN. *Seattle Public Library*. New York: Actar, 2005.

OMA / AMO. *Projects for Prada: Part 1*. Milano: Fondazione Prada Edizioni, 2001.

OMA / Rem Koolhaas, Norman Foster and Alessandro Mendini. *Colours*. Berlin: Birkhäuser, 2001.

OMA / Rem Koolhaas. *OMa+uNIVERSAL: 100% design development: Universal Building*. Tokyo: a+u Publishing, 2001.

OMA / Rem Koolhaas: generic city in conjunction with the exhibition *OMA in Tokyo: Rem Koolhaas and the place of public architecture*. Tokyo: TN Probe, 1995

OMA and The Harvard Graduate School of Design. *Project on the City II: The Harvard Guide to shopping*. Köln: TASCHEN, 2001.

OMA and The Harvard Graduate School of Design. *Project on the City I: Great Leap Forward*. Köln: TASCHEN, 2002.

OMA, ed. *OMA in the Hague*. The Hague: Stroom Den Haag, 2006.

OMA. *Quaderns d´Arquitectura i Urbanisme Monografies*. Barcelona: Publicacio del Col legi de Arquitectes de Catalunya. Editorial Gustavo Gili.

Patteeuw, Veronique ,ed. *What is OMA: Considering Rem Koolhaas and The Office for Metropolitan Architecture*. Uitgeest: nai010 publishers, 2004.

Provoost, Michelle. *Dutchtown: A City Center Design by OMA / Rem Koolhaas*. Rotterdam: NAi Publishers, 2001.

Rauterberg, Hann° *Talking architecture: interviews with architects*. Munich: Prestel, 2008.

Riley, Terence, ed. *Changing of the avant-garde: visionary architectural drawings from the Howard Gilman Collection,* (includes drawings by Rem Koolhaas). New York: Museum of Modern Art, 2002.

Rosa, Joseph. *Next generation architecture: contemporary digital experimentation + the radical avant-gard*. London: Thames and Hudson, 2003.

Salvatore, Settis, Anna Anguissola and Davide Gasparotto, ed - Fondazione Prada. *Serial / Portable classic. The greek canon and its mutations*. Milan: Progetto Prada Arte, 2015.

Somol, Robert E., ed. *Autonomy and ideology: positioning an avant-garde in America*. New York: Monacelli Press, 1997.

Steele, Brett and Francisco Gonzalez de Canales, eds. *First works: emerging architectural experimentation of the 1960s & 1970s,* (includes "Exodus or The Voluntary Prisoners of Architecture" by Rem Koolhaas). London: AA Publications, 2009.

Stefano Boeri and Multiplicity, Rem Koolhaas and Harvard Design School Project on the City, Sanford Kwinter and Daniela Fabricius, Hans-Ulrich Obrist, Nadia Tazi. *Mutations*. Barcelona: Actar, 2001.

Takiguchi, Noriko, ed. *The Rem Koolhaas File*. Tokyo: Toto, 2004.

Ungers, Oswald Mathias, Rem Koolhaas, Peter Riemann, Hans Kollhoff y Arthur Ovaska. *The city in the city. Berlin a green archipelago*. Zurich: Lars Müller Publishers, 2003.

Yaneva, Albena. *Made by the Office of Metropoltan Architecture. An Etnogaphie of Design*. Rotterdam: 010 Publishers Uitgeverij, 2009.

Artículos de revistas

"A place in the City; Architects: Rem Koolhaas with Office for Metropolitan Architecture". *Building Design*, n.º 1743 (2006): 3.

"Ambaixada dels Paisos Baixos a Berlin [Netherlands Embassy in Berlin]; Architects: Rem Koolhaas / OMA". *Quaderns*, n.º 241 (2004): 72-93.

"Atlanta, by Rem Koolhaas". *Quaderns*, n.º 184 (1990): 104-113.

"Atlanta, Paris, Singapore; Rem Koolhaas". *Lotus International*, n.º 84 (1995): 119-121.

"Berlin: the massacre of ideas, by Rem Koolhaas". *Tefchos*, n.º 7 (1992): 50-51.

"Casa del Libro, Pekín. OMA-Rem Koolhaas". *AV monografías*, n.º 109-110 (2004): 92-95.

"Casa en Burdeos, Francia. OMA-Rem Koolhaas". AV monografías, n°. 72 (1998): 6-9.

"Casa unifamiliare, Floirac, Bordeaux, Francia [A one-family home at Floirac, Bordeaux, France]; Architects: Rem Koolhaas of OMA". *Domus* n.º 811 (1999): 46-60.

"Charles Jencks in conversation with Rem Koolhaas". *AD Profile 148 (Fashion and Architecture) Architectural Design*, vol.70 n.º6 (2000): 34-41.

"City Strategies: White City (Rem Koolhaas of Office for Metropolitan Architecture)". *Topos*, n.º 58 (2007): 44.

"Commonwealth job for Koolhaas". *Building Design*, n.º 1811 (2008): 3.

"Dutch Embassy, Berlin; Architects: OMA/Rem Koolhaas". *VIA Arquitectura*, n.º 15 (2005): 36-41.

"Euralille, Lille, France; Masterplanner: Rem Koolhaas". *GA Document*, n.° 41 (1994): 36-65.

"Expansion of the parliament in the Hague, competition project; Architects: Zaha Hadid, Rem Koolhaas and Elia Zenghelis, of OMA". *Lotus International*, n.° 25 (1979): 25-30.

"Funf projekte [Five projects]; Architects: Rem Koolhaas, and OMA". *Jahrbuch fur Architektur*, (1987/1988): 88-109.

"IIT [Illinois Institute of Technology] beyond Mies: a new urban focus, Chicago, IL; Architects: Rem Koolhaas and OMA". *Praxis*, vol.1 n.° 0 (1999): 14-21.

"Il concorso per l"ampliamento dell"IIT di Chicago [Competition for the enlargement of the Institute of Technology in Chicago]; Winning architects: Rem Koolhaas of OMA". *Industria delle Costruzioni*, vol.33 n.° 329 (1999): 68-72.

"Kazajistán, OMA/Rem Koolhaas: campus de la ciencia, Almaty". *Arquitectura viva*, n.° 115 (2007): 60.

"Konstruieren: Dimensionierung und Detaillierung eines Schalendaches am Stationsplein in Rotterdam [Design of a shell roof in Rotterdam]; Architects: Rem Koolhaas, OMA". *Deutsche Bauzeitung*, vol.121 n.° 10 (1987): 48-58.

"Koolhaas in 24-hour interview marathon". *Building Design*, n.° 1732 (2006): 2.

"Koolhaas on shopping". *ARQ: Architectural Research Quarterly*, vol.5 n.° 3 (2001): 201-203.

"Koolhaas receives Royal Gold Medal". *RIBA Journal*, vol.111 n.° 2 (2004): p.xii.

"Koolhaas wins 100,000 US dollar Pritzker Prize". *Building*, vol.265 n.° 8133 (16) (2000): 10.

"Koolhaas, Rem. El esplendor terrible del siglo XX". *L'Architecture d'aujourd'hui*, n.° 238 (1985):

"London debut for Koolhaas". *Building Design* n.° 1657 (2005): 3

"Maison a Bordeaux, Bordeaux, France [House in Bordeaux]; Architects: Rem Koolhaas of OMA". *GA Houses*, n.° 57 (1998): 54-75.

"McCormick Tribune Campus Center, Illinois Institute of Technology, Chicago, Illinois; Architects: OMA / Rem Koolhaas". *GA Document*, n.° 76 (2003): 8-47.

"Netherlands Dance Theatre; Architects: Rem Koolhaas, and OMA". *GA Document*, n.° 22 (1989): 48-55.

"Netherlands Embassy in Berlin 1997-2003 / Rem Koolhaas, OMA". *A+U: Architecture and Urbanism*, n.° 2 (401) (2004): 12-29.

"New headquarters for China Central Television (CCTV), Beijing, 2002-; Architects: Rem Koolhaas / OMA". *A+U: Architecture and Urbanism*, n.° 12 (399) (2003): 42-53.

"Oblique culture – Kunsthal, Rotterdam / Rem Koolhaas, of OMA". *Techniques & Architecture*, n.° 408 (1993): 82-89.

"OMA (Rem Koolhaas, Madelon Vriesendorp, Elia Zenghelis and Zoe Zenghelis) in Manhattan". *AD Profile 5 (OMA in Manhattan) Architectural Design,* vol.47 n.° 5 (1977): 315-362.

"OMA: Office for Metropolitan Architecture". *Architecture d"Aujourd"hui*, n.° 238 (1985): 1-98.

"OMA: Seoul National University Museum, Seoul National University Campus, Korea 2005". *A+U: Architecture and Urbanism*, n.° 432 (2006): 40-53.

"OMA-LMN: Seattle Central Library, Seattle, USA 2004; Architects: OMA / Rem Koolhaas". *A+U: Architecture and Urbanism,* n.° 412 (2005): 150-167.

"On the crest of the modern wave: interview with Rem Koolhaas, illustrates Nederlands Dans Theater, villa at Saint-Cloud, Byzantium, Amsterdam". *Techniques & Architecture*, n.° 380 (1988): 76-87.

"Popular culture: Architects: Rem Koolhaas, and OMA". *Blueprint*, n.° 93 (1992- 1993): 16-19.

"Prada buildings by OMA/Rem Koolhaas – Prada stores in New York, Los Angeles and San Francisco". *A+U: Architecture and Urbani*sm, n.° 12 (375) (2001): 50-55.

"Project for Parc de la Villette (Rem Koolhaas, 1982-1983)". *Harvard Architecture Review*, vol.5 (1986): 172-187.

"Rem Koolhaas – OMA: Educatorium, Universiteit Utrecht". *A+U: Architecture and Urbanism*, n.° 9 (336) (1998): 24-45.

"Rem Koolhaas + Cecil Balmond: Serpentine Gallery Pavilion 2006". *A+U: Architecture and Urbani*sm, n.° 433 (2006): 38-47.

"Rem Koolhaas and OMA [CCTV headquarters, Beijing / Beijing Books Building, Beijing]". *A&V Monogra*fias, n.° 109/110 (2004) :92-95.

"Rem Koolhaas of OMA: IJ Plein housing complex, Amsterdam; and Nederlands Dans Theater, The Hague". *Architecture d"Aujourd"hui*, n.° 257 (1988): 12-21, 28-33.

"Rem Koolhaas to design major White City scheme". *Building*, vol.270 n.° 8365 (3) (2005): 15

"Rem Koolhaas v Moskve: prolog [Rem Koolhaas in Moscow; prologue]". *Project Russia*, n.° 31 (2004): 81-87.

"Rem Koolhaas with OMA; Seattle Central Library; Netherlands Embassy, Berlin; Seoul National University Museum". *Lotus International* n.° 127 (2006): 52-65.

"Renovation of Breuninger department store, Stuttgart; Architects: Rem Koolhaas of OMA". *A+U: Architecture and Urbanism*, n.° 9 (324) (1997): 30-39.

"Residence for the Irish Prime Minister. Competition for the housing of the Irish Prime Minister and State Guests in Phoenix Park Dublin, 1979; projects by: Zaha Hadid and OMA, project architects: Rem Koolhaas and Elia Zenghelis". *Lotus International*, n.° 25 (1979): 15-24.

"Serpentine Gallery Pavilion 2006, London, UK; Architects: Rem Koolhaas with Cecil Balmond (Arup)". *GA Document* n.° 92 (2006): 54-61.

"Skyscraper city; Architects: Rem Koolhaas and Office for Metropolitan Architecture". *Building Design*, n.° 1709 (2006): 1.

"Sorbonne library: Architects: Rem Koolhaas, OMA". *Progressive Architecture*, vol.74 n.° 6 (1993): 24.

"Spaceship Serpentine; Architects: Rem Koolhaas with Cecil Balmond". *Building Design*, n.° 1716 (2006): 3.

"Tempo 160 – a lecture on "Plankton City", by Rem Koolhaas". *Archithese*, vol. 20 n.° 1 (1990): 39-43.

"The discovery of manhattanismo". *Architectural Desing,* vol XVII, n.° 5, (1977).

"Tough kid on the block; Architects: Rem Koolhaas". *Blueprint*, n.° 85 (1992): 16-18.

"Two libraries for Jussieu University, Paris; Architects: Rem Koolhaas, of OMA". *AA Files*, n.° 26 (1993): 36-44.

"Un angle de place: Agence de la Banque Morgan, Amsterdam, Pays-Bas [The corner of a square: Morgan Bank, Amsterdam, Netherlands]"; Architects: Rem Koolhaas, OMA. *Architecture d"Aujourd"hui*, n.° 242 (1985): 53-57.

"Villa dall"Ava, Saint Cloud, near Paris, France; and Maison a Bordeaux, Bordeaux (Floirac), France; Architects for both: Rem Koolhaas, OMA". *GA Houses*, special 02 (2001): 188-193, 264-171.

"Villa dall"Ava, Saint Cloud, Paris, France; Architects: Rem Koolhaas, of OMA". *GA Houses* n.° 36 (1992): 10-29.

Abrams, Janet and Frederique Huygen. "Delirious visions". *Blueprint*, n.° 44 (1988): 32-36.

Adam, Hubertus. "OMA: Casa da Musica, Porto". *Archithese*, vol.35 n.° 3 (2005): 80-87.

Akcan, Esra. "Reading the Generic City: retroactive manifestos for global cities of the 21st century". *Perspecta*, n.° 41 (2008): 144-152.

Angelil, Marc. Rem Koolhaas" town in enraged conflict". *Archithese*, vol.34 n.° 6 (2004): 66-73.

Appelbaum, Alec. "OMA design to buoy Hamburg"s waterfront". *Architectural Record*, vol.196 n.° 3 (2008): 32.

Bamar, Shumon. "OMA-Koolhaas: Meterorite, l"architettura che cadde sulla terra = Meterorite, the building that fell to earth". *Domus*, n.° 881 (2005): 48-69.

Barbieri, S. Umberto and others "Teatro di Danza, L"Aia [DanceTheatre, The Hague]; Architects: Rem Koolhaas, and OMA". *Domus*, n.° 689 (1987): 44-55.

Barbieri, S. Umberto. "From the bridge to the tower; Architects: Rem Koolhaas, and others of OMA". *Lotus international*, n.° 47 (1985): 124-135.

Basar, Shumon and others. "Porto: learning to love the alien; Architects: Rem Koolhaas / Office for Metropolitan Architecture". *Architecture Today*, n.° 159 (2005): 34-45.

Basar, Shumon. "Reads like teen spirit; Architects: Rem Koolhaas of OMA". *Blueprint*, n.° 221 (2004): 54-61.

Bernabeu Larena, Alejandro. "La estructura alterada". *Tectónica*, n.° 40 (2013): 4-21.

Bernstein, Fred A. "Fast forward; Architects: OMA". *RIBA Journal*, vol.110 n.° 11 (2003): 26-34.

Betsky, Aaron. "Dansfabriek: het Nederlands Dans Theater Den Haag [Dance factory: the Nederlands DanceTheatre,The Hague]; Architects (1987): Rem Koolhaas, and Office for Metropolitan Architecture". *Bouw*, vol.61 n.° 1 (2006): 12-14.

Bideau, Andre. "Esplanade. Koolhaas" Katharsis [Koolhaas" catharsis]". *Werk Bauen & Wohnen*, vol.83/50 n.° 5 (1996): 45-52.

Bizley, Graham. "The Rem and Cecil show – interview with Rem Koolhaas and Cecil Balmond about their eighteen year collaboration". *Building Design*, n.° 1671 (2005): 20-21.

Bizley, Graham. "Work the angles; Architects: Rem Koolhaas of Office for Metropolitan Architecture". *Building Design*, n.° 1668 (2005): 16-20.

Blaisse, Lionel. "Plus d"images moins de lux [Prada Los Angeles Epicenter]; Architects: Rem Koolhaas with OMA, and Ole Scheeren". *Architecture Interieure Cree*, n.° 316 (2004): 96-103.

Boudet, Dominique. "Casa da Musica, Porto, Portugal [Casa da Musica, Oporto, Portugal] ; Architects: Rem Koolhaas / Office for Metropolitan Architecture". *Moniteur Architecture AMC*, n.° 152 (2005): 60-70.

Boudet, Dominique. "Karlsruhe: Centre des Arts et des Technologies [Karlsruhe: European Centre for Art & Media Technology]; Architects: Rem Koolhaas and OMA". *Moniteur Architecture AMC*, n.° 8 (1990): 12-13.

Boudet, Dominique. "OMA, Rem Koolhaas: trios projets recents [OMA, Rem Koolhaas: three recent projects]". *Moniteur Architecture AMC*, n.° 109 (2000): 68-91.

Bouman, Ole. "Scherp blijven. Interview met Rem Koolhaas [Stay on the alert. An interview with Rem Koolhaas]". *Archis*, n.° 12 (1998): 60-66.

Boyer, Charles-Arthur. "Koolhaas: dessiner, entre indetermination et specificite [Koolhaas: design, between the specific and the undetermined]". *Architecture d´Aujourd´hui*, n.° 269 (1990): 34-39.

Brake, Alan G. "Prada world"s price tag; Architects: Rem Koolhaas of OMA". *Architecture*, vol.91 n.° 3 (2002): 105-111.

Brensing, Christian. "Serpentine Pavilion 2006, London; Architects: Rem Koolhaas with Cecil Balmond". *Bauwelt*, vol.97 n.° 30 (2006): 2-3.

Brunier, Yves. "La grande ville [The city]". *Architecture d"Aujourd"hui*, n.° 262 (1989): 90-103.

Buchanan, Peter. "By Rem Koolhaas with OMA –Nederlands Dans Theater, The Hague". *AA Files*, n.° 16 (1987): 17-22.

Buchanan, Peter. "Crossroads of Europe; Masterplanner: Rem Koolhaas, of OMA". *Architecture (AIA)*, vol.84 n.° 1 (1995): 66-83.

Casey, C. and others. "Funf kritische Begehungen [Five critical celebrations of the Nederlands Dans Theater]; Architects: Rem Koolhaas, OMA". *Bauwelt*, vol.80 n.° 1/2 (1989): 12-53.

Chaslin, Francois. "A paradoxical rationalism: interview with Rem Koolhaas". *Architecture d"Aujourd"hui*, n.° 280 (1992): 162-169.

Chaslin, Francois. "Een gesublimeerd noodlot: Villa van Rem Koolhaas in Bordeaux [Villa in FLoirac, Bordeaux]; Architects: Rem Koolhaas". *Architect (The Hague)*, vol.29 n.° 10 (1998): 66-75.

Chaslin, Francois. "OMA Rem Koolhaas". *Casabella*, vol.68 n.° 721 (2004): 14-39, 105-108.

Chaslin, Francois. "Una casa de ensueño Rem Koolhaas y Villa dall"Ava [A dream house – the Villa dall"Ava]; Architects: Rem Koolhaas". *Arquitectura Viva*, n.° 31 (1993): 32-37.

Chaslin, Françoise. "El laberinto y el cubo. Una fantasía espacial de Koolhaas en Berlín.". *Arquitectura Viva*, n° 92 (2003): 80-81.

Chaslin, Françoise. "Frentes de Ruptura. Entrevista de Françoise Chaslin a Rem Koolhaas.". *Arquitectura Viva*, n° 83 (2002): 25-33.

Cheek, Lawrence W. "Reading Rem: Architects: Rem Koolhaas of OMA". *Architecture*, vol.93 n.° 7 (2004): 40-47.

Choi, Jini. "Serpentine Gallery Pavilion 2006; Architect: Rem Koolhaas + Cecil Balmond (Arup)". *Space*, n.° 465 (2006): 130-140.

Cohen, Jean-Louis. "Suburban subversion; Architects: Rem Koolhaas, and OMA". *Progressive Architecture* vol.73 n.° 4 (1992): 114-121.

Colomina, Beatriz and Blanca Lleo "Beatriz Colomina with Blanca Lleo "a machine was its heart": house in Floirac; Architects: Rem Koolhaas of OMA". *Assemblage*, n.° 37 (1998): 36-45.

Colomina, Beatriz. "Conversación entre Beatriz Colomina y Rem Koolhaas". *El Croquis,* n.° 134/135 (2007): 348-377.

Cook, Peter. "Unbuilt England". *A+U: Architecture and Urbanism*, n.° 10 (83) (1977): 3-123.

Cornubert, Chrisophe. "Ein offense Fenster: die Fassade der Bibliotheken von Jussieu in Paris [An open window: the façade of the library for Jussieu in Paris]; Architects: Rem Koolhaas, of OMA". *Deutsche Bauzeitung*, vol.128 n.° 6 (1994): 152-157.

Cortés, Juan Antonio. "Delirio y Más". *El Croquis*, n.° 131/132 (2006): 54.

Cortés, Juan Antonio. "Familiaridad y extrañamiento". *El croquis*, n.° 125, (2005): 18.

Cramer, Ned. "Koolhaas designs New York gallery: Lehmann Maupin Gallery". *Architecture (AIA)*, vol.85 n.° 12 (1996): 36-37.

Cramer, Ned. "Tunnel of love: McCormick Tribune Campus Center at the Illinois Institute of Technology, Chicago; Architects: Rem Koolhaas of OMA; Original Architect: Mies van der Rohe". *Architecture*, vol.92 n.° 12 (2003): 102-109.

Crary, Jonathan and others. "The bigness of Rem Koolhaas". *ANY: Architecture New York*, n.° 9 (1994): 10-57.

Dal Co, Francesco and Michele Reboli. "Rem Koolhaas a Seattle [Rem Koolhaas in Seattle]". *Casabella*, vol.68 n.° 724 (2004): 6-23.

Danisch, Hubert and others. "Travaux de Rem Koolhaas [Works of Rem Koolhaas]". *Architecture Mouvement Continuite* n.° 18 (1987): 4-27.

Davidson, Cynthia. "Koolhaas and the KunstHal: history lesions, Berlin; Architects: Rem Koolhaas, of OMA". *ANY: Architecture New York*, n.° 21 (1997): 36-41.

De Cauter, Lieven. "Rem Koolhaas" vlucht voorwaarts: over de "generic city" [The forward flight of Rem Koolhaas: on the "generic city"]". *Archis*, n.° 4 (1998): 28-34.

De Maeseneer, Martine and Dirk van den Brande. "Sea Trade Centre at Zeebrugge: a working Babel; Architects: Rem Koolhaas". *Architectural Design*, vol. 62 n.° 7/8 (1992): xiv-xix.

De Muynck, Bert. "Times Museum, Guangzhou; Architects: Rem Koolhaas, Alain Fouraux and others". *Domus*, n.° 926 (2009): 110-113.

Delendas, Nicos. "Ena "Elektroniko" Bauhaus: mia melete tou Rem Koolhaas [An "electronic" Bauhaus: a project by Rem Koolhaas]". *Tefchos*, n.° 6 (1991): 98-107.

Denk, Andreas. "Lost in translation". *Architekt* n.° 7/8 (2006): 52-89.

Dietsch, Deborah. "Modern romance: eight projects by OMA". *Architectural Record*, vol.176 n.° 3 (1988): 94-107.

Dijk, Hans van and others. "Office for Metropolitan Architecture (OMA)". *Archis*, n.° 3 (1989): 13-51.

Dijk, Hans van and others. "The breakdown of contrast – the work of OMA". *Wonen-TA/BK*, n.° 13/14 (1982): 12-57.

Dijk, Hans van. "Ambitie op zoek naar een "kritische massa" [Ambition in search of a "critical mass"]; Architects: Rem Koolhaas, OMA". *Archis*, n.° 4 (1988): 36-43.

Dijk, Hans van. "Principes van metropolitane architectuur: OMA"s Kunsthal in Rotterdam [Principles of metropolitan architecture: OMA"s Kunsthal in Rotterdam]; Architects: Rem Koolhaas, of OMA". *Archis*, n.° 1 (1993): 17-27.

Dijk, Hans van. "Rem Koolhaas: architectonic scenarios and urban interpretations". *Dutch Art and Architecture Today*, n.° 12 (1982): 20-27.

Dijk, Hans van. "Últimos magisterios: Aldo van Eyck, Herman Hertzberger y Rem Koolhaas". *Arquitectura viva*, n.° 54 (1997): 27-31.

Dijk, Hans van. "Utrecht: Rem Koolhaas" ground-breaking Educatorium". *Architecture Today*, n.° 87 (1998): 14-17.

Doutriaux, Emmanuel and others. "Euralille, etat des lieux [Euralille: the state of play]; Masterplanner: Rem Koolhaas, of OMA". *Moniteur Architecture AMC*, n.° 65 (1995): 30-40.

Doutriaux, Emmanuel. "Kunsthal at Rotterdam; Architects: Rem Koolhaas of OMA". *Architecture d"Aujroud"hui*, n.° 285 (1993): 6-14.

Dovey, Kim and Scott Dickson. "Architecture and freedom: programmatic innovation in the work of Koolhaas / OMA". *Journal of Architectural Education*, vol.56 n.° 1 (2002): 4-13.

Emery, Marc. "Puritaine banalite [A puritan hedonism]; Architects: Rem Koolhaas". *Architecture Interieure Cree*, n.° 228 (1989): 98-103.

Fairs, Marcus, Rem Koolhaas and others. "London: the world"s leading designers talk about their home city". *Icon*, n.° 028 (2005): 167-17.

Fairs, Marcus. "Prada Beverly Hills Epicenter" and "A few words on Seattle Central Library"; Architects: Rem Koolhaas/OMA". *Icon* n.° 016 (2004): 114-117, 119.

Fairs, Marcus. "Rem Koolhaas". *Icon*, n.° 013 (2004): 68-78.

Fenton, James. "Altares del arte. Casinos y museos. Guggenheim-Hermitage en Las Vegas". *Arquitectura Viva*, n.° 83 (2002): 50-53.

Fernández Galiano, Luis. "1994. Un cadáver exquisito. El racionalismo paradójico de Rem Koolhaas." *Arquitectura Viva*, n.° 69 (1999): 57.

Fernández Galiano, Luis. "Cruce de caminos. Hotel Astor Place, Manhattan. Rem Koolhaas y Herzog & de Meuron." *Arquitectura Viva*, n.° 76 (2001): 60-61.

Fernández Galiano, Luis. "Un cadáver exquisito. Rem Koolhaas entre Lille y el Moma." *Arquitectura Viva*, n.° 51-52 (1999): 172-173.

Fernández-Galiano, Luis, ed. *Rem Koolhaas OMA/AMO 2000-2015*. Madrid: AV monografías, n.° 178-179 (2015).

Fernandez-Galiano, Luis. "Asia on the one hand, Europe on the other". *Log*, n.°1 (2003): 55-58.

Fernández-Galiano, Luis. "Noticias de Córdoba: una mezquita lineal de Rem Koolhaas". *Arquitectura Viva*, n.° 77 (2001): 88-95.

Fernández-Galiano, Luis. "Un adoquín de plata: Rem Koolhaas en talla XL, un libro de culto". *AV monografías*, n.° 63-64 (1997): 154-157.

Field, Marcus. "Architecture and the new world order". *Blueprint*, n.° 164 (1999): 36-42.

Fisher, Thomas. "In the Dutch Modernist tradition (Villa in Kralingen, Rotterdam, by Rem Koolhaas and OMA". *Progressive Architecture*, vol.70 n.° 12 (1989): 86-89.

Fisher, Thomas. "Logic and will; Architects: Rem Koolhaas, and OMA". *Progressive Architecture*, vol.71 n.° 3 (1990): 96-101.

Fisher, Thomas. "Projects: Rem Koolhaas and OMA". *Progressive Architecture,* vol.71 n.° 4 (1990): 123-125.

Focho. "Género metropolitano. Koolhaas y Spirou: mi tío de Tati". *Arquitectura viva,* n.° 70 (2000): 58-59.

Frampton, Kenneth. "Kunsthal a Rotterdam; Architects: Rem Koolhaas, of OMA". *Domus,* n.° 747 (1993): 38-47.

Fromonot, Francoise. "Rem Koolhaas...visionnaire inquiet [Rem Koolhaas...the unsettled visionary]". *D"Architectures,* n.° 135 (2004): 60-67.

García, Carlos. "Atlas de Exodus." *Pasajes. Arquitectura y crítica,* n.° 120 (2010): 58-59.

Gargiani, Roberto. "Rem Koolhaas et le mythe de la floating swimming pool", *Matières,* n.° 7 (2004): 102-119.

Geipel, Kaye. "Elocuente exuberancia: Rem Koolhaas en la Neue Nationalgalerie de Berlín". *Arquitectura viva,* n.° 92 (2003): 77-79.

Glas, Marijke van der and others. "De ontplooiing van de architectuur: in gesprek met Rem Koolhaas [The unfolding of architecture: an interview with Rem Koolhaas]". *Architect (The Hague),* vol.25 n.° 1 (1994): 16-39.

Graafland, Arie. "Of rhizomes, trees, and the IJ-Oevers, Amsterdam; Architects: Rem Koolhaas of OMA". *Assemblage,* n.° 38 (1999): 28-41.

Grande, Nuno "El fantasma de la ópera. Un auditorio de Koolhaas en Oporto". *Arquitectura Viva,* n.° 96 (2004): 82-83.

Gregory, Rob. "Much more than just hot air; Architect: Rem Koolhass with engineer Cecil Balmond". *Architectural Review,* vol.220 n.° 1314 (2006): 28.

Gregory, Rob. "Museum of Contemporary Art, Riga, Latvia; Architects: Rem Koolhaas/OMA". *Architectural Review,* vol.221 n.° 1319 (2007): 40-41.

Gregory, Rob. "Pop art...when is a pavilion not a pavilion?; Architect: Rem Koolhaas, with engineer: Cecil Balmond". *Architectural Review,* vol.219 n.° 1311 (2006): 31.

Hantzschel, Jorg. "New Guggenheim museum in Las Vegas, Ne; Architects: Rem Koolhaas for OMA". *Werk Bauen & Wohnen,* vol.88 n.° 55 (2001): 37-39.

Hart, Sara. "A seismic meeting of retail and architecture in the new Prada flagship store by Rem Koolhaas in Manhattan"s SoHo". *Architectural Record,* vol.190 n.° 2 (2002): 84-87.

Hegner Christiansen, Jorgen. "Rem Koolhaas – hollandsk arkitekturpris til Koolhaas [Rem Koolhaas – Dutch architecture award for Koolhaas]". *Arkitekten, (Copenhagen)* vol.88 n.° 18 (1986): 428-429.

Hubeli, Ernest. "Rem Koolhaas" architectural programmatics and projects by OMA". *Werk, Bauen & Wohnen*, vol.74/41 n.° 5 (1987): 37-45.

Hubeli, Ernst. "X,Y und Z: Zentrum fur Kunst und Medientechnologie in Karlsruhe [Centre for Art and Media Technology, Karlsruhe]; Architects: Rem Koolhaas, and OMA". *Werk, Bauen & Wohnen*, vol.78/45 n.° 11 (1991): 2-7.

Ingersoll, Richard. "Pra(v)da y el "mall" de Harvard. La cátedra especulativa de Rem Koolhaas". *Arquitectura Viva*, n.° 83 (2002): 36-39.

Ingersoll, Richard. "Rem Koolhaas e l'ironia [Rem Koolhaas and irony]". *Casabella*, vol.58 n.° 610 (1994): 16-19, 68-69.

Irving, Mark. "Un"altra lezione da Las Vegas [Another lesson from Las Vegas]; Architects: Rem Koolhaas of OMA". *Domus*, n.° 843 (2001): 106-119.

Jencks, Charles y Rem Koolhaas. "Marcas, signos, símbolos. Una conversación entre Charles Jencks y Rem Koolhaas". *Arquitectura Viva*, n.° 83 (2002): 54-59.

Joffroy, Pascale. "Lille grand palais; Architects: Rem Koolhaas, with Francois Delhay". *Moniteur Architecture AMC*, n.° 54 (1994): 14-21.

Jones, Will. "Up, up and away – Serpentine Pavilion, London; Architect: Rem Koolhaas with Cecil Balmond of Arup". *Building Design*, July (2006): 16-17.

Klotz, Heinrich. "Centre for Art and Media Technology, Karlsruhe / Rem Koolhaas and OMA". *Art & Design*, vol.6 n.° 7/8 (1990): 72-81.

Koolhaas, Rem / AMO. "Proyecto de identidad europea". *AV monografías*, n.° 98 (2002): 114-121.

Koolhaas, Rem / OMA. "Ras al Khaimah. Centro de Convenciones RAK". *Arquitectura Viva*, n.° 111 (2006): 78-81.

Koolhaas, Rem / OMA. "Ras al Khaimah. Complejo turístico Jebel la Jais". *Arquitectura Viva*, n.° 111 (2006): 76-77.

Koolhaas, Rem and Cornell West. "Masa crítica: filosofías de lo urbano". *AV monografías*, n.° 91 (2001): 14-33.

Koolhaas, Rem and Dan Wood "OMa&uNIVERSAL. 100% design development: Universal Building". *A+U: Architecture and Urbanism*, n.° 1 (364) (2001): 6-204.

Koolhaas, Rem and Daniel Treiber "OMA a Euralille: una angosciata modernita [OMA at Euralille: their anguished modernity]; Architects: OMA". *Casabella*, vol.59 n.° 623 (1995): 18-33, 69-70.

Koolhaas, Rem and Gerrit Oorthuys. "Ivan Leonidov"s Dom Narkomtjazjprom, Moscow". *Oppositions* n.° 2 (1974): 95-103.

Koolhaas, Rem and Jacque Lucan. "Congrexpo a Lille [Congrexpo at Lille]; Architects: Rem Koolhaas of OMA". *Domus*, n.° 774 (1995): 7-26.

Koolhaas, Rem and others "Dutch Embassy, Berlin, Germany; Architects: Rem Koolhaas of OMA". *UME*, n.° 11 (2000): 36-51.

Koolhaas, Rem and others. "Center city profile". *Design Quar*terly, n.° 125 (1984): 2-31.

Koolhaas, Rem and others. "House in Floirac, Bordeaux; Architects: OMA". *UME*, n.° 2 (1996): 32-47.

Koolhaas, Rem and others. "Koolhaas: Congrexpo a Lille [Euralille Congrexpo, or Grand Palais]; Architects: Rem Koolhaas". *Architecture d"Aujourd"hui*, n.° 298 (1995): 83-107.

Koolhaas, Rem and others. "OMA@work.a&u". *A+U: Architecture and Urbanism*, n.° 5 (2000): 6-277.

Koolhaas, Rem and others. "Rem Koolhaas: OMA: special issue". *A+U: Architecture and Urbanism*, n.° 10 (217) (1988): 11-158.

Koolhaas, Rem and others. "The towers of Rotterdam. Project by OMA for Maas-boulevard site; Architects for Project: Rem Koolhaas, and OMA". *Mod*o, vol.7 n.° 58 (1983): 54-59.

Koolhaas, Rem y Elia Zenghelis. "Architettura de la metropoli planetaria. *Architectural Association*. Diploma School. *Unit 9*". *Lotus International*, n.° 21 (1978): 7-17.

Koolhaas, Rem y Elia Zenghelis. "Exodus o los prisioneros voluntarios de la arquitectura". *Casabella*, vol. 27, n.° 378 (junio de 1973).

Koolhaas, Rem y Ellen van Loon. "Palacio de Congresos, Córdoba". *Arquitectura viva*, n.° 104 (2005): 82-83.

Koolhaas, Rem. "¿Qué fue del urbanismo?". *Revista de Occidente, Fundación José Ortega y Gasset*, n.° 185 (1996): 5-10.

Koolhaas, Rem. "Berlino: idée massacrate [Berlin: the massacre of ideas]". *Casabell*a, vol.55 n.° 585 (1991): 27, 61.

Koolhaas, Rem. "Beyond delirious". *Canadian Architect* vol.39 n.° 1 (1994): 28-30.

Koolhaas, Rem. "Bigness ovvero il problem dell grande dimensione [Bigness or the problem of large]". *Domus*, n.° 764 (1994): 87-90.

Koolhaas, Rem. "City of exacerbated difference". *Bauwelt* vol.88 n.° 36 (1997): 2016-2021.

Koolhaas, Rem. "Coexistence of differences". *Werk Bauen & Wohnen,* (1997): 22-35.

Koolhaas, Rem. "Crítica criticada". *AV monografías,* n.º 73, (1998): 28-29.

Koolhaas, Rem. "Dormida en el bosque: vivienda unifamiliar en los Países Bajos". *Arquitectura viva,* n.º 51 (1996): 82-85.

Koolhaas, Rem. "Dos Bibliotecas en Jussiau". *El Croquis. OMA/Rem Koolhaas.* n.º 79 (1996), 124.

Koolhaas, Rem. "Dubai a prueba: examen de conciencia en el Golfo". *Arquitectura viva,* n.º 130 (2010): 65.

Koolhaas, Rem. "El espacio basura: de la modernización y sus secuelas". *Arquitectura viva,* n.º 74 (2000): 23-31.

Koolhaas, Rem. "El golfo. Un nuevo orden urbano". *Arquitectura Viva,* n.º 111 (2006): 136.

Koolhaas, Rem. "Incubadora de quiebros: Embajada de los Países Bajos, Berlín.". *Arquitectura viva,* n.º 94-95 (2004): 136-145.

Koolhaas, Rem. "Junk space". *Domus,* n.º 833 (2001): 32-39.

Koolhaas, Rem. "La citta generica [The generic city]". *Domus,* n.º 791 (1997): 3-12.

Koolhaas, Rem. "Lille ambition". *Techniques & Architecture,* n.º 395 (1991): 94-99.

Koolhaas, Rem. "Nueva disciplina". *AV monografías,* n.º 77 (1999): 28-29.

Koolhaas, Rem. "Town planning and delirium". *Modo,* vol.4 n.º 30 (1980): 41-47.

Koolhaas, Rem. "Urbanismo. Imaginar la nada". *L'Architecture d'aujourd'hui,* n.º 238 (1985): 38.

Koolhaas, Rem. "Whatever happened to urbanism?". *Design Quarterly* n.º164 (1995): 1-32.

Koolhaas, Rem. "Woontypologieen voor een moderne levensstijl [Housing typology for a modern living style]; Architects: OMA". *Architect (The Hague),* vol.22 n.º 12 (1991): 40-51.

Koolhaas, Rem. "Rem Koolhaas: unfolding architecture". *Aachen: Arch+,* n.º 117, 1993.

Kwinter, Sanford and Rem Koolhaas. "Urbanism after innocence: four projects". *Assemblage,* n.º 18 (1992): 82-113.

Leupen, Bernard and Christoph Grafe. "Een metroplitane villa: OMA" Villa dall"Ava in Parijs [A metropolitan villa: Villa dall"Ava in Paris]; Architects: Rem Koolhaas, of OMA". *Archis,* n.º 1 (1992): 12-21.

Leupen, Bernard. "Het IJ-Plein in de traditie van de moderne woningbouw [IJ-Plein in the tradition of modern housing]; Architects: Rem Koolhaas, OMA". *Architect (The Hague)*, vol.19 n.° 3 (1988): 51-59.

Levene, Richard C. y Fernando Márquez Cecilia, ed. *OMA /Rem Koolhaas, 1992-1996. El croquis*, n.° 79. Madrid: El croquis editorial, 1996.

Levene, Richard C. y Fernando Márquez Cecilia, ed. *OMA/ Rem Koolhaas 1987-1992. El Croquis*, n.° 53. Madrid: El Croquis editorial, 1994.

Long, Kieran. "Portugal doesn"t really need Rem Koolhaas; Architects: Office for Metropolitan Architecture". *Icon*, n.° 024 (2005): 74-82.

Long, Kieran. "Rem Koolhaas [Netherlands Embassy in Berlin]". *Icon*, n.° 009 (2004): 40-41.

Lootsma, Bart and Mariette van Stralen. "De opdrachtgever als visionair: Koolhaas blast de klassieke rol van de architect nieuw leven in [From instruction giver to visionary: Koolhaas blasts the classic role for new life in the architect]". *Archis* n.° 5 (1990): 36-45.

Lootsma, Bart and others. "[Rem Koolhaas]". *Visiteur*, n.° 7 (2001): 90-137.

Lootsma, Bart. "Body and soul, Superman to the rescue: the swimming pool by Rem Koolhaas". *Architect (The Hague)*, vol.22 thema-nummer 42, (1991): 36-43.

Lootsma, Bart. "Manifest van OMA: Villa dall"Ava in Parijs [OMA manifesto: Villa dall"Ava in Paris]; Architects: Rem Koolhaas". *Architect (The Hague)*, vol.23 n.° 3 (1992): 28-43.

Loyer, Beatrice. "Oeuf cosmique; Architect: Rem Koolhaas, with engineer Cecil Balmond". *Techniques & Architecture*, n.° 485 (2006): 114-117.

Lucan, Jacques and others. "Rem and Ben: special issue: Rem Koolhaas and Ben van Berkel". *A+U: Architecture and Urbanism*, n.° 3 (342) (1999): 3-151.

Lucan, Jacques, and others. "OMA, Rem Koolhaas". *Moniteur Architecture* AMC, n.° 28 (1992) : 26-41.

Lucan, Jacques, Patrice Noviant and Bruno Henri Vayssiere. "Rem Koolhaas: Amsterdam-Nord". *Architecture Mouvement Continuite*, n.° 6 (1984): 16-31.

Lucan, Jacques. "Villa dall"Ava, Parigi [Villa dall"Ava, Paris]; Architects: Rem Koolhaas". *Domus* n.° 736 (1992): 25-35.

Machabert, Dominique. "Casa da Musica de Koolhaas [Koolhaas and OMA"s concert hall in Porto]". *Techniques & Architecture*, n.° 478 (2005): 105-110.

MacNair, Andrew. "Kunsthal, Rotterdam, Netherlands; Architects: Rem Koolhaas, and OMA". *A+U: Architecture and Urbanism*, n.° 8 (287) (1994): 108-143.

Marot, Sebastien. "Sub-urbanism, super-urbanism: from Central Park to La Villette". *AA Files*, n.º 53 (2006): 20-37.

Márquez Cecilia, Fernando y Richard Levene, ed. *AMOMA REM KOOLHAAS II, teoría y práctica, 1996-2007*. El croquis, n.º 134-135. Madrid: El croquis editorial, 2007.

Márquez Cecilia, Fernando y Richard Levene, ed. *AMOMA REM KOOLHAAS I, delirio y más, 1996-2006*. El croquis, n.º 131-132. Madrid: El croquis editorial, 2006.

McGowan, Rory and Hilde Bouchez. "Casa da Musica, Porto, Portugal 1999-2005; Architects: OMA/Rem Koolhaas". *A+U: Architecture and Urbanism*, n.º 8 (419) (2005): 94-123.

McGuirk, Justin. "Manifesto issue – includes Rem Koolhaas manifesto". *Icon*, n.º 050 (2007): 36-37, 73-90, 154.

Meade, Martin K. "Euralille: the instant city; Architects: Rem Koolhaas". *Architectural Review*, vol.196 n.º 1174 (1994): 83-86.

Meijden, Juliette van der. "Rem Koolhaas: de Brasilia ao futuro [Rem Koolhaas: from Brasilia to the future]". *Projeto*, n.º 133 (1990): 34-46.

Menard, Jean-Pierre. "Prada Transformer, Seoul, South Korea. Architects: OMA – Rem Koolhaas". *Moniteur Architecture AMC*, n.º 188 (2009): 106-111.

Mertins, Detlef and others. "Design after Mies: boxing the long shadow at IIT". *ANY: Architecture New York*, n.º 24 (1999): 14-53.

Metz, Tracy. "Show piece: Kunsthal, Rotterdam; Architects: Rem Koolhaas, of OMA". *Architectural Record*, vol.181 n.º 3 (1993): 66-73.

Meuwissen, Joost. "X-filled room; Architect: Rem Koolhaas". *Wiederhall Architectural Serial*, n.º 16 (1994): 56-59.

Moore, Rowan and Deyan Sudjic. "Reinventare lo shopping [The reinvention of shopping]; Architects: Rem Koolhaas of OMA". *Domus*, n.º 845 (2002): 30-45.

Moore, Rowan. "The best house in the world, ever; Architects: Rem Koolhaas" / article by Rowan Moore (house in Floriac, France). *Blueprint* n.º 153 (1998): 32-36.

Muschamp, Herbert. "Interacción explosiva. Una biblioteca de Koolhaas en Seattle". *Arquitectura Viva*, n.º 96 (2004): 77-81.

Nantois, Frederic. "Serpentine, parce que l"architecture le vaut bien; Architects: Rem Koolhaas and Cecil Balmond of Arup". *D"Architectures*, n.º 157 (2006): 28-31.

Neumeyer, Fritz. "OMA"s Berlin: the polemic island in the city". *Assemblage*, n.º 11 (1990): 36-53.

Neustein, David. "Space oddity; Architects: Rem Koolhaas, Office for Metropolitan Architecture". *Monument*, n.° 68 (2005): 58-64.

Nevile, Hamish. "Taking on the master; Architects: Rem Koolhaas of Office for Metropolitan Architecture". *Architecture New Zealand*, n.° 2 (2005): 93-95.

Nicholls, Jonathan. "24-hour marathon". *Blueprint*, n.° 247 (2006): 141.

Ockman, Joan. "EL HOMBRE DEL ¥€$. De Harvard a Prada, Koolhaas en clave de consumo". *Arquitectura Viva*, n.° 83 (2002): 64-71.

OMA / Koolhaas, Rem. "Educatorium en Utrecht". *El croquis*, n.° 88 / 89 (1998): 64-107.

OMA / Koolhaas, Rem. "Lo duro y lo blando. Milstein Hall at Cornell University, New York". *Arquitectura Viva*, n.° 152 (2013): 40-45.

OMA. "Urban intervention: Dutch parliament extension, the Hague; Architects: OMA, with Zaha Hadid, Rem Koolhaas and Elia Zenghelis". *International Architect*, vol.1 n.° 3 (3) (1980): 47-60.

OMA-Rem Koolhaas. "Sede de la CCTV, Pekín". *AV monografías*, n.° 109-110 (2004): 86-91.

Pascucci, Ernest. "Galerie XS – Koolhaas op Manhattan [XS gallery – Koolhaas in Manhattan]". *Archis*, n.° 1 (1997): 47-49.

Pearson, Clifford A. "Asian cities: Is "generic" the wave of the future?". *Architectural Record*, vol.184 n.° 3 (1996): 19-20.

Pearson, Clifford A. "Rem and Cecil lay a Cosmic Egg in London". *Architectural Record*, vol.194 n.° 11 (2006): 79-80.

Pearson, Clifford A. "Rem Koolhaas plugs the Guggenheim and Hermitage Museums into the high-voltage setting of the Las Vegas strip". *Architectural Record*, vol.190 n.° 1 (2002): 101-107.

Portilllo Padua, Otilla. "Domestic bliss . Architects". *Journal*, vol.228 n.°14 (2008): 41-42.

Raggi, Franco. "Puritan-hedonist. Interview with Rem Koolhaas". *Modo*, vol.7 n.° 58 (1983): 26-28.

Ramus, Joshua. "Seattle Central Library, Seattle, Wa; Architects: OMA/Rem Koolhaas". *GA Document*, n.° 80 (2004): 8-61.

Rattenbury, Kester. "Quite simply the best...". *Building Design* n.° 1339 (1998): 32.

Rattenbury, Kester. "Toying with Uncle Sam". *Building Design*, n.° 1637 (2004): 10-13.

Rem Koolhaas-OMA, "Ampliamento del parlamento a L´Aia. Progetto di concorso, 1979. Office for Metropolitan Architecture: Zaha Hadid, Rem Koolhaas, Elia Zenghelis". *Lotus Internacional*, n.º 25, (1979): 25.

Richardson, Vicky. "Up close and personal; Architects: Rem Koolhaas of Office for Metropolitan Architecture". *Blueprint*, n.º 231 (2005): 54-58.

Riley, Terence and others "OMA: un livre, une oeuvre [OMA: a book, a work]". *Architecture d"Aujourd"hui* n.º 304 (1996): 55-93.

Robert, Jean-Paul and Bruno Fortier. "Euralille; Masterplanner: Rem Koolhaas". *Architecture d"Aujourd"hui*, n.º 298 (1995): 14-21.

Robert, Jean-Paul. "Villa dall"Ava a Saint-Cloud [The Villa dall"Ava at Saint-Cloud]; Architects: Rem Koolhaas, with OMA, Xavier de Geyter, and Jeroen Thomas". *Architecture d"Aujourd"hui*, n.º 280 (1992): 10-19.

Rodermond, Janny and Ed Melet. "Bigness; het probleem is de oplossing [Bigness; the problem is the solution]; Architects: Rem Koolhaas, of OMA". *Architect (The Hague)*, vol.25 n.º 12 (1994): 32-57.

Rodermond, Janny and Harm Tilman. "Een scenario voor de IJ-oever: strategie en ontwerp [A scenario for the IJ-oever: strategy and project]; leader of the design team: Rem Koolhaas". *Architect (The Hague)*, vol.23 n.º 11 (1992): 26-37.

Rodermond, Janny. "Nederlands Dans Theater; Architects: Rem Koolhaas". *Architect (The Hague)*, vol.18 n.º 10 (1987): 73-80.

Ryan Raymund. "The new Dutch school [Educatorium, Utrecht, Netherlands]; Architects: Rem Koolhaas of OMA". *Architecture*, vol.87 n.º 3 (1998): 136-143.

Saunders, Wiliam S. "Rem Koolhaas"s writing on cities: poetic perception and gnomic fantasy". *Journal of Architectural Education*, vol.51 n.º 1 (1997): 61-71.

Schacter, Daniel. "Suppression of Unwanted Memories: Repression Revisited?". The Lancet, Vol 357 (2001).

Schaefer, Markus. "From form to performance: Prada Beverly Hills Epicenter by OMA/Rem Koolhaas and Ole Scheeren". *A+U: Architecture and Urbanism*, n.º 7 (406) (2004): 112-119.

Scheeren, Ole and Rem Koolhaas. "OMA in Beijing: China Central Television Headquarters". *Architect*, vol.96 n.º 1 (2007): 95.

Schmertz, Mildred F. "Koolhaas urbanism exhibited at MoMA, New York". *Architecture (AIA)*, vol.84 n.º 1 (1995): 24-25.

Schnell, Angelika. "Ambassade des Pays-Bas, Berlin, Allemagne [Netherlands"s Embassy, Berlin, Germany]; Architects: Rem Koolhaas of OMA". *Architecture d"Aujourd"hui*, n.º 350 (2004): 110-117.

Sharon, Arad. "Rem Koolhaas and the junk spaces. Who placed the camel on the Kunsthal?". *Architecture of Israel*, n.° 56 (2004): 12-31.

Slessor Catherine. "Concert Hall, Porto; Architects: Rem Koolhaas and Office for Metropolitan Architecture". *Architectural Review*, vol.218 n.° 1302 (2005): 40-47.

Slessor, Catherine. "Lille revival – Lille-Europe railway station, Lille; masterplanners: Rem Koolhaas and OMA". *Architectural Review*, vol.193 n.° 1159 (1993): 72-75.

Sorkin, Michael. "En Onda corporativa. Koolhaas y la imagen de Prada". *Arquitectura Viva*, n.° 83 (2002): 60-63.

Sowa, Axel. "OMA projets recents [Office for Metropolitan Architecture: recent projects]". *Architecture d"Aujourd"hui*, n.° 361 (2005): 34-107.

Speaks, Michael. "Rem Koolhaas and OMA lead the Dutch onto new turf". *Architectural Record*, vol.188 n.° 7 (2000): 92-99.

Spring, Martin. "Cross Channel return; Masterplanner: Rem Koolhaas, of OMA". *Building*, vol.258 n.° 7789 (15) (1993): 31-35.

Spring, Martin. "Koolhaas strikes again". *Building*, vol.270 n.° 8376 (2005): 26-29.

Sudjic, Deyan. "Chunnel city; Masterplanner: Rem Koolhaas". *Blueprint*, n.° 108 (1994): 22-24, 26-27.

Sudjic, Deyan. "Críticas y compromisos. Rem Koolhaas, la revolución ambigua.". *Arquitectura Viva*, n.° 83 (2002): 34-35.

Sudjic, Deyan. "Ripensamenti: Rem Koolhaas [Reputations: Rem Koolhaas]". *Domus*, n.° 844 (2002): 138-139.

Thomas Fisher, Thomas and Rem Koolhaas. "Koolhaas critiques bigness". *Progressive Architecture*, vol.75 n.° 11 (1994): 80-87, 94, 96, 98.

Tretiack, Philippe. "Euralille: laboratoire d"idees [Euralille: a laboratory of ideas]". *D´Architectures*, n.° 42 (1994): 20-22.

Tuchman, Janice. "China Central Television". *Architectural Record*, vol.196 n.° 7 (2008): 126-129.

Tusquets, Oscar. "Dalí, arquitecto. How to Build Surreal Dreams". *Arquitectura Viva*, n.° 152 (2013): 16-19.

Ungers, Oswald Mathias, Rem Koolhaas, Peter Riemann, Hans Kollhoff y Arthur Ovaska. "La Citta nella Citta". *Lotus International,* n.° 19 (1978): 82-97.

Vanstiphout, Wouter. "El gigante no sabe soñar. De Rotterdam, an Icon by OMA". *Arquitectura Viva*, n.° 159 (2014): 46-53.

Venturi, Robert, Denise Scott Brown, Rem Koolhaas and Hans-Ulrich Obrist . "Reaprendiendo de las Vegas. Venturi y Scott Brown en diálogo con Obrist y Koolhaas". *Arquitectura Viva*, n.° 83 (2002): 40-45.

Verwijnen, Jan. "Rem Koolhaas ja Office for Metropolitan Architecture OMA [Rem Koolhaas and OMA]". *Arkkitehsti*, vol.85 n.° 5 (1988): 30-43.

Vidler, Anthony. "Still wired after all these years?". *Log*, n.° 1 (2003): 59-63.

Ward, Jacob. "El negocio del ocio". *Arquitectura Viva*, n.° 83 (2002): 46-49.

Watanabe, Hiroshi. "Aislamiento colectivo: las viviendas japonesas de Rem Koolhaas". *Arquitectura viva*, n.° 23 (1992): 10-13.

Whiting, Sarah. "Spot check: a conversation between Rem Koolhaas and Sarah Whiting". *Assemblage* n.° 40 (1999): 36-55.

Wislocki, Peter. "Euralille". *Architects´Journal*. vol.194 n.° 12 (1991): 30-41.

Wislocki, Peter. "Kool sophistication; Architects: Rem Koolhaas". *Architects" Journal*, vol.195 n.° 10 (1992): 24-31.

Woodbridge, Sally B. and Hiroshi Watanabe. "A cross cultural concert in the Far East". *Progressive Architecture*, vol.72 n.° 8 (1991 9: 60-79, 148.

Woodman, Ellis. "Growing pains; Masterplanners: Rem Koolhaas of OMA". *Building Design*, n.° 1614 (2004): 12-15.

Woodman, Ellis. "Rem"s blimp proves to be a pearly king". *Building Design*, n.° 1729 (2006): 1,3.

Wortmann, Arthur. "Un paradis artificiel: huis van OMA in Floriac [An artificial paradise: a house by OMA in Floriac]". *Archis* n.° 11 (1998): 46-53.

Wyatt, Graham. "Koolhaas and OMA win The Hague city hall competition". *Progressive Architecture*, vol.68 n.° 4 (1987): 27-28.

Yang, Andrew. "Different slant [Seoul National University Museum; Architect: Rem Koolhaas]". *Wallpaper*, n.° 91 (2006): 146-147.

Yatsuka, Hajime. "Rem Koolhaas". *Skala*, n.° 21 (1990): 1, 26-33.

Yoshida, Nobuyuki, ed. *CCTV by OMA*. a+u. Tokyo: a+u Architecture and Urbanism, especial Issue (July 2005).

Yoshida, Nobuyuki, ed. *OMA - Recent Works*. a+u. Tokyo: a+u Architecture and Urbanism, #540 (September 2015).

Yoshida, Nobuyuki, ed. *OMA / Experience*. a+u. Tokyo: a+u Architecture and Urbanism, #398 (November 2003).

Yoshida, Nobuyuki, ed. *OMA@work. a+u.* Tokyo: a+u Architecture and Urbanism, especial Issue (May 2000).

Yoshida, Nobuyuki, ed. *Rem Koolhaas. Office for Metropolitan Architecture. a+u.* Tokyo: a+u Publishing, # 217 (October 1988).

Zaera Polo, Alejandro and others. "OMA / Rem Koolhaas 1992-1996". *El Croquis*, vol. 15 n.º 3 (79) (1996): 4-251.

Zaera Polo, Alejandro. "Rem Koolhaas – OMA 1987-1992". *El Croq*uis, vol.11 n.º 1 (53) (1992): 4-195.

Zenguelis, Elia. "Hotel Spinx/1975". *Architectural Desing*, n.º 5 (1977): 338.

Zwinkels, Cees. "Koolhaas´s desing for an extension to the Tweede Kamer". *Architect (The Hague)*, vol.11 n.º 5 (1980): 48-63.

Bibliografía de referencia

Libros

Aalto, Alvar. "Det Vita bordet (la Mesa Blanca)". En *De Palabra y por escrito,* 16-18. Madrid: El Croquis editorial, 2000

Adamson, Gladys, Carlos Martínez Bouquet y Jorge A. Sarquis. *Creatividad en arquitectura desde el psicoanálisis.* Buenos Aires: Editorial Paidós, 1985.

Ades, Dawn. *Dalí.* Madrid: Ediciones Folio, ABC, 2004.

Ades, Dawn. *Dalí.* Madrid: La esfera de los libros, 2004.

Ades, Dawn. *El Dadá y el Surrealismo.* Barcelona: Editorial Labor, 1983.

Aldous Huxley, Aldous. *La Isla.* Barcelona: Edhasa, 1999.

Amendola, Giandomenico. *La Ciudad Postmoderna.* Madrid: Celeste Ediciones, 2000.

Ametova, Maria, Jean-Louis Cohen, Christina Lodder, Richard Pare, Maria Rogozina, María Tsantsanoglou. *Construir la Revolución. Arte y Arquitectura en Rusia 1915-1935.* Barcelona: Fundación "la Caixa"; TURNER, 2011.

Andújar, Javier Pérez. *Salvador Dalí: a la conquista de lo irracional.* Madrid: Algaba Ediciones, 2003.

Aragon, A. Louis. "Una Ola de sueños", en *Obra poética completa,* 24. París: La Pleiade, 2007.

Aragon, Louis. *Les collages*. París: Ed.Hermann, Collectionmiroir de l'art, 1965.

Arnuncio Pastor, Juan Carlos. *La actitud surrealista en la arquitectura. Entre lo grotesco y metafísico*. Valladolid: UNIVERSIDAD DE VALLADOLID Secretariado de publicaciones, 1985.

Arquitectura Radical. Catálogo para la exposición *Arquitectura Radical*. Sevilla: Centro andaluz de Arte Contemporáneo, 2003.

Baudelaire, Charles. *Obra poética completa*. Madrid: Akal, colección vía láctea, 2003.

Benjamin, Walter. "El surrealismo, la última instantánea de la inteligencia europea", 1929. En *Imaginación y Sociedad. Iluminaciones I*. Madrid: Editorial Taurus, 1980.

Berger, John. *Modos de ver*. Barcelona: Gustavo Gili, 2014.

Berrios, Germán E. y Filiberto Fuentenebro de Diego. *Delirio. Historia. Clínica. Metateoría*. Madrid: Editorial Trotta, 1996.

Bleichmar, Norberto M., Celia Leiberman de Bleichmar y Silvia Wikinski. *El Psicoanálisis después de Freud. Teoría y clínica*. México: Editorial Paidós, 1999.

Boesiger, W. y H. Girsberger. *Le Corbusier 1910-1965*. Barcelona: Gustavo Gili, 1994.

Bolognini, Stefano. *La empatía psicoanalítica*. Buenos Aires: Lumen, 2004.

Bonet Correa, Antonio. *El surrealismo*. Madrid: Cátedra, 1983.

Borja-Villel, Manuel, Tamara Díaz Bringas y Teresa Velázquez. *Reinventar la plaza*. Madrid: Museo Nacional de Arte Reina Sofía; Ediciones Siruela, 2014.

Bou, Enric. *Daliccionario. Objetos, mitos y símbolos de Salvador Dalí*. Barcelona: Tusquets Editores, 2004.

Bradbury, Ray. *Fahrenheit 451*. Barcelona: Grupo Planeta, editorial Minotauro, 2007.

Bresnick, Adam L. *La diva en casa. Arquitectura para artistas*. Madrid: Ediciones asimétricas, 2012.

Breton, André. *¿Qué es el surrealismo?*. Madrid: Casimiro libros, 2013.

Breton, André. *Diccionario de surrealismo*. Madrid: Editorial Losada, 2007.

Breton, André. *Los vasos comunicantes*. Madrid: Editorial Siruela, 2005.

Breton, André. *Manifiestos del surrealismo*. Madrid: Ediciones Guadarrama, 1969.

Breton, André. *Nadja*. Barcelona: Seix Barral, 1985.

Buñuel, Luis. *Mi último Suspiro*. Barcelona: Liberdúplex, 2012

Careli, Francesco. *Walkscapes. El andar como práctica estética*. Barcelona: Gustavo Gili, 2015.

Carl Gustav Jung. *Obra completa*. Madrid: Editorial Trotta, 1999.

Chemana, Roland and Bernard Vandermersch. *Diccionario del psicoanálisis*. Buenos Aires y Madrid: Amorrortu editores, 2004.

Chipp, Herschel B. *Teorías del arte contemporáneo. Fuentes artísticas y opiniones críticas*. Madrid: Ediciones Akal, 1995.

Colenbrander, Bernard & Jos Bosman, ed. *Reference: oma. The sublime start of an architectural generation*. Rotterdam: NAi publishers, 1995.

Constant. *La Nueva Babilonia*. Barcelona: Gustavo Gili, 2011.

Dalí, Salvador. *¿Por qué se ataca a la Gioconda?* Madrid: Siruela, 2003.

Dalí, Salvador. *El Mito Trágico de "El Ángelus" de Millet*. Barcelona: Tusquets Editores, 2006.

Dalí, Salvador. *Salvador Dalí. Obra completa*. Barcelona: Ediciones Destino & Fundación Gala-Salvador Dalí. (2003/2006).

De Fusco, Renato. *Historia de la Arquitectura Contemporánea*. Madrid: Celeste Ediciones, 1994.

De Molina, Santiago. *Collage y arquitectura. La forma intrusa en la construcción del Proyecto Moderno* Sevilla: Recolectores Urbanos Editorial, 2014.

Debord, Guy. "Teoría de la Deriva (1958)". En *el # 2 de Internationale Situationniste*. Traducción extraída de *Internacional Situacionista*, vol. I: *La realización del arte*. Madrid: Literatura Gris, 1999.

Deleuze, Gilles. *El Pliegue. Leibniz y el Barroco*. Barcelona: Paidós Ibérica, 1989.

Dempsey, Amy. *Estilos, Escuelas y Movimientos. Guía enciclopédica del arte moderno* Barcelona: Art Blume, 2008.

Descharnes, Robert y Gilles Néret. *Dalí, La obra pictórica*. Köln: TASCHEN, 2013.

Docio, Jesús Lázaro. *El secreto creador de Salvador Dalí. El método paranoico-crítico (1927-1937)*. Madrid: Editorial Eutelequia, 2010.

Dortier, Jean-François, ed. *La gran historia de la psicología. El camino a la felicidad*. Madrid: GLOBUS Comunicación, 2015.

Eco, Umberto. *Historia de la belleza*. Barcelona: Lumen, 2004.

Ellenberger, Henri F. *"El descubrimiento del inconsciente. Historia y evolución de la psiquiatría dinámica"*. Madrid: Editorial Gredos, 1976.

Eluard, Paul y André Breton. *Diccionario abreviado del surrealismo*. Madrid: Ediciones Siruela, 2003.

Ernst, Max. *Escrituras: con ciento cinco ilustraciones extraídas de la obra del autor, 1919*. Barcelona: Editorial Polígrafa, 1982.

Etchegoyen, R. Horacio. *Los Fundamentos de la Técnica Psicoanalítica*. Buenos Aires y Madrid: Amorrortu Editores, 2010.

Fernández Per, Aurora, Javier Mozas y Javier Arpa. *This is Hybrid*. Vitoria-Gasteiz: a+t architecture publishers, 2011.

Frampton, Kenneth. *Historia crítica de la arquitectura moderna*. Barcelona: Gustavo Gili, 1993.

Freud, Sigmund. *El Moisés de Miguel Ángel*. Madrid: Casimiro libros, 2011.

Freud, Sigmund. *Introducción al psicoanálisis*. Madrid: Alianza Editorial, 2011.

Freud, Sigmund. *La interpretación de los sueños,* 1. Madrid: Alianza Editorial, 2011.

Freud, Sigmund. *La interpretación de los sueños,* 2. Madrid: Alianza Editorial, 2011.

Freud, Sigmund. *Leonardo Da Vinci*. Londres: Routledge, 2001.

Frey-Rohn, Liliane. *De Freud a Jung*. México D. F.: Fondo de Cultura Económica, 1993.

Gaillemin, Jean-Louis. *Dalí. El gran paranoico*. Barcelona: BLUME, 2011.

García de Carpi, Lucía. *Las claves del arte surrealista-Cómo interpretarlo*. Barcelona, Planeta, 1990.

Gargiani, Roberto. *Archizoom Associati 1966-1974, dall'onda pop alla superificie neutra*. Milan: Electa, 2007.

Gay, Peter. *Freud. Una vida de nuestro tiempo*. Barcelona: Editorial Paidós Ibérica, 2010.

Gerrewey, Christophe van & Patteeuw, Véronique, ed. Independent Peer-Reviewed Journal for Architecture. *Oase #94| OMA. The first Decade*. Uitgeest, the Netherlands: nai010 publishers, 2015.

Gibson, Ian. *La vida desaforada de Salvador Dalí*. Barcelona: Anagrama, 1998.

Gillard, Thomas, Konstantilenia Koulouri, Moad Musbahi & Rory Sherlock, ed.

Architectural Association School of Architecture. *AArchitecture 27*. London: Architectural Association, 2016.

Giménez Frontín, J.L. *Conocer el Surrealismo*. Barcelona: DOPESA 2, 1978.

Granés, Carlos. *El puño invisible. Arte, revolución y un siglo de cambios culturales*. Madrid: Santillana Ediciones Generales, 2012.

Handelman, Sarah, ed. Architectural Association School of Architecture. *AA Book 2015*. London: AA Publications, 2015.

Hartt, Frederick. *Arte: historia de la pintura, escultura y arquitectura*. Madrid: Akal arte y estética, 1989.

Hollitscher, Walter. *Introducción al psicoanálisis*. Buenos Aires: Editorial Paidós, 1967.

Holznhey, Magdalena. De Chirico. Köln: TASCHEN, 2005.

Huxley, Aldous. *Un mundo feliz*. Barcelona: Random House Mondadori, 2012.

Jencks, Charles. *Modern Movements in Architecture*. Londres: Penguin Books, 1973.

Jiménez, José, Dawn Ades y Georges Sebbag. *El Surrealismo y el sueño*. Madrid: Museo Thyssen- Bornemisza, 2013.

Jung, Carl G., Marie-Louse von Franz, Joseph L. Henderson, Jolande Jacobi y Aniela Jaffé. *El hombre y sus símbolos*. Barcelona: Paidós ibérica, 1995.

Jung, Carl Gustav. *El libro Rojo*. New York: Philemon Foundation W.W. Norton and Company, 2009.

Kerr, John. *La historia secreta del psicoanálisis*. Barcelona: Editorial Crítica, 1995.

Klingsöhr-Leroy, Cathrin. *Surrealismo*. Madrid: TASCHEN Diario El País, 2008.

Lafuente, José María, ed. *Salvador Dalí*. ARTE Y PARTE, n°104, Abril-Mayo 2013. Santander: Editorial Arte y parte, 2013.

Landau, Cecile & Scarlett O'Hara, ed. *El libro de la psicología*. Madrid: Ediciones Akal, 2012.

Laplanche, Jean and Jean-Bertrand Pontalis. *Diccionario de psicoanálisis*. Barcelona: Editorial Paidós, 1996.

Leyra, Ana María. *De Cervantes a Dalí. Escritura, imagen y paranoia*. Madrid: Editorial Fundamentos, 2006.

Loza Ardila, Carmen. "Psicoanálisis, arte e interpretación" en *Anuario de psicología clínica y de la salud*. Sevilla: Universidad de Sevilla, 2005.

Maderuelo, Javier. *El espacio raptado: interferencias entre arquitectura y escultura.* Madrid: Mondadori España, 1990.

Mahon, Alyce. *Surrealismo, Eros y política, 1938-1968.* Madrid: Alianza Editorial, 2009.

Marchán Fiz, Simón. *Del arte objetual al arte de concepto. Las artes plásticas desde 1960.* Madrid: Comunicación, Serie B, 1972.

Martín González, Juan José. *Historia del Arte.* Madrid: Gredos, 1992.

Martín Ramos, Angel, ed. *Lo urbano en 20 autores contemporáneos.* Barcelona: Edicions UPC, 2004.

Martin, Jean-Hubert, Montse Aguer, Jean-Michel Bouhours y Thierry Dufrêne, ed. *Dalí. Todas las sugestiones poéticas y todas las posibilidades plásticas.* Madrid: Museo Nacional de Arte Reina Sofía y TF Editores, 2013.

Martin, Kathleen, ed. *El libro de los Símbolos. Reflexiones sobre las imágenes arquetípicas.* Kólh: TASCHEN, 2011.

Martínez Sarrión, Antonio. *Sueños que no compra el dinero (balance y nombres del surrealismo).* Valencia: Pre-Textos, 2008.

Miller, Jacques-Alain, María Graciella Campanella, Roberto Cueva, Cecilia D´alvia, Claudio Godoy, Gabriel Lombardi, Cristina Nocera, Marina Recalde, Luis Darío Salamone, Ernesto Sinatra y Raquel Vargas. *El saber delirante.* Buenos Aires: Editorial Paidós, 2005.

Montaner, Josep María. *Después del Movimiento Moderno. Arquitectura de la segunda mitad del siglo XX.* Barcelona: Gustavo Gili, 1993.

Montaner, Josep María. *La Modernidad Superada.* Barcelona: Gustavo Gili. 2011.

Montaner, Josep María. Sistemas arquitectónicos contemporáneos. Barcelona: Gustavo Gili, 2009.

Moriente, David. *Poéticas arquitectónicas en el arte contemporáneo, 1970-2008.* Madrid: Ediciones Cátedra, 2010.

Nadeau, Maurice. *Historia del surrealismo.* Valencia: Ahimsa editorial, 2001.

Néret, Gilles. *Dalí.* Colonia: TASCHEN, 2012.

Néret, Gilles. *Dalí.* Madrid: TASCHEN Diario El País, 2007.

Orwell, George. *1984.* Barcelona: Penguin Random House Grupo Editorial, Editorial DEBOLSILLO, 2013.

Paquet, Marcel. *Magritte.* Kóln: TASCHEN, 2013.

Paraíso, Isabel. *Literatura y psicología*. Madrid: EDITORIAL SÍNTESIS, 1995.

Parinaud, André y André Breton. *Entretiens (1913-1952)*. París: Ed. Gallimard, 1952.

Pettena, Gianni. *Superstudio Group and Galleria dell'Accademia, Superstudio 1966-1982 Storie, figure, archiitecttura*. Firenze: Electa, 1982.

Poyato Sánchez, Pedro. *El sistema estético de Luis Buñuel*. Bilbao: Servicio editorial de la Universidad del País Vasco, 2011.

Puelles Romero, Luis. *El desorden necesario. Filosofía del objeto surrealista*. Murcia: Cendeac, 2005.

Ramírez, Juan Antonio. *Dalí: lo crudo y lo podrido*. Madrid: A. Machado Libros, 2002.

Revilla, Federico. *Diccionario de iconografía y simbología*. Madrid: Ediciones Cátedra, 2010.

Robinson, Janet O. *The Psychology of Visual Illusion*. Nueva York: Dover Publications, 1998.

Rossi, Aldo. *La arquitectura de la Ciudad*. Barcelona: Gustavo Gili. 2007.

Ruusuvunori, Arno. "La trucha y el torrente de montaña", en *Alvar Aalto*. Helsinki: Museum of Finnish Architecture, 1982.

Salvador Dalí. *La vida secreta de Salvador Dalí*. Figueras (Gerona): Dasa Ediciones, 1981.

Sánchez Vigo, María, ed. *Man Ray: Un sueño "De los objetos a las personas"*. Madrid: Crescent Inic. Ltd., 2007.

Sebbag, Georges. *El surrealismo*. Buenos Aires: Ediciones Nueva Visión, 2003.

Šklovskij, Viktor. "El arte como artificio" en *Teoría de la literatura de los formalistas rusos*. Compilación de Tzvetan Todorov. Tr. Ana María Nethol. México: Siglo XXI, 2002.

Spector, Jack J. *Arte y escrituras surrealistas (1919-1939)*. Madrid: Editorial Síntesis, 2003.

Stafford- Clark, David. *Introducción al psicoanálisis*. Barcelona: EDITORIAL LAIA, 1974.

Thomson, Laura. *Los Surrealistas*. Madrid: Lisma Ediciones, 2009.

Ungers, Oswald Mathias y Stefan Viets. *The dialectic city*. Milan: Skira, 1997.

Venturi, Robert. *Complejidad y contradicción en la arquitectura*. Barcelona: Gustavo Gili, 2006.

Vilar, Gerard. *Desartización. Paradojas del arte sin fin*. Salamanca: Ediciones Universidad de Salamanca, 2010.

Yvars, José Francisco. *El siglo del Collage. Una apreciación radical*. Barcelona: Elba, 2012.

Zaretsky, Eli. *Secretos del alma. Historia social y cultural del psicoanálisis*. Madrid: Siglo XXI España Editores, 2012.

Revistas

Bogoni, Roberta. "El museo oculto: la génesis del simbolismo mironiano en los archivos de la Fundació Joan Miró de Barcelona". *Revista de l'Associació Catalana d'Estudis d'Emblemàtica. Art i Societat*, n.°2 (2013): 104-105.

Diamondstein, Barbaralee. "Entrevista a Frank O. Gehry". *American Arquitecture Now*. Nueva York: Rizzoli, 1980.

Fernández Galiano, Luis. "Yamasaki redux". *Arquitectura Viva*, n.° 79-80, (2001): 43.

Kuntzel, Thierry. "Le travail du film". Reseña de *El cine en el Diván*, de Pedro Sangro Colón. *Revista de medicina y cine*, Vol. 4, n.° 1 (2008): 4-11.

Sainz, Jorge. "Pliegues generativos, El ordenador en el estudio de Eisenman", *Arquitectura* n.° 39, 1994. Reseña de "Los automatismos formales en la arquitectura. Reflexiones críticas", de Juan Carlos Piquer Cases. *EGA. Revista de expresión gráfica arquitectónica*, 215.

Sangro Colón, Pedro. "El cine en el Diván". *Revista de medicina y cine*, Vol. 4, n.° 1 (2008): 4-11.

Veseley, Dalibor. "Surrealism, myth y modernidad". *Architectural Desing: Surrealism and architecture*, n.° 2/3 (1978).

Vidler, Anthony. "Fantasía, las misteriosas y surrealistas teorías de la arquitectura". *Papeles del Surrealismo* n.° 1, (invierno 2003). http://www.surrealismcentre.ac.uk/papersofsurrealism/journal1/acrobat_files/Vidler.pdf.html.

Tesis doctorales

Bernabeu Larena, Alejandro. "Estrategias de diseño estructural en la arquitectura contemporánea. El trabajo de Cecil Balmond". Tesis doctoral. Universidad Politécnica de Madrid, 2007. http://oa.upm.es/910/.html.Forma y composicion en la arquitectura deconstructivista.html.

Del Valle González, Raúl. "La herencia de Le Corbusier en la arquitectura de Rem Koolhaas". Tesis doctoral. Universidad Politécnica de Madrid, 2014. http://www.rauldelvalle.es/index.php?/docencia/le-corbusier-vs-koolhaas/html.

Esteban Medina, Vicente. "Forma y composición en la arquitectura deconstructivista". Tesis doctoral. Universidad Politécnica de Madrid, 2003. http://oa.upm.es/481/.html.

García González, Carlos. "Atlas de Exodus". Tesis doctoral. Universidad Politécnica de Madrid, 2014. http://oa.upm.es/30888/html.

Mur de Viu, Carlos. "El trastorno delirante crónico: hipótesis etiológicas y nuevas terapéuticas". Tesis doctoral. Universidad Complutense de Madrid, 2010. http://eprints.ucm.es/10448/.

Rodríguez Cunill, Inmaculada. "Multiplicidad y fragmentariedad en el arte contemporáneo a través de un análisis de instalaciones y videoinstalaciones". Tesis doctoral. Universidad de Sevilla, 1999. http://www.cervantesvirtual.com/obra/multiplicidad-y-fragmentariedad-en-el-arte-contemporaneo-a-traves-de-un-analisis-de-instalaciones-y-videoinstalaciones--0/.html.

Sitios web

Artehistoria, sitio web. Giorgio de Chirico. "El enigma de la llegada y la tarde". http://www.artehistoria.com/v2/obras/365.html.

Artehistoria, sitio web. Salvador Dalí Doménech. "Carne de Gallina Inaugural". Acceso el 06 de Junio de 2014. http://www.artehistoria.com/v2/obras/9538.html.

Artehistoria, sitio web. Salvador Dalí Domènech. "El Gran Paranoico. Acceso el 12 de Junio de 2014, http://www.artehistoria.com/v2/obras/9566.html.

Ayyüce, Ohran. "Translucent oppositions. OMA's proposal for the 1980 Venice Architecture Biennale" (Conversación entre Stefano de Marino y Rem Koolhaas sobre la Bienal de Arquitectura de Venecia de 1980). Archinet, sitio web. Acceso el 12 de enero de 2016. http://archinect.com/news/article/127170080/translucent-oppositions-oma-s-proposal-for-the-1980-venice-architecture-biennale.html.

Barba, José Juan. 28 de julio de 2013. "Walter De María, el artista de grandes escalas (1935-2013)". Metalocus, sitio web. Acceso el 09 de septiembre de 2014. http://www.metalocus.es/content/es/blog/walter-de-maria-art%C3%ADsta-de-grandes-escalas.html.

Blasco, José Antonio. 01 de marzo de 2014. "Cuando Lisboa se convirtió en Nueva York: el mayor engaño de la historia de la cartografía". *Urban networks,* sitio web. Acceso el 03 de abril de 2015. http://urban-networks.blogspot.com.es/2014/03/cuando-lisboa-se-convirtio-en-nueva.html.

Coop-himmelblau, sitio web. "La sensación del interior estira la piel de la parte exterior ". Acceso el 02 de Marzo de 2015. http://www.coop-himmelblau.at/architecture/projects/open-house/.hmtl.

Fundación *Mies Everywhere,* sitio web. "Neue Nationalgalerie".Acceso el 22 de marzo de 2014, http://miessociety.org/legacy/projects/neue-nationalgalerie/.html.

Gálvez, Alejandro Hernández. 17 agosto de 2015. "El muro y la cortina". Arquine, sitio web. Acceso el 12 de Noviembre de 2015. http://www.arquine.com/el-muro-y-la-cortina/.html.

Gil Miró, José Luis. "Ying-Yang, símbolo de la dualidad". El mundo de Sophia, sitio web. Acceso el 13 de Octubre de 2014. http://www.mundosophia.com/yin-yang-simbolo-de-la-dualidad/.html.

Herreros, Francisco. Reseña de "Cómo entender a Miró" de Samanta Rioseras. Diario de Burgos, sitio web. Acceso el 14 de Marzo de 2015. http://www.diariodeburgos.es/noticia/Z7DB735D0-C179-41D6-7BEDC020D9E77117/20131125/entender/miro.html.

MOMA, sitio web. "Picasso Guitars. 1012-1914". Acceso el 27 de agosto de 2015, http://www.moma.org/interactives/exhibitions/2011/picassoguitars//about.php.html.

Museo del Prado, sitio web. Pilar Silva Maroto. "El Jardín de las Delicias. El Bosco". https://www.museodelprado.es/aprende/enciclopedia/voz/jardin-de-las-delicias-el-el-bosco/578702d4-4420-4e97-8518-8363a1fc2c9e.html.

Museo Guggenheim, sitio web. Nancy Spector. "Bruce Nauman. Green Light Corridor". Acceso el 19 de Diciembre de 2014. http://www.guggenheim.org/newyork/collections/collection-online/artwork/3166.hmtl.

Museo Reina Sofía, sitio web. "Femme, oiseau, étoile" (Homenatge a Pablo Picasso) (Mujer, pájaro y estrella [Homenaje a Picasso]). http://www.museoreinasofia.es/coleccion/obra/femme-oiseau-etoile-homenatge-pablo-picasso-mujer-pajaro-estrella-homenaje-picasso.html.

NAI (Netherlands Architecture Institute), sitio web. "Morgan Bank En Woningbouw (Amsterdam)".Acceso el 8 de septiembre de 2015. http://zoeken.hetnieuweinstituut.nl/nl/objecten/detail/a3992c08-9860-5bc9-aaa8-292b7d84414d/media/51563509-3a09-d727-2896-2823a34147c4.html.

OMA, sitio web. "*Agadir Convention Centre*". Acceso el 07 de Junio de 2014. http://oma.eu/projects/agadir-convention-centre.html.

OMA, sitio web. "Byzantium, Netherlands, Amsterdam, 1995. A Transition between two urban antipoles". Acceso el 8 de agosto de 2015, http://www.oma.eu/projects/1995/byzantium/.html.

OMA, sitio web. "Dutch Parliament Extension". Acceso el 22 de Noviembre de 2014, http://oma.eu/projects/dutch-parliament-extension.html.

OMA, sitio web. "Embajada de los Países Bajos". Acceso el 23 de Marzo de 2013, http://oma.eu/projects/netherlands-embassy.hmtl.

OMA, sitio web. "Guangzhou Opera House". Acceso el 03 de Octubre de 2014. http://oma.eu/projects/guangzhou-opera-house.html.

OMA, sitio web. "Hermitage Guggenheim". Acceso el 13 de Octubre de 2014, http://oma.eu/projects/hermitage-guggenheim.html.

OMA, sitio web. "Luxor Theatre". Acceso el 20 de Septiembre de 2014. http://oma.eu/projects/luxor-theatre.html.

OMA, sitio web. "Marina Abramovich Institute". Acceso el 15 de septiembre de 2014. http://oma.eu/projects/marina-abramovic-institute.html.

OMA, sitio web. "New Court Rothschild Bank". Acceso el 20 de Enero de 2014, http://oma.eu/projects/new-court-rothschild-bank.html.

OMA, sitio web. "Prada Epicenter New York". Acceso el 25 de Noviembre de 2014. http://oma.eu/projects/prada-epicenter-new-york.html.

OMA, sitio web. "Prada transformer". Acceso el 9 de Junio de 2014, http://oma.eu/projects/prada-transformer.html.

OMA, sitio web. "Rem Koolhaas". Acceso el 20 de abril de 2014, http://oma.eu/partners/rem-koolhaas.html.

OMA, sitio web. "Serpentine Gallery Pavilion". Acceso el 12 de Noviembre de 2015. http://oma.eu/projects/serpentine-gallery-pavilion.html.

OMA, sitio web. "Taipei Performing Arts Center". Acceso el 30 de Junio de 2014. http://oma.eu/projects/taipei-performing-arts-centre.html.

OMA, sitio web. "The bol". Acceso el 09 de septiembre de 2014. http://oma.eu/projects/de-bol.html.

OMA, sitio web. "Zeebrugge Sea Terminal". Acceso el 6 de agosto de 2015. http://www.oma.eu/projects/1989/zeebrugge-sea-terminal/.html.

Ramírez, Juan Antonio. 06 de mayo de 2005. "Dalí, la traición al surrealismo". El Cultural, sitio web. Acceso el 30 de Marzo de 2014, http://www.elcultural.com/revista/arte/Dali-La-traicion-al-surrealismo/9470.hmtl.

Vidal Oliveras, Jaume. "Joan Miró, lenguaje de un visionario". El Cultural, sitio web. Acceso el 29 de Agosto de 2013. http://www.elcultural.com/revista/arte/Joan-Miro-lenguaje-de-un-visionario/744.html.

Walker, Connor. 2 de Mayo de 2014. "5 Años después, Una mirada retrospectiva al `Transformador Prada´ de OMA". Sitio web de *plataforma de arquitectura*. Acceso el 14 de Diciembre de 2014. http://www.plataformaarquitectura.cl/cl/02-357686/5-anos-despues-una-mirada-retrospectiva-al-transformador-prada-de-oma.html.

Blogs

Blog de Santiago Molina. 13 de enero de 2014. "A ciegas". Acceso el 19 de Julio de 2015. http://www.santiagodemolina.com/2014/01/a-ciegas.html.

Blog de Robert Cowherd. "Lost and Found: John Hejduk and the Specific Autonomy of Drawing". Acceso el 20 de Julio de 2014, https://robertcowherd.wordpress.com/lost-and-found/.html.

Quetglas, Josep. "Promenade architecturale". Revista WAM 05 (Web Architecture Magazine). Acceso el 15 de septiembre de 2015. http://www.arranz.net/web.arch-mag.com/5/homeless/05s.html.

Rodríguez Cedillo, Carmelo. 23 de septiembre de 2009. "1971. 12 ciudades ideales. Superestudio. Parte I". Blog de *Arquelogía del futuro*. Acceso el 20 de Noviembre de 2013. http://arqueologiadelfuturo.blogspot.com.es/2009/09/1971-12-ciudades-ideales-superstudio_27.html.

Conferencias

Benjamin, Walter. "El autor como productor". Conferencia pronunciada en el Instituto de Estudios del Fascismo de París, 27 de abril de 1934.

Fernández-Galiano, Luis. "Rem Koolhaas" Conferencia pronunciada en el ciclo Protagonistas de la arquitectura del siglo XXI, en la Fundación Juan March en Madrid, 20 de octubre de 2011.

Del Valle González, Raúl. "`COPY - PASTE´. Le Corbusier en OMA / Rem Koolhaas.". Ponencia en el X Seminario del DOCOMOMO Brasil, Curitiba, Brasil, 13-18 de octubre de 2013.